소비자경제학 이론과 실제

허경옥 지음

신정

머리말

소비자로서의 행동, 소비생활 전반, 가정에서의 가사노동, 시간사용 등 생산활동과 생애주기별 다양한 의사결정에 대한 사람들의 가치관, 태도, 행동이 바뀌면서 소비자학의 관심과 연구 영역은 시장경제하에서의 여러 분야에서 확대되어 가정과 우리 삶에서 일어나는 많은 영역을 포함하는 범위로 넓어 졌다. 출산율저하, 이혼급증, 노령화 등이 가속화되면서 가정에서의 소비선택과 의사결정에 대한 소비자경제학적 접근 및 분석은 그 어느 때보다 중요해지고 있다.

따라서 이 책에서는 시장경제하에서의 소비자 선택과 행동은 가정에서의 가사노동, 시간사용, 기타 다양한 활동에 대해 소비자경제학적 관점에서 다루고자 한다. 이 뿐만 아니라 사랑, 결혼, 출산, 이혼과 재혼, 인적자본투자 등 가정과 삶에서 중요한 의사결정사항에 대한 소비자경제학적 분석 틀과 모델을 보여주고자 한다.

경제활동의 주체인 소비자와 가계는 여러 형태의 활동을 수행한다. 크게 두 가지로 분류한다면 소비활동과 생산활동이라 할 수 있다. 가계의 소비활동과 생산활동은 제1부에서 다루고 있는 내용들로써 시장에서 이루어지는 활동 즉 시장경제 체제에서의 활동에 초점을 두고 있다.

구체적으로 제1부에서는 시장경제하에서의 생산활동과 소비자수요이론, 소비자행동의 경제, 소비자정보의 경제, 시장노동 참여의 경제에 대해 다루고 있다. 한편, 소비자와 가계의 주요 생산활동 중 가정에서 즉 시장에서 이루어지지 않는 활동은 주로 2부에서 다루는 가족행동으로써, 가사노동, 시간사용, 결혼·이혼·출산 등 다양한 가족의 의사결정이나 행동에 대한 것이다. 다시 말해, 제2부에서는 가정에서 일어나는 의사결정이나 행동에 대해 경제학적 모델이나 설명, 즉 이론적 접근에 대해 다루고 있다. 제3부에서는 소비자와 가계의 소비활동과 생산활동의 실패, 특히 시장실패에 대해 살펴보고자 한다. 다시 말해 시장실패로 인한 정부의 개입 또는 사회의 개입이나 규제에 대해 다루고자 한다.

이 책은 소비자경제학 전반을 다루는 서적으로 일반 소비자, 대학(원)교 학생, 소비자 관련 전문가들이 활용할 수 있음은 물론 소비자경제학에 관심 있는 후학들에게 기초 정보를 제공하고 이에 대한 분석 기술 및 방법에 대한 길잡이가 되고자 한다. 그러나 충분한 시간적 여유 없이 출간을 서두르다보니 여러 가지로 미흡한 부분이 많음을 인정하지 않을 수 없다. 앞으로 시간을 더 갖고 보완하고자 한다. 이 책을 출간하게 해주신 신정출판사에 감사의 말씀을 전한다.

2022년 3월

저자 허경옥

차례

■ 머리말 3

PART 01 시장경제하의 소비자경제

CHAPTER 01 | 소비자수요의 경제 / 15

1. 소비자의 예산제약 16
2. 무차별곡선 18
3. 소비자의 상품(재화)량 최적 선택 23
4. 소득변화와 소비자수요 25
5. 가격변화와 소비자수요 29
6. 가격변화에 따른 소득효과와 대체효과 33
   1) X_1재 가격이 상승한 경우 34
   2) X_1재 가격이 하락한 경우 36

CHAPTER 02 | 시장노동참여의 경제 / 38

1. 시장노동참여의 경제 39
   1) 시장노동참여 결정에 대한 무차별곡선 39
   2) 무차별곡선의 기울기: 요구임금 41
   3) 임금률선(wage line) 44
   4) 노동공급의 최적 선택 45
   5) 임금률의 변화에 따른 경제활동참여 여부 48

6) 비근로소득 또는 기타 가족구성원의 소득에 따른 경제활동참여 여부 49
7) 임금률 변화에 따른 소득효과와 대체효과 51
2. 여성의 경제활동 54
1) 여성취업의 구조적 특성 55
2) 여성의 경제활동참여결정 이론 56
3) 여성의 경제활동참여 영향 요인 57

CHAPTER 03 | 소비자정보의 경제 / 62

1. 소비자정보의 기초 이해 63
2. Stigler의 소비자정보 경제학적 접근 64
1) 가격분포에 따른 최적 정보탐색량 모델 66
2) 다양한 소비자정보탐색량 모델 78
3. 가격과 품질정보 탐색에 대한 경제학적 접근 81
1) 완전정보선의 개념 81
2) 완전정보선의 도출 방법 82
3) 완전정보선 도출 82
4. 소비자정보의 행동과학적 접근 85
1) 소비자문제해결 유형별 정보탐색행동 85
2) 소비자정보처리 과정 모델 88
3) 제품 특성과 소비자정보탐색 90

CHAPTER 04 | 소비자행동의 이론적 접근 / 97

1. 소비자행동의 기초 이해 98
1) 소비자행동이란 98
2) 소비자행동의 특성 98
3) 소비자행동 영향요인 99
4) 여러 경제 주체의 소비행동에 대한 관심 100

2. 소비자행동에 대한 이론적 접근의 전개 104
3. 소비자행동의 제도학파적 접근 106
1) 베블린 효과(Veblen Effect) 107
2) 스노브 효과(Snob Effect) 108
3) 밴드웨건 효과(Bandwagon Effect) 108
4) 터부 효과(Turboo Effect) 109
4. 소비자선택의 특성적 접근법 109
5. 소비자행동의 심리학적 접근 114
1) 소비자행동에서의 소비자심리 115
2) 대표적 심리학적 접근 115
3) 심리학적 접근의 평가 119
6. 소비자행동의 행동과학적 접근 120
7. 소비자행동의 기타 이론 122
1) 소비자정보처리 관점 122
2) 쾌락적·경험적 관점 122
3) 프로스펙트 이론 123

PART 02 가족행동의 경제

CHAPTER 05 | 가족행동과 가정생산의 경제 / 131
1. 가족행동의 경제란 132
1) Bekcer의 경제학적 접근 134
2) 가족행동의 변화와 가족행동의 연구 영역 확대 137
3) 가족경제학의 기능과 응용 141
4) 가족경제학적 접근의 공로와 한계 143
2. 가족행동과 경제적 문제 147
1) 희소성(scarcity)의 문제 147
2) 선택의 문제 148

3) 선택의 비용 149
3. 가족행동의 경제 주요 이론 150
1) 결혼경제학 151
2) 출산경제학 152
3) 인적자본이론 153
4) 가계생산이론 154
5) 시간분배이론 157

CHAPTER 06 | 가사노동의 경제 / 159

1. 가사노동의 기초 이해 160
1) 가사노동의 학문적 관심과 개념 160
2) 가사노동의 분류 162
3) 가사노동의 개념적 특성 163
4) 가사노동의 긍정적, 부정적 특성 165
5) 가사노동의 측정 방법 167
2. 가사노동의 경제적 가치 169
1) 생산활동으로서의 가사노동 169
2) 가사노동의 경제적 가치평가의 필요성 170
3) 가사노동의 경제적 가치 측정 방법 174
4) 가사노동의 경제적 가치 평가의 과제 184
5) 가정생산 위성계정 186
3. 부부간 가사노동분담 188
1) 가사노동수행 방법 189
2) 부부간의 가사노동분담 190
3) 가사노동분담 측정 191
4) 가사노동분담의 이론적 배경 193
4. 가사노동의 시장대체화 200

CHAPTER 07 | 시간의 경제 / 205

1. 시간 자원의 이해 206
   1) 시간의 개념 206
   2) 시간 사용의 중요성 207
   3) 시간 사용의 측정 207
   4) 시간 사용에 관한 다양한 학문적 접근 208
2. 시간 및 시간배분의 경제학적 이론 209
   1) 가정생산이론 209
   2) 시간사용/배분의 경제이론 212
   3) 시간사용의 총가계예산선 218
3. 시간관리 221
   1) 시간관리의 필요성 221
   2) 시간관리의 기본적 조건 222
   3) 시간관리 평가의 기준 223
   4) 시간관리 전략 225
   5) 시간사용 기록 227
   6) 시간사용 후 평가 228

CHAPTER 08 | 생애주기별 가족행동의 경제 / 231

1. 사랑의 경제 231
   1) 사랑에 대한 경제학적 접근 231
   2) 자원교환 접근 232
   3) 비용과 이익 접근 233
   4) 경제학적 관점 근거 성공 데이트 전략 235
2. 결혼의 경제 236
   1) 결혼 결정의 시장원리 237
   2) 가족경제학파의 가정생산물 접근 240
   3) 결혼의 수요공급 접근 247
   4) 결혼의 비용과 이익 분석 249
   5) 결혼에 영향 미치는 요인 250

3. 출산의 경제 256
1) 자녀 및 출산에 대한 경제학적 관점 257
2) 자녀 수요(출산)의 경제 모델 261
3) 출산 관련 주요 이슈 268
4. 이혼과 재혼의 경제 269
1) 이혼 증가에 대한 경제학적 접근 270
2) 불완전한 정보와 이혼 273
3) 재혼의 경제 274
5. 인적자본(교육)투자 276
1) 인적자본(교육)투자의 경제학적 모델 277
2) 정규교육의 수요곡선 281
3) 교육의 한계수익률체감의 법칙 283
4) 인적자본 투자와 관련 변인 284
5) 교육 및 경험투자의 시기 결정 289

CHAPTER 09 | 시장경쟁과 시장실패 / 292

1. 시장의 이해 293
1) 자원배분의 역할 294
2) 경제발전 유도 294
3) 소득분배의 역할 294
4) 사회적 복지 증진 295
2. 경쟁수준별 시장유형 295
1) 경쟁수준별 시장유형 결정 요인 295
2) 경쟁수준별 시장유형의 특성 298
3) 경쟁수준에 따른 시장유형별 소비자주권 302
3. 경쟁적 시장 실패와 정부규제 303
1) 독과점 규제 306
2) 기업 결합으로 인한 경쟁제한 규제 310
3) 담합으로 인한 경쟁제한행위 규제 311
4) 불공정거래행위로 인한 경쟁제한 행위 규제 313

CHAPTER 10 | 정부의 소비자경제복지 정책 / 320

1. 소비자복지의 기초 이해 321
1) 소비자복지의 목표 321
2) 소비자복지 실천 주체 322
2. 소비자복지의 이론적 접근 323
1) 시장경제와 소비자복지 326
2) 경제주체들의 소비자복지의 실현 조건 327
3. 정부의 소비자복지정책 실현수단 331
1) 입법적 소비자복지정책 331
2) 사법적 소비자복지정책 332
3) 행정적 소비자복지정책 333
4. 정부의 행정적 소비자복지정책 내용 333
1) 경쟁의 유지와 촉진정책 333
2) 소비자조직 활동지원 정책 334
3) 소비자지원행정 334
5. 소비자의 경제적 복지 개념과 중요성 337
6. 경제적 복지의 개념과 측정 339
1) 경제적 복지 개념의 여러 차원 339
2) 객관적/주관적 소비자경제 복지 측정의 실제 340
3) 절대적 경제복지와 상대적 경제복지 348
7. 경제적 복지 측정 시 고려 사항 349
1) 경제적 복지 측정방법의 선택 349
2) 다양한 가계구조 특성의 조절 350
3) 경제적 복지 측정 시점 351

CHAPTER 11 | 저소득층 소비자의 소비자경제복지 / 353

1. 빈곤 개념과 기초 이해 354
1) 절대적 빈곤 354
2) 상대적 빈곤 355

3) 빈곤선과 생활보호대상자 선정기준 355
4) 최저생계비 356
2. 저소득층 소비자문제 357
1) 빈곤층에 대한 시각 357
2) 저소득층 소비자문제 유형 358
3. 저소득층 소비자문제 사례 364
1) 건강 분야 364
2) 주거설비 분야: 값싼 임대아파트 승강기 문제 365
3) 전기 분야: 단전, 전기 공급 끊음 365
4) 보험 분야 366
5) 주거비 지출 및 주거환경 분야 367
6) 금융/신용 분야 367
4. 기업의 저소득층 소비자복지 지원 368
1) 소비자복지 증진을 위한 기업의 책임인식 368
2) 저소득층 소비자복지 증진 시장환경 조성: 저가 시장의 등장 368
3) 저소득층을 위한 제품 및 서비스 개발 370
5. 정부의 저소득층 소비자경제복지 지원 371
1) 저소득층 대상 차별적인 가격정책 371
2) 경제적 자립 지원 정책 372
3) 소외계층 교육 지원 372
4) 저소득층 대상 금융 지원 정책 373

참고문헌 375
찾아보기 379

PART 01

시장경제하의 소비자경제

경제활동의 주체인 소비자와 가계는 여러 형태의 활동을 수행한다. 크게 두 가지로 분류한다면 소비활동과 생산활동이라 할 수 있다. 가계의 소비활동과 생산활동은 제1부에서 다루고 있는 내용들로써시장에서 이루어지는 활동, 즉 시장경제 체제에서의 활동에 초점을 두고 있다.

제1부에서는 시장경제하에서의 생산활동과 소비자수요이론, 소비자행동의 경제, 소비자정보의 경제, 시장노동 참여의 경제에 대해 다루고 있다. 한편, 소비자와 가계의 주요 생산활동 중 가정에서, 즉 시장에서 이루어지지 않는 활동은 주로 2부에서 다루는 가족행동으로 가사노동, 시간사용, 결혼 · 이혼 · 출산 등 다양한 가족의 의사결정이나 행동에 대한 것이다.

제2부에서는 가정에서 일어나는 의사결정이나 행동에 대해 경제학적 모델이나 설명 즉 이론적 접근에 대해 다루고 있다.

제3부에서는 소비자와 가계의 소비활동과 생산활동의 실패, 특히 시장실패에 대해 살펴보고자 한다. 다시 말해 시장실패로 인한 정부의 개입 또는 사회의 개입이나 규제에 대해 다루고자 한다.

Chapter 01

소비자수요의 경제

소비자의 가장 대표적인 경제활동 중의 하나는 시장에서 상품을 선택하는 소비선택의 활동이다. 소비자는 제품 및 서비스의 구매 또는 선택을 통해 소비자의 다양한 욕구를 충족하게 된다. 이때, 소비사들은 자신의 효용 극대화를 추구하기 위한 최적의 선택을 하게 된다. 그런데 소비자들의 선호가 다르기 때문에 소비자 의사결정은 복잡하다.

소비자의 소비선택을 설명하는 경제학적 모델은 소비자의 예산제약(budget constraint)과 선호(preference) 체계에서 출발한다. 소비자의 예산제약은 자원이 제약되어 있고 희소하다는 데에서 시작한다. 소비자의 선호체계는 소비자의 효용 극대화를 분석하기 위하여 효용의 개념을 사용한 무차별곡선으로 설명한다. 소비자수요 이론에 따르면 소비자는 주어진 예산제약하에서 자신의 효용을 최대한으로 충족시켜 주는 선택, 즉 합리적 선택을 하게 된다. 본 장에서는 소비자의 수요, 즉 제품구매 의사결정에 대한 미시경제학적 이론에 대해 구체적으로 살펴본다.

1 소비자의 예산제약

인간의 욕망은 무한하나 이를 충족시킬 수 있는 자원은 한계가 있다. 제한된 자원으로 최대의 만족을 얻기 위한 가장 효율적인 소비자 선택이 바로 소비자경제학에서 추구하는 목표이다. 소비자의 욕구는 무한하지만 주어진 경제적 자원은 한계가 있으므로 주어진 조건에서 가장 최선의 선택을 취하여 최대의 만족을 얻고자 하는 것이 소비자들의 합리적 의사결정 사항이다.

소비선택을 설명하는 소비자경제학적 모델은 주어진 예산 범위 내에서 구입 가능한 여러 상품(재화) 묶음(commodity bundle) 중 소비자 만족을 최대로 충족시켜 주는 조건을 선택하는 것에서부터 출발하고 있다. 여기서, 상품 묶음이란 두 개의 상품(X_1, X_2)을 선택하여야 하는 상황에서 X_1 상품을 몇 개 구입하고, X_2 상품을 몇 개 구입할 것인가에 관한 의사결정에 초점을 둔다.

어떤 소비자가 주어진 예산으로 쌀(X_1)과 신발(X_2)을 구입해야 한다고 가정하자.[1] 이때, 주어진 소득하에서 소비자가 구입할 수 있는 두 상품의 방정식은 예산제약식(budget equation)으로 다음과 같이 수식으로 표현할 수 있다.

수식 1.1 $$Y = P_{x_1}X_1 + P_{x_2}X_2$$

여기서, Y = 소득, X_1 = 쌀, X_2 = 신발,

P_{x_1} = 쌀의 가격, P_{x_2} = 신발의 가격

---

1) 소비선택에 대한 설명을 간단하게 평면에 그래프로 보여주기 위하여 소비자가 구입하는 상품은 두 가지 상품(재화)으로 제한한다.

위의 식에서 가계소득은 쌀과 신발을 구입하는 데 모두 지출한다고 가정하고 있다. 다시 말해, 모델의 간명함을 위해 저축이나 기타 지출은 생각하지 않는다. 위의 수식에서 쌀을 몇 봉지(1kg) 살 것인가 또는 신발을 몇 켤레 살 것인가를 알기 위해 수식 1.1을 각각 X_1과 X_2식으로 정리하면 다음과 같다.

수식 1.2 $$X_1 = \frac{Y}{P_{x_1}} - (\frac{P_{x_2}}{P_{x_1}})X_2$$

수식 1.3 $$X_2 = \frac{Y}{P_{x_2}} - (\frac{P_{x_1}}{P_{x_2}})X_1$$

한편, 예산제약식인 수식 1.1을 그래프로 그리게 되면 기울기는 $-\frac{P_{x_1}}{P_{x_2}}$이며, X축과 Y축의 절편이 각각 $\frac{Y}{P_{x_1}}$와 $\frac{Y}{P_{x_2}}$인 직선을 얻게 되는데 이 직선이 예산선(budget line)이다. 예산선은 주어진 소득을 가지고 구입할 수 있는 상품 묶음의 집합을 선으로 나타낸 것이다. 예산선을 그래프에 그리면 [그림 1-1]과 같다.

[그림 1-1]에서 예산선의 기울기는 음의 값이다. 기울기 값이 음이 된다는 것은 어떤 상품을 더 구입하기 위해서는 반드시 다른 상품의 구입량을 줄여야 함을 의미한다. 주어진 소득에서 어떤 상품을 더 구매하면 다른 상품의 구입을 어느 정도 포기해야 한다는 것은 당연하다고 하겠다. 결국, 예산선의 기울기는 쌀(X_1)과 신발(X_2)의 기회비용(opportunity cost)이다.

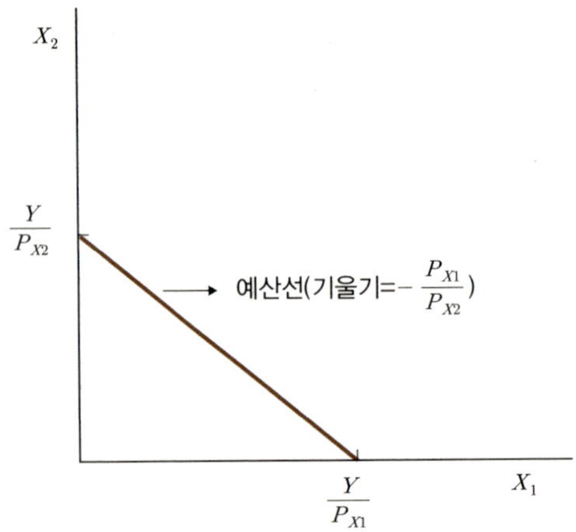

[그림 1-1] 예산선

2 무차별곡선[2)]

소비자들은 각자 다양한 취향이나 선호를 가지고 있다. 소비자들은 자신의 소득으로 구입 가능한 여러 상품묶음들 중에서 자신의 만족감을 크게 하는 상품묶음을 선택하게 된다. 어떤 소비자는 쌀을 적게 사고 신발을 많이 사는 것을 선호하는 경우가 있고 그 반대의 소비자도 존재한다. 다시 말해, 소비자들의 선호도에 관한 모든 논의는 예산제약과 마찬가지로 상품 묶음을 중심으로 설명하게 된다.

소비자의 선호는 주어진 상품 두 가지(X_1상품과 X_2상품)에서 어떤 것이 더 좋은지에 대한 질문으로 판단된다. 보통, X_1를 X_2보다 더 선호하는 경우($X_1 \rangle X_2$), 역으로 X_2를 X_1보다 더 선호하는 경우($X_2 \langle X_1$), 두 제품 간에 차이가 없

2) 무차별곡선의 용어는 소비자의 만족을 나타내는 효용이 차별이 없다, 즉 소비자가 느끼는 효용의 크기가 같다는 등효용 곡선의 의미이다.

는 경우($X_1=X_2$)로 나타낼 수 있다. 이 같은 선호체계를 보다 체계적이고 논리적으로 설명하기 위하여 효용함수(Utility Function) 개념을 사용하게 된다. 효용함수는 소비자의 선호체계 또는 만족감의 정도를 수식으로 표현한 것이다. 다시 말해, 효용함수는 상품묶음이 주어졌을 때 이것이 소비자에게 주는 만족감의 정도를 하나의 함수관계로 나타낸 것이다. 소비자들의 선호체계를 모두 효용함수로 대표시키기는 어려우나 이론적 작업의 편리를 추구하기 위하여 몇 기지 전제조건을 두고 효용함수를 활용하고 있다. 효용함수와 관련한 전제조건은 크게 4가지이다. 첫째, 완비성(completeness)으로써 두 개의 상품묶음이 있다면 이중 하나를 선호하거나 또는 두 개의 묶음에 아무런 차이를 느끼지 못하는 경우로 구분한다. 둘째, 이행성(transitivity)으로써 세 개의 상품묶음(a, b, c)이 있을 때 소비자가 a를 b만큼 선호하고, b를 c만큼 선호한다면 a를 c만큼 선호함을 의미한다. 셋째, 연속성(continuity)으로써 소비자의 선호도는 연속적으로 변화하고 갑작스런 변화는 존재하지 않는다. 끝으로 강단조성(strong monotonicity)으로서 더 많을수록 좋다는 특성이다.

효용함수는 소비자의 선호도를 숫자를 통해 표현(서수적 효용: ordinal utility)하는 것으로 일반적인 수식은 다음과 같다.[3)]

수식 1.4 $U=U(X,Y)=XY$

소비자들의 선호를 나타내는 효용함수가 수식으로 표현되면 소비자들의 동

3) [그림 1-2]는 가장 일반적인 형태의 무차별곡선이다. 다시 말해, 상품의 속성이 정상재인 경우에 해당하는 경우이다. 그러나 예외적인 선호체제, 예를 들면 두 상품이 완전한 대체제인 경우(예: OB맥주 500㎖ 캔과 1000㎖ 캔), 두 상품이 완전 보완재인 경우(예: 오른쪽 신발과 왼쪽 신발), 하나의 상품이 비재화인 경우(예: 하나의 제품이 공해 물질) 등은 무차별 곡선의 형태가 다르다. 완전 대체재인 경우 예산선과 같은 형태의 음의 기울기를 갖는 직선, 완전 보완재인 경우 L자형 등을 띄게 된다.

일한 만족을 나타내는 점을 연결한 곡선이 무차별곡선(indifference curve)이다. 다시 말해, 무차별곡선은 소비자들에게 똑 같은 효용을 주는 상품 묶음들의 집합을 보여주는 곡선이다.

어떤 소비자의 쌀(X_1)과 신발(X_2)의 효용을 나타내는 수식이 $U(U_{x_1}, U_{x_2}) = X_1X_2$라고 하자. 이 경우의 효용을 나타내는 무차별곡선은 [그림 1-2]의 i_1과 i_2로 나타낼 수 있다.[4] 예를 들어, [그림 1-2]에서 무차별곡선(i_1)상의 점 a(12, 2), b(6, 4), c(2, 12)와 같은 상품 묶음을 선택할 경우 만족은 같다고 보는 것이다.

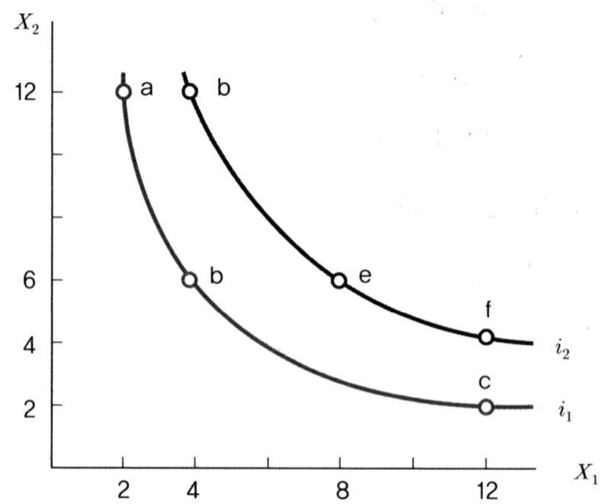

[그림 1-2] 무차별곡선

이제 무차별곡선의 특성에 대해 살펴보자. 무차별곡선은 크게 4가지의 특성을 갖고 있는데 다음과 같다.

4) [그림 1-2]의 무차별곡선은 주어진 효용함수를 사용하여 그래프를 쉽게 그리고자 효용의 정도가 24와 48인 경우로 산정하여 그린 것이다.

i) 무차별곡선은 우하향하는 음의 기울기를 갖는다.

ii) 원점에서 멀리 떨어질수록 더 높은 효용수준을 나타낸다.

iii) 두 무차별곡선은 교차할 수 없다.

iv) 무차별곡선은 원점에 대하여 볼록(convex)한 모양을 보인다.

첫 번째 특성은 무차별곡선의 기울기가 음의 값으로 어떤 상품을 더 얻기 위해서는 다른 상품을 포기해야 함을 의미한다. 위의 그림에서 무차별곡선 i_1과 i_2 모두 기울기가 음의 값으로 우하향하고 있다.

두 번째 특성은 더 많으면 많을수록 좋다는 강단조성을 의미한다. [그림 1-2]에서 무차별곡선 i_2(편의상, 만족감을 48로 산정한 것)가 i_1(만족감 24로 산정)보다 우상향하고 있어 만족감이 높은 수준임을 나타내고 있다. 다시 말해, 점 a, b, c보다는 d, e, f점의 선택에서 효용수준이 높다.

무차별곡선이 교차하지 않아야 하는 세 번째 전제는 이행성의 특성, 즉 세 개의 상품묶음(a, b, c)이 있을 때 소비자가 a를 b만큼 선호하고, b를 c만큼 선호한다면 a를 c만큼 선호함을 의미한다.

끝으로, 무차별곡선이 볼록해야 하는 특성은 소비자가 극단적인 상품의 조합보다는 여러 상품이 고루 섞여 있는 상품묶음을 더 선호함을 의미한다. 이 특성은 무차별곡선의 기울기가 음인 것과도 연결이 된다.

앞서 살펴본 것과 같이, 무차별곡선은 음의 기울기를 갖는데 무차별곡선의 기울기를 한계대체율(MRS: Marginal Rate of Substitution)이라 한다. 한계대체율은 무차별곡선의 기울기로서 만족을 일정하게 유지하면서 두 상품을 교환하고자 하는 비율이다. 다시 말해, 한계대체율은 두 상품 간의 주관적 교환비율을 의미하는데 소비자의 선호체계에 의해 한 상품(X_1)과 다른 상품(X_2)이 맞바꾸어져도 무방한, 즉 만족수준이 같은 정도의 교환비율을 말한다. 다시 말해, 일정한 만족을 유지하면서 두 상품을 교환하려는 비율을 의미한다. 한계대체율($MRSx_{1,}x_2$)을 수식으로 표현하면 다음과 같다.

수식 1.5 $$MRSx_1,x_2 = \frac{P_{x_2}}{P_{x_1}} = \frac{M_{x_1}}{M_{x_2}}$$

무차별곡선은 하향하면서 그 기울기가 변화하기 때문에 무차별곡선상의 각 점에서의 한계대체율($MRSx_{1,}x_2$)은 다르다. 무차별곡선은 원점에 대해서 볼록하므로 X_1재화를 많이 구입하면 할수록 X_2재화를 적게 구입하여야 효용이 일정함을 알 수 있다. 다시 말해, X_1재화를 많이 구입하면 할수록 한계대체율이 감소함을 알 수 있다. 이를 한계대체율체감의 법칙이라 한다. 다시 말해, 이 법칙은 한 상품의 구매량을 계속 증가시키면 다른 상품과의 교환 비율이 감소하는 법칙을 말한다.

[그림 1-2] 무차별곡선으로 설명하면 한계대체율을 나타내는 각 a, b, c점마다의 기울기 값은 다르다. 다시 말해, 쌀을 1봉지(kg) 더 많이 구입하기 위해서 포기하여야 하는 신발의 양은 점 a, b, c로 이동할수록 점차 감소함을 알 수 있어 한계대체율체감의 법칙이 성립되고 있음을 알 수 있다. [그림 1-2]에서 신발에 대한 쌀의 한계대체율은 점차 감소함을 알 수 있다. 결국, 한계대체율체감의 법칙은 쌀 1봉지(kg)를 추가적으로 얻기 위해 포기해야 하는 신발의 추가적 갯수는 점점 적어짐을 의미한다.

3 소비자의 상품(재화)량 최적 선택

소비자가 효용을 극대화하기 위한 두 상품(재화)량의 최적 선택은 앞서 설명한 바와 같이 주어진 예산제약하에서 소비자의 선호를 반영하는 선택을 하는 것이다. 다시 말해, 예산제약선과 무차별곡선이 만나는 접점이 바로 소비자의 최적 선택점(optimal point)이라고 하겠다. 소비자는 효용을 가장 많이 주는 경우의 상품묶음을 선택을 하고 싶으나, 예산상의 제약이 있으므로, 주어진 예산으로 얻을 수 있는 효용 중 가장 많은 것을 선택하는 것이 가장 바람직한 선택이다. 따라서 효용을 나타내는 많은 무차별곡선들 중 예산선과 만나는 무차별곡선상의 상품묶음이 최대효용을 주는 선택이 되는 것이다.

[그림 1-3]에서 접점인 E는 소비자선택의 균형점으로 쌀의 경우 X_1^*, 신발의 경우 X_2^* 만큼을 구입하는 경우 가장 효용을 극대화할 수 있다. 무차별곡선의 경우 i_3가 가장 만족을 극대화시켜 주나 예산상의 제약으로 선택 불가능하다. 따라서 무차별곡선 i_2상의 접점인 E가 균형점이 된다고 하겠다.

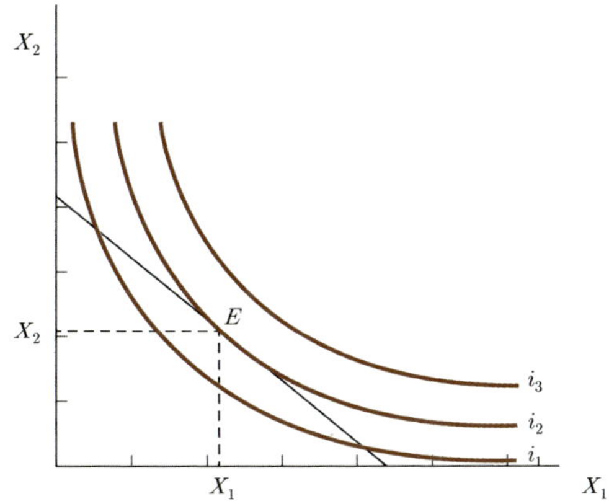

[그림 1-3] 소비자의 최적 선택(예산선과 무차별곡선 접점)

효용극대화를 이루는 소비자의 최적선택은 수식을 통해서도 알 수 있다. 소비자의 최적 선택은 소비자 선호도를 대표하는 무차별곡선과 예산선이 접하는 점에서 두 상품을 구입하는 것이 최적 선택으로 효용극대화를 이룰 수 있으므로 예산선의 기울기와 무차별곡선의 기울기가 같은 점이 최적이다. 아래와 같이 수식으로 표현할 수 있다.

수식 1.6 $$MRSx_1,x_2 = \frac{MU_{x_1}}{MU_{x_2}} = \frac{P_{x_1}}{P_{x_2}} \text{ 또는 } \frac{MU_{x_1}}{P_{x_1}} = \frac{MU_{x_2}}{P_{x_2}}$$

여기에서 $\frac{MU_{x_1}}{MU_{x_2}}$은 무차별곡선의 기울기 즉, 한계대체율을 의미하며, $\frac{P_{x_1}}{P_{x_2}}$은 예산선의 기울기를 의미한다.[5] MU_{x_1}은 X_1재화의 한계효용을 의미하는 데 X_1재화를 한 단위 더 추가하여 얻게 되는 추가 만족이다(이때, X_2재화는 일정한 상태).

지금까지 살펴본 내용은 소비자수요 모델이라고 불리는데 이 모델은 개별 소비자의 경제 행위보다는 많은 소비자들의 평균적인 경제행위를 이해하는 데 도움이 되며, 보통의 소비자가 특정 상품(재화)의 구입을 증가시킬 것인지 아니면 감소시킬 것인지를 예상하는 데 유용하다. 또한, 소비자가 직면하는 가격변동, 소득변동에 따른 소비자의 선택행동을 이해하는 데 적절하다.

5) 예산선의 기울기는 음의 값이나 여기서는 절대 수치만을 사용하였음.

4 소득변화와 소비자수요

지금까지 살펴 본 바와 같이 소비자수요는 예산제약과 무차별곡선에 의해 설명되고 있다. 이때, 예산제약식은 주어진 소득하에서 두 상품의 가격에 따른 소비자수요를 나타낸다. 여기서 가계소득의 변화가 있을 때 예산선의 변화를 살펴보자. 두 상품의 가격은 변화가 없는데 소득만 변화가 있을 경우 [그림 1-4]에서처럼 예산선은 평행이동하게 된다. 소득이 증가하면 구입 가능한 상품의 양은 전체적으로 증가하므로 예산선은 오른쪽·위 방향으로, 소득이 감소하면 왼쪽·아래 방향으로 평행이동하게 된다.

예를 들면, 소득은 20만 원, 쌀 1봉지의 가격(P_{x_1})은 1만 원이며, 신발의 가격(P_{x_2})은 2만 원일 경우 예산선은 B_1이다.

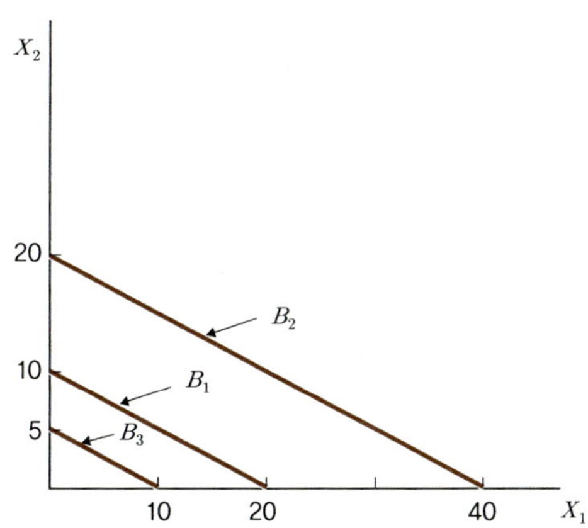

[그림 1-4] 소득변화에 따른 예산선의 변화

[그림 1-4]에서 두 상품(재화 X_1, X_2)의 가격에는 변동이 없이 예산선 B_1은

한 달 용돈 20만 원(Y)인 경우의 예산선이며, B_2는 한 달 용돈 40만 원인 경우, B_3는 한 달 용돈이 10만 원인 경우의 예산선이다. [그림 1-4]에서 보여 주는 바와 같이 소득이 증가하면 예산선은 오른쪽으로 이동하고 소득이 감소하면 왼쪽으로 이동함을 쉽게 알 수 있다. 이때, 소득변화로 변화된 소비량의 변화는 소득효과(income effect)라고 한다. 보통, 소득이 증가하면 상품(정상재)의 수요가 증가하게 된다. 다만, 상품이 열등재(예: 보리, 완행열차)인 경우는 소득이 증가하면 오히려 수요가 감소한다.

[그림 1-5]에서 상품의 가격은 일정한데 소득이 증가하면서 소비자의 효용극대화 점은 $E_1 \rightarrow E_2 \rightarrow E_3$로 이동하게 된다. 이 효용극대화 점들이 그리는 궤적을 선으로 연결할 수 있는데 이 선을 소득소비곡선(Income-Consumption Curve)이라 한다. 다시 말해, 소득소비곡선은 상품가격은 일정한데 소득이 증가하면서 변화되는 소비자 최적 균형을 선으로 연결한 곡선이다.

소득소비 곡선을 통해 각 소득수준에서 쌀의 구입량이 얼마나 될 것인지를 알 수 있다. 그러나 소득수준과 쌀의 구입량에 대해 보다 구체적으로 쉽게 알기 위하여 소득수준을 Y축으로, 쌀의 구입량을 X축으로 그림을 옮기면 아래의 곡선과 같이 나타나는데 이를 엥겔 곡선(Engel Curve)이라 한다. 엥겔 곡선은 19세기 통계학자 엥겔의 이름을 딴 것으로 각 소득수준에서 식비의 구매량을 보여주는 곡선이다. 엥겔 곡선은 특히, 소득수준에서 식비지출의 비중을 가지고 그 가계의 생활수준을 평가하는 것으로 많이 사용되어 왔다. 즉, 엥겔 곡선은 소득변화에 따른 식비 수요의 변화를 곡선으로 나타낸 것이다.

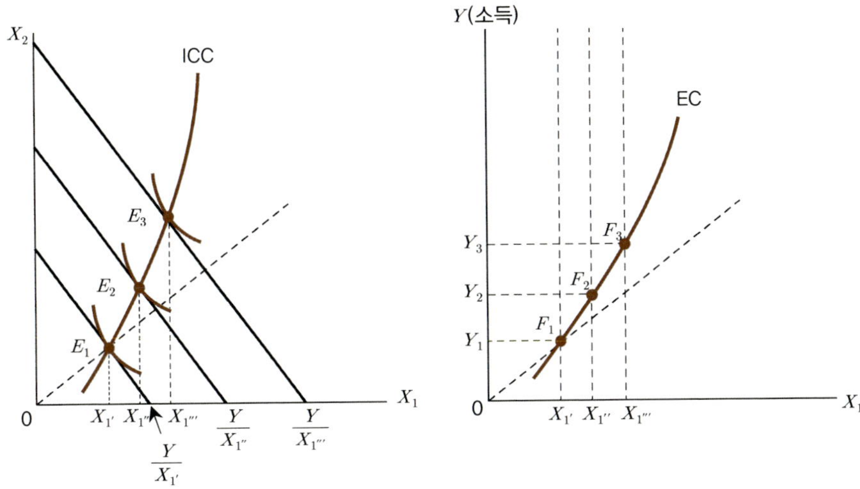

[그림 1-5] 소득소비곡선과 엥겔곡선

엥겔곡선은 소득변화에 대한 식비의 수요량의 변화를 살펴보는 것인데 상품의 속성이 필수재인 경우 소득증가에 따라 구입량이 완만히 증가하므로 [그림 1-6]과 같이 위쪽으로 휘어지면서 올라가는 엥겔곡선을 나타낸다. 반면, 상품 속성이 열등재인 경우는 소득증가는 어느 시점에서 수요량이 감소되는 형태로 나타난다.

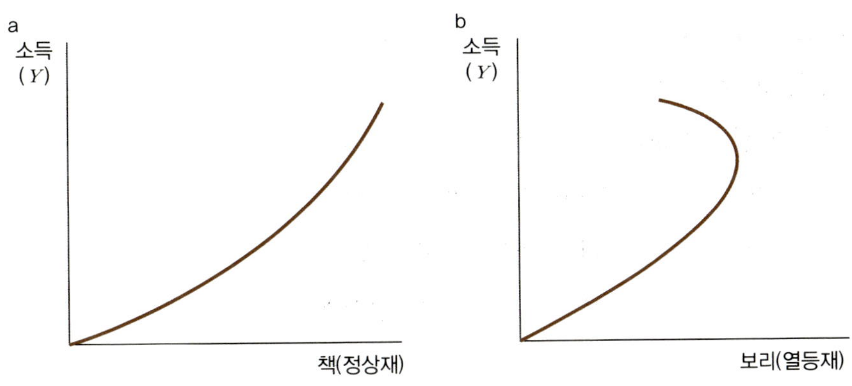

[그림 1-6] 재화의 속성에 따른 엥겔곡선

한편, 소득변화에 따른 수요변화의 정도를 파악하기 위하여 소득탄력성(income elasticity of demand)의 개념을 사용한다. 즉, 소득탄력성은 소득 1%의 변화에 대한 수요량의 변화의 비율을 말한다. 소득탄력성이 1인 경우는 단위탄력적(unitary income elastic)이라고 하는데, 현실적으로 그리 흔한 경우는 아니며 소득의 변화와 같은 비율로 수요가 변하는 경우이다.

소득탄력성(Y_e)을 수식으로 표현하면 다음과 같다.

수식 1.7 $$Y_e = (\Delta Q/\Delta Y) \times (Y/Q)$$

여기서, Q = 어떤 상품(X)의 구입량, Y = 소득,

ΔQ = 어떤 상품(X)의 추가적 구입량, ΔY = 추가적 소득

소득탄력성의 값이 1보다 크면 소득탄력적(income elastic)이라고 하며 사치재(예: 외식, 자동차)의 경우가 해당 된다. 반면, 소득탄력성이 1보다 작은 경우는 소득비탄력적(income inelastic)인 경우로서 필수재(예: 식품, 신발)가 이에 해당 한다.

한편, 소득탄력성의 값에 따라 상품의 특성을 알 수 있다. 소득탄력성이 0보다 크면 정상재(normal goods), 0보다 작으면 열등재(inferior goods)로 분류할 수 있다. 또한, 정상재중에서 소득탄력성이 1보다 크면 사치재(luxuries), 1보다 작으면 필수재(necessities)로 구분할 수 있다.

실제 예를 통해 소득탄력성의 의미를 파악하여 보자. 어떤 대학생의 한 달 용돈이 30만 원이었다. 이 학생은 이 용돈으로 뮤지컬 공연 티켓 5장을 샀다. 그 후 이 학생은 아르바이트를 하여 한달 용돈이 50만 원이 되어 뮤지컬 공연 티켓 10장을 샀다. 이 경우의 소득탄력성을 구해보자.

$$Y_e = (\Delta Q/\Delta Y) \times (Y/Q) \quad Y_e = (5/20) \times (30/5) = 1.5$$

위에서 소득탄력성은 1.5 임을 알 수 있다. 이 계산치 1.5는 1보다 크므로 뮤지컬 공연 티켓은 이 대학생에게 사치재 특성을 갖고 있음을 알 수 있다. 다시 말해, 뮤지컬 공연 티켓 장수는 용돈의 변화에 민감하게 반응한다고 하겠다.

5 가격변화와 소비자수요

이제 소득은 일정한 상태에서 어느 상품 하나의 가격이 변화한 경우 상품의 수요변화를 살펴보자. 이때, X_1상품 가격변화가 X_1상품의 수요량에 미치는 변화를 자기가격효과(own-price effect), X_1상품 가격변화가 X_2상품 수요량에 미치는 변화는 교차가격효과(cross-price effect)라고 한다. 여기서는, 편의상 자기가격 효과, 즉 X_1재화만의 가격 변화에 초점을 두고자 한다.

소득수준은 변화가 없는데 X_1의 가격만 변화가 있을 경우 예산선은 [그림 1-7]처럼 이동하게 된다. X_1의 가격이 오르면 구입 가능한 X_1의 양은 감소하므로 예산선은 왼쪽으로, X_1의 가격이 하락하면 오른쪽으로 이동하게 된다.

예를 들면, 소득은 20만 원이고, X_1의 가격(P_{x_1})은 1만 원이며, X_2의 가격(P_{x_2})은 2만 원이라고 하자. 이때의 예산선 B_1은 [그림 1-7]로 나타낼 수 있다.

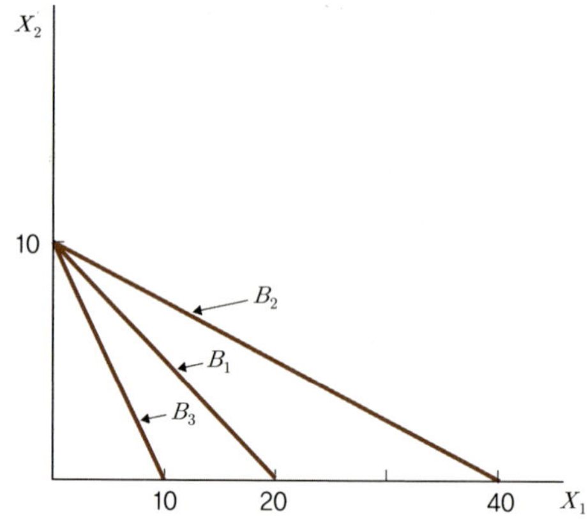

[그림 1-7] X_1 가격변화에 따른 예산선의 변화

X_1의 가격이 내리고 오른 경우, 즉 X_1의 가격이 변화된 경우를 가정해보자. [그림 1-8]에서 소득수준은 일정하고 X_1의 초기 가격인 1만 원에서 예산선은 B_1이며, B_2는 X_1의 가격이 5천 원으로 내린 경우, B_3는 X_1의 가격이 2만원으로 오른 경우의 예산선이다. 그림에서 보여주는 바와 같이 한 상품의 가격이 증가하면 예산선은 왼쪽으로 이동하고 가격이 내리면 오른쪽으로 이동함을 알 수 있다. 이때, 상품(X_1) 가격변화로 변화된 소비량의 변화는 가격효과(price effect)라고 한다.[6)]

[그림 1-8]에서 소득은 일정한데 상품(X_1) 가격이 변화하면서 소비자의 효용극대화 점은 $E_1 \rightarrow E_2 \rightarrow E_3$로 이동하게 된다. 이 효용극대화 점들이 그리는 궤적을 선으로 연결할 수 있는데 이 선을 가격소비곡선(Price-Consumption Curve)이라 한다. 즉, 가격소비곡선은 소득은 일정한데 특정 상품가격의 변화에 따른 소비자효용극대화 점을 연결한 곡선이다.

---

6) X_1의 가격이 변한 경우 X_1의 수요량의 변화를 자기가격효과(own price effect)라고 하며 X_1의 가격 변동에 따른 다른 재화, 즉 X_2의 수요량의 변화를 교차가격효과(cross price effect)라 한다. 여기서는 자기가격효과에 대해서만 언급하고 있다.

여기서, 가격소비곡선을 통해 각 가격 수준에서 쌀의 구입량이 얼마나 될 것인지를 알 수 있다. 그러나 가격 수준과 쌀의 구입량에 대해 보다 구체적으로 쉽게 알기 위하여 가격 수준을 Y축으로, X_1의 구입량을 X축으로 그림을 옮기면 아래의 곡선과 같이 나타나는데 이를 수요곡선(Demand Curve)라 한다. 즉, 수요곡선은 가격변화에 따른 X_1상품의 구입량을 나타낸 곡선이다. 우리가 흔히 사용하는 수요곡선은 이렇게 가격소비곡선에서 도출된 것이다.

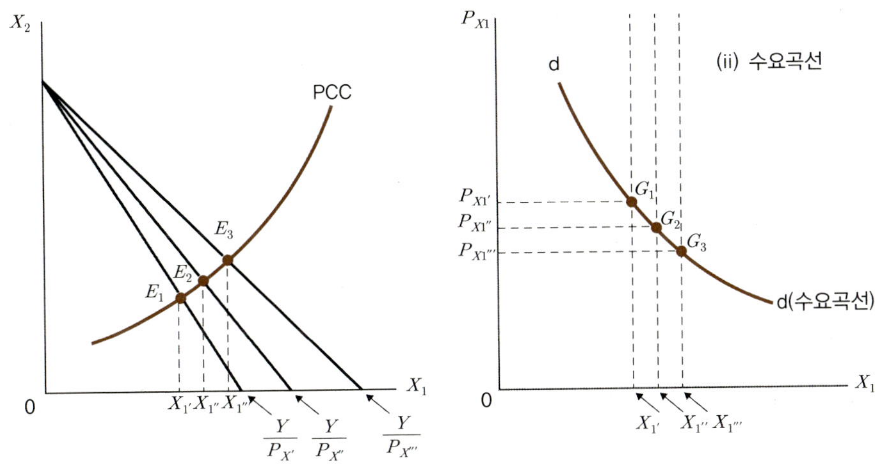

[그림 1-8] 가격소비곡선과 수요곡선

한편, 가격변화에 따른 수요변화의 정도를 파악하기 위하여 가격탄력성(Price Elasticity of Demand)의 개념을 사용한다. 가격탄력성은 가격 1%의 변화에 대한 수요량 변화의 비율을 의미한다. 이때, X_1 상품 가격의 변화비율에 따른 X1 상품 수요량의 변화비율은 자기가격탄력성, X_2 상품수요량의 변화비율은 교차가격탄력성이라고 한다.

가격탄력성(P_e)을 수식으로 표현하면 다음과 같다.

수식 1.8 $P_e = (\Delta Q / \Delta P) \times (P / Q)$

여기서, Q = 상품(X)의 구입량, P = 상품(X)의 가격

ΔQ = 상품(X)의 추가적 구입량

ΔP = 상품(X)의 가격 변동 이전과 이후의 가격 차

가격탄력성의 값이 1보다 크면 가격 탄력적(price elastic)이라고 하며 사치재(예: 외식, 자동차)의 경우가 해당된다. 반면 가격탄력성이 1보다 작은 경우는 가격 비탄력적(price inelastic)인 경우로서 필수재(예: 식품, 신발)가 이에 해당한다. 이때, 가격탄력성이 1인 경우는 단위 탄력적(unitary price elastic)이라고 하는데, 드문 경우로서 가격의 변화와 같은 비율로 수요가 변하는 경우이다.

예를 들어 어떤 소비자는 1봉지 1만 원인 식빵 구입에 한 달 평균 약 5만 원을 지출한다. 그런데 식빵 1봉지 값이 1만 3천 원으로 인상되어 이 주부는 4봉지의 식빵을 구입하였다. 이때, 식빵의 가격탄력성을 얼마인가? 또한 가격탄력성 값을 통해 알 수 있는 사실은 무엇인가?

- $P_e = (\Delta Q / \Delta P) \times (P / Q)$, $Y_e = (1/3000) \times (10000/5) = 0.666$

여기서 식빵의 가격탄력성은 0.666임을 알 수 있다. 이 식빵의 가격탄력성은 1보다 작으므로 식빵은 이 소비자에게 필수재의 특성을 갖고 있다. 즉, 이 소비자에게 식빵을 가격변동에 크게 민감하게 반응하지 않는 기본적 식품임을 알 수 있다.

6 가격변화에 따른 소득효과와 대체효과

가격이 변화할 경우의 소비자수요에 대해 살펴보자. 특정 상품의 가격변화는 다른 상품의 상대적 가격에 영향을 미치며 또한 실질소득의 변화를 미쳐 소비자의 상품선택에 변화를 주게 된다.

예를 들어, 지금까지 사용한 예제인 쌀(X_1재화)과 신발(X_2재화)의 선택에서 쌀(X_1재화) 값이 오르면 이는 소비자에게 두 가지 의미를 준다. 하나는 신발(X_2) 값이 쌀(X_1)보다 상대적으로 싸졌음을 의미하며, 또 다른 하나는 쌀(X_1) 값의 상승으로 소비자의 실질소득이 감소했음을 의미한다. 따라서 쌀(X_1) 가격의 변화로 인한 소비자의 수요 변화는 이 두 가지 변화에 초점을 두어야 한다. 이때, 가격 변동이 다른 제품(X_2)의 상대가격 변화를 초래하여 발생하는 한 상품 수요의 변화는 대체효과(substitution effect)를, 실질소득의 변화로 인한 상품 수요의 변화는 소득효과(income effect)를 의미한다. 따라서 총가격 효과(total price effect)는 대체효과와 소득효과의 합임을 알 수 있다.

어떤 상품의 가격변화가 가계의 수요량에 미치는 영향을 이해하기 위해서는 대체효과와 소득효과에 대해 보다 구체적으로 살펴보아야 한다. 대체효과는 소비자의 실질소득이 불변인 상태에서 두 상품 간의 상대가격의 변화에 의한 것이다. 보통, 상대적으로 값싼 상품을 많이 사고 비싼 상품을 적게 사는 것을 전제로 한다. 대체효과는 같은 효용 수준을 유지하는 상태에서 상품가격 변동에 따른 상품 구입량의 변화를 의미한다. 즉, 대체효과란 일정한 만족을 유지하면서 한 상품의 가격 변화가 상품 수요에 미치는 효과를 말 한다.

한편, 소득효과는 상대가격의 변화가 없는 상태에서 실질소득만 변화함으로서 발생하는 효과이다. 상품의 속성에 따라 소득효과는 다르게 나타나게 되는

데 정상재의 경우 실질소득이 증가하면 상품 수요가 증가하며, 열등재의 경우 상품 수요는 오히려 감소하게 된다. 결론적으로 소득효과는 한 상품의 가격변화로 인한 실질소득의 변화가 상품 수요에 미치는 효과를 말 한다.

가격변동에 따른 소득효과와 대체효과를 충분히 이해하기 위하여 이 두 효과를 그래프로 설명하면 다음과 같다.

1) X_1재 가격이 상승한 경우

[그림 1-9]에 제시한 바와 같이 소비자의 최적 선택은 균형점 A점에서 이루어지고 있었다.

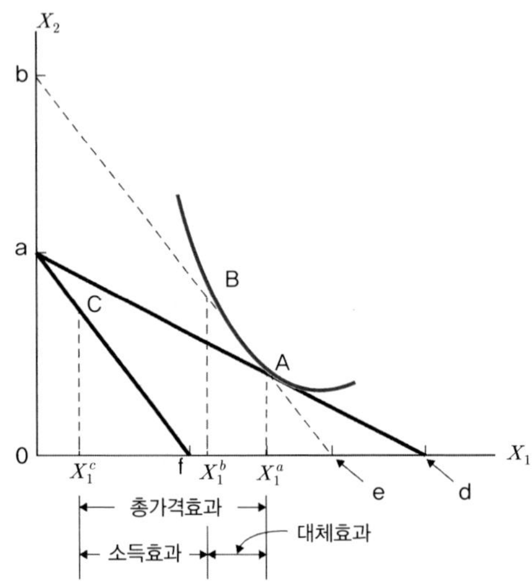

[그림 1-9] 가격상승에 따른 대체효과와 소득효과

X_1재 가격이 상승하였다고 가정하자. X_1재 가격 상승은 제일 먼저 예산선의 변화를 초래하게 된다. 처음의 예산선 ad가 X_1재 가격상승으로 af로 예산

선이 이동하여 가계의 최적선택 균형점도 초기의 A에서 C로 이동하게 된다. 이 변화로 X_1재 상품의 수요량은 X_1^a에서 X_1^c로 이동하게 된다. 이때 X_1재 수요량의 변화는 총가격효과이다.

X_1재 가격 상승으로 발생한 총가격 효과는 대체효과와 소득효과로 구분하여 설명할 수 있다. X_1재 가격 상승은 두 가지 의미를 갖는데, 하나는 상대적으로 X_2재의 가격 하락을 의미하며, 또한 실질소득의 감소를 의미한다. 먼저, X_1재 가격 상승은 상대적으로 X_2재 가격의 하락을 의미하므로 X_1재 수요는 감소하고 X_2재 수요가 증가하게 된다. 이 같은 효과를 대체효과라 하는데 상대가격 하락에 따른 대체효과로 인하여 소비자 균형점이 A에서 B로 변화하였다. 그림에서 대체효과로 X_1재는 X_1^a에서 X_1^b로 감소하고 X_2재의 수요는 증가했음을 알 수 있다. 가격 상승으로 인해 예산선상의 변화는 있었으나 같은 무차별곡선상에 균형점이 있으므로 만족 수준은 동일하면서 예산선 기울기의 변화가 초래된 경우로서 대체효과라고 하겠다.

한편, 균형점 B에서 C의 변화는 예산선이 평행이동한 경우이므로 소득효과를 의미한다. X_1재의 가격상승으로 실질소득이 하락하여 균형점이 B에서 C로 이동하였으므로 이 변화는 소득효과라고 하겠다.

따라서 가격변동에 따른 총가격 효과는 A에서 B까지의 1단계와, B에서 C까지의 2단계로 구분하여 생각할 수 있다. 다시 말해, 총가격 효과(A → C)는 대체효과(A → B)와 소득효과(B → C)의 합이라고 하겠다.

결론적으로, X_1재의 가격상승으로 인한 X_1재 수요량의 변화는 대체효과로 인하여 X_1^a에서 X_1^b으로 감소하였고, 실질소득 감소로 인한 소득효과로 인하여 X_1^b에서 X_1^c로 감소하였다. X_1재의 가격상승은 소득효과와 대체효과로 인해 X_1재 수요가 감소하였음을 알 수 있다.

2) X_1재 가격이 하락한 경우

X_1재 가격이 하락한 경우 가격변동에 따른 소득효과 및 대체효과를 살펴보자. [그림 1-10]에서 X_1재 가격 하락은 예산선의 이동을 가져와 예산선은 ad에서 af로 이동시켜 가계의 최적 선택 균형점은 A에서 C로 이동하게 된다. 이 변화는 총가격효과로 이로 인한 상품의 수요량은 X_1^a에서 X_1^c로 이동하게 된다. 다시 말해, X_1재의 가격하락으로 X_1재 수요는 증가하였음을 알 수 있다.

X_1재 가격 하락은 X_2재의 상대적 가격상승과 실질소득의 증가를 의미한다. X_1재 가격하락이 다른 재화(X_2)의 상대적 가격상승의 효과를 초래하는데 이를 대체효과라고 한다. X_1재의 가격 하락은 X_2재 상대가격 상승의 의미를 초래하므로 X_2재 수요 감소, 즉 X_1재 수요 증가를 초래한다. 대체효과로 인해 소비자수요 균형점이 A에서 B로 이동하게 된다.

한편, X_1재 가격 하락은 실질소득의 증가를 초래하여 X_1재 수요가 증가하게 된다. 소득효과로 인하여 균형점 B에서 C로 변화하게 된다. 소득효과로 인해 X_1재의 수요는 X_1^b에서 X_1^c로 증가함을 알 수 있다.

결국, 가격 하락에 따른 총가격효과는 A에서 B까지의 1단계와, B에서 C까지의 두 단계로 분류된다. 대체효과(A→B)와 소득효과(B→C)의 합인 총가격효과(A→C)로 X_1재 가격하락은 X_1재 수요 증가를 초래함을 알 수 있다. X_1재의 가격 하락으로 X_1재 수요량의 변화는 대체효과로 인하여 X_1^a에서 X_1^b로 증가하였고, 실질소득 증가로 발생하는 소득효과를 통해 수요량은 X_1^b에서 X_1^c로 증가된다.

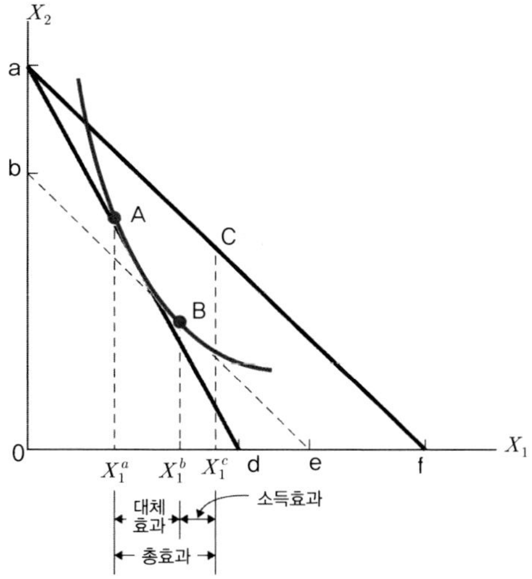

[그림 1-10] X_1재 가격인하에 따른 대체효과와 소득효과

지금까지 X_1재의 가격 상승과 하락에 따른 대체효과와 소득효과 그리고 총효과를 구분하여 살펴보았다. X_1재의 가격 상승은 X_1재의 수요감소를, X_1재 가격 하락은 X_1재 수요 증가를 초래함을 알 수 있었다. 그러나 X_1재의 가격변화에 대한 X_1재 수요 변화는 항상 [그림 1-9]과 [그림 1-10]처럼 나타나는 것은 아니다. 위의 두 그림 [그림 1-9]와 [그림 1-10]은 X_1재가 정상재인 경우에 해당된다. X_1재의 속성이나 소비자의 선호도가 어떤가에 따라 소득효과와 대체효과는 차이가 있을 수 있다. 예를 들면, 보리, 돼지고기 등과 같이 소득이 증가하면 오히려 수요량이 감소하는 열등재인 경우 가격효과는 달리 나타날 수 있다.

Chapter 02

시장노동참여의 경제

소비자는 자신의 노동력을 노동시장에 제공할 것인가, 즉 노동공급 여부를 결정하여야 한다. 특히 결혼한 주부의 노동공급 여부는 개인과 가족의 중요한 의사결정 중의 하나로서, 노동공급과 관련한 의사결정은 미혼 여성 또는 자녀가 없는 여성보다 복잡하다. 결혼한 가계의 여성 노동력 공급 여부 결정에서 보다 중요한 이슈는 기혼 여성의 경제활동 참여 여부, 즉 노동력을 노동시장에 제공할 것인지의 여부이다.

가계구성원들 간의 선호(노동인가 여가인가 혹은 가사노동을 할 것인가의 선호)가 각기 다르고, 가계 의사결정에 도달하는 과정이 복잡하다. 지금까지 또는 얼마 전까지 기혼 남성의 경제활동 참여는 가족부양의 차원에서 의무적(비선택적)이었다면, 기혼여성의 경제활동 참여는 다분히 선택적이었다고 할 수 있다. 가사노동 등 가정 일이 여성의 몫으로 인식되어 온 과거의 사회 분위기 속에서 기혼 여성, 특히 어린 자녀를 가진 여성의 경제활동 참여 선택은 노동공급 결정에서 주요 이슈로 간주되어 왔다.

노동공급에 관한 의사결정을 설명하는 경제학적 모델은 소비자수요 이론에서와 마찬가지로 예산제약과 선호체계에서 출발한다. 예산제약은 노동시장에서 얻을 수 있는 시장임금률로 설명한다. 소비자수요 이론에서 소비자의 선호체계는 효용의 개념을 사용한 무차별곡선으로 설명한 것과 마찬가지로 노동공급에서도 노동력을 공급해서 얻을 수 있는 소득과 여가 간의 선호체계(소비자수요 이론에서의 X_1 재화와 X_2 재화 간의 선호)로 설명한다. 결국, 가계구성원은 주어진 제약조건인 시장 임금률하에서 자신의 효용을 최대한으로 충족시켜 주는 노동과 비노동의 선택을 하게 된다.

이 장에서는 무차별곡선과 임금률선을 설명하고 노동공급 여부 결정의 최적 선택점에 대해 살펴보고자 한다. 또한, 예산제약의 변화인 임금률 변화와 비근로소득에 따른 노동 공급의 변화가 노동 공급의 최적 선택에 미치는 영향을 살펴보고 임금률 변화에 따른 소득효과와 대체효과 등을 살펴보기로 한다.

1 시장노동참여의 경제

1) 시장노동참여 결정에 대한 무차별곡선

가계구성원 특히 결혼 상태에서 자녀가 있는 기혼 여성이 경제활동에 참여할 것인가, 즉 자신의 노동력을 노동시장에 공급할 것인가라는 의사결정에 대해 경제학적으로 설명하고자 하는 노력이 계속되었다. 소비자수요 이론에서와 마찬가지로, 노동공급 모델에서는 기혼 여성이 선택할 수 있는 대안은 두 가지로서 노동시장에 노동력을 제공할 것인가 아니면 여가시간에 할애할 것인가(즉 노동공급 안 함)의 선택사항으로 전제하고 있다. 노동시장에 참여할 것인지의 여부는 노동력을 공급하여 얻게 되는 노동소득과 여가 간의 선호체계에 의해 설명된다. 다시 말해, 여가와 노동소득 간의 선호체계는 무차별곡선으로 설명할 수 있다.

[그림 2-1]에 제시한 무차별곡선은 2개의 선택사항인 근로소득과 여가의 선호체계를 나타내는 선이다. 여기서 사람들은 시장노동에 시간을 할애하거나 아니면 여가에 시간을 할애하여야 하는데 OL은 총시간을, O점에서 오른쪽으로의 시간은 여가시간을, L점에서 왼쪽으로의 시간은 시장노동 시간을 나타낸다.

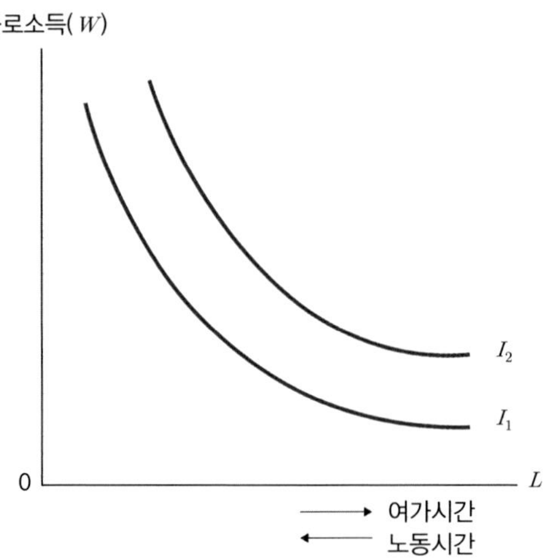

[그림 2-1] 근로소득과 여가의 무차별곡선

여가와 소득은 사람들에게 소망스러운 것이므로 정상재(normal goods)로서 무차별곡선은 우하향하는 형태를 띠는 것으로 전제한다. [그림 2-1]에서 곡선 I_1과 I_2는 무차별곡선이다. 소비자수요 이론에서처럼 무차별곡선의 기울기가 음의 방향이므로 추가적 여가 시간을 얻기 위해서는 시장노동시간을 감소시켜 노동소득의 감소를 감수하여야 한다. 무차별곡선이 갖는 특성은 소비자수요 이론에서의 특성과 같다. 무차별곡선이 우하향할 수록 높은 만족 수준을 나타내는데, 위의 그림에서 무차별곡선 I_1보다는 I_2가 더 높은 만족 수준을 나타낸다.

2) 무차별곡선의 기울기: 요구임금

노동소득과 여가 간의 주관적 선호도를 나타내는 무차별곡선의 기울기는 노동소득과 여가 사이의 교환비율로서 노동력을 제공하는 사람이 주관적으로 평가하는 시간당 임금으로 요구임금(reservation wage; w*로 표기)이라고 한다(허경옥, 2006). 추가적인 비시장노동 시간(가사노동 및 여가)을 위해 포기하고자 하는 소득 액수가 곧 무자별곡선의 기울기로서 요구임금이라고 하겠다. 결국, 요구임금은 비시장노동 시간에 대한 주관적 가치의 정도를 의미함을 알 수 있다. 다시 말해, 요구임금은 노동소득과 여가의 교환 비율로, 추가적인 여가를 우해 포기하고자 하는 소득 액수를 말한다.

보통, 자녀를 가진 기혼 여성의 경우 남성보다 요구임금 수준이 높다. 아직도 지구상의 많은 사회에서 자녀를 돌보는 역할 및 각종 가사노동이 여성의 책임으로 인식하는 경우가 존재하고 있고 이 경우 여성의 비시장노동 시간의 가치는 남성보다 높은 편이다.

요구임금의 개념은 비취업주부의 비시장노동 시간의 가치를 평가하는데 많이 응용되어 왔다. 신고전경제학파의 논리에 다르면 시간사용 또는 노동공급과 관련한 의사결정에서 사람들은 노동시장에서 노동력을 공급하여 얻는 소득으로 구입 가능한 총시장재화량과 비시장노동, 즉 가사노동으로 얻을 수 있는 총가계생산물을 비교하여 우위의 것을 선택한다고 하였다. 여기서, 가계에서 생산되는 가계생산물은 모두 시장에서 대체 가능하다고 보아, 소득으로 구입 가능한 시장재화란 시장에서 구입한 가계생산물을 포함하는 의미이다.

i) 경제활동참여 … 총가계생산물 < 시장재화(시장구입 가정생산물 포함)
ii) 경제활동참여 않음 … 총가계생산물 > 시장재화(시장구입 가정생산물 포함)

위의 논리에 따르면 비취업주부가 노동시장에 노동력을 공급하지 않는 즉, 경제활동에 참여하지 않는 이유는 비취업주부가 인식하는 비시장노동(예: 가사노동 또는 여가 등)의 가치수준이 높기 때문이다. 비취업여성의 비시장노동시간의 가치 또는 기회비용을 정확히 나타내기 위한 개념으로 요구임금의 개념이 필요하다. 다시 말해, 취업주부의 비시장노동시간의 경우는 비시장노동시간의 기회비용인 노동시장에서의 임금률에 의해 측정된다.

요구임금의 개념은 경제학자인 Heckman에 의해 더욱 구체화되어 가사노동 및 육아 등 가정노동의 기회비용을 측정하는 데 그리고 비취업여성의 비시장노동의 가치를 평가하는 데 기여를 하게 되었다. 요구임금의 개념은 가계경제학에서 매우 중요한 개념이므로 요구임금의 측정방법에 대해 보다 구체적으로 살펴보자. 우선, 요구임금을 측정하기 위한 함수식을 도출하기 위하여 노동수요함수와 노동공급 함수를 수식으로 표시하면 다음과 같다.

수식 2.1 노동수요함수 ··· $W = \alpha_i X_i + \epsilon_i$

수식 2.2 노동공급함수 ··· $W^* = \beta_i Z_i + \gamma_i M + \epsilon_j$

W = 시장임금률, W^* = 요구임금률, M = 시장노동시간

X_i = 시장생산성을 결정하는 요인들(예: 교육수준, 연령, 지역 등)

Z_i = 가계생산의 생산성을 결정하는 요인들(예: 교육수준, 연령, 어린자녀 존재, 남편의 시장임금률, 방의 개수, 주택/자동차 등 각종 내구재 소유여부 등)

α_I, β_i, γ_i = X, Z, M 변수 각각의 회귀계수

위의 수식 2.1은 노동수요 함수이며, 수식 2.2는 노동공급 함수이다. 여기서 W^*인 요구임금률은 실제적으로 측정되지 않으므로 측정 가능한 식 2.1과 식

2.2를 결합하여 아래의 식 2.3으로 나타낼 수 있다.

수식 2.3 $$M = \frac{1}{\gamma_i}(\alpha_i X_i - \beta_i Z_i + \epsilon_i - \epsilon_j)$$

이제, 수식 2.1과 2.3은 실제 자료를 사용하여 측정할 수 있으므로 이 결과를 가지고 최종적으로 요구임금률인 W^*를 측정할 수 있다. 이때, 비취업주부의 경우 시장임금이 없으므로 Heckman(1977)이 제시한 표본절단오류교정(Correction for Sample Selection Bias) 방법을 통해 요구임금을 측정할 수 있다.[7] 실제 data를 사용하여 요구임금을 측정할 경우 위의 수식 2.1과 수식 2.2는 회귀모델로서, α_i는 시장 생산성을 결정하는 변수들의 회귀계수이며 γ_i는 가정생산의 생산성을 결정하는 변수들의 회귀계수이다.

남성 노동자에 비해 여성 노동자의 경우 요구임금에 의해 노동 공급의 변화가 탄력적인 편이다. 앞에서 요구임금을 측정하는 방법에 대해 살펴보았으므로 비시장노동시간에 대한 주관적 가치, 즉 요구임금에 영향을 미치는 요인들에 대해 살펴보자. 요구임금은 여성, 특히 기혼여성의 노동공급을 설명하는데 있어서 중요한 개념인데, 크게 3가지에 의해 영향을 받는다.

첫째, 요구임금은 노동과 여가에 대한 기호나 선호에 의해 결정된다. 사람들의 노동과 여가에 대한 기호나 선호는 저마다 차이가 있다. 둘째, 비시장노동시간에 대한 수요의 정도, 즉 가사노동, 육아에 대한 수요에 따라 영향을 받는다. 전통적인 가정에서 육아 및 가사노동책임이 여성에게 주어진다면 이 여성의 비시장노동시간에 대한 수요가 높아 요구임금률에 영향을 미치게 된다. 이 같은 이유에서, 결혼상태, 어린 자녀의 존재 여부, 자녀 수와 연령 등이 여성의

---

7) 표본절단오류 교정을 가능하게 하는 컴퓨터의 소프트웨어로는 LIMDEP, SASAM, E-VIEWS 등이 있다.

노동공급에 미치는 영향력에 대한 연구들이 많이 진행되어 왔다. 셋째, 근로소득 이외의 비근로소득의 존재 또는 기타 가족구성원의 소득은 요구임금에 영향을 미친다. 비근로소득 또는 기타 가족구성원의 소득의 존재는 이용가능한 소득을 증가시켜 비시장노동시간, 즉 여가 및 가사노동에 대한 수요를 증가시키는 것이 보통이다.

3) 임금률선(wage line)

소비자수요 이론에서의 예산선과 유사하게, 노동공급결정 모델에서는 노동시장에서 노동 공급자가 얻을 수 있는 임금률선은 노동공급에의 제약을 설명하게 된다. 사람들은 노동시장에서 주어지는 자신의 임금률을 기초로 노동력 공급여부 및 어느 정도를 노동시장에 할애할 것인지를 결정하게 된다. 임금률선은 노동시장에서 노동자가 얻을 수 있는 임금을 직선으로 나타낸 선이다. 노동시장에서의 임금을 나타내는 임금률선은 [그림 2-2]처럼 직선으로 나타낼 수 있다.

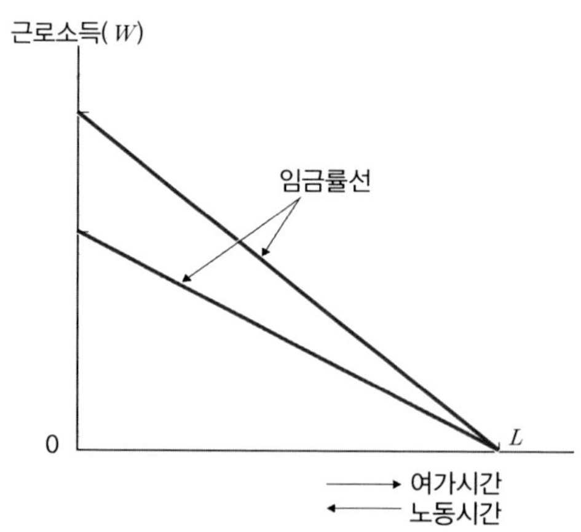

[그림 2-2] 노동시장에서의 임금률선

어떤 사람의 임금률을 나타내는 선이 W_1L선인 경우, 만약 이 사람이 주어진 총시간인 OL만큼 시장노동에 할애한다면, 다시 말해, 여가에는 전혀 시간을 할애하지 않는다면, 총노동소득은 OW_1이라고 하겠다. 반면, W_2L선을 나타내는 사람의 경우 총시간을 노동에 할애한다면 OW_2 만큼의 노동소득을 얻게 될 것이다. 한편, W_1L선과 W_2L선의 경우 기울기값은 W_2L가 크므로 W_2L선을 나타내는 사람의 임금률이 높다고 하겠다. 한편, 어떤 사람의 임금률을 나타내는 선이 W_1L이었는데, 이 사람의 임금률이 상승할 경우 임금률선은 W_2L로 이동하게 된다. 다시 말해, 임금률 변화는 임금률선의 기울기 변화를 초래하여 W_1L에서 W_2L로 이동함을 알 수 있다.

4) 노동공급의 최적 선택

지금까지 무차별곡선과 임금률에 대해 살펴보았으므로 이제 노동공급 결정을 위한 최적 선택을 살펴보자. [그림 2-3]에는 여가와 노동의 선호도를 나타내는 무차별곡선과 시장에서의 임금률을 나타내는 직선을 제시하였다. 시장에

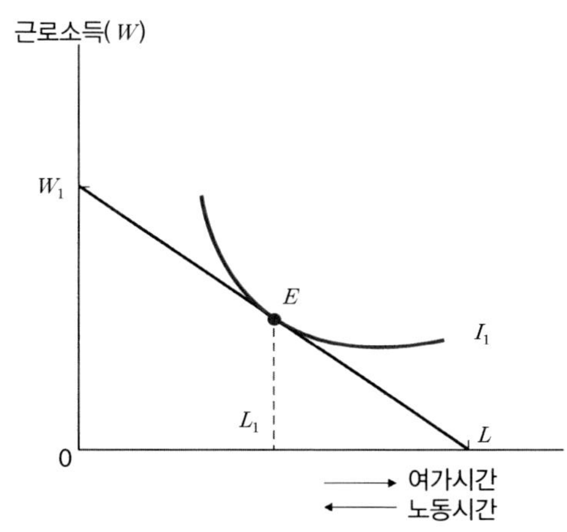

[그림 2-3] 노동공급결정 모델

서 주어지는 임금률 수준에서 여가와 노동의 선호도를 충분히 반영하여 최대의 만족을 충족시키는 균형점은 [그림 2-3]의 E점이라고 하겠다. 다시 말해, 어떤 사람의 노동시장의 임금률선 W_1L에서는 이 사람은 OL_1만큼 여가시간, LL_1만큼의 근로시간을 노동시장에 공급함으로써 최대의 만족을 얻게 된다.

노동공급 모델에서 무차별곡선의 기울기가 시장에서의 예산제약을 나타내는 임금률보다 클 경우(무차별곡선의 기울기 즉, 요구임금의 기울기가 임금률선의 기울기보다 가파른 경우)에는 노동시장에 노동력을 공급하지 않는다. 이것은 주관적으로 요구하는 임금 또는 비시장근로 시간의 가치를 나타내는 요구임금이 높아 경제활동에 참여하지 않는 경우이다. 역으로, 시장에서의 임금률이 무차별곡선의 기울기인 요구임금보다 큰 경우 노동시장에 노동력을 공급하게 된다. 이는 비시장노동 시간에 대한 주관적인 평가인 요구임금보다 현실적으로 시장에서 제공되는 임금률이 높으므로 노동시장에 시간을 할애하는 것이 최적의 선택이 되기 때문이다.

지금까지 여가와 노동공급 간의 선호체계를 나타내는 무차별곡선과 임금률을 나타내는 임금률선을 기초로 노동공급과 관련한 의사결정모델에 대해 살펴보았다. 이제 사람들이 노동시장에 노동력을 제공할 것인지, 즉, 경제활동참여 여부와 관련한 선택의 경우를 그림을 통해 살펴보자.

[그림 2-4]의 경우와 같은 선호체계와 임금률을 가진 사람의 경우 자신의 노동력을 노동시장에 제공하지 않는 결정을 내리게 된다. 즉, 경제활동에 참여하지 않는다. [그림 2-4]에서 임금률선과 무차별곡선이 만나는 점은 A점과 L점이다. 이때 무차별곡선이 효용 수준이 높은 곡선이므로 I_1 무차별곡선 상의 접점 A보다는 I_2 무차별곡선 상의 접점 L점이 최적 균형점이다. 최적 균형점인 L에서는 OL만큼의 여가 시간을 갖게 되며, 노동시장에는 시간을 전혀 할애하지 않게 된다. 다시 말해, 경제활동에 참여하지 않는다. I_2 무차별곡선 상

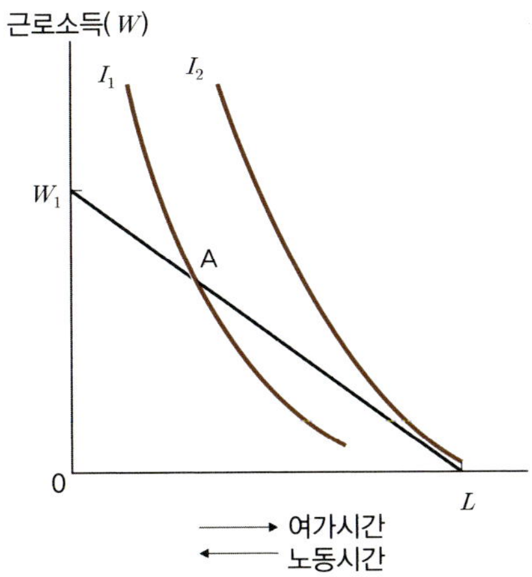

[그림 2-4] 경제활동에 참여하지 않는 경우

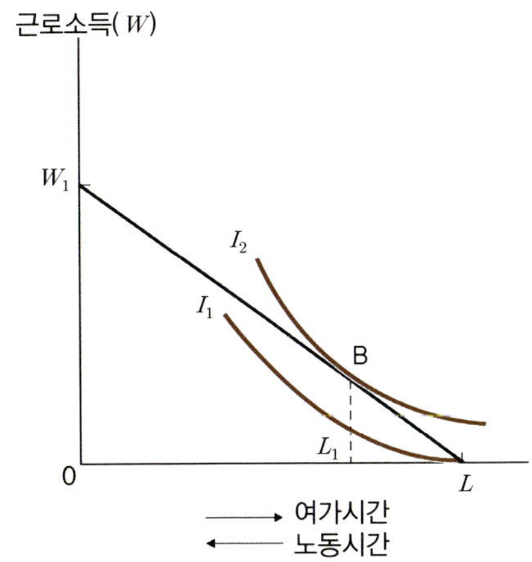

[그림 2-5] 경제활동에 참여하는 경우

의 L점의 기울기는 비시장노동시간의 가치, 즉 요구임금률로서 임금률선, 즉 W_1L의 기울기인 시장임금률보다 높다(I_2 곡선의 기울기가 W_1L의 기울기보다 가파르다). 결국, L점에서는 비시장노동 시간의 주관적 가치를 나타내는 무차별 곡선의 기울기인 요구임금률이 더 높은 경우이므로 시장노동에 참여하지 않게 된다.

보통, 남성보다는 기혼 여성의 경우가 이와 같은 균형점을 갖는 경우가 많다. 여성의 경우 일반적으로 노동시장에서의 임금률이 남성보다 낮은데다가 비시장노동 시간의 가치를 나타내는 요구임금률 수준이 높아 이와 같은 선택을 할 가능성이 높다고 하겠다.

한편 [그림 2-5]의 경우와 같은 조건을 가진 사람은 자신의 노동력을 노동시장에 제공하는, 즉 경제활동에 참여하는 결정을 하게 된다. [그림 2-5]에서 무차별곡선과 임금률선의 접점은 B점과 L점이다. 그러나 B점을 통과하는 무차별곡선 I_2가 L점을 통과하는 무차별곡선 I_1보다 높은 만족을 주는 무차별곡선이다. 따라서 I_2 무차별곡선상의 B점이 최적 균형점이 된다. B점에서 임금률선 W_1L의 기울기가 무차별곡선 I_2상의 B점의 기울기보다 크므로(W_1L의 기울기가 I_2 곡선의 기울기보다 가파르다) 노동시장에 노동력을 공급하는 결정을 하게 된다. 다시 말해, B점에서 시장임금률이 요구임금률(I_2 곡선의 기울기)보다 크므로 노동력을 노동시장에 공급하여 경제활동에 참여하는 것이 효용을 극대화는 선택이다. 이 사람은 OL_1만큼의 여가 시간, LL_1만큼의 시간을 노동시장에 할애하는 선택을 한다.

5) 임금률의 변화에 따른 경제활동참여 여부

노동시장에서 임금률의 변화는 경제활동참여 여부 또는 시장노동시간에 영향을 미치게 된다. 보통, 여성의 경우 노동시장에서 임금률이 상승하면 더 많은 시간을 노동시장에 할애하게 되는데 이는 임금률의 상승이 요구임금률보다 높아지기 때문이다.

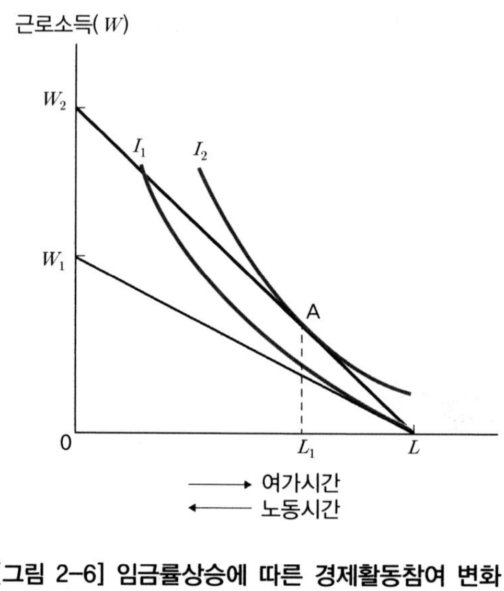

[그림 2-6] 임금률상승에 따른 경제활동참여 변화

[그림 2-6]은 임금률이 높아지는 경우의 노동공급의 변화를 보여 주는 그림이다. 위 그림에서 최초의 임금률선은 W_1L선 그리고 무차별곡선은 I_1이다. 이때 최적 W_1L과 I_1이 만나는 L점이 균형점으로써 OL만큼의 여가시간을 가지며 경제활동에는 전혀 참여하지 않는 선택을 하게 된다.

그 이후 임금률이 상승되면 임금률선이 가파르게 이동하여 W_1L에서 W_2L로 이동하게 된다. 임금률선의 이동으로 균형점은 L에서 A로 이동되어 이 사람은 경제활동에 참여하게 된다. 이 사람은 OL_1만큼의 여가시간, LL_1만큼의 시장노동시간을 최적 선택으로 결정하게 된다.

결국, 시장에서 임금률 상승은 시장노동 시간을 증가시킴을 알 수 있다.[8] 시장임금률의 상승이 경제활동참여율 또는 시장노동 시간을 증가시키는 효과는 특히, 여성에게 두드러지게 나타나는 것이 보통이다. 어린 자녀를 가진 여성의 경우 비시장노동 시간의 수요가 높아 요구임금률이 높다. 다시 말해, 시장노동의 기회비용이 높은 편인데, 시장임금률의 상승은 시장노동의 기회비용을 감소시키므로 여성의 취업을 촉진시키는 역할을 하게 된다. 보통, 시장임금률이 높아지면 여성의 시장노동시간 증가는 남성에 비해 높다. 다시 말해, 여성의 노동공급은 임금률변동에 민감한 경향이 있다.

6) 비근로소득 또는 기타 가족구성원의 소득에 따른 경제활동참여 여부

가계의 재산소득 등과 같은 비근로소득이 있거나, 배우자 및 성인자녀 등 다른 가족 구성원의 소득이 존재한다면 이 같은 사실은 경제활동참여에 영향을 미치게 된다. 일반적으로, 비근로소득이나 기타가계구성원의 소득은 노동시장

8) 시장 임금률이 증가한다고 모든 사람이 시장노동시간을 증가시키지는 않는다. 다만, [그림 2-6]의 무차별곡선의 형태를 갖는 경우만 시장노동시간을 증가시킨다. 예를 들면, 남성의 경우 소득효과에 의해 시장 임금률이 증가하면 여가시간을 증가시킬 수도 있다.

참여를 소극적이게 하며 노동공급 시간도 감소시키는 경향이 있다. 특히, 기혼 주부의 경우 비근로소득이나, 남편의 경제활동여부, 다른 가족구성원의 소득(남편의 취업 포함)은 여성 자신의 시장노동 시간을 감소시키는 경향이 있다고 알려져 있다. 비근로소득 및 다른 가족구성원의 소득은 남성보다는 여성의 노동공급결정에 많은 영향을 미치는 것이 보통이다.

[그림 2-7]에서 임금률선 Y_1L은 비근로소득이 없는 경우로서 I_1곡선과 Y_1L 선이 만나는 A점이 균형점으로 LL_1만큼의 시간을 노동시장에 할애하게 된다. 그러나 이 가계에 비근로소득이 BL만큼 존재한다면, 임금률선은 평행이동하여 Y_1L에서 Y_2L로 이동한다(노동시장에서의 임금률은 변화하지 않는 상태에서 가계총소득만 증가하므로). 이때, 여가와 노동공급간의 선호도가 I_2 무차별곡선과 같이 나타나는 사람의 경우 균형점은 B가 되므로 이 사람은 노동시장에 노동력을 공급하지 않게 된다. 결국, [그림 2-7]에서 비근로소득의 존재는 경제활동에 참여하지 않게 하는 영향을 미치고 있음을 보여 준다고 하겠다.

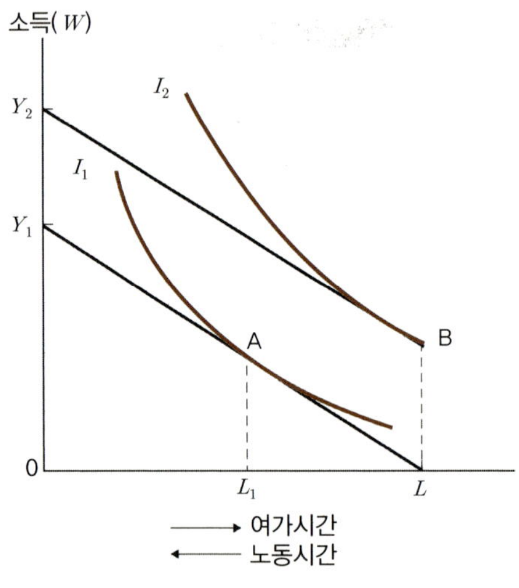

[그림 2-7] 비근로소득에 따른 경제활동참여 변화

앞서 논의한 바와 같이 요구임금에 영향을 미치는 요인들 중의 하나가 비근로소득이었다. 비근로소득 또는 다른 가족구성원의 또 다른 소득은 무엇보다도 요구임금에 많은 영향을 미침을 확인할 수 있었다. 비근로소득이 경제활동참여여부 및 시장노동시간에 미치는 영향은 남성보다는 여성, 특히 기혼여성에 보다 두드러지는 것으로 알려져 있다. 여성의 노동력 공급은 비근로소득의 존재여부에 민감하게 반응하는데 이는 비근로 소득이 요구임금에 영향을 미치기 때문이다.

7) 임금률 변화에 따른 소득효과와 대체효과

임금률 변화는 경제활동참여 여부 및 근로시간에 영향 미침을 알게 되었다. 임금률 변화가 노동공급에 미치는 영향에 대해 보다 구체적으로 살펴보자. 이때, 임금률은 보통 하락보다는 상승하는 것이 현실적이므로 임금률 상승에 초점을 두기도 한다.

[그림 2-8]에 제시한 바와 같이 어떤 사람의 최초의 노동공급 최적 선택은 균형점 A에서 이루어지고 있었다고 가정하자. 그 후 노동시장에서 이 사람의 임금률이 상승하였다고 가정하자. 임금률 상승은 제일 먼저 임금률선의 변화를 초래하게 된다. 임금률 상승으로 임금률선은 W_aL에서 W_cL로 이동하여 최적 선택 균형점은 A에서 C로 이동하게 된다. 다시 말해, 임금률 상승으로 노동시장에의 노동력공급 시간은 LL_a에서 LL_c로 이동하여 시장노동시간이 감소하게 된다. 이 변화는 임금률 변화에 따른 총효과(total effect)라고 하겠다.

임금률 상승으로 발생한 총효과는, 소비자수요 이론에서와 마찬가지로, 대체효과(substitution effect)와 소득효과(income effect)로 구분하여 설명할 수 있다. 다시 말해, 임금률상승에 따른 총효과는 A에서 B까지의 1단계와, B에서 C까지의 2단계로 구분하여 생각할 수 있다.

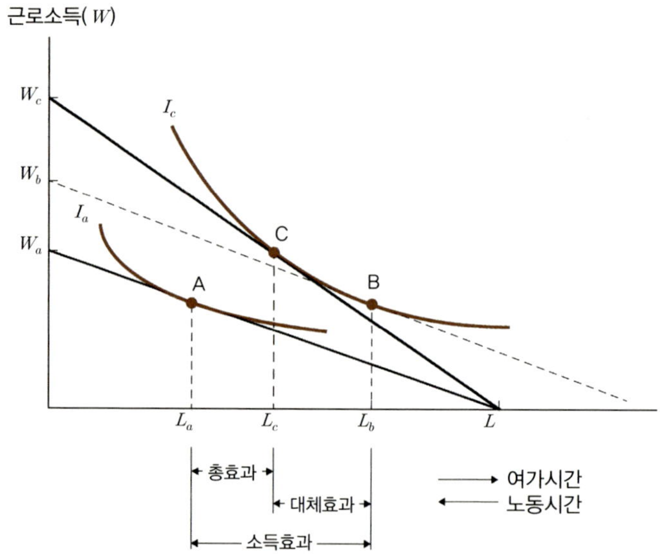

[그림 2-8] 임금률상승에 따른 소득효과와 대체효과

- 총효과 = 대체효과 + 소득효과

먼저, 대체효과를 살펴보자. 임금률의 상승은 비시장노동시간, 즉 여가시간의 상대적 비용 또는 기회비용의 증가를 의미한다. 따라서 임금률이 상승하면 여가시간을 줄이고 노동시간을 증가시키게 되는데 이 효과를 대체효과라 한다. 다시 말해, 대체효과란 임금률상승으로 비시장노동시간이 감소되고 시장노동 시간이 증가되는 효과이다.

B에서 C점으로의 이동 효과는 임금률의 변화로 인해 임금률 선의 변화는 있었으나 같은 무차별곡선 상에 균형점이 있으므로 만족 수준은 동일하면서 임금률의 기울기 변화가 초래된 경우이므로 대체효과라고 하겠다. 대체효과로 인하여 노동공급균형 점이 A에서 B로 이동하여 여가 시간은 OL_b에서 OL_c로 감소하였음을 알 수 있고, 역으로 시장노동시간은 LL_b에서 LL_c로 증가하였음

을 알 수 있다. 결국, 대체효과를 통해 여가 시간은 감소하고 시장노동시간이 증가하였음을 알 수 있다.

한편, 균형점 A에서 B의 변화는 임금률선이 평행 이동한 경우이므로 소득효과를 의미한다. 임금률 상승으로 실질소득이 상승하여 보통 정상재인 여가의 소비가 증가하게 된다. [그림 2-8]에서 소득효과로 인해 여가 시간이 OL_a에서 OL_b로 이동하여 여가시간의 소비가 증가함을 보여주고 있다. 결국, 임금률 상승으로 인한 소득효과로 인하여 여가시간의 소비는 증가하고 노동시장의 노동공급 시간은 감소하였음을 알 수 있다. 소득효과란 임금률 상승으로 비시장노동 시간은 증가되고 시장노동시간이 감소되는 효과를 말한다.

지금까지, 임금률 상승에 따른 소득효과와 대체효과를 구분하여 살펴보았는데, 총가격효과(A → C)는 대체효과(B → C)와 소득효과(A → B)의 합이다. [그림 2-8]에서 소득효과가 대체효과보다 커서 최종적으로는 노동공급시간이 감소되었음을 알 수 있다.

그러나 [그림 2-8]이 모든 사람들의 노동공급 결정에 적용된다고 볼 수 없다. 노동력을 제공하는 사람마다 대체효과와 소득효과의 크기가 다르므로 임금률상승이 노동공급 시간을 증가시킬지 감소시킬지는 사람마다 다르다고 하겠다. 일반적으로 임금률상승은 시장노동시간을 증가시키는 것으로 알려지고 있다. 특히, 여성 노동자의 경우 남성 노동자에 비해 대체효과가 소득효과보다 커서 임금률 상승은 여성의 시장노동시간을 증가시키는 경향이 있다. 여성의 경우 남성보다 임금률의 변화에 보다 민감하다고 하겠다. 이는 대부분의 사회에서 여성에게 주어지는 가사노동 및 육아노동 책임으로 시장노동의 기회비용 또는 요구임금이 높은데, 임금률이 상승하면 이 기회비용과 요구임금이 상대적으로 낮아지기 때문이다.

2 여성의 경제활동

여성의 시장노동참여는 여성 개인, 가족 구성원, 가계의 경제적 생활수준, 가계 전체의 경제적 복지에 많은 영향을 미치므로 중요하다. 뿐만 아니라, 여성의 취업은 사회 전체 노동력의 양 및 질, 사회적 차원의 노동력의 수요 및 공급 등에 많은 영향을 미치므로 거시적 입장에서도 간과할 수 없는 사항이다. 특히, 인구의 절반이 되는 여성들이 높은 교육을 받음에도 시장노동에 참여하지 않는 것은 국가적으로도 비효율적이며 낭비라는 지적이 높아 여성노동력의 잠재성, 활용가능성 등에 대한 논의는 계속되어 왔다. 뿐만 아니라, 산업구조의 변화로 인해 여성에게 적합한 직업이 많이 생김으로서 여성노동력에 대한 사회적 수요가 증가하고 있고, 여성 자신들도 취업에 대한 욕구가 높아지면서 여성의 경제활동참여는 점차 증가하고 있다.

여성의 경제활동이 계속적으로 증가하는 것은 우리나라뿐만 아니라 세계적 추세이다. 여성의 경제활동참여는 경제적, 심리적, 그리고 사회적 요인에 영향을 받아 점차 증가하여 왔다. 여성의 교육기회 증대로 교육수준이 향상되면서 여성 임금률이 상승되는 결과가 초래되었고 여성 임금률의 상승은 비취업에 대한 기회비용을 상승시켜 여성의 경제활동은 계속적으로 증가하게 되었다. 최근 기혼여성의 취업은 남편 한 사람의 소득으로는 높아지는 생활표준을 충족시키기 어렵다는 경제적 동기에 의해 더욱 증가하고 있다. 이 같은 경제적 동기뿐만 아니라 자아실현, 출산율감소로 인한 시간적 여유 등 심리적 그리고 사회적 이유 또한 여성의 경제활동을 부추기게 되었다. 그러나 아직도 일부 사회 및 가정에서 여성의 시장노동이 이차적 노동(secondary work)으로 인식되고 있어 경제적 생활이 어렵지 않으면 굳이 취업할 필요가 없다는 사고가 사라지지 않고 있다.

1) 여성취업의 구조적 특성

우리나라 여성취업의 구조적 특성은 크게 3가지로 살펴 볼 수 있다. 첫째, 우리나라 여성의 경제활동 참여율이 계속적으로 증가하여 왔음에도 불구하고 아직도 경제활동에 참여하지 않는 여성이 여전히 많다는 특징을 가지고 있다. 우리나라 여성의 경제활동참여율은 계속적으로 증가했지만 아직도 많은 여성이 경제활동에 참여하지 않고 있다. 선진국인 스웨덴의 여성경제활동참여율은 76%, 미국 59%, 일본 50%로서 우리나라 여성의 경제활동참여율은 다른 나라에 비해 낮은 편이다. 특히, 농업 및 수산업에 종사하는 여성을 제외한 서울시 거주 여성의 경제활동참여율은 낮다고 할 수 있다.

둘째, 우리나라 여성들의 경제활동 참여를 여성의 연령을 기준으로 살펴보면 쌍봉분포(bimodal distribution), 즉 M자 형태를 띠고 있음을 알 수 있다. 전통적으로 취업여성의 경우 대부분이 미혼 또는 젊은 여성이었다. 이 같은 경향은 다소 완화되는 경향을 보이고 있기는 하나 아직도 크게 변하지 않고 있다. 우리나라 여성의 경우 결혼 전(20~24세)에 활발한 경제활동을 하다가, 결혼 후(25~34세) 자녀출산 및 양육 등으로 여성의 취업률은 급격히 감소하는 경향을 보이며, 그후 다시 경제활동에 참여하는(35세~54세) 경향을 보인다.

셋째, 여성의 노동시장 진입 및 노동중단의 선택은 남성에 비해 탄력적이다. 남성의 경우 경제활동선택이 노동과 여가중의 선택사항이라면, 여성은 여가뿐만 아니라 가사노동중의 선택이므로 임금률의 변화, 가사·육아노동의 수요, 경기변동 등 많은 요인들로 인하여 경제활동참여가 매우 탄력적으로 변화하는 경향이 있다. 이 같은 특성으로 기혼여성의 취업경력은 불연속적인 특성을 갖게 되며 그 결과 승진의 어려움, 저임금 등을 초래하게 된다.

2) 여성의 경제활동참여결정 이론

여성의 시장노동참여 결정에 관한 신가정경제학파 또는 신고전경제학파의 모델은 이미 앞서 논의한 바와 같이, 시장노동에서의 생산성과 가정노동에서의 생산성을 비교하여 가장 효용을 극대화시켜주는 선택을 하게 된다. 다시 말해, 시장노동시간의 가치(w)와 가정노동시간의 가치(w^*)를 비교하여 시장노동에 참여할 것인지를 결정한다고 설정하고 있다. 여기서, 시장노동시간의 가치는 주로 임금률로, 가정노동시간의 가치는 요구임금률로 판단한다.

- $w > w^*$인 경우 … 시장노동에 참여
- $w < w^*$인 경우 … 시장노동에 참여치 않음(가사노동에 전념)

결국, 임금률이 요구임금률보다 크다면 시장노동에 참여하고, 그렇지 않다면 가정노동에 참여한다는 것이다. 다시 표현하면, 여성이 시장노동에 참여하여 생산되는 총가정생산물과 가정노동에 참여하여 생산되는 총가정생산물을 비교하여 시장노동참여 여부를 결정하게 된다.

위와 같은 신가정경제학파 또는 신고전경제학파의 해석은 몇 가지 가정을 전제로 하고 있다. 첫째, 위의 모델은 개개인의 의사결정에 보다 초점을 두고, 가계의 의사결정사항 임을 배제하고 있다. 예를 들면, 여성의 노동력참여 결정은 자신의 결정사항일 뿐만 아니라 가계 전체의 결정사항 임을 배제하고 있다. 남편의 시장노동참여 및 소득은 여성의 시장노동참여에 영향을 미칠 수 있음을 배제하고 있다.

둘째, 가정생산물은 모두 시장에서 대체 가능하다고 전제하고 있다. 다시 말해, 소득과 시장재화는 완전대체제로서 간주하여 시장에서 대체 불가능한 가정생산품이 존재함을 무시하고 있다. 예를 들면, 부모·자녀 간의 끈끈한 애정 등 가족구성원을 위한 서비스 및 관리는 시장 상품으로 대체 불가능하다. 끝으로, 시장노동과 가정노동에 대한 사람들의 선호 그리고 사회적 태도 및 규범 등의 기호 또는 선호를 무시하고 있다. 예를 들면, 여성은 노동자로서 그리고 소비자로서 매우 중요한 역할을 수행하고 있는데 이 같은 여성들의 행동이나 경험은 여러 측면에서 남성들과는 다르다. 여성에 대한 사회적 태도, 가치관, 기대 등은 남성과는 달라, 위의 신가정경제학파 또는 신고전경제학파의 모델이 여성의 시장노동참여를 설명하는 데 한계를 갖고 있다. 시장노동참여 결정을 설명하는 신고전주의적 모델이 여성의 시장참여 의사결정을 논리적으로 그리고 기본적 원리를 설명하고 있음에는 틀림없으나, 여성의 시장노동참여 결정을 충분히 이해하기 위해서는 경제적 논리가 아닌 사회적 그리고 개인적 요인을 고려하여야 한다.

3) 여성의 경제활동참여 영향 요인

앞서 논의한 바와 같이 여성의 경우 경제활동참여 여부는 시장에서의 임금률과 비시장시간의 가치를 나타내는 요구임금률의 비교를 통해 결정됨을 알 수 있다. 결국, 여성의 시장노동참여에 영향을 미치는 요인을 살펴보기 위해서는 임금률에 영향을 미치는 요인과 요구임금률에 영향을 미치는 요인으로 구분하여 살펴보아야 한다.

(1) 임금률 영향 요인

여성의 임금률에 영향을 미치는 주요 요인은 교육수준, 여성노동자에 대한 수요, 사회 전체적 임금률의 상승, 임금차별 등이라고 할 수 있다.

① 교육수준

교육수준은 남녀 모두에게 시장노동에서의 임금률을 결정하는 주요 요인이다. 특히, 과거에 비해 여성의 교육수준이 높아지고 있다는 사실은 여성의 임금률이 과거보다 높아지고 있음을 시사한다. 우리나라뿐만 아니라 세계의 많은 국가에서 여성의 교육수준이 점차 증가하고 있어 여성의 임금률을 높이는 요인이 되고 있으며 동시에 여성의 시장노동참여율을 증가시킨다.

② 여성 노동자에 대한 사회적 수요

여성 노동자에 대한 사회적 수요가 많아지는 것 또한 여성의 임금률을 상승시키는 요인, 그리고 시장노동참여를 증가시키는 요인이 되고 있다. 여성의 경제활동 증가의 수요 측면이므로 'demand factor' 또는 'pull factor'라고 부르기도 한다. 사회가 제조업 중심에서 서비스산업 중심으로 전환되면서 사무직, 서비스직에 종사할 여성 근로자에 대한 수요가 급증하고 있다. 이 같은 여성 근로자에 대한 수요는 선진국일수록 증가하고 있는 추세이며, 여성의 임금률 상승 및 시장노동참여율을 증가시키고 있다.

③ 사회 전체적 임금률 상승

사회 전체적 임금률 상승 현상은 여성 임금률의 상승을 동반하고 있으며 이 같은 현상은 여성의 시장노동참여를 증가시킨다. 경기상승 및 경제발전으로 사회 전체적으로 그리고 여성의 임금률이 상승하면 여성의 비시장노동 시간의 기회비용이 높아지므로 시장노동에 참여할 유인이 된다.

④ 임금차별

노동시장에서의 각종 성차별이나 임금차별은 여성의 임금률에 영향을 미치는 비경제적 요인이다. 특별한 이유 없이 여성이라는 이유로 차별적인 임금률을 적용하는 사회적 분위기는 여성의 시장노동참여결정에 영향을 미치게 된다.

(2) 요구임금률 영향 요인

여성의 비시장노동 시간의 가치, 즉 요구임금률에 영향을 미치는 주요 요인은 시장대체제의 이용 가능성, 자녀 수, 도시화, 남편의 소득, 여성의 사회진출 및 자아실현의 욕구 등이다.

① 시장대체제의 이용 가능성

가정생산물의 시장에서의 대체가능성 정도는 여성의 요구임금률에 많은 영향을 미친다. 과거에 비해 가정생산물이 시장에서 대체할 수 있는 이용 가능성이 점차 증가하면서 여성의 요구임금은 점차 낮아지고 있다. 냉동식품, 저장식품, 각종 첨단 가전제품의 개발, 유치원 및 양육센터의 일반화, 노인부양기관의 보편화 등은 그동안 가정에서 생산되어 오던 재화 및 서비스를 시장에서 보다 쉽게 구입할 수 있게 되었고 또한 시장에서의 구입이 보다 경제적인 상황이 되었다. 이 같은 가정노동의 사회화 또는 시장대체제의 발달은 여성의 요구임금을 하락시키고, 시장노동참여를 증가시키는 주요 요인이 되고 있다.

② 자녀 수

자녀의 존재는 여성의 비시장노동시간의 가치를 상승시키는 주요 요인이다. 자녀의 존재는 여전히 여성의 비시장노동 시간의 수요를 증가시키고 요구임금을 상승시킨다. 많은 가정생산물이 시장대체화되고 있기는 하나, 어린 자녀의 경우 시장에서 대체할 수 없는 많은 비시장노동을 요구한다. 가사노동과는 달리 자녀양육은 뒤로 미룰 수 없으며 계획에 의해 수행되지 못한다. 또한, 자녀의 미래가 달린 일이므로 자녀양육 시간의 가치가 높은 경향이 있다. 어린 자녀의 존재는 여성들의 노동력참여를 방해하는 대표적인 요인이다. 그러나 과거에 비해 자녀 수가 감소하면서 그리고 시장의 대체화가 더 용이해지면서 여성의 시장노동참여가 증가하고 있다. 또한, 자녀양육 대체에 대한 정부의 지원, 맞벌이 가계를 위한 정부의 각종 대책 등은 여성의 비시장노동시간의 가치를 감소시키면서 여성의 노동력을 노동시장에 유입하고 있다.

③ 도시화

도시화가 급속히 진전되면서 가정생산수요를 감소시키고 있다. 그동안 가정생산에 의존하던 것이 도시화가 급속히 진전되면서 시장대체로 변화되기 시작하였다. 예를 들면, 텃밭에서 채소를 재배하거나, 경조사 시 직접 음식물을 준비하거나, 장독을 준비하여 간장, 고추장 등을 직접 만드는 일들이 도시화를 통해 사라지면서 시장에서 구입하는 형태로 변화되었다. 도시화는 생활양식을 변화시켰고 시장구매를 편리하도록 하는 등 가정생활에 매우 많은 영향을 미쳐왔다. 도시화를 통해 시장재화 수요를 증가시켜 시장노동을 가속화시켰고, 지출을 요구하는 여가의 수요가 증가하면서 시장노동을 통한 소득의 필요성을 증가시켰다. 이 같은 다양한 변화를 통해 여성의 비시장노동 시간의 가치를 감소시키고 소득에 대한 요구가 높아져 노동시장 참여가 증가하는 결과를 초래하였다.

④ 남편소득

그동안 사회 통념상 여성의 취업은 부수적 또는 이차적 취업(secondary work)으로 간주되어 왔다. 이 같은 통념하에서 여성의 시장노동참여 여부는 남편의 시장노동활동에 영향을 받아 왔다. 남편의 소득이 가계경제를 운영하기에 부족한 경우 여성은 시장노동에 참여하는 경향이 있었다. 결국, 남편 및 기타 가족구성원의 소득 또는 시장노동참여 여부는 여성의 시장노동참여를 결정하는 요인이 되어 왔다. 최근 물가상승으로 생활비가 증가하면서, 그리고 보다 나은 소비생활을 위한 기대욕구가 높아지면서 남편의 소득만으로는 만족할 수 없는 여성이 증가하게 되었다. 뿐만 아니라, 주변 사람들의 소비표준을 맞추기 위하여 여성들의 시장노동참여는 더욱 증가하고 있다.

⑤ 여성의 사회진출 및 자아실현 욕구

여성의 사회진출 및 자아실현 욕구는 점차 높아지기 시작하여 여성의 시장노동참여를 증가시키는 요인이 되고 있다. 이 같은 추세는 세계적인 것으로 여성 자신 측면의 요인이므로 여성의 노동시장 참여를 증가시키는 push factor로 불리고 있다. 여성의 이 같은 욕구는 사회적 가치의 변화로 인해 더욱 가속화되고 있으며 비시장노동 시간의 가치를 하락시키는 요인이다.

Chapter

03

소비자정보의 경제

소비자정보에 대한 이론적 모델은 경제학적 접근이 대표적이다. 소비자정보에 대한 경제학적 접근은 정보탐색행동으로 얻을 수 있는 이익과 손실을 비교·분석하는 것에 큰 관심을 두고 있다. 소비자 정보의 경체학적 설명은 소비자 정보의 탐색비용은 무조건 정보 탐색을 많이 하는 것이 능사가 아니라 추가적인 탐색을 통해서 얻은 이익이 추가적인 탐색에 수반되는 비용보다 많다면 소비자는 정보탐색을 한다는 논리이다.

한편 소비자의 정보탐색행동을 설명하는 또 다른 이론적 접근은 행동과학적 접근이다. 행동과학적 접근 모델은 다양하게 제시되어 왔는데 Engel, Blackwell, Miniard의 모델이 가장 대표적이다. 행동과학적 접근에서는 구매의사결정에서 최종목표를 달성하기 위해 정보탐색과정을 거치게 되며 정보탐색의 과정은 노출, 주의, 이해, 수용, 보유 단계를 거친다고 보고 이 과정을 자세하게 설명하고 있다. 특히, 행동과학적 모델에서 소비자의 정보탐색행동을 설명함에 있어 제품의 특성, 관여도, 소매점 특성, 소비자 경험 등 다양한 요인들의 영향력에 관심을 두고 이를 논의하고 있다. 본 장에서는 소비자 정보에 대한 경제학적 접근은 물론 다학제적 이론이나 모델에 대해 구체적으로 살펴보고자 한다.

1 소비자정보의 기초 이해

정보는 경제적 가치가 있는 자원이다. 소비자들은 구매위험을 줄이고자 가격, 안전, 품질, 성능 등과 관련한 정보탐색을 하게 된다. 특히 적절한 가격의 제품을 구매하기 위해 가격을 탐색한다. 소비자들은 동일한 상품이나 서비스의 다양한 가격분포 속에서 정보탐색을 통해 잠재적인 이익, 즉 구매이익을 얻고자 한다.

소비자의 정보탐색은 한정된 상품 구매 상황보다 반복적으로 구매가 일어나는 상품 구매 상황에서 더 중요하며, 이때 처음의 정보탐색이 다음 번 구매결정에 결정적인 영향을 미친다. 상품 구매가격이 다음 번 구매에 영향을 미친다면 처음 구매상황에서의 가격정보 탐색은 더욱 중요하게 된다.

소비자의 정보탐색량은 구매자의 비용이 큰 경우, 정보탐색으로 인한 이익이 더 많아진다. 또한 시장에서 반복적 구매가 많은 경우 소비자의 정보탐색량은 더 많아진다. 게다가 동일 계열 상품의 판매자가 많을수록, 다음 구매 시 가격조건과 상관관계가 높을수록, 정보탐색량은 더 많아진다. 이때 정보탐색 비용을 고려해야 되는데 탐색비용은 i) 상점과 가격의 분포상태, 대체상품의 수 등 시장 특성, ii) 제품의 가격수준과 차별화 등 제품 특성, iii) 소비자의 연령, 교육수준, 소득 및 가치관이나 취향에 따른 소비자의 특성, iv) 소비자와 시장이 가지는 상황적 특성 등으로써 이들 비용 특성에 따라 소비자의 정보탐색량은 차이가 있을 수 있다.

〈표 3-1〉 여러 조건에 따른 소비자의 정보탐색량 증가

조건/상황	소비자 정보 탐색량
구매자 비용 ↑	증가 ↑
탐색 이익 ↑	증가 ↑
반복 구매 ↑	증가 ↑
동일계열 상품판매자 ↑	증가 ↑
차기구매 가격조건과 상관관계 ↑	증가 ↑

출처: 허경옥(2006); 허경옥(2021).

소비자는 제품 구매 시 잠재적인 이익을 위해 소비자정보탐색을 수행하고 이 과정에 정보탐색 비용이 따른다. 정보탐색에 드는 비용은 소비자의 제품 구매가격에 포함되는데 소비자는 정보탐색비용이 시장가격의 차이를 통해 보상(더 싸게 구매)될 수 있다고 믿기 때문에 소비자는 정보탐색을 하게 된다. 소비자가 정보 탐색에 드는 비용은 보통 교통비, 전화요금, 정보지 구매 등 금전 비용과 소비자의 심리적 비용, 그리고 시간 비용이 있다. 이때 소비자 개인의 선호와 가치관의 차이로 인해 정보탐색의 비용이 모든 소비자에게 동일한 것은 아니다.

2 Stigler의 소비자정보 경제학적 접근[9)]

소비자의 정보탐색량의 최적 조건에 대한 이론적 모델은 Stigler(1960)의 정보 이론이 대표적이다. 노벨경제학상을 수상한 Stigler(1960)는 정보탐색으로 인한 이익과 비용을 동시에 감안하여 정보탐색량의 최적점을 찾는 모델을 개

9) 소비자정보의 경제 관련 논의 및 설명은 허경옥 외(2008)의 소비자정보론을 참조하였음.

발하였다. 정보탐색의 최적량을 결정하는 정보의 경제학 모델에서는 소비자의 시간 및 다른 교통비용을 포함한 비용인 한계탐색비용을 고려하며, 모델의 간명함을 위해 상품의 품질은 동일하다, 즉 고려하지 않는다고 전제하고 있다. 즉, 상품을 구매하는 데 드는 총비용은 완전 비용이라는 용어를 사용하여 상품의 구매가격에 정보탐색에 소비된 총 탐색비용을 합한 것의 개념이다. 따라서 정보탐색의 최적량은 한계이익이 한계비용(또는 탐색비용)과 같거나 크며, 완전비용(full cost)이 가장 적은 수준에서 결정된다.

〈소비자경제학 코너 3-1〉 정보탐색비용과 정보탐색량 결정

1. 정보탐색비용
   - 가격탐색을 위한 교통비, 전화요금, 정보지 구매 등의 금전비용
   - 소비자의 심리적 비용
   - 시간비용: 임금 관련
2. 완전비용(상품의 총비용) = 상품의 구매가격 + 총 탐색비용
3. 정보탐색의 최적량 결정 조건은 다음의 두 가지를 동시에 만족할 때 이루어진다.
   - 한계이익이 한계비용(or 탐색비용)과 최소 같거나 클 때
   - full cost(완전비용)이 가장 작을 때

지금까지 논의를 정리·종합하면 Stigler의 정보경제학 모델에서는 최적의 정보탐색량 결정하는 중요 개념으로써 한계탐색비용(소비자의 시간 및 다른 교통비용을 포함한 비용)을 고려하는데 여기서 상품의 품질은 일정하다고 간주한다. Stigler 이론의 기본적 내용은 상품의 총비용 상품의 구매가격과 총 탐색비용의 합으로써 완전비용(full cost)은 기대 최저가격과 한계 비용의 합으로 결정된다고 설명하고 있다. 즉, 정보탐색의 최적량 완전비용이 가장 작으면서, 한계이익이 한계비용과 최소 같거나 클 때 결정된다고 설명하고 있다.

1) 가격분포에 따른 최적 정보탐색량 모델

소비자의 최적 정보탐색량은 소매점포들에서 동일한 제품의 가격이 어떻게 분포되어 있는가에 따라 다르게 나타난다. 동일 제품의 서로 다른 가격 분포의 원인은 주로 첫째, 딜러, 기업, 상점 간의 경쟁 비용 때문이다. 그런데 만약 이 비용이 없을지라도 현실적으로 시장에서 가격 분포는 존재한다. 둘째, 구매자들의 탐색비용이다. 시장 조건이 불변하고, 추가적인 탐색의 기회 없다면 동일 제품의 가격 분포는 정규분포를 보일 것이다. 결국 소비자의 최적 정보탐색량은 시간 변화에 따른 이자율, 수요와 공급 상태, 시장의 크기에 따라 달라진다. 이로 인해 동일 제품의 가격이 다른 가격 분포가 존재하는 것이다.

이때, 동일 제품의 서로 다른 가격분포에 있어서 가격 정보에 대한 광고의 영향력을 생각해 볼 수 있다. 가격 정보에 대한 광고 또는 객관적인 정보제공은 소비자의 정보탐색 비용을 줄어들게 한다. 즉 동일 제품의 서로 다른 가격 분포 범위가 작아진다. 가격 정보에 대한 광고는 탐색의 한계 가치를 높일 수 있는 상품에 적용되기 때문에 상품의 총비용 분포를 감소시키는 경향이 있다. 이때 정보경제학자들은 정보경제학 모델에서 동일 제품의 가격 차이의 분포가 균일가격 분포인 경우와 정규분포인 경우로 나누어 설명하고 있다.

(1) 균일(Uniform)가격 분포에서의 정보탐색량 결정

시장 내 동일 제품의 가격 차이가 대체로 균일하게 분포되어 있는 경우 소비자가 N개의 상점을 방문한다고 가정할 때, 기대할 수 있는 최저가격인 기대 최저가격을 구함으로써 최적 정보량 결정이 가능하다.

- 기대최저가격 = 최저가격 + (최고가격−최저가격)/(n+1)

- $\text{Exp}.LowPrice = MinumumPrice + \frac{(Maximuzm\,price - Minimun)}{(N+1)}$

  N= 정보탐색한 상점의 갯수

동일 제품의 가격차 이 존재가 균일가격 분포인 경우 예제를 통해 소비자의 최적 정보량을 찾아보자. 어떤 소비자의 시간당 한계탐색비용(소비자의 시간, 교통비용 포함한 비용)이 $4이고, 한 시간에 1개 상점의 가격을 확인할 수 있다고 가정하면, 이 소비자는 상점 몇 개를 탐색하는 것이 가장 최적인가? 정답은 〈표 3-2〉를 통해 9개 상점을 탐색하는 것이 최적 정보탐색량 임을 알 수 있다. 즉 9번째 상점에서 두 개의 조건이 동시에 만족되기 때문이다. 소비자의 가격 정보탐색으로 인한 한계이익과 한계비용이 거의 같은 경우가 9개 상점 방문 때이며 동시에 아래 표에서 9번째 상점 수에 따른 기대 최저가격이 $540으로 8번째 상점 탐색 때보다 적기 때문이다.

〈표 3-2〉 가격조사 표(단위: $)

상점 수	기대 최저가격	기대 한계이익	한계비용	총비용	총 소비자 가격
1	500+(900−500)/2=700.00	−	4	4 (1군데*4)	−
2	500+(900=500)/3=633.33	66.67 (=700−633.33)	4	8 (2군데*4)	641 (633+8)
3	600.00	33.33	4	12	612 (600+12)
4	580.00	20.00	4	16	596
5	566.67	13.33	4	20	586
6	557.67	9.52	4	24	581
7	550.00	7.14	4	28	578
8	544.44	5.56	4	32	576
9	540.00	4.44	4	36	576
10	536.36	3.64	4	40	576

(2) 정규(Normal)가격 분포에서의 정보탐색량 모델

동일 제품에 대한 점포 또는 시장 가격 차이의 분포가 종 모양(정규분포)으로 구성되어 있는 경우 평균 가격에 가까운 가격을 요구하는 점포가 가장 많지만, 드물게는 아주 낮거나 높은 가격을 부르는 점포가 있는 경우는 점포 또는 시장에서의 상품의 기대가격은 종 모양 즉 정규분포 모양을 띠고 있는 경우로 간주한다.

소비자가 점포를 찾아 가격을 탐색함으로써 얻는 기대 최저가격은 가격분포의 평균, 표준편차에 달려 있으므로 정규분포의 K지수를 활용한다. 다음은 정규분포의 k지수를 구하는 방법이다(k=정규분포의 k지수).

- 가격분포가 정규분포인 경우: 기대최저가격 = 평균값 − (κ지수) × (표준편차)
  - 2개 상점을 쇼핑한 후 얻는 기대 최저가격 = [M−.564(S.D.)]
  - 3개 상점을 쇼핑한 후 얻는 기대 최저가격 = [M−.846(S.D.)]
  - 4개 상점을 쇼핑한 후 얻는 기대 최저가격 = [M−.1.029(S.D.)]
  - 5개 상점을 쇼핑한 후 얻는 기대 최저가격 = [M−1.163(S.D.)]
  - n개 상점을 쇼핑한 후 얻는 기대 최저가격 = [M−k(S.D.)]

〈표 3-3〉 정규분포의 κ지수

n	k	n	k	n	k	n	k
2	0.564	13	1.668	24	1.048	35	2.107
3	0.846	14	1.703	25	1.965	36	2.118
4	1.029	15	1.736	26	1.982	37	2.129
5	1.163	16	1.766	27	1.998	38	2.140
6	1.267	17	1.794	28	2.014	39	2.151
7	1.352	18	1.820	29	2.029	40	2.161
8	1.424	19	1.844	30	2.043	41	2.171
9	1.485	20	1.867	31	2.056	42	2.180

10	1.539	21	1.889	32	2.070	43	2.190
11	1.586	22	1.910	33	2.082	44	2.199
12	1.629	23	1.929	34	2.095	45	2.208

예를 들어, 동일 제품의 가격의 분포가 정규분포 시장인 경우 소비자의 최적 정보탐색량을 찾아보자. 예를 들어 한 지역의 오디오 가격을 조사한 결과(허경옥 외, 2008) 평균 가격은 411,470원, 표준편차 19,950원으로 가격분포가 정규분포를 이룬다고 하자. 소비자의 시간 및 다른 교통비용을 포함한 한계탐색비용은 시간당 1,000원이라고 가정하자. 이 소비자는 점포 몇 개를 탐색하는 것이 가장 효율적인가? 정답은 〈표 3-4〉에 제시한 바와 같이 2개 상점에 가서 가격 정보를 탐색하는 것이다. MB ≒ MC이면서 소비자의 총지불비용이 작은 경우는 2개 상점을 방문할 경우이다.

〈표 3-4〉 가격분포가 정규분포인 경우 최적 상점 수 계산표

상점 수	기대 최저가격	기대 한계이익	한계비용	총비용	총지불가격 (완전비용)
1	411,470	–	1000	1,000 (상점 수×1,000)	412,470
2	411,470–.564(19,950) =400,230	411,470–400,230 =11,240	1000	2,000	402,230
3	411,470–.846(19,950) =394,590	400,230–394,590 =564	1000	3,000	397,590
4	390,940	365	1000	4,000	394,940
5	388,270	267	1000	5,000	393,270

참조: MB ≒ MC이면서 소비자의 총지불비용이 작은 경우는 2개 상점을 방문할 경우이다.

이때, 소비자가 점포를 2군데 방문 시 소비자의 지불비용이 402,230원으로 3개 점포 방문 시 397,590원으로 다소 높기는 하나, 그 차이가 크지 않고 한계이익(MB)=한계비용(MC)가 충족되어야 하므로 소비자 입장에서 점포 3군데까지 탐색하는 것보다 2군데 점포의 가격 정보를 탐색하는 것이 효율적이다.

(3) 균일가격분포와 정규가격분포 예시 분석

동일 제품 가격분산이 균일분포와 정규분포인 경우를 동시에 분석하여 보자. 소비자를 위한 연간 자동차보험 요금 자료가 아래 box와 같다고 가정하자. 시장에서 존재하는 5개 보험회사에서 보험가입을 한다고 할 때, 보험 가격의 분포가 균일가격분포와 정규가격분포 2가지가 존재한다고 가정하면 소비자가 지불해야 하는 기대 보험료 가격은 각각 얼마일까?

> 보험요금을 조사한 것에 따르면, 2020년형 현대 그랜저 차량은 3년간 무사고, 무범칙금, 10miles, $100의 공제금이 있다. 연간 최저가격=$438, 연간 최고가격=$2,508, 평균가격=$1,106, 중간 값=$1,012, 가격의 표준편차=$357이다.

〈표 3-5〉 위스컨신 주 보험국 조사 결과표

상점 수	기대 최저가격	한계이익(MR)
1	$ 1,720.00	
2	$ 1,341.33	$ 378.67 (1720-1341.33)
3	$ 1,152.00	$ 189.33 (1341.33-1152.00)
4	$ 1,038.40	$ 113.60 (1152-1038.40)
5	$ 962.67	$ 75.73 (1152.40-962.67)
6	$ 908.57	$ 54.10
7	$ 868.00	$ 40.57
8	$ 836.44	$ 31.56
9	$ 811.20	$ 25.24

해답을 찾기 위해 보험료 가격이 균일분포를 이루고 있다고 가정하고, 보험료 가격 정보 탐색의 기대최저가격과 한계이익을 계산하면 다음과 같다.

① 자동차보험 기대최저가격과 완전비용

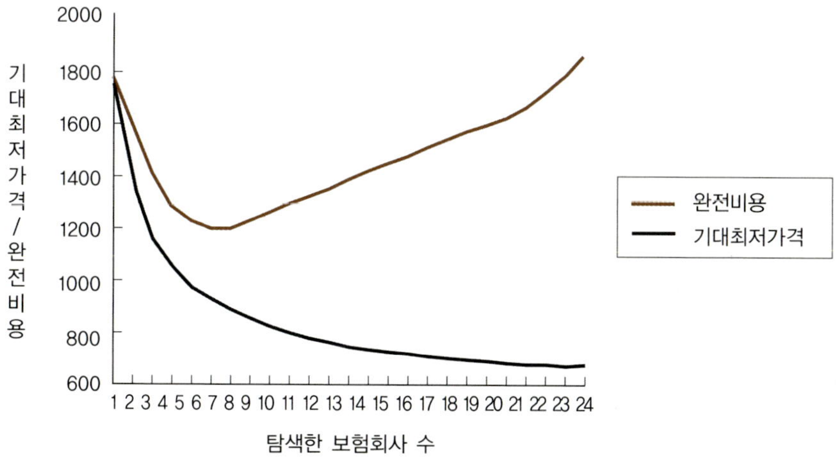

[그림 3-1] 자동차보험료 기대최저가격과 완전 비용

완전비용은 보험회사 1개 탐색에 한계탐색 비용이 $50라고 가정할 때 5번째와 6번째 보험회사에서 비용을 고려한 효용이 같고, 기대최저가격이 $1038이다.

② 자동차 보험료에 대한 기대한계이익

자동차 보험료에 대한 기대한계이익을 살펴보자. 보험회사 1군데를 추가로 탐색할 경우 한계비용은 $50이고, 이것은 한계이익이 한계효용보다 높은 지점에서 최적의 선택을 할 수 있으므로, 소비자는 6번째 보험회사를 탐색한 후 보험상품을 구매하는 것이 최적의 선택이다.

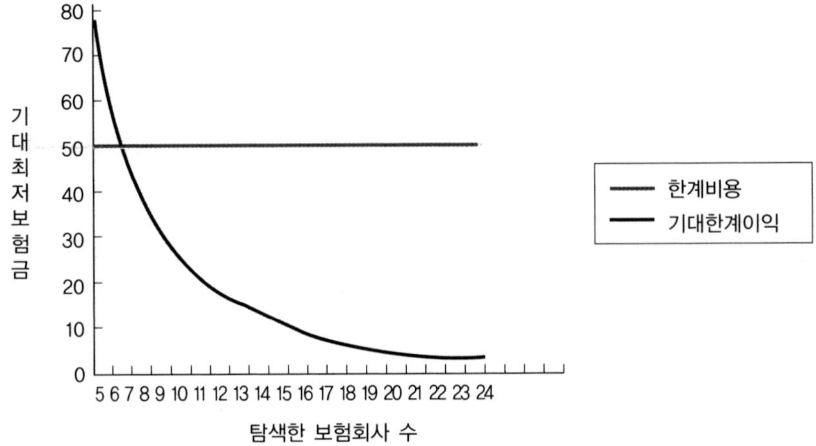

[그림 3-2] 자동차보험 가입에 대한 기대한계이익

③ 자동차 보험료에 대한 기대최저가격에 대한 균일분포와 정규분포 비교

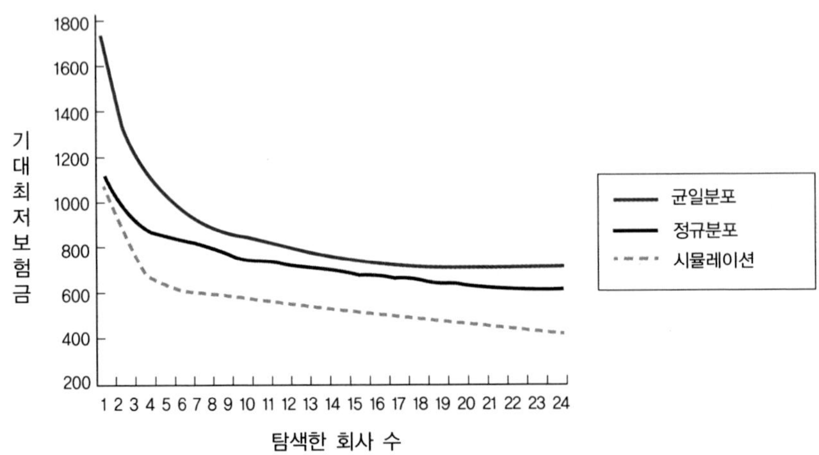

[그림 3-3] 자동차보험 가입에 대한 기대최저가격에 대한 균일분포와 정규분포 비교

④ 자동차보험 가입에 대한 기대한계이익의 균일분포와 정규분포의 비교

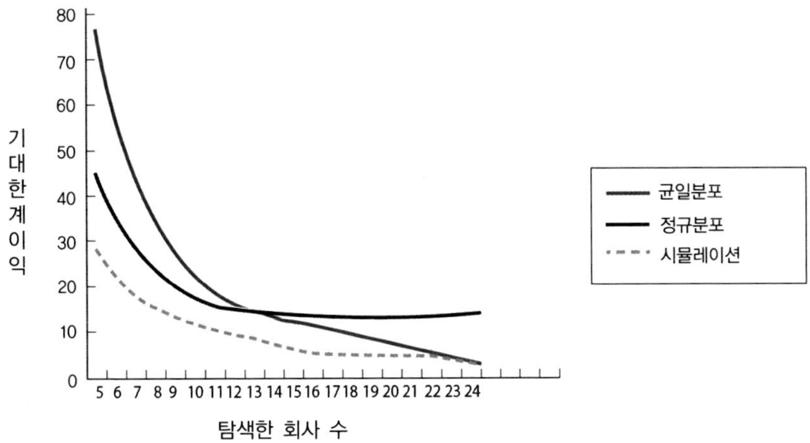

[그림 3-4] 자동차보험료에 대한 기대한계이익의 균일분포와 정규분포의 비교

(4) 균일분포와 정규분포 예시 2

예를 들어, 시장조사를 통해 점포 방문수를 늘릴 때 얻을 수 있는 가격은 〈표 3-6〉과 같다고 가정하자. 또한 이때 한계탐색비용은 $9라고 가정하자.

〈표 3-6〉 균일가격 분포와 정규가격 분포에서의 기대 가격(한계탐색 비용, $9)

상점수	정규가격분포			균일가격분포		
	기대최저가격	기대한계이익	완전비용	기대최저가격	기대한계이익	완전비용
1	1109.80		1109.80	1357.00		
2	933.04	176.76	942.04	1121.33	235.67	1130.33
3	844.64	88.40	862.64	1003.50	117.83	1021.50
4	787.30	57.34	814.30	932.80	70.70	959.80
5	745.45	41.85	781.45	885.67	47.13	921.67
6	712.79	32.66	757.79	852.00	33.67	897.00
7	686.17	26.62	740.17	826.75	25.25	880.75
8	663.79	22.38	726.79	807.11	19.64	870.11
9	644.55	19.24	716.55	791.40	15.71	863.40

10	627.72	16.84	708.72	778.55	12.85	859.55
11	612.78	14.94	702.78	767.83	10.71	857.83
12	599.37	13.41	698.37	758.77	9.06	857.77
13	587.23	12.14	695.23	751.00	7.77	859.00
14	576.14	11.09	693.14	744.27	6.73	861.27
15	565.95	10.19	691.95	738.38	5.89	864.38
16	556.53	9.42	691.53	733.18	5.20	868.18
17	547.77	8.76	691.77	728.56	4.62	872.56
18	539.59	8.17	692.59	724.42	4.13	877.42
19	531.93	7.66	693.93	720.70	3.72	882.70
20	524.73	7.20	695.73	717.33	3.37	888.33
21	517.93	6.80	697.93	714.27	3.06	894.27
22	511.50	6.43	700.50	711.48	2.79	900.48
23	505.41	6.10	703.41	708.92	2.56	906.92
24	499.61	5.80	706.61	706.56	2.36	913.56
25	494.08	5.53	710.08	704.38	2.18	920.38
26	488.80	5.28	713.80	702.37	2.01	927.37
27	483.75	5.05	717.75	700.50	1.87	934.50
28	478.92	4.84	721.92	698.76	1.74	941.76
29	474.28	4.64	726.28	697.13	1.63	949.13
30	469.82	4.46	730.82	695.61	1.52	956.61
31	465.52	4.29	735.52	694.19	1.43	964.19
32	461.39	4.14	740.39	692.85	1.34	971.85
33	457.39	3.99	745.39	691.59	1.26	979.59

① 보험료 가격분산이 정규분포의 경우: 기대 구매가격과 완전비용

〈표 3-6〉을 가지고 자동차보험료 가격 분산이 정규분포인 경우 기대구매가격과 완전비용을 그래프로 나타내면 [그림 3-5]와 같다.

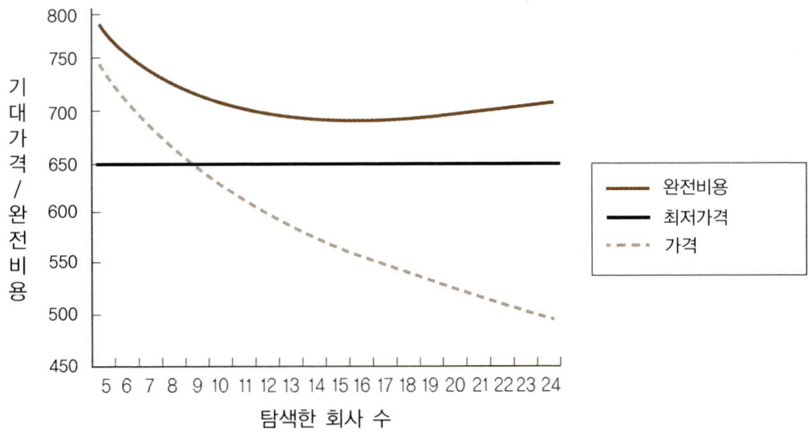

[그림 3-5] 기대 구매가격과 완전비용-정규분포

자동차보험료의 기대최저가격은 탐색을 하면 할수록 점점 더 작아지며, 최저가격보다는 높은 완전비용 중에서 비용이 가장 적은 16번째 보험 회사의 보험 상품을 구매하는 것이 최적의 구매라 할 수 있다.

한편, 가격분산이 정규분포인 경우 추가 탐색 시 기대한계 이익과 한계비용을 그래프로 나타내면 [그림 3-6]과 같다.

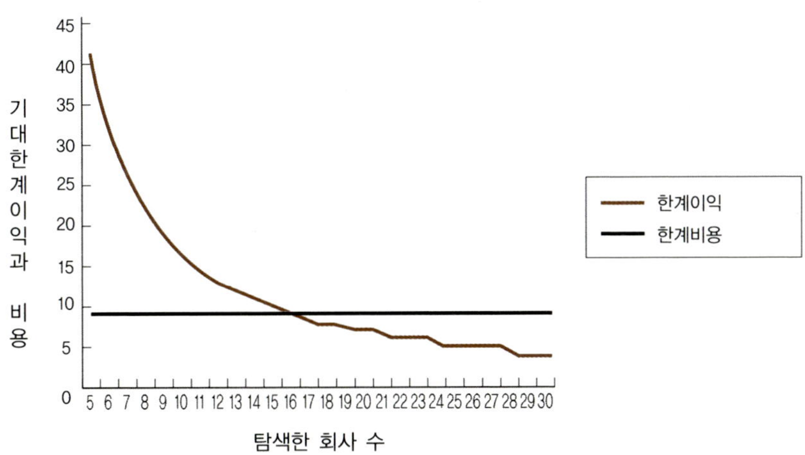

[그림 3-6] 가격분산 정규분포: 추가 탐색 시 기대한계 이익과 한계비용

[그림 3-6]에서 한계이익이 한계비용과 같거나 큰 지점에서의 선택이 합리적이다. 따라서 16번째 회사의 보험 상품을 구매하는 것, 즉 16 군데를 정보탐색 하는 것이 최적 정보탐색량이다.

② 가격분산이 균일분포인 경우 기대구매가격과 완전비용

가격이 균일분포를 갖는 경우 기대구매가격과 완전비용 그래프는 [그림 3-7]과 같다.

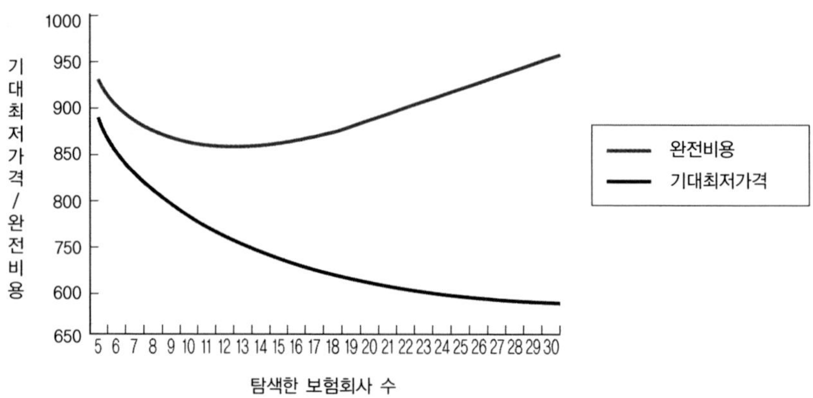

[그림 3-7] 균일분포: 기대구매가격과 완전비용

한편, 가격이 균일분포일 때 추가 탐색으로 인한 기대한계이익과 한계비용 그래프는 [그림 3-8]과 같다. 그래프를 볼 때 MR과 MC가 접하는 12군데 정도의 가계를 탐색하는 것이 적정한, 즉 효율적인 최적의 정보탐색량이라고 하겠다.

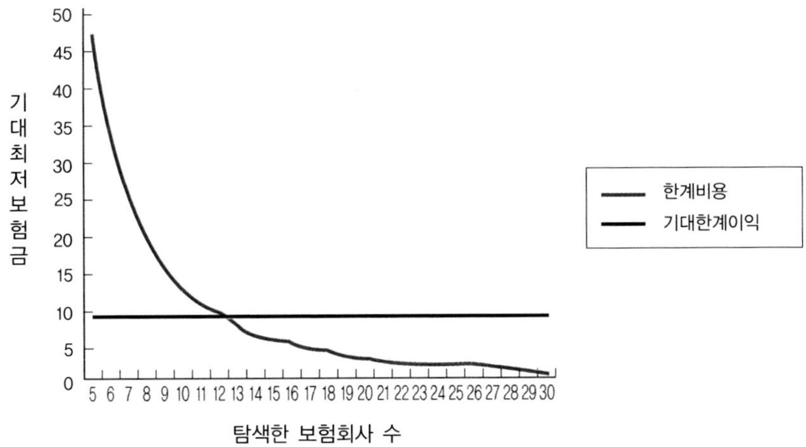

[그림 3-8] 균일분포: 추가 정보탐색 시 기대 한계이익과 한계비용

지금까지 논의한 Stigler의 정보경제학 모델은 몇 가지 한계점을 가지고 있다고 지적되고 있다. 무엇보다 소비자의 실제 정보탐색 시간비용 산정이 적절하게 반영되기 어렵다는 것이다. 또한 소비자의 심리적 가치관은 고려하지 않고, 모델의 간명함을 위해 상품의 질적인 품질 측면은 고려하지 않고 있다는 것이다.

Stigler의 이론은 많은 장점에도 불구하고 현실에서는 소비자가 구매 전 몇 번의 탐색을 하지 않는 경우가 많고 합리적이고 이성적으로 탐색했다 해도 최적 조건에 맞추어 정보탐색량을 결정하지 않는다는 것이다. 또한 소비자는 삶의 경험과 주변 사람들로부터 또는 광고나 정보를 통해 이미 가격분포를 어느 정도 알고 있다는 점이다. 여러 번 random하게 점포를 찾을 필요 없이 어느 정도 가격이 싼 점포를 미리 알고 있어 정보경제학 모델에서 찾아지는 점포의 수만큼 정보탐색을 할 필요가 없다는 것이다. 게다가 정보경제 모델에서 경제적 요소만 고려하면서, 소비자의 제품에 대한 관여도, 심리적 또는 환경적 측면은 고려하지 않고 있다는 것이다.

2) 다양한 소비자정보탐색량 모델

Stigler의 정보경제학 모델 이후 후속 연구자들은 소비자의 정보탐색 관련 분석에서 과거 Stigler가 고려하지 않은 변수들을 추가시키고 있다. [그림 3-9]의 경우 실질자원과 제약조건, 정보탐색이익, 구매관여도 등을 정보탐색 행동 모델에 추가시킨 것이다.

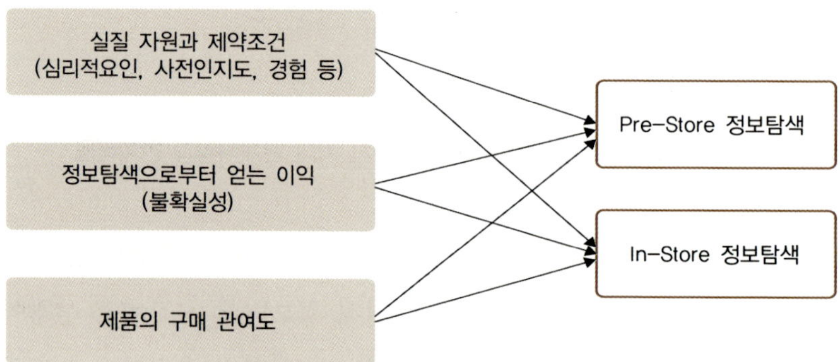

[그림 3-9] 내구재 품목에 대한 소비자탐색 모델

① 심리적 요인과 정보탐색

소비자의 정보탐색 행동을 분석하기 위해서는 경제적 측면뿐만 아니라 심리적 측면을 모두 고려하고 경제학적 모델에서 소비자의 정보탐색량은 탐색 이익과 비용의 관계를 고려하는데, 탐색으로부터 얻는 이익은 심리적 평가에 영향을 받으며 이외에도 소비자의 불확실성에 대한 인지수준, 소비자의 제품의 중요성에 대한 인식 정도(보통 관여도로 측정됨), 위험에 대한 회피, 혐오, 반감에 대한 소비자 인식 등에 영향을 받는다.

정보탐색의 양은 특정 브랜드에 대해 소비자가 가지는 상대적 불확실성 그리고 이들의 상호작용에 의해 결정되기도 한다. 예를 들어, 자동차 브랜드 중에서 A브랜드가 최고라는 데에 대한 소비자의 불확실성이 없다면 더 이상 정보탐색을 하지 않는 것이다.

② 소비자의 사전 인지도와 사전정보

소비자의 사전인지도는 소비자의 정보탐색량에 영향을 미친다. 예를 들어, 어떤 소비자가 A브랜드가 다른 B브랜드에 비해 월등히 우세하다고 인지하면 소비자는 더 이상의 탐색이 필요 없다고 느끼고 더 이상 정보탐색을 하지 않는다. 보통의 경우 시장에서 월등히 뛰어난 하나의 브랜드가 있는 것이 아니기 때문에, 정보 탐색을 통해 소비자 기대효용 가치가 높을 것이라 생각되는 것을 구매하게 된다. 만약, 어떤 제품에 대해서 두 브랜드의 선호 분포가 동일한 경우, 정보탐색량이 많아지게 된다. 또한 반복적인 구매가 이루어지는 생필품의 경우 정보탐색량이 많은 경우에 해당한다.

③ 소비자경험과 정보탐색

소비자가 어떤 제품이나 브랜드에 경험이 있는 경우와 없는 경우 정보탐색량은 다르게 나타난다.

〈표 3-8〉 소비자의 소비경험과 정보탐색량

소비경험 없는 경우	소비경험 중간 경우	소비경험 많은 경우
• 동일 브랜드 • 최고 두 브랜드 사이 상대적 불확실성 없음 • 최상 개별 브랜드 불확실성	• 부분적으로 유사한 브랜드 • 최고 두 브랜드 사이 상대적 불확실성 있음 • 중간정도 개별 브랜드 불확실성	• 전혀 다른 브랜드 • 최고 두 브랜드 사이 상대적 불확실성 없음 • 낮은 수준 개별 브랜드 불확실성
주로 경험 없는 경우로 제품들 동일하다 인식하여 탐색하지 않음	소비자 어느 정도 경험 있는 경우로써 제품 속성 찾고자 하는 정보탐색 동기 발생함	소비자 경험 많아 브랜드 인지와 선호 분명하여 정보탐색 하지 않음

출처: 허경옥(2006). 삶의 경제. 성신여대 출판부.

한편, 소비자 경험과 소비자의 정보탐색량은 [그림 3-10]과 같다.

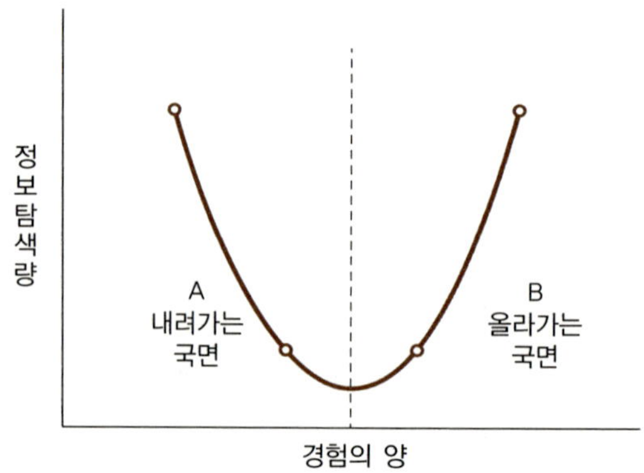

[그림 3-10] 경험과 소비자정보탐색량 도식

[그림 3-10]에서 소비자의 경험의 양이 많은 경우 추가적 정보탐색 노력을 할 만한 동기가 없게 된다. 한편, 경험의 양이 올라가는 국면, 즉 소비자의 경험이 과다하게 많은 경우에서는 추가적 정보탐색량을 늘리게 된다. 한편, 소비자경험 및 기타 특성과 소비자정보탐색량의 관계를 그림으로 그리면 [그림 3-11]과 같다.

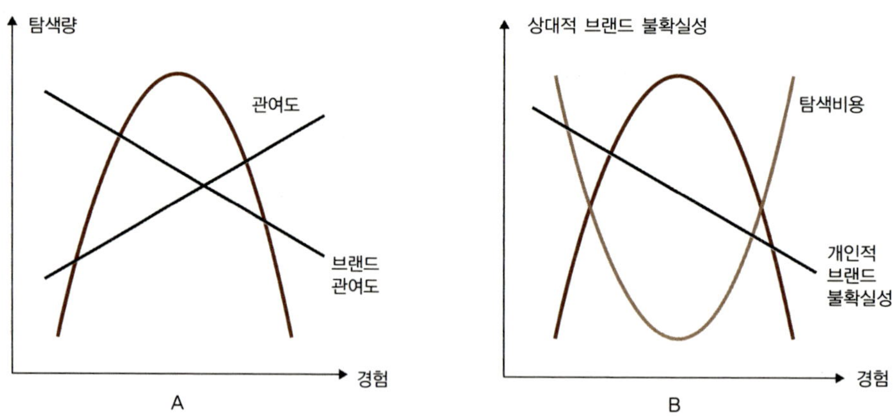

[그림 3-11] 경험 및 기타 특성(관여도, 브랜드불확실성 등)과 소비자정보탐색량

3 가격과 품질정보 탐색에 대한 경제학적 접근

소비자정보에 대한 경제학적 접근은 소비자의 효율적 선택에 초점을 두고 있는데 소비자들의 주요 관심은 제품의 가격과 품질에 대한 정보이다. 소비자가 구매선택에 있어서 가격과 품질 두 가지를 고려할 때 소비자의 최적 선택이 어떤 것인가에 대한 것은 중요한 연구대상이다. 소비자는 최적 선택을 위해 가격과 품질을 동시에 고려하여야 한다. 소비자가 가장 좋은 품질의 제품을 선택했다고 해서 최적 선택이라고 볼 수 없으며, 또한 소비자만족도가 높은 것은 아니다. 왜냐 하면 가격이 비싸기 때문이다. 소비자선택에서 가격과 품질을 고려한 효율적인 정보탐색에 대한 경제학적 이론은 노벨경제학상을 수상한 Stigler(1961)의 완전정보선 개념과 이론으로 설명할 수 있다.

1) 완전정보선의 개념

완전정보선(perfect information frontier)이란 제품의 품질과 가격을 고려한 소비자만족의 극대점을 이은 선이다. 즉, 완전정보선은 제품 또는 여러 상표의 품질과 가격이 다양하게 분포되어 있는 상황에서 소비자의 최적 의사결정 궤적(점)을 제공해 준다. 그러나 현실 시장에서 이 같은 경우는 존재하지 않으므로 소비자는 가격과 품질 간의 관계를 고려한 최적 대안(완전정보선 상의 제품)을 선택하여야 한다. 시장에서 상품 및 서비스에 대한 정보가 완전하다면, 즉 완전정보가 주어진다면 소비자는 완전정보를 활용하여 가격과 품질 사이의 최적 선택은 명확해진다. 즉, 시장에서 정보가 완전하고 정확하며 시장실패가 일어나지 않는다면 대체로 가격이 높을수록 품질이 높아진다. 이때, 완전정보선 상의 상품을 선택하는 소비자는 효율적인 구매행위 소비자로 간주되고, 이때 소비자의 만족도와 총효용이 극대화된다. 물론 이 같은 선택행위는 합리적 선택이라고 간주한다. 즉, 완전정보선은 가격과 품질 간의 상관관계를 활용해서 최적의 선택을 가능하게 해 주는 중요한 역할을 한다.

2) 완전정보선의 도출 방법

제품의 품질 점수는 완전정보선을 도출하기 위한 기본 요소임과 동시에 소비자에게 효용을 주는 기본 요소이므로 어떤 제품의 품질을 점수화한다. 제품 품질을 측정하는 방법은 이미 알려진 비교적 객관화된 기준을 활용한다. 보통 상품의 대표적인 특징들에 가중치를 주어 100점을 만점으로 하며, 각각 특징에 가중치를 주어 그 합으로써 품질 점수를 계산한다. 예를 들어, 자동차 특성 중 안전성이 연료의 경제성보다 3배 중요할 경우, 가중치는 안전성에 3배의 점수를 부여할 수 있다. 이때 제품 품질 평가는 객관적 지표를 중요시하는데, 일부 논문 등에서는 품질은 소비자의 만족도와 관계가 있으므로 주관적 측면의 품질평가도 사용하기도 한다.

$$\text{품질 점수: Quality Score} = \frac{\sum W_i C_{ij}}{\sum W_i}$$

3) 완전정보선 도출

완전정보선을 도출하기 위해 자동차 관련 자료를 사용해 보자. 자동차는 여러 가지 품질 특성을 가지고 있고 이 같은 특성은 소비자만족을 창출한다. 여기서는 분석의 간단함과 명료함을 위해 자동차가 안전성과 연료, 경제성이라는 두 가지의 특성을 가지고 있다고 하자(허경옥 외, 2008). 안전성은 자동차의 제동거리가 얼마나 되는가의 이슈로, 연료의 경제성은 연료 l당 운전 가능한 거리 즉, 연비로 측정한다고 하자. 〈표 3-9〉는 자동차의 품질을 안전성과 연비로 하였을 때, 제동거리와 연비를 측정한 것이며, 〈표 3-10〉은 앞서 〈표 3-9〉의 제동거리와 연비의 품질 점수를 고려한 자동차의 품질점수를 계산한 것이다. 〈표 3-11〉은 각 자동차 모델(A, B, C, D, E)을 판매하는 자동차영업점들의 가격을 나타낸 것이다.

〈표 3-9〉 자동차의 제동거리와 연비 측정방법

제동거리	품질 점수	연비	품질 점수
150m	1.00	100km/l	1.00
300m	0.80	81km/l	0.80
600m	0.50	50km/l	0.50
900m	0.00	40km/l	0.40
제동거리의 가중치: 0.75 (75%)		연비의 가중치: 0.25 (25%)	

〈표 3-10〉 제동거리와 연비 점수를 반영한 각 자동차의 품질 점수

브랜드	제동거리	연비	제동거리 점수	연비 점수	자동차의 품질점수
A	600	80	0.50	0.80	0.50×0.75+0.80×0.25=0.575
B	150	50	1.00	0.50	1.00×0.75+0.50×0.25=0.875
C	600	40	0.50	0.40	0.50×0.75+0.40×0.25=0.475
D	300	80	0.80	0.80	0.80×0.75+0.80×0.25=0.800
E	150	100	1.00	1.00	1.00×0.75+1.00×0.25=1.00

〈표 3-11〉 자동차 모델에 따른 판매영업점들의 판매가격

브랜드	판매점 1	판매점 2	판매점 3	판매점 4
A	$ 20,000	$ 22,000	$ 21,000	
B	$ 32,000	$ 35,000		
C		$ 16,000	$ 15,000	$ 17,000
D	$ 35,000	$ 30,000	$ 32,000	
E	$ 40,000			

위의 〈표 3-9〉, 〈표 3-10〉, 〈표 3-11〉을 바탕으로 각 판매영업점에서 제공하는 자동차 브랜드 A, B, C, D, E의 가격과 품질사이의 관계를 보여 주는 그래프를 그리면 [그림 3-12]와 같다.

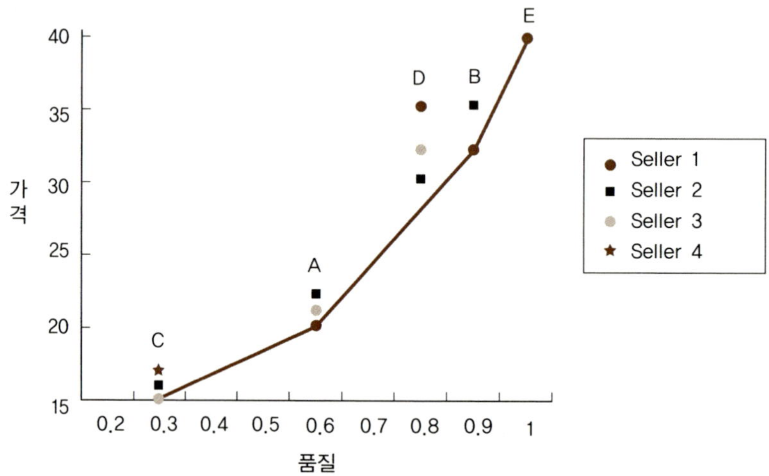

[그림 3-12] 가격-품질 그래프: 완전정보선 도출

〈표 3-12〉 소비자의 브랜드 최적선택 요약

브랜드	최적 판매점
C브랜드	판매점 3 자동차 구매
A, B브랜드	판매점 1 자동차 구매
E브랜드	판매점 1 자동차 구매
D브랜드	어떤 판매점도 적합지 않음

[그림 3-12]에서 완전정보선은 직선으로 나타낸 선이다. 완전정보선 아래 영역(오른쪽 하단영역)이 완전정보영역이다. 완전정보영역은 가장 싼 값으로 구매 가능한 자동차의 품질을 가진 상품영역을 말한다. 다시 말해, C브랜드의 경우 ●표시된, 즉 판매자3이 판매하는 자동차를 구매하는 것이 가장 최적의 선

택이다. A브랜드과 B브랜드의 경우 ●표시된, 즉 판매자1이 판매하는 자동차, E점의 경우 판매자1 제품을 구매하는 것이 합리적이다. 가격과 품질을 동시에 고려할 때 완전정보선 상의 선택 또는 오른쪽·하단 영역에 속한 제품이 값이 싸면서도 품질이 좋으므로 소비자의 최적선택영역이다. 구체적으로 C브랜드의 경우 판매자3(●)을 선택한 경우가 최적 선택이며 판매자2와 판매자4의 경우 합리적 선택이 아니다. A와 B브랜드의 경우 판매자1(●)을 선택하여야 한다. 반면, D브랜드의 경우 어떤 판매점에서 구매해도 적합하지 않다고 하겠다.

4 소비자정보의 행동과학적 접근

1) 소비자문제해결 유형별 정보탐색행동

소비자는 욕구 충족을 위해 재화를 구매할 것인지 아닌지를 결정하게 된다. 구매하겠다는 결정이 나면 소비자는 어떤 것을, 언제, 어디서, 어떻게 구입 하며 어떤 방법으로 지불할 것인지와 관련된 문제들을 단계적으로 결정해야 한다. 여기서 [그림 3-13]에 제시한 바와 같이 소비자가 특정 욕구를 느끼는 단계를 문제인식의 단계라고 하며 그 다음으로 그것을 해결하기 위한 방법(어떤 것을, 언제, 어디서, 어떻게 지불)을 모색하기 위하여 소비자는 정보를 탐색한다. 그 이후 소비자는 탐색한 정보를 바탕으로 대안을 평가한 후 구매결정을 내리게 된다.

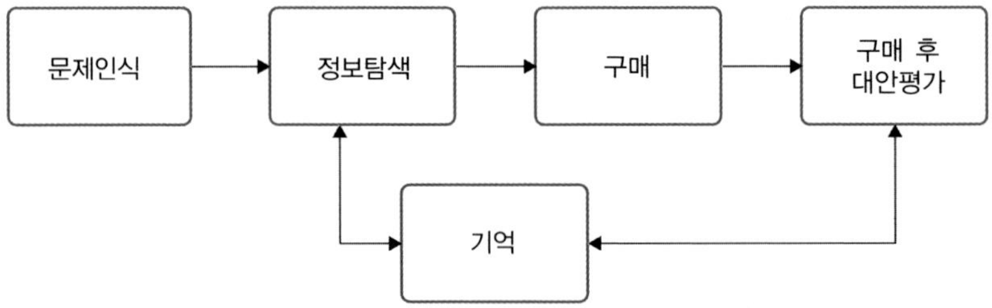

[그림 3-13] 소비자구매 의사결정 단계

출처: 이학식, 안광호, 하영원(1992). 소비자행동. 법문사.

여기서, 소비자정보란 소비자가 자신의 욕구 충족을 위한 구매의사결정을 할 때 이 과정에 도움이 되는 모든 것이라고 할 수 있다. 소비자들이 어떤 문제(욕구)를 인식하게 되면 이의 해결과 관련하여 많은 정보를 수집할 수도 있지만 그렇지 않을 수도 있다. 소비자는 문제해결을 해야 하는데, 이때 자신의 직접 경험이나 능동적 혹은 수동적으로 획득된 정보를 어느 정도 가지고 있는 경우가 많으며 이러한 정보는 구매해야 하는 문제인식 수준이나 특성에 따라 내적 정보탐색을 하게 된다.

그러나 컴퓨터나 승용차 등과 같이 비교적 장기간 사용하는 고가제품, 소비자가 과거에 전혀 사용해 보지 않았던 제품을 구매하려고 할 경우 소비자에게 구매결정은 어려운 과제가 될 것이다. 이러한 경우 소비자는 자신이 가지고 있는 정보로는 충분한 해결을 할 수 없다고 판단되기 때문에 보다 많은 정보를 외부로부터 획득하려고 노력한다. 이를 외적 정보탐색이라 한다.

이와 같이 소비자가 문제해결을 위하여 추가적인 정보탐색을 얻기 위한 노력의 정도에 따라 문제해결의 방식은 다음과 같은 세 가지로 구분된다.

① 제한적인 문제해결 방식(LPS: Limited Problem Solving)

소비자가 구매해야 하는 문제해결을 위한 노력을 부분적으로 수행하여 해결하는 방식이다. 이 방식은 구매해야 한다는 문제 자체가 복잡하지 않거나 소비자가 구매 관련 문제해결과 관련하여 어느 정도의 정보를 확보하고 있을 때 나타난다. 제품에 대한 지식은 어느 정도 있지만 상표나 스타일, 가격 등에 대한 지식이 부족할 경우 또는 과거에 구매해 본 경험은 있으나 현재의 변화된 상황을 잘 모를 때 등의 경우에 나타난다.

② 포괄적인 문제해결 방식(EPS: Extended Problem Solving)

소비자 입장에서 그 구매 관련 문제가 매우 중요하며 위험부담이 클 때 이를 해결하기 위하여 소비자는 광범위한 노력을 많이 기울이게 된다. 주로 내구재 구매와 관련된 의사결정은 이러한 해결방식을 취하게 된다.

③ 일상적 문제해결 방식(RPS: Routinized Problem Solving)

소비자가 이미 내재된 정보를 가지고 습관적으로 구매 관련 문제를 해결할 때 나타난다. 쌀이나 라면 등과 같이 소비자들이 자주 구매하는 상품인 경우 자신이 좋아하는 것이 뚜렷하게 정해져서 반복적, 습관적으로 구매하는 경우이다.

소비자의 문제해결 방식이 제한적이 될 것인지 포괄적이 될 것인지는 정보탐색의 양에 따라 결정된다. 소비자가 얼마만큼의 정보를 탐색할 것인가의 문제는 그가 지닌 욕구의 강도, 제품에 대한 관심의 정도, 미리 가지고 있는 내적 정보의 양, 추가로 정보를 수집할 수 있는 가능성 여부, 추가로 수집된 정보의 가치 정도, 추가적인 탐색을 통한 만족도 등에 따라 다르다.

그러나 이들 소비자정보탐색의 양을 결정짓는 변수들 중 가장 중요한 변수의 하나는 관여도(involvement)라 할 수 있다. 관여도란 어떤 대상이 특정 상황에서 한 개인에게 관련된 정도 혹은 부여하는 의미의 정도를 뜻한다. 대체로 TV, 냉장고, 승용차, 주택 등의 내구재와 의복, 신발, 액세서리 등 개인의 이미지 구축과 관련된 제품들은 일반적으로 소비자의 관여도가 높은 고관여 제품으로 분류되고 있으며 치약, 휴지, 껌 등과 같이 제품특성이 크게 차이가 나지 않고 구매에 대한 위험부담이 없으며 일상적으로 자주 구매되는 제품을 저관여 제품으로 분류하고 있다. 따라서 고관여 제품들의 구매는 포괄적 문제해결 방식을, 저관여 제품들은 일상적 문제해결 방식을 취한다. 여기서 포괄적 문제해결방식과 제한적 문제해결 방식의 중요한 차이는 전자에서는 정보탐색 노력을 기울인 다음 대안평가 과정을 거친 후 구매가 이루어지지만 후자에서는 문제인식 후 내적 정보탐색을 통해 대안평가 과정이 생략된 채 구매를 한다는 점이다.

2) 소비자정보처리 과정 모델

소비자정보탐색행동에 관한 행동과학적 접근은 5단계, 즉 노출, 주의, 이해, 수용, 보유 과정으로 설명하고 있다. 행동과학적 접근에 따르면 소비자는 원하든 원치 않던 마케팅 자극에 노출되어 주의를 기울이고, 내용을 지각하며, 새로운 신념과 태도를 형성하거나, 기존의 신념 및 태도를 변화시켜 기억 속에 저장시키는 과정을 갖게 되는데 이를 정보처리 과정이라 한다.

① 노출(exposure)

소비자는 다양한 유형의 정보에 노출되는데 우연적 노출(우연히 TV, NEWS로 광고 등 정보에 노출됨)과 의도적 노출 즉 문제를 인식한 소비자가 자신의 문제해결 과정에서 내적 정보가 충분히 않아 적극적으로 외적 정보를 찾는 경우로 구분할 수 있다. 노출 단계에서는 인간의 오감 중 하나 또는 그 이상이 자극 또는 정보에 접하게 되는 단계로써 노출은 누구에게나 되는 것이 아니라 자극의 성격, 소비자개인의 특성에 따라 노출여부, 노출의 정도는 차이가 있다.

한편 식역(threshold)은 감각을 활성화시키는 데 필요한 자극 에너지의 강도를 말하는데 그 유형은 다음과 같다.

- 절대 식역: 보통사람들이 자극을 지각하는데 필요한 최소치
- 차별 식역: 변화를 사람들이 지각 또는 감지할 수 있는 최소치
- 시나브로 지각: 어느 정도의 식역이하의 자극은 사람들에게 감지되지 않는데 통상적인 지각활동에 의해 쉽게 식별되지 않는 자극
- 선택적 노출: 노출은 무차별적인 것이 아니라 선택적이어서 소비자가 의식적으로 원하는 정보에 노출된다(예: 선별적 TV시청, 욕구와 필요에 따른 광고시청).

② 주의(attention)

주의 단계는 자극 또는 정보에 정보처리 능력을 집중시키는 과정으로 다음과 같이 유형화시킬 수 있다.

- 계획적 주의: 소비자가 의식적으로 특정 자극이나 정보에 관심을 보임
- 무의식적 주의: 외부자극이 강렬하여 무의식적으로 그 자극에 관심을 보임
- 자발적 주의: 주의를 의식적으로 기울이나 목적 지향적이지는 않는 경우

③ 이해(comprehension)

이해 또는 지각 단계로써 자극이나 정보의 내용을 이해하고 나름대로 의미를 부여하는 단계, 소비자가 자극이나 정보를 어떻게 이해하고 해석하느냐에 따라 그의 태도와 행동 방향이 결정되므로 이 세 번째 단계가 정보처리 과정에서 가장 중요한 단계이다.

④ 수용(acceptance)

보통 이 단계에서는 수용 또는 동의하는 단계로써 새로운 정보에 의해 설득되는 단계이다. 새로운 신념이나 태도가 형성되거나 기존의 것이 수정/변경되는 단계로써 자극 또는 정보가 가치 있는 하나의 정보로서 수용되는 과정이다. 그러나 앞 단계에서 자극이나 정보가 완벽히 이해되었다고 하여 반드시 수용되는 것은 아니다. 인정 또는 동의가 있어야 수용된다.

⑤ 보유(retention)

새로운 정보를 기억고에 저장하는 단계로써 기억 속에 정보가 보존되어도 이용될 기회를 갖지 못하거나 반복해서 학습되지 않으면 망각되기 쉽지 않다. 결국, 자극이나 정보가 소비자에게 노출된 후 소비자의 기억 속에 의미 있는 것으로 보유되기까지의 다섯 단계가 정보처리 과정이다.

예를 들면, 광고 메시지가 소비자에게 제대로 노출되지 않았다거나, 노출되었어도 주의를 끌지 못했다거나, 소비자가 광고 메시지를 마케팅 주체가 의도한 것과 달리 상반되게 해석하였다고 하면 사실상 광고 효과는 발생하지 않는다. 각 단계를 거치면서 정보효과 발생 기대치는 점점 적어지게 된다.

3) 제품 특성과 소비자정보탐색

소비자들은 다양한 제품들 사이에서 끊임없는 선택을 한다. 그러나 소비자들은 제품의 가격에 대해서 완전한 정보를 가지고 있지 않을 뿐만 아니라 소비자들은 제품의 품질에 관한 정보를 얻기 어렵다. 품질에 관한 소비자의 정보는 소비재의 시장구조에 의해 영향을 받는데, 특히 소비자들이 단지 몇몇 브랜드의 품질에 관해서만 알고 있다면, 소비재에 대한 기업의 독점력은 더 커지게 된다. 즉, 소비자들은 브랜드 파워가 큰 제품에 관해서만 정보를 가지게 되는 것이다.

소비자정보에서 품질에 대한 정보는 가격에 대한 정보와는 차이가 있다. 일반적으로 품질 정보의 획득은 가격에 대한 정보를 획득하는 것 보다 더 많은 비용이 들기 때문인데, 이것은 소비자들이 제품의 구매를 통해서 가격으로부터 얻는 만족보다 품질로부터 얻는 만족을 더 기대하기 때문이다. 제품의 특성에 따라 품질에 대한 정보는 탐색과 경험의 방법을 통해서 이루어진다.

- 소비자가 제한된 예산으로 최적 구매의사결정을 함으로써 만족을 극대화시키는 문제는 소비자가격뿐만 아니라 한계효용을 정확하게 평가하는 소비자의 능력에 달려 있다.
- 총효용을 극대화시키기 위한 한계효용균등의 법칙에 의하면 각 제품에 지불된 화폐 한 단위의 한계효용이 같아지도록 각 제품을 구매해야 하므로 소비자는 이 공식의 분모인 가격(pi)뿐만 아니라 분자인 한계효용(ni)도 정확하게 측정할 수 있는 것이 중요하다.
- 만일 소비자가 정확한 한계효용을 평가할 수 없다면 지불된 최종 한 단위의 화폐가치가 부정확해짐에 따라 결국 최적 구매의사결정을 내릴 수 없게 된다.

소비자가 제품에 대해서 측정할 수 있는 한계효용의 정도는 구입하는 제품의 유형(예: 경험재, 탐색재)에 따라 크게 달라지는데, 소비자가 그 제품에 대해 획득할 수 있는 정보의 양은 소비자의 한계효용 측정에 영향을 미친다. 따라서 제공하는 정보의 양을 기반으로 하여 제품을 분류하는 것은 소비자의 한계효용의 올바른 측정을 위해 소비자가 얼마나 많이 정보탐색을 해야 하는지를 논의하기 위한 틀을 제공해 준다(이기춘 외, 1991).

① 탐색재와 경험재란

제품에는 소비자가 탐색으로만 그 품질을 평가할 수 없는 가전제품 또는 참치캔과 같은 것이 있다. 이러한 제품들은 소비자가 구매 후 경험을 통해서 그 품질을 평가할 수 있다. 소비자가 탐색만을 통해서 제품의 가격과 품질에 대한 정보를 얻을 수 있는 상품들을 탐색재(Search)라고 하며, 탐색하는 것만으로는 제품의 가격과 품질에 대한 정보를 얻을 수 없고 반드시 구매 후의 사용경험을 통해서 제품의 품질에 대한 정보를 얻을 수 있는 제품을 경험재(Experience)라고 한다.

탐색재란 소비자가 제품 구매 전 정보를 획득하고 있으면 제품의 특성 및 질을 평가할 수 있는 제품이다. 예를 들면 탁상램프의 경우 소비자는 램프를 구매하기 전에 스타일, 크기, 재료 및 색상들을 평가할 수 있기 때문에 구매 전 꽤 정확하게 한계효용을 측정할 수 있다. 이러한 제품의 경우 소비자는 정보탐색을 통해 제품의 비교·평가가 가능하고 소비자가격에 대한 한계효용을 근거로 구매할 수 있으므로 가장 유리한 유치에 있게 된다.

② 경험재와 탐색재의 분류

경험재란 제품을 사용해 본 이후에서야 소비자가 그 특성을 평가할 수 있는 제품이다. 따라서 이 경우 소비자는 구매 전에는 제품의 질을 알 수 없고, 돈을 지불하고 사용 후에야 한계효용을 평가하기 때문에 최적 구매는 발생하지 못하게 된다. 이 범주에 속하는 것으로 먹는 것을 들 수 있는데, 예를 들면 새로운 청량음료가 출시되었을 때 소비자가 실제 그 음료를 좋아하게 될지의 여부를 마셔보기 전에는 알 수 없다. 또한 내구재 역시 그 기능의 복잡성이 증대됨에 따라 경험재의 특성을 지닌다. 예를 들어, 침대의 경우 구조, 재료, 견고성 등에 대한 정보는 구매 전에 알 수 있지만 그 침대가 얼마나 편안하고 안락한지는 그 침대에서 자보고 난 후에야 최종 평가를 내릴 수 있다.

소비자는 구매 전 제품의 질을 평가할 수 없는 만큼 한계효용은 과대 혹은 과소평가되어 결국 최적 구매에 도달할 수 없게 된다. 경험재와 관련해서 소비자는 구매 전에 구매로부터 생기는 이득과 손실을 가늠하게 되는데 이 경우 이득(손실)은 신제품이 현재 사용하고 있는 것보다 더 좋은(나쁜) 것으로 판명될 때 발생한다. 즉 신제품 사용의 기대이익이 소비자가격보다 더 클 경우에 소비자는 제품을 구매해야 한다.

Nelson(1960)은 제품의 특성에 따라 탐색재와 경험재로 분류하였고, 경험은 탐색을 통해 정보를 얻는 과정에서 비용이 많이들 때 사용되는 방법인데, 일반적으로 내구재는 경험재로서 가장 명확한 의미를 가진다. 예를 들면, 제품의 수리, 비용의 차이를 통해서 수리비용의 수준이 제품이 가지는 기능의 수준과 같은 것이라고 가정하고 수리비용이 많이 드는 제품이 탐색보다 경험을 통해 제품의 품질을 파악할 필요성이 크다고 보았다.

〈표 3-13〉 경험재와 탐색재의 종류

경험재(experience good) 종류	탐색재(search good) 종류
보석, 타자기, 라디오, TV, 타이어, 보트, 오토바이, 난방기구와 배관공사, 자전거, 자동차, 악기, 전기기구	마루덮개, 정원용 도구, 스포츠 용품, 이동주택, 카메라, 가구, 페인트와 거울, 도자기, 유리제품, 철물, 취미, 게임

제품의 특성에 따른 경험재와 탐색재의 분류와 독점력의 관계를 살펴보면, 자주 사용하지 않는 제품의 경우, 품질에 관한 정보가 더 중요한 경험재의 경우 독점적 지위/권한이 높다. 반면, 일반적인 구매가 발생하는, 즉 반복적인 구매의 경우 정보의 질보다는 양이 더 중요하고 제품에서 주어진 정보로도 충분히 구매가 가능한 탐색재는 경험재보다 독점적 지위/권한이 낮다.

③ 신뢰재

신뢰재(credence goods)는 제품사용 후에도 소비자가 그 특성과 질을 평가할 수 없는 제품이다. 예를 들면, 오일을 교환하러 자동차정비소에 갔더니 정비사가 팬벨트와 에어필터를 교환해야 한다고 해서 그것을 교환한 후 팬벨트와 에어필터가 정품으로 제대로 교환되었는지 혹은 정비사의 말이 사실인지 즉, 정말 부품을 바꿀 때가 되어서 바꾸라고 했는지 등 정비사 용역의 질을 평가하기가 어렵고 사실상 자동차에 대해 잘 모르고 있는 보통 소비자로서는 그 평가가 불가능하다고 할 수 있다.

따라서 한계효용의 측정이 불가능하므로 구매의 적합성을 측정하는 것도 마찬가지로 어렵거나 불가능하다. 신뢰재는 구매결정 상황에서 소비자에게 가장 어려운 문제를 제기하게 된다. 소비자는 추가적인 정보의 획득이 정보탐색비용보다 더 가치가 있다고 생각되면 구매전략으로서 될 수 있으면 제품 구매 사용 경험이 있는 다른 소비자와 관련 전문가로부터 제2의 의견, 더 나아가서는 다양한 정보의 원천을 활용해야 한다. 이처럼 소비자가 구매와 관련하여 자신을 보호할 수 있는 정보를 확보하기 어려운 제품의 경우에는 소비자보호를 위해 소비자에게 신뢰재 관련 품질보증정보라 할 수 있는 자격증제, 인가제 등을 시행하고 있다.

위와 같은 제품의 유형 분류와 한계효용 측정 가능성은 소비자가 이용할 수 있는 정보가 그 자체로서는 그렇게 유용하지 않을 수도 있음을 암시한다. 소비자는 자동차의 ABS 브레이크 구조를 알 수 있으나 자동차 브레이크만을 사지는 않는다. 소비자는 자동차의 안전성이나 편리성 혹은 그 이외의 특성을 사는 것이기 때문에 ABS 브레이크에 대한 정보는 그것이 자동차의 특성에 대해 무언가를 알려줄 때만 유용한 것이다.

④ 소비자 정보탐색의 차이: 탐색재와 경험재

경험을 통한 제품의 정보는 소비자가 제품 사용 후 얻는 만족감의 사후평가가 결합된 것이다. 제품의 사용 전에는 모든 소비자는 제품의 가격만으로 제품을 평가할 수 있다. 그러나 일반적으로 가격과 품질은 정적인 상관관계를 가지므로 가격이 높은 제품들은 품질이 좋은 경향이 있다고 믿는다.

제품 또는 브랜드에 대한 사전 정보는 수요의 탄력성과 경험의 횟수의 상관관계를 흐리게 하는 경향이 있는데 이러한 사전 정보는 직·간접적으로 소비자가 경험을 하는 제품과 그렇지 않는 제품을 비교하는 것을 포함하기 때문이다. 이러한 사전정보는 소비자의 경험 횟수와 독점력의 관계를 형성하는데 영향을 준다.

소비자정보의 제공은 탐색재보다 경험재에 대한 정보가 더 많고, 반복적으로 구매가 이루어지는 제품보다는 자주 구매하지 않는 제품 경우 정보의 제공이 많다. 광고는 일반적으로 브랜드의 특성에 관한 직접적인 정보를 제공하는데, 경험에 의한 품질광고는 정보를 바꾸는데 큰 역할을 한다. 광고를 통해서 탐색재는 브랜드의 속성에 관해 직접적 정보를 제공받으며, 경험재는 가장 중요한 정보를 단순히 브랜드 광고에 의해 간접적으로 전달된다. 즉, 탐색재의 품질은 구매 이전에 브랜드의 품질 조사에 의해서 정보를 얻을 수 있으나, 경험재의 품질은 구매 이전에 브랜드의 품질을 알 수 없다.

⑤ 위치선정이론과 소비자정보탐색

위치선정이론(Location theory)은 소매 점포의 위치는 소비자의 정보 탐색에 영향을 미친다는 것이다. 상점의 위치이론에 따르면 탐색재를 판매하는 상점의 경우 경험재를 판매하는 상점보다 더 모여 있을 가능성이 높다. 그러나 일반적으로 광고 매체는 상점이 있는 시장 지역보다 더 넓은 브랜드의 잠재적 고객을 가지고 있다. 특히 전국적(National brand) 광고는 탐색재에서 더 적다.

그러나 소매 광고에서 전국 브랜드 광고가 차지하는 비율이 탐색재에서 더 높을 것으로 알려지고 있다.

한편, 탐색재가 경험재보다 재고/판매 비율이 높다. 이는 시장에서 경험재보다 탐색재에서 더 많은 브랜드가 형성되어 있고, 소비자들은 이전에 구매했던 상품은 반복적 구매는 3~4회만을 더 할 것을 원하며, 소비자들은 거리를 최소화시키는 이동을 하기 때문에 상점은 많은 다른 탐색재들을 재고로 만들 수 있다.

소비자는 제품 구매와 관련한 정보에서 가격 외에 품질에 관한 정보를 얻기 위해 탐색뿐만 아니라 경험을 사용하는데 이것은 소비자가 브랜드를 구매하고 사용함으로 인해서 브랜드의 품질에 대한 정보를 얻는다. 경험재가 탐색재보다, 내구재가 비내구재보다 청보의 영향력이 더 크다. 다른 사람에 의한 추천(구전 정보)은 경험재(탐색재보다) 구매에서 내구재(비내구재 보다)에서 더 많이 효력을 발휘하게 된다. 지금까지 알려진 연구결과를 정리·종합하면 다음과 같다.

- 탐색재를 판매하는 상점이 경험재를 판매하는 상점보다 더 밀집되어 있다.
- 소매 점포 광고에 대한 전국적 브랜드 광고가 차지하는 비율은 경험재보다 탐색재에서 더 높게 나타난다.
- 재고-판매 비율은 탐색재를 판매하는 상점에서 경험재를 판매하는 상점보다 더 높을 것이다.
- 경험재의 경우 독점력이 있기 때문에 사전 수량 및 수요의 조사가 가능하다.

Chapter

04

소비자행동의 이론적 접근

소비자행동은 인간이 행하는 수많은 행위들 중 한 형태이므로, 자연히 소비자행동 연구자들은 심리학, 사회학, 사회심리학, 문화인류학, 경제학 등 여러 학문 분야에서 개발된 여러 개념과 연구결과들을 도입하여 소비자행동을 설명하고 예측하는 데 적절히 적용하여 왔다. 1950년대 이후 소비자행동에 대한 경제학적 접근이 주도적이었다. 그 이후 미국에서는 1960년대 이후 Engel, Kollat, Blackwell에 의해 소비자행동 교과서가 최초로 출판되었고, Journal of Consumer Research가 창간되면서 대학에서 교과목으로 채택되었다. 경제학적 접근과 행동과학적 접근 외에도 심리학적 접근, 기타 여러 학문적 접근을 응용한 모델들이 개발·활용되었다.

본 장에서는 소비자행동에 대한 개념 및 기초 특성, 소비자행동의 이론적 접근 전개, 여러 소비자행동 관련 다학제적 접근에 대해 살펴본다.

1 소비자행동의 기초 이해

1) 소비자행동이란

소비자행동이란 구매 및 소비 그리고 사용을 위한 소비자의 최종적인 실행행동일 뿐만 아니라 소비자행동은 구매결정과 관련한 소비자의 내적·외적 행동을 모두 포함한다. 구체적으로 소비자가 제품의 구매 및 사용과 관련한 의사결정 및 그 실행행동으로 어떤 제품을, 어디서, 어떻게 구매할 것인가와 관련한 정보탐색, 상품 비교·평가, 구매 제품의 사용 및 소비 등 일련의 행동을 포함하며, 구매 관련 활동을 위한 소비자 내부의 인지적 활동도 포함한다. 또한, 제품 사용 후 경험이나 평가 그리고 차기 구매결정에 피드백 하는 심리적 움직임, 구매 및 소비행동과 관련하여 파생되는 집단적, 사회적 행동(예: 불매운동, 소비자주권 운동)도 포함한다. 소비자행동은 인간이 행하는 수많은 행위들 중 한 형태이므로, 자연히 소비자행동연구자들은 심리학, 사회학, 사회심리학, 문화인류학, 경제학 등 여러 학문 분야에서 개발된 여러 개념과 연구결과들을 도입하여 소비자행동을 설명하고 예측하는 데 적절히 적용하여 왔다. 미국에서는 1960년대 이후 Engel, Kollat, Blackwell에 의해 소비자행동 교과서가 최초로 출판되었고, Journal of Consumer Research가 창간되면서 대학에서 교과목으로 채택되었다.

2) 소비자행동의 특성

소비자행동은 다양한 형태의 수많은 활동을 포함한다. 소비자행동은 일련의 행동과정을 의미하는 복합적 개념이다. 소비자행동은 구매 또는 소비와 관련한 의사결정과정에 관련된 행동이라면 어떤 행동도 포함한다. 그런데 소비자행동은 다양한 특성을 가지고 있다. 소비자행동은 목표지향적이며 의도적이다. 소비자행동은 구매결정이 이루어지는 시기 또는 기간 여하에 따라 그 양태가 상이하게 나타난다. 소비자행동은 개인 외적 요인에 의해 많은 영향을 받으며 소비자행동은 행동주체에 따라 상이한 양상을 보인다.

3) 소비자행동 영향요인

소비자행동은 인간의 전체 행동 중 하위 행동 중의 하나이다. 따라서 인간의 행동에 대해 서로 다른 측면을 연구하는 심리학, 사회심리학, 문화인류학, 사회학 등 관련 학문분야의 제 이론을 활용하여 소비자행동을 이해하는 데 도움을 받는다. 소비자행동 분야에서는 소비자행동에 영향을 주는 제반 환경적 요인을 소비자행동에의 자극 변수, 소비자의 개인 내적 요인을 매개변수, 자극변수와 매개변수의 함수관계로 생성되는 다양한 형태의 행동을 반응변수로 본다.

〈표 4-1〉 소비자행동 영향요인

<table>
<tr><th>자극 변수</th><th>→</th><th>매개 변수
(개인/내적 변수)</th><th>→</th><th>반응 변수(행동 요인)</th></tr>
<tr><td>• 마케팅 관련 요인
- 제품 및 서비스
- 가격, 광소
- 상품진열, 판매원</td><td rowspan="3">→</td><td rowspan="3">• 개인 내적 요인
- 욕구, 필요, 동기
- 지각 및 인식구조
- 학습내용 및 수준
- 신념 및 태도</td><td rowspan="3">→</td><td>• 가시적 행동
- 상점내방
- 제품/상표선택
- 구매횟수 및 구매량</td></tr>
<tr><td>• 사회 문화적 요인
- 가족, 준거집단
- 사회계층, 문화</td><td rowspan="2">• 내면적 반응
- 제품/상표 지식/사용경험 획득
- 태도 변화
- 구매의도 변화
- 구매 후 만족/불만족</td></tr>
<tr><td>• 기타 환경적 요인
- 타인의 행동/태도
- 경제 상황
- 정치적 상황</td></tr>
</table>

4) 여러 경제 주체의 소비행동에 대한 관심

(1) 기업

기업은 크게 두 가지 측면에서 소비자행동에 대한 관심 및 연구 분석이 필요하다. 첫째, 장기적 성장을 위해 제품 구매자인 소비자들의 행동을 이해하고 연구해야 한다. 어떤 제품을 생산할 것인가 에서부터 제품판매 후 서비스 제공까지 소비자 지향적 경영은 필수적이다. 둘째, 장기적 복지 증진 및 사회 이익 실현의 기업 윤리적 책임을 수행하기 위해서 소비자들의 사회경제적 행동을 이해하고 연구해야 한다.

한편, 마케팅 차원에서의 소비자행동 연구의 필요성은 다음과 같다. 첫째, 시장 기회분석을 위하여 연구가 필요하다. 기존 시장을 확대하거나 신제품을 제공하여 새로운 시장을 개척할 때 소비자의 미충족 욕구를 파악하거나 분석이 필요하다. 둘째, 시장세분화 및 표적 시장 선정을 위하여 연구가 필요하다. 시장세분화 전략이 성공하려면 표적 시장의 소비자행동에 대한 충분한 이해가 선행되어야 한다.

이때 시장세분화(market segmentation)란 동질적인 특성을 보이는 몇 개의 소비자 집단으로 분할하는 과정을 말한다. 전체 시장을 표적으로 단일 마케팅 프로그램을 실행하는 경우 이 프로그램에 소외되는 소비자 집단이 존재하게 되며, 다수의 이질적인 집단으로 구성된 경우 비효율적이다. 시장을 몇 개의 집단으로 세분한 후 이들 집단의 특성을 파악하여 이에 적합한 마케팅 프로그램을 개발하고 실행하면 효율적이다. 예를 들어, 현대 자동차는 미국시장에서 저렴한 가격의 엑셀 자동차 수출판매로 성공을 거두었다. 그러나 중형차인 소나타는 상당히 어려움을 겪었다. 그 이유는 미국 중산층 소비자들의 특성은 소형차를 구매하는 소비자들과는 다른 특성을 가지고 있었기 때문이었다. 중산층의 외제에 대한 거부감은 소형차 시장 소비자들보다 거세며, 중형 자동차 시장을 표적으로 하고 있는 미국 자동차 회사들과 힘든 경쟁을 해야 했다.

셋째, 마케팅 믹스의 효율적 결정을 위하여 필요하다. 여기서 마케팅 믹스(marketing mix)란 표적 시장과 관련하여 마케팅 주체가 통제할 수 있는 마케팅 관리요소의 조합으로 흔히 4P라 하는 제품(Product), 가격(Price), 유통경로(Place), 촉진활동(Promotion)이다. 마케팅의 성공여부는 표적 시장에 적용할 마케팅 믹스의 내용에 달려 있다고 해도 과언이 아닌데, 이를 위해 표적 시장의 소비자들의 활동을 이해하는 것은 필수적이다. 예를 들면, 표적 시장의 소비자가 무엇을, 어떤 제품을, 어떤 가격에서 원하는지, 가격변화가 올 경우는 어떤 반응을 보일 것인가에 대한 충분한 이해를 기초로 제품의 품질 수준과 가격에 대한 적절한 믹스 결정을 해야 한다. 예를 들면, 어떤 점포를 애호하는지, 신뢰하는 광고매체는 무엇인가, 효과적인 촉진방법은 무엇인가, 누구와 어떤 방법으로 제품 및 구매에 대해 의사소통을 하는가 등의 조사 및 이해가 필요하다. 또한 가격 및 품질의 관계에 관한 지각, 가격탄력성, 매체 습성, 점포 이미지 등에 대한 조사 및 분석이 필요하다.

넷째, 총괄적인 마케팅 수립을 위하여 필요하다. 소비자들의 미래 수요 예측, 총괄적인 마케팅 전략 수립 등에 소비자행동 연구는 필수적이다. 소비자들의 구매 의도 및 행동, 제품 및 상표 등에 대한 소비자들의 지각, 신념, 태도 등에 대한 심층적 조사 및 분석은 필요하다.

(2) 소비자

소비자도 소비자행동에 대한 관심이 있고 소비자행동을 연구조사 하게 된다. 구체적으로, 첫째, 소비자 자신의 욕구충족과 가족의 복지향상을 위하여 필요하다. 자신 및 가족의 욕구가 무엇인지, 어떻게 최대한으로 충족시킬 수 있는지에 대해 연구 조사해야 한다. 기업의 다양한 마케팅 활동에 현명하게 대처하는 방법, 합리적 구매행동을 하기 위해 구매결정의 타당성 평가 및 문제점

해결 방법 등에 대해 알아야 한다. 둘째, 경제 발전 및 사회복지 증진을 위하여 필요하다. 우리나라 GNP 의 2/3이 가계의 소비지출로 구성된다고 한다. 소비자들의 의사결정은 경제 시스템의 기본 구조를 좌우한다. 소비자들의 소비행동은 한 나라의 재화 및 서비스의 성격을 결정하고, 자원 배분, 물가 등에 영향을 미치므로, 한 나라의 생활수준 및 삶의 질을 결정한다고 볼 수 있다. 그러므로 소비자행동에 대한 연구가 필요하다. 셋째, 소비자교육 수행을 위하여 필요하다. 미국의 경우 구매법, 소비자행동론은 교양필수 과목으로 이수하도록 하고 있다. 소비자들로 하여금 일상생활의 대부분을 차지하고 있는 소비 관련 활동을 보다 합리적으로 수행할 수 있도록 소비자교육을 개발·시행하기 위해서는 소비자행동에 대한 조사 및 연구가 필요하다.

(3) 정부 및 공공단체

경제적·사회적 많은 정책결정을 보다 합리적으로 수행하기 위해 정부에서도 소비자행동에 대해 관심을 갖고 연구 분석한다. 구체적으로 보면 다음과 같다.

- 정부의 공공 서비스 정책을 위해 필요하다.
- 대중교통, 도시계획, 위락시설 및 사회복지 시설 운영 등에 대한 정책 결정에 이용자/소비자들에 대한 충분한 이해와 연구 필요하다.
- 환경 및 소비자정책을 위해 필요하다.
- 소비자권익 보호를 위한 공정거래법, 광고규제법, 독점규제법, 소비자보호법, 그리고 환경을 보호하기 위한 기업을 대상으로 하는 기업규제 및 환경정책 수립에 소비자행동에 대한 조사와 이해가 필요하다.
- 소비 억제 마케팅 정책을 위해 필요하다.
- 자원 낭비 방지, 소비자의 건강 보호 차원에서 정부에서 특정 제품이나 서비스를 권유 또는 억제하는 정책을 실행 시 소비자행동 연구가 필요하다.

예를 들면, 위해 제품 판매금지, 사치성 제품 소비억제, 약물 남용 방지, 금연을 위한 캠페인이나 규제를 위해 소비자행동 연구분석이 필요하다.

이 같은 이유에서 인간의 다양한 행동 중 소비자행동을 체계적으로 이해하려는 노력이 소비자행동 연구자, 소비자정책 입안자, 기업들에 의해 이루어져 왔다. 미국에서는 1960년대 이후 Engel, Kollat과 Blackwell에 의해 소비자행동 교과서가 최초로 출판되었고, Journal of Consumer Research가 창간되면서 대학에서의 교과목으로 채택되었다. 소비자지향적 마케팅이 크게 부각하면서 소비자행동에 대한 학문적 관심이 높아졌다. 기업의 마케팅 관리에 응용하기 위해 마케팅 학자나 실무자들에 의해 연구되어 왔다. 소비자행동 연구자들은 심리학, 사회학, 사회심리학, 문화인류학, 경제학 등 행동과학 분야에서 개발된 여러 개념, 이론, 연구결과들을 도입하여 소비자행동을 설명하고 예측하고자 하였다. 물론 소비자행동에 대한 각 학문적 접근 방식 및 초점은 서로 다르다.

〈표 4-2〉 소비자행동 연구의 관점 비교

특징	마케팅 주체 측 관점	소비자 측 관점
연구대상	외적(구매자)	내적 (자신)
관심대상	총체적 소비군(시장)	개별적 소비자(개인)
관심 범위	특정제품(무엇을 생산?)	구매행동(무엇을 구매?)
바른 선택 기준	특정 상표(자사 상표)	최적 상표 대안(나를 위한)
연구 목적	소비자행동에의 영향	마케팅 주체의 영향으로부터 통제

출처: Wilkie(1994). Consumer Behavior(3rd eds.). John Wiley & Sons, inc.

2 소비자행동에 대한 이론적 접근의 전개

소비자행동 연구자들은 심리학, 사회학, 사회심리학, 문화인류학, 경제학 등 행동과학 분야에서 개발된 여러 개념, 이론, 연구결과들을 도입하여 소비자행동을 설명하고 예측하고자 하였다. 특히 최근 기업의 마케팅 관리에 응용하기 위해 경영학의 마케팅 학자나 실무자들에 의해 연구되어 왔다. 소비자행동에 대한 각 학문적 접근 방식 및 초점은 서로 다르다. 여러 학문 분야는 소비자의 행동을 학문의 대상으로 한다는 데 공통점이 있지만 여러 측면에서 차이가 있다. 예를 들어, 심리학은 개인 소비자의 심리를 연구하며, 사회학은 집단과 하부문화 구성원들의 소비자행동이 주요 관심 대상이며, 사회심리학은 개인 소비자의 심리가 집단에 의해 영향을 받게 되는 과정을 주로 다루고 있다. 인류학은 사회와 문화를, 경제학은 사회의 경제적 복지를 주요 연구대상으로 하고 있다. 이처럼 소비자행동에 관한 다양한 학문적 이론의 수립은 소비행동에 대한 기본적 이해를 높이는 데 기여할 뿐만 아니라 경영자 및 마케터들의 전략수립에도 도움을 준다.

초기 소비자행동에 대한 이론적 설명은 1950년대부터 경제학에 의해 주도되었다. 경제학에서는 소비자의 제품에 대한 수요분석에 보다 초점을 두고 구매의사결정에서 효용을 극대화시키는 최적 대안을 선택하는 것을 주요 과제로 하고 있다. 주로 미시경제학자들에 의해 제기되어 온 접근은 소비행동 및 소비선택을 설명함에 있어 합리적 선택에 의한 효용극대화를 전제로 하는 신고전학파의 소비자수요이론(Consumer Demand Theory)이 대표적이다.[10)]

경제학에서 개발된 소비자행동 모델은 개별 소비자들의 선택행위를 종합한

---

10) 소비자수요이론은 이 책 1장에서 다루고 있음.

전반적인 수요 추세를 예측하는 데 유용하나, 소비자행동에 대한 포괄적인 분석을 하기에는 한계가 있다. 다시 말해, 경제학적 접근은 개별 소비자들의 소비선택 즉 수요행위를 논리적으로 잘 설명하고 있으나 소비자들의 구매 동기, 의사결정과정, 전체적인 소비자행동을 포괄적으로 설명하지 못하며, 마케팅 차원의 전략수립 등에 쉽게 적용하기 어렵다는 비판이 제기되었다. 한편, 신고전학파의 기본적인 논리체계를 그대로 수용하면서, 제품 자체가 아닌 제품의 속성이나 특성으로부터 효용이 발생한다는 데에 착안한 특성이론(Characteristic Theory)이 전개되기도 하였다.

그런데 경제학적 이론은 소비행동을 설명함에 있어 경제적 요인만을 강조하며, 소비자의 절대적 합리성과 이성적 판단능력을 전제하고 있어 소비자들의 비합리적 행동이나 의사결정을 포괄적으로 설명하지 못한다는 지적이 제기되어 왔다. 그 결과 미국에서 제도학파가 등장하였다. 제도학파는 소비자수요 이론이 경제적 측면의 효용추구 및 합리적 선택에만 초점을 둠으로써 복잡한 인간행동을 충분히 설명하지 못하는 한계점을 지적하였다. 다시 말해, 제도학파는 기존의 전통적 경제이론이 사회적 가치, 문화적 배경 등 비경제적 요인들이 소비자들의 의사결정에 영향을 미치는 점을 배제한 것을 지적하였다. 제도학파들은 소비자행동을 설명함에 있어 경제적 요인 이외에 그 소비자가 속한 사회, 주변 환경, 문화, 심리적 측면 등 복잡한 요인에 의해 영향 받는 점을 강조하고 있다. 제도학파는 소비행동을 포함하는 인간의 행동을 연구함에 있어 사회 심리, 사회 환경, 문화적 접근이 필요하다고 주장하였다.

한편, 경제학적 접근의 한계점에 대한 지적이 계속되면서 소비행동을 설명함에 있어 소비자들의 심리적 요인이나 심리적 환경을 강조하는 심리학적 접근이 1960년대 후반부터 대두되었다. 심리학적 접근은 경제학자들이 주장하는 것처럼 소비자가 언제나 효용에 근거한 합리적 선택을 하지 않는 점을 강조하면서 소비선택이나 행동과정에서 소비자들의 심리적 작용의 중요성을 강조하였다.

Freud의 연구를 근간으로 하는 심리분석적 접근(psychoanalytic model)이나 Katona(1975)의 심리경제학적 모델(psychological economics)이 대표적이다.

그러나 심리학적 접근이 소비자들의 비합리성, 실제적 소비행동을 포괄적으로 설명하는 장점이 있으나 논리적 체계나 구체적인 모델설정이 수립되지 않은 한계점을 보이고 있다. 이 같은 한계를 극복하고 소비자행동을 보다 통합적으로 그리고 체계적으로 설명하고자 개발된 모델이 행동주의적 접근 또는 다변수 모델(multiple variable model)이다. 구체적으로 Nicosia 모델, Howard-Sheth 모델, Engel-Blackwell-Miniard 모델 등이 대표적이다.

3 소비자행동의 제도학파적 접근

소비자의사결정을 설명함에 있어 크게 두 가지 관점이 존재하는데 이는 경제적 측면에 초점을 두는 소비자수요 이론과 사회적 가치, 문화적 배경 등 비경제적 요인들이 소비자들의 의사결정에 영향을 미치는 점을 반영하는 제도학파적 접근이다. 소비자수요 이론은 소비자선택을 설명함에 있어 소득, 가격, 제품의 특성 등 경제적 요인에 치중하여, 주어진 예산 하에서 만족을 최대화시켜 주는 합리적 선택을 기본적 논리로 하고 있다.

반면, 제도학파들은 소비자들의 의사결정을 설명함에 있어 경제적 요인 이외에 그 소비자가 속한 사회, 주변환경, 문화, 심리적 측면 등 복잡한 요인에 의해 영향을 받는 점을 강조하고 있다. 이 학파들은 인간은 완전히 독립된 주체로서가 아니라 사회적 동물로서 사회집단의 구성원이며, 복잡한 사회조직의 일부이므로 소비행동을 포함하는 인간의 행동을 연구함에 있어 사회심리, 사회환경, 문화적 접근이 필요하다고 주장하고 있다(이승신 외, 1996). 제도학파적 관점은 소비자들의 다양한 소비행동을 포괄적으로 설명한다는 점에서 그 가치가 있다고 하겠다. 광고나 언론매체, 마케팅 전략, 유행 등에 의해 소비자들의 생활표준이 과거에 비해 점차 일원화되어 가고 있는 최근의 경향 속에서도 각기 다른 소비선택이나 소비행동을 설명하는데 유용하다. 소비자들의 소비행동이 사회, 문화, 사회·심리적 요인에 영향 받아 나타난다는 제도학파적 관점의 논리적 배경에 대해 구체적으로 살펴보자.

1) 베블린 효과(Veblen Effect)

1899년 노르웨이 출신의 미국 경제학자 소스타인 베블런(Veblen)은 그의 저서 '유한계급론(The Theory of Leisure Class)'에서 유한계급에 속하는 소비자들의 소비행동을 분석한 결과 소비자들은 기존의 전통적 소비자수요이론이나 경제학적 설명에서 주장하는 합리적 선택과는 달리, 자신을 과시하기 위해 소비하는 과시적 소비(conspicuous consumption)를 하고 있음을 발견하였다(김기옥 외, 1998). 유한계급의 소비자들은 욕구충족을 위해 합리적 소비선택을 하지 않고 자신의 위신을 과시하기 위해 소비하며, 저소득층의 경우에도 이 같은 과시적 소비를 모방하는 경향이 있다고 주장하였다. 베블린은 신고전학파의 기본적 이론인, 값이 내릴수록 소비자의 수요는 증가한다는 수요공급 원칙과 반대되는 소비행동, 즉 값이 오를수록 오히려 수요가 증가하는 현상을 발견하였다. 이처럼 값이 비쌀수록 오히려 수요가 증가하는 효과를 베블런 효과라고 부르게 되었다. 'No Sale brand'를 강조하는 유명 브랜드 회사들의 마케팅 전략은 베블린 효과를 반영하는 것이라고 하겠다. 같은 이치로, 값이 내릴 경우 제품의 질이 떨어진 것으로 생각하거나, 누구나 갖게 될 것을 우려하여 오히려 수요가 감소하는 소비선택 역시 베블린 효과 때문이라고 할 수 있다.

2) 스노브 효과(Snob Effect)

어떤 소비자들은 자기만이 특정 상품을 소유하고 있다는 사실에 가치를 부여한다. 남들과 자신을 차별화하기 위해 일반적으로 보급되지 않은 희소성이 있는 재화를 구입하여 사용하는 소비행동은 스노브 효과의 결과이다(박명희, 1993). 남들이 사용하지 않는 희소성이 있는 재화를 소비함으로써 더욱 만족하고 그 상품이 폭넓게 유행되어 대중화되면 더 이상 그 상품을 선택, 소비하지 않는 것이 스노브 효과이다. 유행의 최첨단을 가는 것을 추구하는 소비행동은 스노브 효과로 설명할 수 있다.

3) 밴드웨건 효과(Bandwagon Effect)

스노브 효과가 남과 달라 보이기 위한 소비행동을 설명하는 것이라면, 밴드웨건 또는 편승 효과는 타인의 소비성향을 쫓아가는 소비행동을 의미한다. 같은 가격 조건에서 다른 사람들이 많이 사는 제품을 소비하려는 경향은 밴드웨건 효과이다. 특정한 재화에 대한 소비자의 수요는 다른 사람이 많이 구매할수록, 즉 시장점유율이 높을수록 증가하는 경향을 보이는데, 이는 대중적인 소비성향을 그대로 수용하기 때문에 나타나는 현상이다. 유행이 되는 옷이나 장식품을 너도나도 계속적으로 구매하는 행태는 편승효과의 단면을 잘 보여주는 예라 할 수 있다. 시청률이 높은 TV 드라마에 출연한 유명 연예인의 의류, 헤어스타일, 장식품 등이 대유행을 하는 것도 이러한 편승효과에 의한 것이라고 하겠다.

4) 터부 효과(Turboo Effect)

터부 효과는 사회적으로 금하거나 바람직하지 못하다고 여기기 때문에 소비선택을 하지 못하는 것을 말한다. 예를 들면, 골프에 대한 사회적 인식이 긍정적이지 못하므로 공직자가 골프 관련 제품 구매를 꺼리거나 조심스럽게 구매하는 경우, 대학교수가 경제적 발전이 계속되면서 다른 여러 사람들이 보편적으로 구매하면 자신도 그때 고급 외세차를 구매하는 경향이 있다. 이 같은 소비행동은 터부효과의 결과라고 하겠다.

4 소비자선택의 특성적 접근법

특성적 접근법 또는 특성이론(Characteristics Theory)[11]은 Lancaster(1971)에 의해 제기된 이론으로서 소비자들의 구매선택과 관련한 행동을 설명함에 있어 제품의 속성이나 특성을 중요시하는 이론이다. 특성이론의 기본적 틀은 경제학적 모델을 사용하고 있으나, 왜 소비자가 특정 제품을 선택하는가에 대한 기본적인 질문에 답하고자 하였다. 특성이론에 따르면, 어떤 소비자가 특정 브랜드를 선택한 이유는 단순히 그 제품의 소득, 가격 등 경제적 요인뿐만 아니라 그 제품의 속성이나 특성 때문임을 밝히고 있다. 다시 말해, 소비자는 제품으로부터 만족을 얻는 것이 아니라 제품의 속성이나 특성으로부터 만족을 얻는다고 전제하고 있다. 예를 들면, 자동차를 구매한 경우 소비자는 자동차 그 자체로부터 만족감을 얻는 것이 아니라, 자동차가 제공하는 속성인 안전함, 안락

11) 김영신, 강이주, 이희숙, 허경옥, 정순희(2008)과 허경옥(2021)을 활용하였음.

한 승차감, 멋스런 자동차 디자인, 차안 실내장식 등으로부터 만족을 느낀다는 것이다. 결국, 소비자가 자동차를 구입하는 이유는 자동차가 제공하는 이 같은 다양한 속성들 때문이라고 할 수 있다. 특성 이론에 따른 효용함수를 수식으로 나타내면 다음과 같다.

$U = u(C_i)$

여기서, C_i = 제품의 특성들(예: 치약의 경우 미백특성, 충치방지, 악취제거 등)

특성이론은 주어진 소득과 시장가격하에서 상품을 선택하고, 이 상품으로부터 효용이 창출된다는 소비자수요 이론의 논리에서 탈피하여, 상품이 아닌 상품의 속성이나 특성으로부터 효용이 창출된다고 주장하면서 소비자선택을 설명하는 새로운 시각을 제시하였다. 예를 들면 소비자가 치약을 구매하는 경우 치약으로부터 효용이 창출되는 것이 아니라, 치약의 속성인 미백작용, 충치 방지 기능, 구취 제거 기능 등으로부터 소비자는 만족(효용)을 느낀다는 것이다. 이때, 각기 다른 브랜드의 치약이 소비자에게 제공하는 속성 및 각 속성의 가격이 다르므로 소비자는 주어진 조건 하에서 최대효용을 창출하는 브랜드를 선택한다고 설명하고 있다.

결론적으로, 상품의 속성이나 특성으로부터 소비자는 만족을 느끼므로 이 같은 속성이나 특성이 소비자선택을 결정한다는 논리가 특성 이론의 주요 골자이다. 그러나 소비자수요이론과 특성이론 모두 효용의 개념을 사용하여 소비자의사결정을 설명하는 점 그리고 주어진 예산조건하에서 최적선택이라는 기본적 경제논리를 적용한다는 점에서 두 이론은 공통적이다.

특성 이론의 주창자인 Lancaster는 제품의 특성이 객관적으로 측정될 수 있다고 전제하였다. 또한, 특정 제품에 대해 소비자가 인지하는 특성은 소비자마다 동일하다고 가정하고 있다. 뿐만 아니라 소비자는 특성의 가격을 알고 있다고 전제하고 특성 이론의 기본 모델을 전개하고 있다. 특성이론에 대해 구체적으로 살펴보기 위해 소비자가 치약을 구입하려 한다고 하자. 치약이 제공하는 특성은 여러 가지이나 모델을 간명하게 전개하기 위해 두 가지로서 치아표백(C_1)과 충치예방(C_2)이라고 가정하자. 치약제품이 제공하는 이 두 가지 특성의 가격을 다섯 가지 브랜드 제품으로 구별하여 제시하면 〈표 4-1〉과 같다.

〈표 4-3〉 치약제품의 브랜드 별 속성

특성량 / 치약브랜드	천 원당 치아 표백 제공량(C1)	천 원당 충치 방지 제공량(C2)
A	10g	2g
B	5g	2g
C	8g	5g
D	5g	7g
E	2g	10g

〈표 4-3〉을 중심으로 주어진 예산 하에서 소비자가 얻을 수 있는 특성들의 양을 그래프상의 선으로 연결하면 [그림 4-1]에서 제시한 바와 같이, 점 A, C, D, E를 연결한 선이 효율곡선(efficiency frontier)으로서 천원으로 얻을 수 있는 각 브랜드 별로 제공되는 특성치의 량을 직선으로 연결한 선이다. 효율곡선은 전통적 소비자수요이론에서 예산선에 대응하는 개념이라고 하겠다. 효율선 상의 점들은 브랜드 별 구입 가능한 특성치들의 양의 조합을 나타낸다. 결국 효율곡선은 주어진 예산으로 최대의 특성치를 얻을 수 있는 점들을 연결한 선이다. [그림 4-1]에서 효율곡선을 나타낼 때, 원점에서 가장 멀리 위치한 점인 A점과 C점을 직선으로 연결하게 되므로 효율곡선은 B점을 통과하지 않게 된다.

이때, 주어진 예산 아래에서 구입가능한 각 브랜드별 특성치를 나타내는 점들을 연결하되, 원점에서 가장 멀리 위치한 점과 직선으로 연결하여야 한다. 그 이유는 주어진 예산조건으로 가장 많은 양의 특성을 얻을 수 있는 조건을 충족시키기 위함이다. 다시 말해, 효율선 ACDE 이하(원점에 가까운)의 선택은 비효율적 선택이다. 예를 들면 점 B의 경우 천 원으로 치아표백 특성량 5g, 충치방지 특성량 2g을 얻을 수 있는 데 반해, A와 C브랜드를 선택하면 B브랜드보다 많은 양의 두 가지 특성치를 얻을 수 있으므로 B브랜드의 선택은 비효율적 선택이다.

한편, 제품의 특성에 대한 소비자들의 선호는 전통적 소비자수요 이론에서와 마찬가지로 무차별곡선으로 나타낼 수 있다. [그림 4-1]에 제시한 바와 같이 소비자들의 선호를 나타내는 무차별곡선이 I_1, I_2, I_3와 같다고 하자. 전통적 소비자 수요 이론과 마찬가지로 소비자들은 소비자들의 선호를 나타내는 무차별곡선과 주어진 예산조건하에서 최적 선택을 함으로써 효용을 극대화시킬 수 있다. 다시 말해, 소비자들은 효율선과 소비자의 선호를 나타내는 무차별곡선과의 접점에서 선택을 하게 된다.

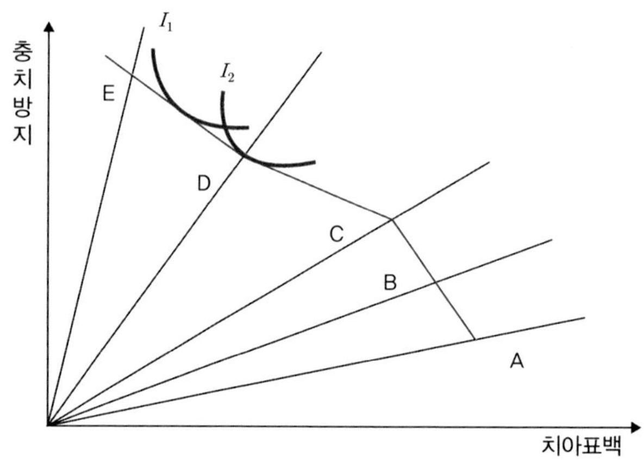

[그림 4-1] 효율곡선(efficiency frontier)

구체적으로 소비자선호가 무차별곡선 I_1의 형태로 나타나는 소비자의 경우 브랜드 E와 D 혼합형태로 구매하는 것이 최적 선택이 된다. 만약 I_2 형태의 무차별곡선을 갖는 소비자의 경우, 브랜드 D만을 구입하는 것이 가장 합리적인 최적 선택이 되며 I_3의 경우 브랜드 D와 C를 혼합하여 구매하는 것이 최적 선택이 되는 것이다.

지금까지 특성 이론을 통한 소비자선택, 즉 소비자 의사결정에 대해 살펴보았다. 특성 이론은 소비자가 새로운 상품을 왜 선택하는가? 어떤 소비자가 왜 특정 브랜드를 선택하였는가에 대한 이론적 근거를 제시한다는 점에서 그 가치가 있다. 종전의 소비자수요 이론에서 소비자선택은 소득, 가격 등 경제적 변수에 의해서만 영향을 받는 것으로 전제 되었으나, 특성 이론에 의해 제품의 속성이나 특성에 의해 결정된다는 새로운 시각을 제시한 점에서 그 가치가 있다.

그러나 특성 이론은 몇 가지 측면에서 제한적이다. 첫째, 각 제품들이 갖고 있는 다양한 특성들을 규정하는 것이 쉽지 않다는 점이다. 둘째, 이 같은 제품들의 속성을 측정하기도 쉽지 않다는 점이다. Lancaster는 제품의 속성을 객관적으로 측정할 수 있으며 소비자들은 이 같은 특성이 무엇인지를 파악할 수 있다고 전제하고 있으나 제품이 보다 다양해지고 복잡해지고 있는 요즈음 현실에서 제품의 속성을 파악하고 또 측정한다는 것이 그리 쉬운 일은 아니다 (Magrabi, Chung, Cha, & Yang, 1991). 예를 들면, 소비자는 자동차의 한 속성인 안락한 의자로부터 만족을 얻는다. 자동차안 의자는 의자를 둘러싸고 있는 재질, 좌석 조절 가능성의 여부, 좌석 수 등에 의해 결정되므로 의자로 인한 만족은 여러 다양한 요인에 의해 결정된다고 할 수 있다. 그런데 이 같은 복잡한 속성을 객관적이고 간단하게 분류하고 측정한다는 것은 그리 쉬운 일이 아니라고 할 수 있다. 게다가 자동차 안 좌석은 자동차의 속성 중 하나인 안락함의 한 요인이 되고 있다. 다시 말해, 제품의 속성은 서로 연관이 되어 있어 쉽게 분류하고 측정하기 어렵다는 특징이 있다.

5 소비자행동의 심리학적 접근

1950년대 이후 소비자행동연구에 심리학 관련 이론이 도입되면서 심리학적 측면의 소비자행동연구가 이루어졌다. 소비선택이나 소비자들의 의사결정을 설명하는 경제학적 이론의 한계에 대한 지적이 제기되면서 소비자들의 구매동기, 구매심리 등에 대한 연구가 활발하게 진행되면서 소비자들의 심리적 요인이나 심리적 분석의 필요성이 강조되었다. 다시 말해, 소비자행동에 대한 경제학적 접근방법이 개인 소비자행동을 충분히 묘사하지 못하며 마케팅 의사결정에 쉽게 적용하기 어렵다는 비판에 따라 소비자행동연구에 대한 새로운 접근방법이 요구되었다.

소비자의사결정을 이해하는 데 있어 심리적 요인의 중요성은 카토나(Katona)의 심리학적 경제학에서 주창되었다. 카토나는 그의 저서인 Psychological Economics에서 경제학적 모델에 심리적 요인이 추가되어야 소비선택과 소비자의사결정을 보다 포괄적으로 설명할 수 있으며, 소비자들의 행동에 대한 예측력이 높아질 수 있다고 주장하였다. 그는 또한 이 저서에서 미국 소비자를 대상으로 20년간의 자료를 분석한 결과 절대소득가설의 기본적 전제인 '저축은 소득의 함수이다'라는 것이 실제 상황에 맞지 않음을 발견하였다고 기술하고 있다(Katona, 1975). 사람들의 저축성향은 소득수준에 의해 결정되는 것이 아니라 사람들의 미래에 대한 예측, 즉 낙관적일 것인가 아니면 비관적일까 등 심리적 요인에 의해 결정된다고 주장함으로써 심리적 요인의 중요성을 부각시켰다.

한편, 심리학자들은 소비자들의 구매욕구, 구매동기 등의 연구에 심리분석적 접근을 시도한 심리분석모델(psychoanalytic model)을 전개하기도 하였다.

심리학적 접근은 제품전략개발에 유용하며, 커뮤니케이션 전략에 유용한 방향을 제시한다. 심리학적 접근에서 많이 사용하는 질적 분석방법, 예를 들면 표적집단 면접법, 심층면접법 등은 마케팅조사 및 연구분석에 큰 도움이 되고 있기 때문이다(임종원, 김재일, 홍성태,이유재, 1994).

1) 소비자행동에서의 소비자심리

행동이라는 말은 외부에서 관찰할 수 있는 어떤 신체적 움직임에 대한 의미를 강하게 암시하기 때문에 흔히 소비자행동이라고 하면 제품의 구매 및 사용과 관련된 소비자의 물리적 행동(physical action)만을 의미하는 것으로 생각하기 쉽다. 그러나 소비자행동연구가들은 이와 같은 가시적인 신체적 움직임보다는 오히려 소비자의 내면에서 일어나고 있는 심리적인 변화, 즉 인지적 활동(cognitive activities)에 대해 더 많은 관심을 보인다. 따라서 소비자행동연구분야에서는 소비자행동 개념을 상당히 포괄적으로 사용하고 있다.

심리학은 개인이 세상과의 상호작용에 사용하는 개인적 과정에 초점을 둔다. 이는 동기, 인지, 학습태도형성 및 의사결정을 포함한다. 또한 심리학은 구매와 소비행동에서 개인이 사용하는 내면적 과정에 초점을 맞춘다. 이는 개인의 생각, 느낌, 태도 그리고 그 발달 방식을 강조하며, 개성과 개인경험의 중요성을 강조한다. 심리학적 접근은 경제학자들이 주장하는 것처럼 소비자가 언제나 효용에 근접한 합리적 선택을 하지 않는 점을 강조하면서 소비선택이나 행동과정에서 소비자의 심리적 작용의 중요성을 강조하였다.

2) 대표적 심리학적 접근

왜 소비자는 그 제품을 구매하는가? 예전부터 Freud나 Maslow 같은 심리학자들이 연구한 인간행동에 관한 이론들은 현대의 마케팅 담당자에게도 도움을 주고 있다. 동기이론, 인지나 지각에 대한 여러 연구들, 즉 개인의 인지능력의 차이나 집중도의 차이, 지각된 현실의 중요성 등은 크게는 마케팅 전략의 수립에서부터 작게는 점포의 선반 진열방법의 이르기까지 여러 각도로 적용되면서 소비자들의 의사결정에 영향을 준다.

(1) 정신분석학적 접근

소비자의사결정이나 소비자심리 및 행동에 대한 기본적인 이론은 Freud 심리학이다. Freud는 의식세계를 취급하기보다는 무의식 세계를 중심으로 이론을 전개하였다. Freud는 인간성은 세 가지의 주요 체계로 구성되어 있다고 보았는데 성격의 형성과 관련이 깊고 이러한 성격의 기능적 구조를 원초아(id), 자아(ego), 초자아(super ego) 3가지로 나눈다.

- 원초아(id)는 선천적인 본능적 충동의 덩어리로서 정신 에너지의 근본이 되고 완전 무의식적이다.
- 자아(ego)는 원초아의 욕구를 충족시키거나 통제하기 위해 발달한 것으로 인간 의식의 일부가 된다. 그래서 현실적 원리에 따르는 과정이다.
- 초자아(super ego)는 사회문화적인 제 규범이 내면화된 것으로 외부의 영향을 많이 받는다. 양심과 이상을 대표하는 기능이다.

Freud의 심리학은 잠재의식을 자극하는 광고의 효과에 있어서 기본적인 이론적 바탕이었다. 이는 잠재의식적 자극이 무의식 속에 잠자고 있는 인간의 본능을 자극해서 광고의 내용을 기억하고 의식해서 행동으로 나타난다고 한다. 그런데 만약 어떤 본능적인 욕구가 충족되지 않았을 때 사람들은 불안을 경험하게 된다. 이러한 불안은 욕구가 합리적인 방향으로 충족되기를 위하여 동기를 유도한다. 이러한 욕구 충족의 매개체들 중에 하나를 소비행동으로 보는 것이다. 즉, 정신분석학에서는 신념이나 태도의 변화 등 정신적 활동까지도 소비자의 구매행동에 영향을 미칠 수 있다고 본다.

프로이드(Freud)의 심리분석 이론을 바탕으로 한 새로운 접근방법 중 하나는 동기 조사이다. 동기조사에서는 상표 혹은 제품의 선택과 같은 특정한 소비자 행동이 소비자 자신에게 어떠한 심리적 의미를 부여하는지를 조사하기 위해 프로이드의 id, ego, superego 같은 개성 결정 변수들이 이용되었다. 초기 동기조사에서는 구매를 결정하는 심리적 요인들을 분석하기 위해 개인에 대한 심층면접이나 표적집단 면접법이 주로 사용되었다. 동기조사는 제품을 소비자의 관점에서 보게 됨에 따라 제품의 상징적 의미가 소비자의 제품 구매에 중요한 결정요인 임을 인식하게 되었다는 것과, 동기조사에 이용된 심층면접 같은 방법은 제품개발과 광고문안 작성에 필요한 다양한 정보를 비정형적인 방법으로 짧은 시간에 저렴하게 제공할 수 있었다는 점에서 소비자행동을 연구하는 학자와 마케팅 실무자에게 긍정적인 반응을 얻게 되었다.

그러나 동기조사는 소수의 소비자집단과의 면접에 의존하고 있기 때문에 조사결과를 전체소비자에게 일반화시키는 데 한계점이 있다. 조사결과에 대한 해석도 분석자의 주관적 판단에 따라 달라질 가능성이 다분히 있다. 또한 어떤 소비자가 어떤 제품을 구매할 것인지를 동기조사에 의해 예측할 수 있는지에 의문이 제기되고 있다.

(2) 학습론적 접근

파블로브의 고전적 조건화 모델은 일반적으로 중성자극을 무조건적 자극과 결합시켜 이를 조건 자극화하여 중성자극이 무조건적 반응을 일으키도록 하는 방법이다. [그림 4-2]에 제시한 바와 같이, 개에게 무조건 자극인 음식을 주면 무조건 반응인 타액분비가 일어난다. 다음 단계에서 무조건 반응인 음식과 함께 조건자극인 종소리를 들려주면서 조건반응인 타액분비가 일어나게 한다. 이런 과정을 반복하다 보면 어느 순간부터는 무조건자극 없이 조건자극만을 제공해도 타액 분비가 일어난다는 것이 파블로프의 고전적 조건형성의 기본 원리이다.

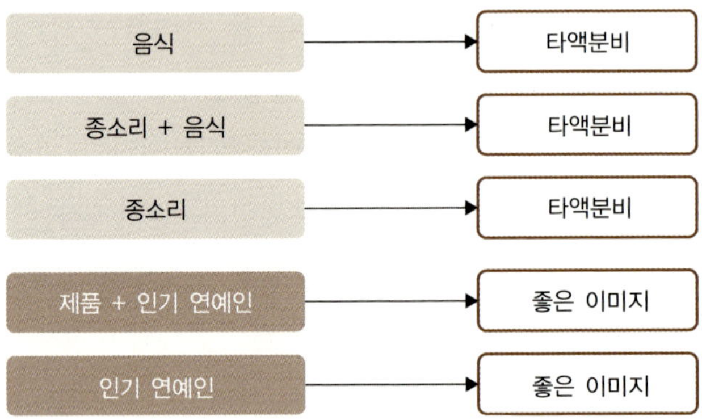

[그림 4-2] 파블로프의 고전적 조건화 모델

출처: 허경옥(2021). 소비자학의 기초. 교문사.

이 과정을 상품광고에 적용해서 살펴보면 소비자들에게 호소하고자 하는 특정 상품은 중립자극인 조건자극(종소리, 제품, 상표, 기업)에, 특정 상품에 대한 소비자들의 반응은 무조건적 반응에, 그리고 그 같은 반응을 유도한 자극은 무조건적 자극(음식, 인기 연예인, 멋진 풍경, 좋은 음악)에 해당한다. 반복적인 광고에 접하게 된 소비자들은 이 과정에 결과로 특정 연예인만 봐도 그 연예인이 출현했던 광고의 제품이 떠오르는 것이다. 이와 같이 특정 상품에 대한 소비자들의 생각이나 판단은 상품 그 자체의 속성에서부터 유래하는 것이 아니라 인위적으로 그 상품을 조건화하여 마치 관련이 있게 만든 무조건적 자극으로부터 유래한 것이라고 말하는 것이 학습론적 이론의 관점이다. 따라서 학습론적 접근은 소비자들의 특정 상품에 대한 생각이나 판단을 상품의 속성에 입각한 것이 아니라 무조건적 자극에 의해 조건 지워진 허상에 의한 것이라고 본다.

3) 심리학적 접근의 평가

심리학적 접근은 소비자들은 언제나 효용에 근거한 합리적 선택을 하지 않으므로 소비선택이나 소비행동을 이해함에 있어 심리적 요인을 고려하여야 한다는 관점을 제시한 점에서 그 가치가 있다. 심리학에 토대를 둔 소비자행동연구에서는 소비자의 욕구, 동기, 구매심리, 구매행동 등이 주요 연구 초점이 되고 있다(이학식, 안광호, 하영원, 1997). 소비자행동 분석의 의미에는 그들을 알기 위해 그들이 심리나 소속집단, 의사결정 요인 등을 조사하는 것도 포함되어 있다. 고객만족, 고객감동 이란 단어들은 요즘 특히 많이 접할 수 있는 말들이다. 많은 기업들이 고객만족, 고객감동을 내세우며 소비자의 마음을 사로잡으려 하고 소비자를 만족·감동시키기 위한 제품을 개발하려고 노력한다. 소비자 의사 결정 과정에 대한 심리학적 접근을 바탕으로 소비자의 심리를 이해하는 것은 중요하다고 하겠다.

심리학적 접근은 소비자선택 및 소비자동기 등을 이해하는 데에는 유용하나 소비자행동에 대한 실질적이고 논리적인 통찰력을 제공하지 못하는 한계가 있다. 다시 말해, 소비자구매에 관한 의사결정 및 예측행동에 대한 기본적인 틀을 제공하기는 하나 논리적이고 명확한 체계를 제공하지 못하는 단점이 있다. 예를 들면, 소비자행동에 직·간접적으로 영향을 미치는 요인들을 수적으로도 매우 많을 뿐만 아니라 그 성격도 매우 다양하기 때문에 소비행동의 심리적 변수를 이해하는 데에는 어려움이 많이 생긴다.

또한, 소비자행동에 대한 조사연구는 대부분 특정 제품 중심적이기 때문에 그 조사결과를 소비자 행동이론으로 일반화시키는 데에는 많은 문제점이 있다. 흔히 소비자행동 연구가들은 특정 상황하에서 특정 제품에 대한 소비자들의 태도나 구매의도를 조사하여 분석하는 방법을 택하고 있다. 따라서 연구결과는 오직 그 제품 특유의 소비자행동 반응으로 국한시켜야 하는 경우가 많다. 특정 대상자의 소비행동에 대한 분석 결과는 소비자행동의 지극히 단편적인 일면을 시사하기 때문에 이를 소비자행동으로 일반화시키기에 어려움이 있다.

6 소비자행동의 행동과학적 접근

기존의 경제학적 접근이나 심리적 접근은 단일 개념으로 소비자행동을 설명하고 있으므로 이 같은 문제를 극복하여 여러 개념과 여러 변수를 하나의 이론적 틀로서 체계화시킨 행동주의적 접근이 시도되었다. 행동주의적 접근은 기존의 경제학적 모델과는 달리 구매와 관련한 의사결정과정을 설명함에 있어 다변수 모델로 확장되었다. 행동과학적 접근은 여러 행동과학적 접근을 응용하여 소비자행동 연구에 적절한 다수의 개념과 이론들을 도입·종합하였다. 행동주의적 접근에 근거하여 수립된 모델의 이론적 틀은 행동과학자들의 학제적 연구를 응용하여 소비자행동모델을 수립하였다는 점에서 행동주의적 모델이라고 한다. 행동주의적 접근은 의사결정과정에 보다 초점을 두고 있는데 대표적인 것으로는 Nicosia모델, Howard-Sheth모델, Engel-Blackwell-Miniard모델 등이 있다. 이 중 Engel-Blackwell-Miniard 모델이 가장 많이 활용되고 있다.

Engel-Kollat-Blackwell은 1968년부터 모델을 개발해 왔는데 여러 차례 수정을 거듭하여, [그림 4-3]과 같이 가장 최신 모델, 즉 Engel-Blackwell-Miniard 모델을 도식화하였다. [그림 4-3]에 제시한 바와 같이 소비자의사결정과정은 다음의 7단계로서 각 단계에 대해 살펴보면 다음과 같다.

- 문제인식: 의사결정시 실제상황과 희망적 상태의 차이를 인식하는 단계
- 탐색: 기억 속 저장된 정보 탐색하는 단계(내적 탐색과 외부 정보 탐색)
- 구매 전 대체안 평가: 예상 이익의 대안들 평가하여 선호 대체안 선택 과정
- 구매: 선호하는 대체안을 획득하는 단계
- 소비: 구입한 대체안을 소비하는 단계
- 구매 후 대안평가: 소비경험 정도 평가 단계, 구매후 만족, 불만족으로 세분화됨
- 처리: 소비하지 않은 것, 남은 것 처분 단계(완전폐기, 재활용, 중고시장판매)

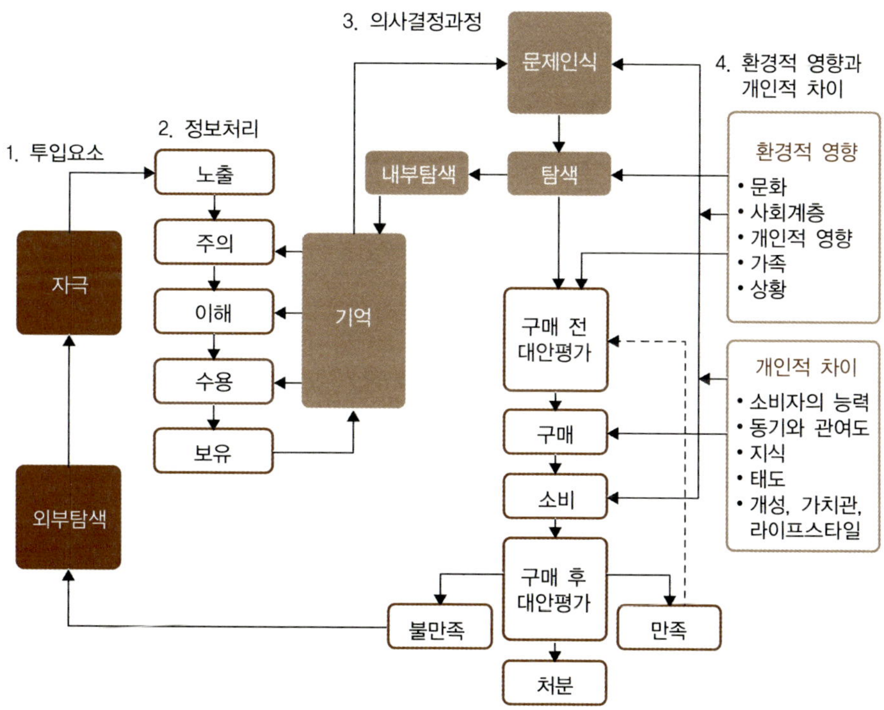

[그림 4-3] Engel-Blackwell-Miniard 모델

출처: Engel, J. F., Blackwell, R.D., & Miniard, P.W.(1995). Consumer Behavior. 8th Eds. Dryden.

7 소비자행동의 기타 이론[12)]

1) 소비자정보처리 관점

1960년대 후반 이후에 개발된 소비자행동 모형들은 소비자정보처리 관점에서 소비자행동을 설명하기 시작하여 소비자정보처리 모형이라고도 불린다. 소비자정보처리 관점은 70년대 이후 소비자의 의사결정과정과 정보처리과정을 중심으로 이에 영향을 미치는 여러 요인들을 다루고 있다. 소비자정보처리 모형은 심리학, 사회학 및 인류학에서 개발된 이론에 토대를 두고 있으며, 마케팅 분야의 소비자행동학자들은 심리학에서 연구되는 심리적 요인, 사회학에서 다루는 사회적 요인, 그리고 인류학에서 다루는 사회문화적 요인들의 상호작용에 의해 소비자행동이 결정되는 것으로 파악하고 여러 가지 요인들을 포괄적으로 고려하는 소비자행동 모형을 개발하였다.

2) 쾌락적·경험적 관점

1980년대 들어 소비자의 구매행동은 합리적이고 논리적인 사고보다는 정서적 동기에서 이루어진다고 보는 쾌락적·경험적 관점이 등장하였다. 쾌락적·경험적 소비자행동 모형에서는 소비자는 정서적 동기에서 구매행동을 하며, 소비과정에서 즐거움, 판타지와 같은 좋은 느낌을 경험하고자 한다고 가정한다. 쾌락적·경험적 모형에서는 제품을 단순히 물리적 속성들의 집합이 아니라 사랑, 긍지, 지위, 기쁨 등을 표현하는 주관적 상징물로 본다. 실제로 소비자는 즐거움, 판타지, 감각적 자극을 추구하기 위해 제품을 구매·사용하는 경우

12) 허경옥(2021). 소비자학의 기초. 교문사를 참조함.

가 흔히 있다. 예를 들면, 샤넬 NO, 5, 순수공연예술(오페라, 현대무용), 대중예술(영화, 록콘서트), 패션의류, 스포츠, 여가·취미활동(윈드서핑, 행글라이드) 등에 대한 소비자구매행동은 쾌락적·경험적 관점에서 잘 설명될 수 있다.

소비자정보처리 관점은 제품의 효용적 가치 때문에 구매가 이루어진다고 보는 데 반해 쾌락적·경험적 관점은 제품의 상징적 가치 때문에 구매한다고 설명한다. 소비자정보처리 관점에서는 연료비, 성능 등과 같은 객관적 제품속성들이 상표대안의 평가기준이 되지만, 쾌락적·경험적 관점에서는 제품사용 경험으로부터 얻게 되는 쾌락적 정서, 예를 들어 제품사용 중에 느끼는 짜릿함, 즐거움, 판타지나 제품의 상징적 의미에 의한 자아 이미지의 강화 등이 평가기준으로 이용된다.

3) 프로스펙트 이론

프로스펙트 이론(Prospect Theory)은 Kahneman과 Tversky가 붙인 명칭으로, 프로스펙트 이론은 어떤 개인이 준거점을 어디에 두는가에 의해 평가대상의 가치가 결정된다고 전제한다.

프로스펙트 이론은 가치함수를 설명함에 있어 주요 개념으로 가치함수(value function)와 확률가중함수(probability weighting function)를 사용하고 있다.

(1) 가치함수

가치 또는 효용은 어떤 기준(준거점)으로부터의 손익으로 측정하는데 평가의 기준이 되는 점은 준거점이다. [그림 4-4]에 제시한 바와 같이 준거점과 비교하여 원점의 오른쪽은 이익의 크기, 원점의 왼쪽은 손실의 크기를 의미, 원점으로부터 위쪽은 플러스, 아래쪽은 마이너스 가치를 의미한다.

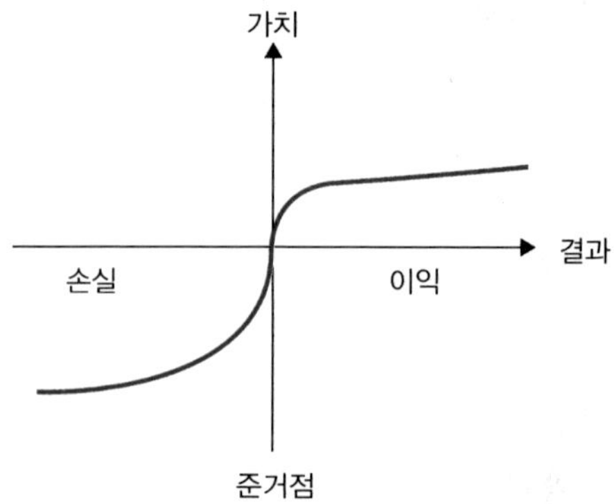

[그림 4-4] 프로스펙트이론의 가치함수

출처: 이명희(2007). 도모노노리오 행동경제학. 번역지형.

가치함수는 기존 주류경제학의 효용함수에 대응하는 함수로써 효용이 증가할수록 그 증가분이 점차 줄어드는 효용함수와 유사한 형태를 띠고 있다. 준거점(reference point)은 평가의 기준점이 되는 점을 말하는데 그래프로 나타냈을 때, 원점이 된다. 준거점은 개인과 상황에 따라 다르게 설정되게 된다. 각기 다른 준거점을 0으로 두고 각 사건을 이익과 손실의 두 차원으로 나누어 살펴볼 수 있다. 이때 가치는 준거점(원점)으로부터의 변화 혹은 준거점과의 비교를 통하여 측정된다. 그러나 가치는 절대적인 가치(부)에 의해 결정되는 것이 아니며, 현 상태가 될 수도 있고, 요구 수준이나 목표, 행동에 대한 기대 등 다양하게 설정될 수 있다.

예를 들면, 1,000만 원에서 1,100만 원으로 자산이 증가(A)한 경우와 4,000만원에서 3,000만 원으로 자산이 감소(B)한 경우 어느 쪽이 더 행복한가? 최종적인 부의 수준이 효용을 결정하는 주류경제학에서는 절대적 금액이 큰 후자(B)가 더 큰 효용을 갖는다. 그러나 프로스펙트 이론에서는 두 사건의 준거점을 다르게 인식하여, 전자는 이익으로 인지되고 후자는 손실로 인지되어 전자(A)가 더 행복한 상태가 된다고 간주한다.[13]

소비자는 동일한 금액의 이익보다 손실을 더 강하게 평가한다는 손실 회피성(loss aversion)의 개념으로 설명하고 있다. 액수가 같은 손실과 이익이 있다면 손실액으로 인한 불만족은 이익금이 주는 만족보다 더 크게 느낀다는 것이다. 예를 들어, 50%의 확률로 1,000원을 딸 수 있는 복권과, 50%의 확률로 1,000원을 잃을 수도 있는 복권이 있다면 보통 사람들은 두개의 확률이 동일하더라도 손실을 나타내는 쪽의 복권을 더 크게 거부한다. 다시 말해, 복권을 통해 10,000원을 잃을 확률과 얻을 확률이 비슷할 경우 사람들은 복권을 사지 않는 다는 것이다.

(2) 확률가중함수

프로스펙트 이론에서는 객관적 확률값 그 자체가 효용에 곱해지는 것이 아니라, 객관적 확률이 가중 평가되어 효용과 곱해진다. 예를 들면, 연간 사망 원인의 발생 건수에 대해 사람들에게 주관적 예상치를 조사한 결과, 보톨리누스 중독이나 천연두와 같은 실제 발생 건수가 적은 사건에 사람들은 발생가능성을 과대평가하였다. 그러나 살인, 심장병, 위암 등 실제 발생 건수가 많은 사건에 사람들은 실제보다 낮은 발생가능 예상치를 보여주고 있다.

〈표 4-4〉 기대효용이론과 프로스펙트이론

기대효용이론	프로스펙트 이론
기대효용 = (x가 발생할 확률p) × (x의 효용)	가치 = 가치함수v(x) × 확률가중함수w(p)

---

13) Daniel Bernoulli는 효용이론에서 효용을 부의 수준으로 측정하였으나, Kahneman은 효용을 부의 수준으로 측정하는 것을 '베르누이의 착오'라고 표현하며, 효용은 부의 변화로 측정해야 한다고 주장했다. 효용 및 불효용을 주는 것은 부의 변화이며, 절대량이 아니라는 생각은 1990년 노벨경제학상을 수상한 Harry Max Makowitz가 1952년 발표한 논문에서 주장한 바 있다.

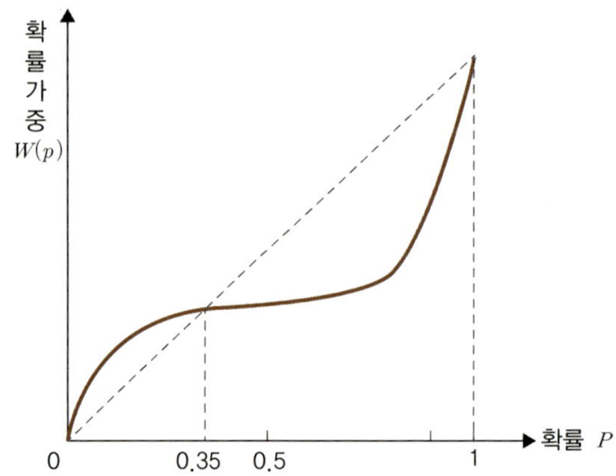

[그림 4-5] 프로스펙트 이론의 확률가중함수

확률(p)와 확률가중함수 $w(p)$의 관계를 살펴보자. 〈표 4-5〉와 [그림 4-5]에 제시한 바와 같이 확률이 작을 때에는 과대평가되고, 확률이 중간 정도부터 커지면 확률은 과소평가 된다. 확률이 거의 그 가치대로 가중되는 것은 약 0.35이다. 확률가중함수는 확률=0 또는 확률=1일 때, 기울기가 가파(민감도가 큼)르다. 확률이 중간 값 정도일 때, 기울기가 완만(민감도가 작음)하다.

〈표 4-5〉 확률가중함수 예시: 확률p와 확률가중$w(p)$

확률(p)	0.01	0.05	0.1	0.2	0.3	0.35	0.36	0.4	0.5	0.6	0.7	0.8	0.9	0.99
확률가중함수$w(p)$	0.05	0.12	0.18	0.26	0.32	0.354	0.359	0.38	0.44	0.50	0.56	0.64	0.74	0.93

결국, 〈표 4-5〉에서 확률이 0.35 이하일 때는 과대평가되고, 0.36 이상에서는 과소평가됨을 알 수 있다. 기존 경제학 개념에서는 발생확률과 비발생 확률을 모두 더 했을 때 1이 나타나지만, 확률가중함수에서는 의사결정을 하는 사람마다 확률이 다른 크기로 받아들여진다. 즉 확률의 선형성과는 달리, 주관적 확률 값에 비선형적인 효용이 곱해지게 된다. 확률 정도에 확률이 작을 때는

과대평가되고, 확률이 중간일 때부터는 과소평가 된다. 즉, 확률이 0부터 0.1로 변하는 것은 0.6에서 0.7로 변하는 확률보다 심리적으로 훨씬 큰 영향을 끼친다는 것이다.

PART

02

가족행동의 경제

휴일 아침에 일어나 산책을 할까 아니면 늦잠을 잘까 하는 고민, 이동통신사들이 공짜 핸드폰을 주는 이유, 애인과 다투고 승리하는 방법 등 일상생활이 인간의 모든 행위가 경제적 행위하는 일상의 경제학으로 확대된 것이다. 결국, 시장경제로 설명하지 않았던 일상 가족생활 영역, 나아가 인간의 삶을 시장경제로 설명하기 시작한 것은 Becker의 가장 큰 업적으로 그 공로를 인정받아 노벨경제학상을 받았다.

본 저서 제2부, 즉 5장부터는 미국 시카고 경제학파들의 경제학적 분석틀과 모델을 중심으로 가사노동과 시간 사용, 생애주기별 가족행동인 사랑, 결혼, 출산, 이혼, 인적자본투자 등 삶에서 중요한 의사결정(선택)이나 행동에 대해 다루고자 한다. 사랑, 결혼, 출산, 이혼, 인적자본투자 등 우리 주변의 삶에서 중요한 행동이나 의사결정을 경제학적 분석과 모델로 설명하는 것에 대해 살펴보고자 한다.

Theory and practice of consumer economics

Chapter

05

가족행동과 가정생산의 경제

경제학자들은 1950년 이전까지는 가정에서 일어나는 결혼, 출산, 자녀양육, 교육투자 등 가족의 의사결정이나 행동에 대해 거의 관심을 갖지 않았다. 1960년대에 접어들면서 시카고 경제학파 중심의 신가족경제학(New Home Economics), 가족경제학, 가정경제학, 가족행동의 경제, 신고전경제학 등 다양한 명칭으로 등장·발전하면서 결혼, 출산, 자녀교육 등 인간의 생애주기별 삶, 즉 가정에서의 여러 선택 및 행동에 대한 관심이 고조되기 시작하였다.[1] 가족행동에 대한 경제학적 접근은 1992년 노벨경제학상을 수상한 시카고 대학의 Gary Becker 그리고 Becker의 추종자들, 즉 시카고 경제학파들에 의해 활발하게 진행되었다. 미국 시카고학파의 대표적인 학자는 Gary Becker, Jacob Mincer, George Stigler 등으로 자원배분의 효율성에 관심을 둔 미시경제학자들이다. 그 이후 사랑, 결혼, 이혼, 출산, 자녀양육 및 교육에의 투자에 대한 경제학적 이론, 즉 가족행동의 경제학은 그 연구 영역을 기부행위, 시간사용, 기타 사람의 심리적

1) 1970년대, 1980년대에는 신고전경제학, 신가족경제학, 신가정경제학 등 새롭다는 의미로 '신'용어를 많이 사용하였으나, 그 이후 이 경제학적 접근이 널리 알려지면서 '신'용어를 빼기도 하였다. 본 저서에서는 가족경제학이라는 용어를 주로 사용하고자 한다.

의사결정이나 행동 나아가 인간의 삶으로 확대시켰다(허경옥, 2006).

가정에서의 선택이나 행동에 관심을 가진 경제학자들의 주요 설명을 살펴보면, Mincer(1962)는 기혼여성의 경제활동참여가 자신의 소득 변수 이외에 배우자의 근로소득, 자녀 수, 다른 가족 구성원의 특성에 의해 결정된다고 주장하였다. Beucer(1960)는 출산에 대한 연구에서 자녀 수요는 가족의 소득, 자녀의 질, 어머니의 시간가치, 가족의 다른 변수에 의해 결정된다고 주장하였다. Schultz(1963)는 인적자본투자 이론에서 자녀교육은 자녀의 생산성에 대한 부모의 투자로 인식하였다. 가족경제학의 대부라고 할 수 있는 Becker는 노동시장에서의 인종 및 성차별에 대한 차별경제학 시작으로 결혼 및 이혼 결정, 출산여부 및 자녀 수 결정, 자녀교육 및 인적자본 투자 등을 설명하는데 경제학적 모델을 도입하였고 그의 모델은 인간의 삶으로 확대되었다. 다시 말해, 경제학적 모델을 도입한 가족행동의 경제학은 사랑, 결혼, 출산, 이혼, 자녀교육 및 인적자본투자, 노동공급 및 여가활동, 시간배분, 가정생산활동, 이타주의, 타인에게 증여 또는 기부행동 등 인간 삶의 다양한 범위로 확대되었다. 본 장에서는 가족경제학, 가정경제학, 가족행동의 경제 등 다양한 명칭으로 불려온 경제학적 접근에 대한 기초 이해를 돕고자 한다.

1 가족행동의 경제란

가족행동, 가족의 의사결정 또는 인간의 삶을 설명하기 위해 여러 다학제적 접근이 이용되어 왔다. 예를 들면, 사회학에서 인간은 사회의 가장 기본 단위이고 인류학, 법률학(이혼법, 친자상속법, 양육에 관한 법), 생물학, 심리학(부모,

자녀 심리), 역사학 등에서도 인간 삶에 대한 연구가 진행되어 왔다. 그런데 1960년대 이후 시카고 경제학파들은 경제학적 이론과 모델을 인간 행동 또는 가족행동을 체계적이고 포괄적으로 분석하기 시작하였다. 오랫동안 시장경제 원리에 기초한 경제학적 모델은 시장에서 일어나는 분야, 소비자의 물질적 측면, 즉 저축, 소비, 소득, 지출, 소비패턴 등에 널리 사용되어 왔다. 소비자에 초점을 두는 경제학을 미시경제학이라고 부르는데 이 미시경제학의 기본 전제는 개인은 일정기간 변하지 않는 선호체계(preference)에 근거하여 각자의 효용을 극대화하는 데 있다. 이때, 각 개인의 행동은 수요와 공급이 존재하는 시장 메커니즘을 통해 조정된다는 것이다. 다시 말해, 경제학적 모델은 효용극대화 원리와 시장메커니즘의 원리인 수요와 공급을 통해 가격결정이 이루어진다는 논리이다.

그런데 물질적 행동을 설명하기 위해 발전되어진 경제학적 모델은 사랑, 결혼, 출산, 이혼, 인적자본투자, 가정내의 노동분배 등 비물질적 측면 나아가 인간의 삶에 응용하는 시도였다. 이 같은 경제학적 모델이나 접근은 노동력 공급, 가정생산, 여가 등에 할당하는 시간배분, 이기주의, 부모나 친지에게 때로는 타인에게 기부금 제공 등 이타주의적 행동, 세대간 이동, 이민 등 모든 인간 행동과 삶에 확대되어 왔다. 이 과정에서 경제학적 모델은 물질적인 만족 이외에 명예, 존경 등 정신적인 만족, 추상적인 만족을 추가시키게 된 것이다. 그 결과 자신을 희생함으로써 타인의 행복을 가져오는 이타주의(예: 헌신, 기부금 제공 등)도 하나의 심리적 이익을 얻는 경제적인 행동으로 설명하게 되었다. 또한, 자신의 만족 개념을 주는 요인들 가운데(효용함수), 상대자의 만족(효용)도 포함하는 모델을 개발하게 된 것이다.

시카고 경제학파를 시작으로 사랑, 결혼, 이혼, 출산 등 가족의 중요한 의사결정이나 행동에 경제학적 논리와 분석 방법이 응용되어 왔는데 이를 가족경제학(Family Economics), 신가족경제학, 가족행동의 경제, 가정경제학 등 다양한 명칭으로 불려왔다. 가족행동의 경제 또는 가족경제학은 1960년대 이후 미국 시카고학파들에 의해 활발하게 논의되기 시작하였는데 사랑, 결혼, 출산 등에 경제학적 논리와 모델이 응용되면서 사랑 경제학, 결혼 경제학, 출산경제학 등으로 불리게 되었다.

지금까지 논의한 바와 같이, 사랑, 결혼, 출산 등 가족의 선택이나 행동에 경제학적 관점을 통해 이해하고자 하는 학풍이 발전되면서 그 연구 영역이 세분화되기 시작하였는데, 소득, 지출, 저축, 노동력 공급, 가계소득분배 등의 분야는 시장 영역에 초점을 둔 연구로써 소비자경제학으로 불리고 있다. 소비자의 생산과 소비 등 소비자의 경제활동을 포괄적으로 다루는 소비자경제학과 달리 가족의 주요 의사결정사항인 결혼, 이혼, 출산, 가사노동, 자녀교육 등 시장에서 일어나지 않는 가족 행동을 경제학적 시각에서 조명하고 연구하는 가족경제학, 가족행동경제학으로 불리면서 일반 경제학 못지않게 그 중요성이 부각되어 왔다. 다시 말해, 가족경제학은 종전의 전통적 경제학에서 다루지 않았던 비물질적 가족행동, 비시장행동에 대해 경제학적 시각을 도입한 응용학문으로 넓게는 소비자경제학의 범위에 포함된다.

1) Bekcer의 경제학적 접근

1992년 노벨 경제학상은 미국 시카고 대학의 Gary Becker 교수에게 수여되었다. 스웨덴 왕립학교에 의하면, Becker가 수상자로 선정된 이유는 지금까지 경제학의 대상이 아니었던 인간의 삶에까지 경제학적인 논리를 처음으로 넓혔다는 것이었다. Becker 교수의 공적을 구체적으로 살펴보면 세 가지이다.

첫째, 1955년 박사논문 일명 차별경제학의 공헌이다. Becker는 노동시장에서 인종적·민족적 차별은 그 희생자뿐 아니라 차별을 하는 쪽에서도 손실을 가져온다(경제적 불이익을)고 주장하였다. 예를 들면, 흑인에게 상품을 팔지 않는 상점은 매상을 줄이게 됨으로써 차별의 비용을 감수하는 것이라고 주장하였다. 또한, 백인과 동일한 능력을 가진 흑인을 고용하지 않는 기업은 백인 종업원에게 높은 임금을 지불해야 하는 결과를 초래하는데 이는 차별행동의 비용으로 설명하였다. 이처럼 인종, 학력, 성별에 의한 고용차별이 발생하는 메커니즘에 대한 경제학적 분석과 동시에 이를 방지하기 위한 수단에 대한 경제학적 분석을 전개하여 차별경제학을 발전시켰다.

둘째, 인적자본이론(Human Capital Theory)의 성과이다. Becker는 교육에 대한 지출 및 시간할당은 생산성 향상을 위한 인적자본투자로 간주하였다. 그는 높은 교육 또는 훈련을 받는 사람들은 양질의 인적자본을 가지고 있어서 높은 소득을 얻는다는 이론을 확립하였다. 실례로써 여자 공원, 소규모 자영업 등 여성취업 기회가 고도의 숙련을 필요로 하지 않는 분야에 한정되어 있던 시대에는 여성에게 고등교육을 시킬 필요가 없었다. 즉, 인적자본 투자를 할 필요가 없었다. 그러나 경제발전과 산업구조의 고도화로 남녀 간의 근력(physical) 차이가 노동의 질을 좌우하지 않게 되고, 여성의 취업 분야가 넓어지자 여성에게도 교육투자를 하는 것이 가족에게도 이익을 주는 합리적 행동이라고 주장하였다. 그 결과 최근 고학력 여성의 소득/수입이 증가하면서 여성의 대학 진학률이 높아지게 되었다는 것이다. 그는 많은 사람들의 소득수준이 증가하면 승용차 매상이 늘고 결국 자동차 회사가 새로운 공장을 건설하기 위해서 설비투자를 하는 것과 같은 원리라고 설명하였다. 여성의 인적자본 투자이익이 증가될 수 있다면 여성에 대한 인적자본 투자가 증가된다는 것이다.

셋째, Becker의 최대 공적 중 하나는 가정 내의 행동을 기업의 경제활동과 같은 개념으로 받아들인 것이다. 그는 가정도 기업과 같은 생산활동을 영위하는 회사 또는 공장이라고 주장하였다. 여기서 가정의 생산활동은 가사노동, 육아활동을 포함하는 모든 행동이다. 가정에서의 여러 가지 선택이나 행동은 경제 원리에 입각한 선택적인 그리고 합리적인 행위라고 주장하였다. Becker의 가장 대표적인 것은 가정생산이론(Household Production Theory)이다. 한편, Becker는 시간배분 이론에서 사람들이 시간을 배분하는 행동은 효용을 극대화하기 위한, 즉 최종생산물의 조합을 합리적으로 배분하기 위해 시간을 어떻게 효율적으로 배분할 것인가에 대해 설명하고 있다. 또 다른 예로서 결혼경제학에서 경제적 접근은 부부간의 업무 간 전문화에 근거한 효율성 증가 또는 효용 최대추구 원리에 있다.

넷째, Becker의 또 다른 성과는 가정생산이론에 근거한 시간배분 모델이다. 예를 들면, 남성과 여성은 보통 하루 24시간을 시장노동, 가사노동 및 육아, 여가에 분배한다. 최대효용을 얻기 위해 사람들은 취업, 가사 및 육아노동, 여가에 시간과 에너지를 배분한다. 이때, 경제학적 모델에서 임금률 변수는 매우 중요하다. 예를 들면, 시장에서 여성의 임금률이 증가하면 일반적으로 여성들은 지금까지 해 왔던 가사노동과 여가시간을 줄이고 시장노동을 증가시킨다고 한다. 이때, 여성들은 가사노동의 일부를 시장 서비스(가정 내에서 요리 → 외식으로 바꿈)로 대체시킨다. 거꾸로, 경기가 나빠져 여성의 임금률이 낮아지거나 일자리가 없어지면, 시장노동시간이 감소되고 가정노동시간이 증가한다. 예를 들면, 불경기에 대처하기 위해 세탁소에 맡겨왔던 Y셔츠를 자택에서 세탁하기 시작한다는 것이다. 이 같은 시간배분이 바로 경제 원리에 입각한 사람들의 합리적인 선택이라고 주장하였다.

다섯째, 결혼과 출산에 대한 경제학적 논리의 도입도 Becker의 큰 공적이다. Becker에 따르면, 결혼, 출산은 사회적으로 규정된 필연적인 것이 아니라 선택적인 행위라고 보았다. 서구 또는 선진국에서 혼인율 감소는 여성의 교육수준 증가, 이혼률 감소는 취업기회 증대, 출생률 감소 등으로 이어지는데 이는 경제적인 동기에 의한 것이라고 주장하였다. Becker의 이론은 왜 사람은 결혼하는가? 왜 유복한 부부가 그렇지 않은 부부보다 아이가 적은가? 등의 사회의 기본적인 선택이나 행동, 풀어야 할 문제에 대한 새로운 이해 방법을 제시한다. 그의 연구 성과는 공적인 정부 정책, 예를 들면, 가족계획, 교육훈련, 복지정책 등에도 영향을 미치고 있다.

결론적으로, Becker의 경제모델과 분석틀은 사랑, 결혼, 출산, 인적자본투자 또는 자녀교육, 시간배분, 가족구성원 내의 가사노동분담, 가족구성원간의 소득분배, 여성의 경제활동참여, 노동시장에서의 차별, 이타주의, 가족간 갈등, 세대간 갈등, 이민 등 다양한 가족행동 나아가 인간의 삶에 적용할 수 있다. 다시 말해, 비경제적, 비물질적 인간행동 또는 인간의 삶에 대해 수요와 공급 메커니즘, 비용과 이익(Cost and Benefit) 접근법을 도입하여 경제학적 시각으로 재조명할 수 있다. 결론적으로 경제학적 접근에 따르면 사랑, 결혼, 출산, 이혼, 경제활동참여, 자녀교육 등 다양한 인간의 삶은 선택적인 행위로서 경제원리에 입각한 합리적 의사결정사항으로 간주된다. 결혼, 사랑, 이혼, 노동분배, 이타주의 등 비물질적 인간의 행동 및 일상생활에 경제학적 이론과 논리를 확대·적용하는 노력은 인간의 일상생활 나아가 사회변화의 본질을 파악할 수 있으며, 경제학적 이론과 논리가 어떻게 다양한 인간의 행동 나아가서는 인간의 삶에 적용될 수 있는지를 체계적으로 보여준다.

2) 가족행동의 변화와 가족행동의 연구 영역 확대

가정 또는 가족의 기능이 보다 세분화되고 다양해지면서 가족행동의 연구대상 및 연구범위는 확대되었다. 시카고 대학의 Gary Becker는 결혼, 이혼, 출산, 가족 간의 이타주의(altruism), 시간분배, 범죄, 성차별 등 비경제적 가족행동 나아가서는 일반적인 인간행동에 경제학적 이론을 적용시킨 최초의 경제학자이다.[2] 그는 20세기 이후 계속되는 출산율저하, 이혼증가, 기혼여성의 취

2) 1955년 Becker의 박사학위 논문은 노동시장에서의 인종, 민족적 차별에 관한 경제학적 접근으로서 이 논문이후 인종, 학력, 성별에 의한 고용차별에 대한 경제학적 분석을 시도하는 계

업증가, 세대 간 마찰 증가 등 가족변화 및 사회변화에 대해 많은 관심을 갖고 이 같은 변화를 경제학적 논리를 적용하여 설명하였다.[3)]

Becker의 가족행동에 대한 경제학적 모델 도입은 1960년대 신가족경제학파(New Home Economics)가 성립되는 계기가 되었다. 신가족경제학파의 활발한 연구 덕분에 가족행동에 대한 경제학적 설명은 더 이상 새로운 시각이 아닐 정도로 널리 알려지게 되었다. 미국의 신가족경제학파는 전통경제학에서 도외시되었던 사랑, 결혼, 이혼, 출산, 자녀교육, 시간사용, 가사노동, 이타주의, 범죄, 각종 차별 등 가족생활 나아가서는 일상생활에서 발생할 수 있는 광범위한 행동분야에 경제학적 이론과 모델을 접목하였다.

〈소비자경제학 코너 5-1〉 가정, 가족, 가계의 개념 정리

가정, 가족, 가계의 개념은 특별한 구분 없이 혼용하여 쓰기도 하나 그 의미의 차이에 대해 구체적으로 살펴보면 다음과 같다.

① 가정(home): 가족을 주체로 한 생활 공동체로서 인간의 가장 기본적인 생활단위이다. 가족이라는 인간주체 개념에다가 가족의 환경을 포함하는 의미로 가족보다 포괄적인 개념이다.
② 가족(family): 혈연, 결혼, 양자관계로 이루어진 근친 집단
③ 가계(household): 생산과 소비의 공동체, 경제생활단위이다. 가족이외의 사람과 소득과 소비를 공동으로 한다면 이 가족이외의 사람도 가계구성원으로 간주하므로 혈연 등으로 구성되는 가족과는 다른 개념이다. 가계경제학의 연구 단위이다.

지금까지 논의한 것을 정리·종합하여 많은 가족행동 중 가족경제학의 주요

기가 되었고, 이를 차별경제학이라 부르게 되었다.

3) 점차 가정경제학이라는 포괄적인 용어보다는 가정의 경제활동을 강조하는 가계경제학이라는 용어가 많이 사용되고 있다. 가계경제학은 소비자경제학, 가족경제학을 포괄하는 개념으로 쓰이기도 한다.

연구영역을 구체적으로 살펴보면 다음과 같다. 첫째, 가계행동중 대표적인 경제활동은 가계자원을 획득, 유지, 축적, 소비하는 행동, 즉 소비자 경제학 영역이다. 소비자 또는 가계가 자원을 획득하고 사용하는 경제활동, 투자나 축적 등의 경제활동에 대해 경제학적 모델 및 이론을 도입하여 연구하는 분야는 소비자경제학의 대표적 연구영역이다. 소비자 욕구의 최대만족을 추구하기 위한 자원의 최적 배분, 효율적 배분에 최고 가치를 두는 연구영역이라고 하겠다. 신고전경제학파의 기본적 논리체계에 따르면 개인은 변하지 않는 선호체계에 근거하여 경제활동이나 의사결정 또는 어떤 선택을 할 경우 효용을 최대화시키고자 한다고 가정한다. 이때, 개인의 행동이나 선택은 시장기구를 통해 결정되며, 가계소득의 획득, 소비지출, 노동력 공급 등에 신고전경제학파의 논리(특히, 미시경제학)를 적용한 연구분야가 소비자경제학이다. 가족 또는 가계는 하나의 소비 단위(consumer unit)로서 소비생활의 주체이다. 가계의 소비행동 그리고 가계를 둘러싸고 있는 외부 소비환경과의 상호작용을 연구하는 소비자 경제학은 소비자 수요, 소비패턴, 소비지출을 미시경제학적으로 접근하고 있다. 물질적 풍요가 계속되면서 소비의 중요성, 합리적 소비생활의 중요성이 인정되어 학문으로서 소비자경제학의 중요성이 부각되고 있다.

셋째, 결혼을 통해 가족이 형성되며 그 후 발생하는 이혼, 출산, 자녀교육, 시간사용, 가사노동분담 등 가족의 주요 의사결정사항에 대해 경제학적 이론과 모델을 적용하는 학문분야가 가족경제학이라고 할 수 있다. 가족경제학은 종전의 전통적 경제학이나 가정경제학에서 다루지 않았던 비물질적 가족행동, 비시장행동에 대해 경제학적 시각을 도입한 응용학문으로서 미국의 1960년대 시카고 대학의 미시경제학자들에 의해 활발하게 전개되어 온 분야이다. 미국 시카고학파의 대표적인 학자는 Gary Becker, Jacob Mincer, George Stigler 등으로 자원배분의 효율성에 관심을 둔 미시경제학자들이다.

〈소비자경제학 코너 5-2〉 가족의 기능변화와 소비자경제학 그리고 가족경제학

가족의 기능은 매우 포괄적이며 복합적인데 가족의 주요 기능은 다음과 같다.

a) 사회적 기능:. 출산을 통한 노동력 재생산의 기능
b) 문화적 기능:. 사회의 관습, 전통, 기술, 지식을 전달하는 기능
c) 애정적/생물학적 기능: 가족 간의 사랑, 이해, 지지를 통한 가족원의 정신적 안정, 육체적 욕구, 본능을 해결하는 기능
d) 경제적 기능: 수입, 지출관리, 구매행동 등의 기능 인적자원(시간, 교육)의 관리 및 의사결정의 기능

가족의 다양한 기능 중 경제적 기능에 주로 초점을 두는 학문 분야가 가정경제학 또는 가계경제학이다. 특히, 수입, 지출, 지출관리 등 가계의 물질적 경제활동 그리고 가계의 소비행동, 소비지출 패턴 등에 관심을 갖는 분야는 소비자경제학(소비경제학), 사랑이 아닌 가정에서 가족의 비물질적 행동을 경제학적 접근으로 연구하는 분야는 가족경제학(신가족경제학이라 불리기도 함)으로 세분화시킬 수 있다. 경제학자인 Alfred Marshall에 의해 도입된 신고전학파(Neoclassicism)에 의해 전개된 전통적 경제학이론 이외에 가족에 대한 연구는 비주류경제학으로 알려지고 있는 제도학파에 의해서도 연구되어 왔으나, 이 책에서는 자세하게 다루지 않기로 한다.

구체적으로 가족경제학의 연구 대상은 사랑, 결혼, 출산, 인적자본투자 또는 자녀교육, 시간배분, 가족구성원내의 가사노동분담, 가족구성원간의 소득분배, 여성의 경제활동참여, 노동시장에서의 차별, 이타주의, 가족 간 갈등, 세대 간 갈등, 이민 등이다. 이 같은 다양한 비경제적, 비물질적 가족행동에 대해 가족경제학에서는 비용과 이익(Bnefit and Cost)의 개념을 도입하여 경제학적 시각으로 재조명하고 있다. 가족경제학에 따르면 결혼, 출산, 이혼, 경제활동참여, 자녀교육 등 다양한 가족행동은 선택적인 행위로서 경제적인 원리에 입각한 의사결정사항으로 간주된다.

지금까지 가족행동에 대한 연구 분야를 살펴보았는데, 각 연구분야들 모두 경제학적 모델을 도입하여 연구·분석하였다는 점에서 공통점이 있다. 특히,

경제학적 모델을 도입함에 있어 주로 신고전경제학파(Neoclassicism)의 미시경제학적 접근을 통해 제 현상을 설명하고자 한 점에서는 공통적이라고 하겠다. 경제문제를 분석하는 시각/입장은 크게 미시경제학(micro-economics)적 입장과 거시경제학(macro-economics)적 입장이 있다. 미시경제학적 입장은 가계, 기업과 같은 개별경제주체의 경제행동을 연구하는 학문이며, 거시경제학적 입장은 한 나라 경제 전체의 움직임을 주로 연구하는 학문 분야로서 예를 들면, 총생산물(GNP), 총고용수준, 물가수준, 사회전체의 소비, 저축, 투자, 화폐량 등에 관심을 갖는 시각이다.

3) 가족경제학의 기능과 응용

가족경제학은 경제학적 이론과 논리를 물질적 행동 또는 화폐와 관련된 문제뿐만 아니라 결혼, 사랑, 이혼, 노동분배, 이타주의 등 비물질적 가족행동 및 일상생활에까지 확대·적용하였다. 그렇다면 가족행동 및 일상생활에 경제학적 모델의 도입은 왜 필요한가? 그 가치는 어디에 있는가? 다시 말해, 가족경제학의 응용 또는 활용 가치는 크게 3가지로 구분하여 설명할 수 있다.

첫째, 가족행동의 경제학적 접근을 통해 가족의 일상생활 나아가 사회변화의 본질을 파악할 수 있으며, 경제학적 이론과 논리가 어떻게 다양한 가족행동 나아가서는 인간행동에 적용될 수 있는지를 체계적으로 보여준다. 가족은 매우 중요한 기능을 수행하고 있으며 이 같은 기능은 사회를 형성하는 데 기초적임에도 이에 대한 충분한 연구 및 분석이 이루어지지 않았었다. 그동안 도외시되어 온 비물질적 가족행동에 대한 경제학적 분석 틀과 논리를 적용함으로써 가족행동의 중요성을 인식시키는 데 도움이 되며, 가족행동을 이해하는 새로운 통찰력을 제공한다. 특히, 경제학적 이론이나 모델은 가족행동을 체계적이고 포괄적으로 분석하도록 도와준다.

그동안 가족행동에 대한 연구는 주로 사회학, 심리학, 사회심리학, 가족학 등에서 연구되어 왔는데 이 같은 학문 분야에서 관심을 갖지 않았던 가족행동의 경제학적 측면과 경제적 속성을 가족경제학적 시각을 통해 파악할 수 있게 한다. 다시 말해, 사회학, 심리학 등에서의 시각이외에 새로운 시각을 제시하므로 가족행동을 보다 포괄적이고 종합적으로 이해할 수 있게 한다.

구체적으로, 사람들은 왜 결혼하는가? 왜 많은 자녀를 양육할 수 있을 만큼 소득수준이 높은 가족의 자녀 수가 그렇지 못한 가족보다 적은가? 왜 여성들이 남성들보다 가사노동에 많은 시간을 할애하는가? 등의 기본적인 가족문제 또는 사회변화에 대한 새로운 이해방법을 제시한다. 뿐만 아니라, 가족경제학은 장기간의 가족 내의 변화, 가족의 유형이나 본질의 변화, 나아가서는 사회현상의 변화에 대해 본질적이고 기본적인 이해를 제공한다. 과거와 현재 그리고 미래의 가족행동을 설명하는 데 있어서, 서구와 동양의 가족행동의 차이를 설명하는데 있어서 가족경제학적 접근은 매우 체계적이며 논리적이다. 예를 들면, 이혼의 증가, 출산율 감소, 기혼여성의 경제활동 증가, 세대 간의 마찰 등 가족과 사회의 변화에 대한 본질적 속성을 파악하게 해주는 데 그 가치가 있다.

둘째, 가족경제학은 일상 가족생활에서 직면하는 여러 가지 경제적 문제에 대해 비용과 이익을 밝혀 줌으로써 최적의 선택, 바람직한 선택을 도와주는 역할을 할 수 있다. 가족행동에 대한 경제학적 관점은 결혼을 해야 하는지, 이혼을 해야 하는지, 시간사용을 어떻게 해야 하는지를 직접적으로 말해 주지는 않는다. 그러나 각 가족행동의 비용, 이익 등이 무엇이며 어떻게 선택하는 것이 합리적인 것이지를 알려주므로 삶의 질을 향상시키는 데 도움이 된다.

셋째, 가족행동에 대한 경제학적 분석은 가족의 경제적·사회적 복지와 관련된 공공정책 개발에 도움이 된다. 뿐만 아니라 사회의 기본 단위인 가족의 행동을 예측하고 대비하는 데 도움이 된다. 다시 말해, 가족행동에 대한 경제학적 연구는 자녀양육, 미혼모 출산, 이혼, 가사노동으로 인한 가족갈등, 가족계획, 교육, 훈련, 가족 복지정책 수립 및 시행 등 다양한 가족문제나 가족행동 해결의 기본 방향을 제시할 수 있으며 미래 가족행동의 예측 및 통제나 대비에 도움이 된다. 구체적으로, 계속적인 출산율 감소에 대한 경제학적 분석을 통해 저출산율과 관련한 앞으로의 정부 정책 방향이 제시될 수 있다. 뿐만 아니라, 교육수준이 높음에도 여성의 경제활동 참여가 낮은 이유 등에 대한 가족경제학적 분석결과는 결혼과 가족제도에 대한 새로운 시각을 제시하며, 여성고용정책이나 고용장려 정책에 새로운 방향을 제시한다. 결국, 가족행동 나아가서는 인간행동에 대한 본질적인 파악은 가족변화 및 사회현상을 이해하는 데 도움이 되며 이와 관련된 정부 정책에 가이드라인을 제공해 준다.

4) 가족경제학적 접근의 공로와 한계

사랑, 결혼, 출산 등 가족행동에 대한 경제학적 접근은 인간행동 및 삶을 분석함에 있어 사회학, 심리학 등에서 무시했던 경제적 측면을 제시하므로 보다 포괄적이고 종합적으로 이해할 수 있게 한다. 사랑, 결혼, 출산, 이혼, 자녀양육 및 교육, 가정생산, 시간배분 등에 경제학적 모델과 분석의 틀을 적용했다는 것은 하나의 새로운 시도로써 집중적인 관심을 받았다. 그러나 경제학적 분석 모델 하나만으로 다양한 가족의 행동을 완전히 설명할 수 없다. 다만, 가족행동의 다양한 특성 중 경제학적 논리가 적용되는 부분이 있으므로 경제학적 모델을 가족의 선택과 행동에 보편적으로 적용할 수 있다는 측면에서 가족경제학적 모델은 그 가치가 있다. 다시 말해, 전통적인 경제학적 모델인 수요, 공급, 소득, 가격 등의 경제학적 분석적 틀은 복잡하고 다양한 많은 가족행동을 단순하고 논리적으로 설명할 수 있게 함으로써 가족행동의 기본적인 윤곽을 잡는 데 유용하다. 가족행동이 경제학적 접근의 공로에 대해 자세하게 살펴보면 다음과 같다.

(1) 가족경제학의 공로(성과)

첫째, 가족행동 경제 모델은 사람들은 왜 결혼하는가? 왜 많은 자녀를 양육할 수 있을 만큼 소득수준이 높은 가족의 자녀 수가 그렇지 못한 가족보다 적은가? 왜 여성들이 남성들보다 가사노동에 많은 시간을 할애하는가? 등의 기본적인 가족선택의 문제 또는 사회변화에 대한 새로운 이해 방법을 제시한다. 경제학적 분석 틀이나 모델은 과거와 현재 그리고 미래의 가족 행동(예: 사랑, 출산, 결혼 등)을 설명하는데, 그리고 서구와 동양의 가족행동의 차이를 설명하는 데 있어 매우 체계적이며 논리적이다. 예를 들면, 이혼의 증가, 출산율 감소, 기혼여성의 경제활동증가, 세대 간의 마찰 등 가족과 사회의 변화에 대한 본질적 속성을 파악하는데 경제학적 분석틀은 매우 유용하다.

둘째, 비용과 이익분석 모델은 일상 가족생활에서 직면하는 여러 가지 경제적 문제에 대해 비용과 이익을 밝혀 줌으로써 최적의 선택, 바람직한 선택을 도와주는 역할을 하게 된다(정영숙, 1998). 물론, 비용과 이익 분석법이나 가족경제학적 모델이 결혼을 해야 하는지, 이혼을 해야 하는지, 시간사용을 어떻게 해야 하는지를 직접적으로 말해 주지는 않는다. 그러나 다양한 선택의 비용, 이익 등이 무엇이며 어떻게 선택하는 것이 합리적인 것이지를 알려 주므로 삶의 질을 향상시키는 데 도움이 된다. 다시 말해, 경제학적 모델은 자녀양육, 미혼모 출산, 이혼, 가사노동으로 인한 가족 갈등, 가족계획, 교육, 훈련, 가족복지정책 수립 및 시행 등 다양한 가족문제나 인간행동의 기본 방향을 설명할 수 있으며 미래 가족의 선택이나 행동을 예측하고 또한 통제나 대비에 도움이 된다. 구체적으로, 계속적인 출산율 감소에 대한 경제학적 분석을 통해 저출산율과 관련한 앞으로의 정부 정책 방향 설정에 기초정보를 제공할 수 있다. 뿐만 아니라, 교육수준이 높음에도 여성의 경제활동참여가 낮은 이유 등에 대한 경제학적 분석 결과는 결혼과 삶에 대한 새로운 시각을 제시하며, 여성 고용정책이나 고용장려정책에 새로운 방향을 제시한다.

(2) 가족경제학의 한계

지금까지 논의한 바와 같이 경제 모델이 가족행동을 설명하는 데 유용함에도 불구하고 경제학적 분석틀은 몇 가지 측면에서 한계를 보이고 있다. 첫째, 인간은 합리적 동물로써 자신의 효용을 최대화하기 위해 최적 선택을 한다는 전통적 경제 모델의 대 전제는 가족의 행동을 이해하는 데 있어 때로는 비현실적이다. 가족행동과 관련된 의사결정은 합리적인 선택에 기초한다는 경제학적 가정은 비현실적이다. 사람들이 항상 합리적이고 이성적인 것은 아니므로 이성적이고 합리적인 최적선택을 전제로 하는 경제학적 모델은 비현실적이라는 지적이 제기 되어 왔다. 경제학적 관점에서 자원은 제한적이므로 주어진 제약조건 하에서의 최적선택, 즉 자원의 효율적 배분에 그 가치를 두고 있다. 그러나 인간생활, 가족생활에서는 이 같은 자원의 제약성 이외에 또 다른 많은 문제들이 존재하므로 반드시 합리적인 결정을 하지 못한다. 정치적, 사회적, 철학적, 종교적, 윤리적 차원 등 다양한 인간문제로 인해 자원의 효율적 사용과 배분만이 인간의 유일한 목표가 아닐 수 있기 때문이다. 즉 데이트 지속 여부, 결혼 결정, 배우자 선택, 결혼유지 아니면 이혼 결정, 출산여부 및 자녀 수 결정, 시장노동공급, 가사노동, 여가에의 시간배분, 자녀교육이나 인적자본투자 등에 대한 가족들의 의사결정은 언제나 합리적인 선택에 기초하지 않는다. 경제학에 따르면, 자원은 제한적이므로 주어진 제약조건하에서의 최적 선택, 즉 자원의 효율적 배분이 목표이다. 그러나 사람들 또는 가족은 사랑, 배우자 선택, 결혼, 출산, 자녀교육투자 등의 선택에서 반드시 합리적인 결정을 하는 것은 아니다. 사람들은 정치적, 사회적, 철학적, 종교적, 윤리적 차원 등 다양한 고려를 하는 것이 보통이고 효용극대화, 최적 선택만이 인간의 유일한 목표가 아니기 때문이다.

둘째, 경제학에서는 모델을 간명하게 하기 위하여 개인의 선호도, 취향, 가치관 등은 일정하다고 전제하고 수요 및 공급구조에서 가격의 기능, 소득의 역할 등 시장 기구를 통해 간단하고 명확한 논리를 펼친다. 그러나 사람들의 행동 및 선호도는 매우 다르다. 쌍둥이조차도 선호도, 취향 등이 다르며, 같은 동년배 집단의 구성원들도 다르게 행동한다. 또한, 경제학 모델의 대표적 유형인 비용과 이익분석이 인간행동에 언제나 적용되는 것은 아니다. 경제학적 모델이 간명하고 논리적이기는 하나, 다양하고 복잡한 가족행동과 삶을 포괄적으로 설명하는 데에는 한계가 있다.

셋째, 가족경제학에서 가족을 하나의 분석단위로 간주하는 것은 전통적 경제학에서 개인을 분석대상으로 하는 것과는 구별된다. 그런데, 가족을 하나의 단위로 분석할 경우 가족구성원 각각의 선호와 행동에 대해 알 수 없는 한계점이 있다. 또한, 가족 전체의 효용극대화가 개별 구성원 각자의 효용극대화를 보장한다고 보기 어렵다. 예를 들면, 부부간의 가사노동분담에 있어서 남편이 부인보다 시장노동에 효율성이 높고 부인이 가사노동에 효율성이 높은 경우 남편은 시장노동에 부인은 가사노동에 많은 시간을 할애하는 것이 가족 전체적 입장에서 최적의 선택이라고 볼 수 있다. 그러나 과연 이 같은 분담구조가 반드시 남편과 부인 개인적 입장에서 효용을 극대화시키는 선택이라고 보기는 어렵다.

넷째, 자원배분의 효율성이 반드시 가족복지를 증진시키지 않는다. 최적의 자원배분이 언제나 사회적 가치나 인간적 만족감과 일치하지 않으므로 가족복지가 반드시 증진된다고 보기 어렵다. 예를 들면, 전통적인 역할분담은 인간관계상의 평등, 공평, 형평(equity)의 측면을 배제하고 있어 반드시 가족의 만족감을 증진시킨다고 보기 어렵다.

다섯째, 경제학적 모델은 정태적 현상에 적합하다. 그러나 가족행동은 가족생활주기 및 사회 환경의 변화에 따라 변화하므로 정태적 분석방법인 경제학적 모델은 가족행동을 설명하는 데 한계가 있다(허경옥, 2006).

이처럼 가족행동을 설명하는 경제이론이 몇 가지 측면에서 한계점이 있음에도 불구하고 가족경제학은 가족행동의 본질을 파악하는 데 유용하므로 그 가치를 인정받고 있다. 경제학적 분석모델 하나만으로 다양한 가족행동을 완전히 설명할 수 없다. 그러나 가족행동의 다양한 특성 중 경제학적 논리가 적용되는 부분이 있으므로 경제학적 모델을 가족행동에 보편적으로 적용할 수 있다. 경제학적 모델은 일련의 수요, 공급, 소득, 가격 등 분석적 틀을 가지고 복잡하고 다양한 많은 가족행동을 단순하고 논리적으로 설명함으로써 기본적인 윤곽을 잡는데 유용하다. 또한, 그동안 가족행동을 이해하는 데 있어 사회학, 심리학적 측면에서 접근하지 않았던 새로운 시각을 제시한다는 점에서 그 공헌점이 있다(허경옥, 2006).

2 가족행동과 경제적 문제

비물질적 분야의 가족행동, 가정에서 일어나는 비시장 행동을 전통적인 경제학적 논리로 설명할 수 있는 것은 경제학 연구의 근원적인 문제들이 가족행동에도 유사하게 존재하기 때문이다.

1) 희소성(scarcity)의 문제

인간의 욕망은 무한하다. 그러나 이를 충족시킬 수 있는 가계자원은 한정되어 있다. 경제학은 인간의 욕구에 비해 상대적으로 자원이 희소하며 한자원의 부족은 다른 자원의 대체적 사용을 통해 보완·해결 가능하다는 가정으로부터 출발한다. 희소성의 문제는 결혼, 재혼, 이혼, 출산, 인적자본투자 등 다양한 가족행동에도 적용된다. 예를 들면, 시간사용의 경우 이용 가능한 시간은 제한되어 있다. 따라서 제한적인 시간자원의 대체방법으로 시간 절약적 차원에서 시장재화를 구입하여 대체한다거나, 기술 집약제품 사용으로 시간절약을 꾀하게 된다.

2) 선택의 문제

가족구성원의 욕망은 무한하나 이를 충족시킬 수 있는 가계자원은 한정되어 있으므로 가계는 다양한 욕망 중 일부를 선택하여야 한다. 다시 말해, 자원의 선택적 분배가 이루어져야 하는데, 이때 가족구성원의 욕망은 우선순위가 있고 자원은 대체 가능하다는 전제하에 선택의 문제가 발생하게 된다. 선택의 문제는 가족의 자원배분과 관련된 것으로서 미사경제학자들에 의해 가족자원배분의 효율성에 관한 연구가 이루어져 왔다.

결혼, 이혼, 출산 등 비물질적 가족행동과 관련된 의사결정에서도 이 같은 선택의 문제가 발생한다. 가족구성원은 무한한 욕구를 가지나 가족이 처한 제한된 조건에서 우선순위에 따라, 대체 가능한 자원의 활용을 고려하여 최종 의사결정을 하게 된다. 예를 들어, 배우자 결정과 관련된 선택의 문제를 살펴보자. 대부분의 사람들은 보다 능력 있고, 잘생기고, 성격 좋은 배우자를 얻고자 한다. 이 같은 욕망은 무한하지만, 자신의 여러 조건(예: 용모, 능력, 재치, 성격 등)은 한정되어 있으므로 한없이 자신의 욕구만을 충족시켜 주는 선택을 하지는 못한다. 따라서 주어진 조건하에서 최대한의 만족을 주는 최적 선택, 합리적 선택을 취하게 된다.

또 다른 예로서, 선택의 문제를 시간배분에 적용하여 보자. 가족구성원들은 여가시간을 향유하고자 하는 욕구가 있으나 기본적인 삶을 유지하기 위해서 어느 정도의 소득은 필요하므로 여가와 노동시간의 최적 선택을 해야 한다. 이 같은 선택과정에서 시간자원의 경제적, 효율적 배분에 관심을 두는 경제원리가 적용된다. 희소자원인 시간을 어떻게 쓰고, 배분, 처리할 것인가와 관련된 선택의 문제에 기본적 경제원리가 적용되며, 효용극대화를 위한 최적선택 원리를 통해 가족행동과 가족의 의사결정을 설명하게 된다.

3) 선택의 비용

경제학적 관점에 따르면, 주어진 제약조건하에서 사람들은 최대한의 만족을 유지시켜 주는 선택을 하게 되는데 이때 모든 선택은 비용이 따른다는 사실이다. 특정 행동의 선택은 다른 행동을 선택하지 못하게 하는 비용을 수반하게 된다. 다시 말해, 어떤 행동의 선택은 상대가격(relative price)의 영향을 받게 된다. 이때, 가격은 시간비용, 심리적 비용, 대안적 비용 등 포괄적인 비용을 포함한다.

선택의 비용문제는 다양한 가족행동에 모두 적용될 수 있다. 배우자 선택, 결혼 또는 이혼, 가사노동수행, 장기간의 정규교육, 출산 등 대부분의 선택행동은 비용을 수반하게 된다. 이 같은 선택비용의 문제는 비용과 이익논리를 다양한 가족행동에 적용할 수 있는 근거가 된다. 예를 들면, 대학원에 진학하고자 하는 사람들은 대학원 진학으로 얻을 수 있는 이익과 비용을 고려하여 진학 여부를 결정한다. 이때, 대학원 진학의 비용은 단순히, 대학원 등록금, 책 값, 교통비 등 직접적 비용 이외에 기회비용(opportunity cost)을 고려하게 된다. 대학원에 가지 않고 직장에 나갈 경우 얻을 수 있는 기대소득이 대학원 진학의 대표적인 기회비용이라고 하겠다.

〈소비자경제학 코너 5-3〉 자원의 분류

소비자 또는 가계가 소유한 자원은 크게 인적 자원, 경제적 자원, 환경적 자원으로 구분할 수 있다.

1) 인적 자원(human resources)
- 인지적 자원: 지식, 판단, 인지
- 정서적 자원: 태도, 신뢰, 기호
- 정신/운동적 자원: 노농습관, 타자기술, 자녀양육기술
- 일시적 자원: 객관적 시간, 속도

2) 경제적 자원(economic resources)
- 소득, 부, 피고용인의 급부(employee benefit), 신용(credit)

3) 환경적 자원(environmental resources)
- 물리적 자원: 태양, 물, 공기, 사회적 자원, 친구, 확대가족
- 경제적 정치적 자원: 재고품시장, YMCA,

참조: 피고용인 급부는 보험, 연금, 은퇴 후 연금, 사원휴양지, 사원주택, 스포츠 이용권 등

3 가족행동의 경제 주요 이론

다양한 유형의 가족행동을 설명하는 주요 이론과 논리에 대해 살펴보면 다음과 같다.

1) 결혼경제학

인간이 어떤 원칙에 의해 결혼을 결정하는가를 경제학적 논리와 경제학적 분석 도구로 설명하는 것이 결혼경제학이다. 결혼을 바라보는 경제학적 접근에 따르면, 결혼은 사회적으로 규정된 필연적인 행동이 아니라 개인적 선택행위로서 경제적인 동기에 의해 결정된다고 한다(이균, 1993). 결혼경제학에서 결혼은 당사자 간의 지각된 비용과 이익계산에 의해 선택되며, 결혼은 암묵적인 책임을 수행하는 불완전한 계약으로 간주되고 있다(허경옥, 2006).

결혼 전의 교제나 사랑은 장래의 배우자에 관한 정보를 얻기 위한 투자로서, 결혼에서 기대되는 소득수준은 결혼 여부결정의 주요기준이 되며 동시에 가능한 후보 중 누구와 결혼할 것인지를 결정하는 기준이 된다. 결혼의 이익과 비용을 고려하여 만족이나 효용을 최대로 높여 줄 사람과 결혼하게 된다. Becker는 교육수준, 종교, 연령 등 여러 측면에서 비슷한 사람들이 결혼할 때 안정적인 결혼이 유지되고 효용이 가장 증가되어 합리적 선택이 된다고 하였다.

결혼경제학에 따르면 결혼, 이혼, 재혼 등의 의사결정은 비용과 이익 분석(cost and benefit analysis)에 의해 이루어진다. 다시 말해, 결혼을 할 것인지의 여부는 결혼함으로서 얻을 수 있는 기대이익/비용과 미혼으로 남아 있을 경우 예상되는 기대이익/비용을 비교하여 결정하게 된다고 설명한다. 같은 맥락에서, 이혼 역시 이혼으로 발생하는 각종 비용보다 이혼으로 발생하는 이익이 큰 경우 이혼을 선택하게 된다고 설명한다. 마찬가지로, 다른 사람과 재혼해서 얻을 수 있는 기대이익이 재혼으로 발생할 수 있는 비용보다 크다고 판단되면 재혼을 선택한다고 설명하고 있다. 최근 확장된 결혼경제학 모델에서는 결혼으로 인한 이익에 물질적인 것 이외에 명예, 사회적 바람직성, 안정감 등 정신적이고 추상적인 것도 포함시키며 심지어 자신을 희생함으로써 타인의 행복이 추구되는 이타주의 개념도 포함시키고 있다.

이들의 논리에 따르면, 대부분의 사람들이 결혼하는 이유는 결혼은 남녀의 역할이 상호보완적 관계에 있으므로 남녀가 각기 미혼으로 있을 때의 효용의 합보다 결혼하여 발생하는 총효용이 더 크기 때문이라고 한다. 그러나 결혼으로 인한 이익이 각기 미혼 때 그것의 합보다 크다고 해도 만약 결혼으로 인한 이익이 어느 한 배우자에게만 제공된다면, 다시 말해, 배우자 중 어느 한 사람이라도 결혼 전의 효용보다 낮다면 결혼은 파기되어 이혼이 발생한다고 설명하고 있다.

2) 출산경제학

출산경제학은 계속되는 출산율의 감소 현상을 설명하기 위해 경제학적 모델을 도입함으로써 시작되었다. 자녀의 수, 자녀의 질, 출산시기, 자녀터울 등과 관련한 사항에 대해 경제학적 이론과 모델을 적용한 것이 출산경제학이다. 자녀 수요에 대한 경제학적 모델에서는 자녀의 잠재가격(shadow price)과 실질소득(real income)의 개념을 적용하고 있다.

출산경제학에 따르면 자녀 수요는 가족의 소득, 자녀의 질, 어머니의 시간가치, 기타 가족 관련 변수들에 의해 결정된다고 한다. 자녀출산의 여부도 비용과 이익체계에 의해 설명된다. 구체적으로, 자녀출산의 비용은 자녀출산 및 양육의 직접비용, 기혼여성의 시간가치와 같은 기회비용, 자녀의 수와 질의 관계에 의해 결정된다. 결국, 자녀출산으로 기대되는 미래의 기대이익은 자녀의 미래 기대소득, 자녀가 주는 정신적 도움 등으로서 이 기대이익이 비용보다 큰 경우 자녀를 출산하게 된다. 결국 자녀의 비용과 이익 비교에 의해 최종 자녀수가 결정된다는 것이다.

이때, 자녀의 수와 질의 상호작용은 출산율 감소를 설명하는 주요 분석 틀이 되고 있다. 자녀로부터 얻는 부모의 효용은 자녀 수의 함수일 뿐만 아니라 질의 함수이기도 하다. 자녀 한 명의 추가 출산에서 기대되는 효용보다 기존 자녀의 질을 높임으로써 발생하는 효용이 더 크다면 출산을 하지 않게 된다. Becker(1991)는 자녀의 수와 질에는 대체관계가 있고 자녀의 질에 대한 수요의 소득탄력성은 자녀의 수에 대한 수요의 소득탄력성보다 훨씬 크다고 주장하고 있다. 다시 말해, 상류층은 일반적으로 자녀의 성공과 질에 높은 열망을 가지고 있어 자녀를 적게 출산하는 대신 각 자녀에 대해 더 많이 투자하는 경향이 있음을 밝히고 있다. 이처럼 자녀 수와 질의 상호관계에 대한 분석 틀은 선진국 및 상류층의 출산율 감소를 설명하는 중요한 분석 틀이 되고 있다.

3) 인적자본이론

Theodore Schultz(1961, 1972, 1974)를 중심으로 인적자본이론(Human Capital Theory)이 탄생되었다. 저개발국가들의 경제적 발전은 물적 자본이나 노동자 수의 증가 이외에 인적자본(human capital)과 기술의 진보 때문임을 발견하면서 인적자본이론이 활발하게 전개되었다.

교육기간, 교육의 정도 등 인적자본 투자에 대한 가계의 의사결정을 설명하는 경제학적 모델이 인적자본 이론이다. 교육은 인간에 대한 인적자본 투자의 대표적인 형태로서, 교육을 통해 창출되는 능력, 기술, 경험 등을 인적자본(human capital)으로 간주한다. 정규교육, 수련, 연수 등을 통해 인간의 기술, 지식 등이 향상되고 그 결과 소득이 증대되므로 사람들은 미래 소득 향상을 위해 인적자본에 투자하게 된다. 따라서 자녀교육을 위한 가계지출은 자녀의 미래 생산성 또는 미래소득에 대한 부모의 투자행위로 간주되고 있다. 정규교육뿐만 아니라, 훈련, 직장연수 등도 미래의 수익을 위한 현재의 투자행위로 간주된다. 다시 말해, 교육에의 투자는 현재의 소비욕구 또는 다른 형태의 투자를 포기하고 인적자본 향상에 투자함으로써 미래 이익을 도모하는 행위라고 할 수 있다.

인적자본이론에서는 교육을 통한 미래 기대소득과 교육의 비용을 비교하여 최적의 교육기간을 선택한다고 설명하고 있다. 결국, 이 같은 논리에 따르면 여성의 교육수준 증가는 여성의 인적자본 투자를 통한 이익이 점차 증가되어 초래된 결과라고 볼 수 있다.

4) 가계생산이론

전통적 경제이론에서는 가계를 소비의 주체로만 인식하였다. 그러나 시카고 학파의 가계생산이론이 정립되면서 가계는 소비의 주체일 뿐만 아니라 생산의 주체로 명백하게 인식되었다. 가계생산이론(Household Production Theory)에서는 가사노동을 통해 생산되는 가정생산물(household commodity)이 효용을 창출한다고 전제하여 기존 전통적 이론인 시장재로부터 효용이 창출된다는 전제에서 벗어났다(Berk, 1980). 최종 가정생산물은 시장에서 구입한 재화에 가사노동시간이 결합되어 생산되며, 이 최종 가정생산물을 소비하면서 효용이 창출된다고 보았다. 최종가정생산물은 시장가격이 없으므로 시간비용에 해당하는 잠재가격(shadow price)을 갖게 된다. 이 잠재가격은 곧 가사노동의 가치를 평가하는 개념으로 널리 활용되었다. 결국, 기존의 전통적 모델에서 제외된 가사노동영역과 투입요소로서 시간의 개념이 가계생산이론에 도입되면서 시장재와 시간과의 관계, 가사노동에 대한 가계행동 등에 대한 새로운 시각과 통찰력을 제공하게 되었다.

가계생산이론을 통해 가계의 생산활동, 특히 가사노동에 대한 관심이 높아지기 시작하면서 여성의 가사노동수행에 대한 경제적 가치평가가 활발하게 진행되어 여성의 권익 및 지위향상을 촉진시키게 도움이 되었다. 가계생산이론의 확립 이후 주부가 수행한 가사노동의 화폐적 가치 산정, 가정생산과 시장재의 선택 등에 대한 연구가 활발하게 전개되었다.

가계를 소비의 주체로만 인식한 것에서 벗어나 시카고 가족경제학파의 가계생산이론(Household Production Theory)이 정립되면서 가계는 소비의 주체일 뿐만 아니라 생산의 주체로 명백하게 인식되었다. 근래의 노동공급이론에서 가계는 소비 주체 이외에도 생산주체, 즉 효용을 창출하는 상품(commodities)의 생산에 중점을 두고 있다. 그런데 결혼경제학에서는 결혼으로 인한 가정생산물을 결혼의 성과로 간주한다. 가사노동을 통해 생산되는 가정생산물(household commodity)이 효용을 창출한다고 전제하여 기존의 전통적 이론인 시장재로부터 효용이 창출된다는 전제에서 벗어났다(Berk, 1980). 최종 가정생산물은 시장에서 구입한 재화에 가사노동시간이 결합되어 생산되며, 이 최종 가정생산물을 소비하면서 효용이 창출된다고 보았다. 최종 가정생산물은 시장가격이 없으므로 시간 비용에 해당하는 잠재가격(shadow price)을 갖게 된다. 이 잠재가격은 곧 가사노동의 가치를 평가하는 개념으로 널리 활용되고 있다. 결국, 기존의 전통적 모델에서 제외된 가사노동영역과 투입요소로서 시간의 개념이 가계생산이론에 도입되면서 시장재와 시간과의 관계, 가사노동에 대한 가계행동 등에 대한 새로운 시각과 통찰력을 제공하게 되었다.

[그림 5-1]은 가정생산에 대한 모델로써 시간사용이나 시간배분, 결혼여부 결정(가정생산물을 포함하는 결혼이익 측정 시 사용 개념), 가사노동분담 등 다양한 연구 영역에 활용되고 있다.

[그림 5-1]에 따르면 시장에서 구입한 시장재화(market goods) 자체는 효용을 창출하지 못함을 알 수 있다. 시장재화에 가사노동이 결합되어야 비로소 가정생산물이 생산되어 효용을 창출한다.

- 시장재화 + 가사노동 ⇒ 가정생산물(commodities) ⇒ 효용창출

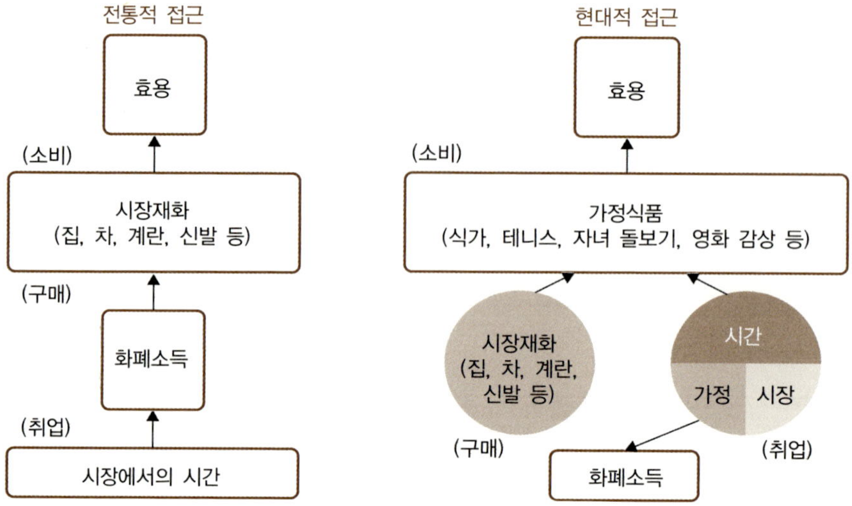

[그림 5-1] 가정생산에 대한 접근: Berk의 모델

출처: 허경옥(2006). 삶의 경제. 성신여대 출판부.

전통적 접근에서는 시장재화가 효용을 직접 창출하는 것으로 되어 있음을 알 수 있다. 그런데, 가정생산이론에서는 가정에서의 가사노동도 효용을 창출하는 생산활동임을 보여주며 시간의 중요성을 보여준다. 시간은 시장재 구입과 가정재 생산에 결정에 영향을 주고 있음을 알 수 있다.

가계생산 이론은 가계를 생산의 주체로 그리고 소비의 주체로 인식한다. 이때 시간을 시장재화(영화표, 차표, 숙박권+시간)에 투입하여(가사노동을 통해) 가정생산물은 생산과 동시에 소비하는 것을 의미한다. 가정생산이론은 시장노동, 가사노동, 교육투자, 여가 등 구체적이고 현실적인 선택을 잘 설명한다. 가계의 일정한 총소득 수준에서 가계 전체의 소득, 가사노동의 필요성 등이 종합적으로 고려되어 가구원들의 시간사용에 대한 의사결정이 상호의존적임을 알 수 있다. 이 이론으로 노동소득 이외의 소득(예: 재산 소득) 변화에 따른 노동공급 결정도 설명된다. 임금률이 상승하면 시간비용을 증가시킴으로써 시간집약적 상품 소비가 감소되고, 시간투입보다 재화투입(외식, 대용품, 기계세탁)

을 늘린다.

5) 시간분배이론

가족의 의사결정 중 하나인 시간사용 또는 시간배분에 대한 경제학적 설명이 시간배분이론(Time Allocation Theory)이다. 전통적 경제학에서 관심 대상이 되지 않았던 시간이 신가족경제학에서는 희소가치가 있는 인적 자원으로서 중요한 연구대상으로 취급되기 시작하였다.

신가족경제학파의 시간과 화폐자원을 관리하는 가족행동에 대한 연구가 거듭되면서 1965년 Becker의 시간배분이론 논문이 발표되었다. 이 논문을 통해 시간은 중요한 희소자원이며, 자원배분에 관한 모든 의사결정에 수반되는 비용으로 간주되어, 시장 밖에서 행해지는 많은 가족행동 및 인간행동이 논리적으로 설명될 수 있게 되었다(김기옥, 1993). 특히, 시간의 기회비용 개념은 시장노동, 가사노동, 기타 가족행동 및 모든 인간행동을 연구하는 데 중요한 개념으로 사용되었다.

한편, 기존의 경제학에서는 시간배분의 설명함에서 노동과 여가의 선택모델을 사용하였으나 신가족경제학파의 시간배분 모델에서는 수입노동시간, 가사노동시간, 여가로 보다 세분화하였다. 즉, 물질적 측면인 노동시간 이외의 가사노동을 경제학적 모델에 도입한 점은 괄목할 만한 성과이다.

시간은 한정되어 있으므로 얼마의 시간을 어느 활동에 배분할 것인가에 대한 시간배분결정을 설명함에 있어 기회비용의 개념이 도입되었는데, 시간 가치나 기회비용은 개인이 처한 상황과 사회경제적 요인에 따라 차이가 있음을 보여주고 있다. 특히, 남성의 시간가치는 기혼여성과는 본질적으로 다르며, 동시에 취업여성의 시간가치 또한 비취업여성과는 다르므로 시간배분상 차이가 있다고 설명하고 있다.

한편, 시간배분이론에서 도입된 시간의 개념은 가계생산이론을 체계화하는데 도움이 되었다. 가사노동시간을 통해 생산되는 가정생산물의 개념을 중심으로 가계생산이론이 전개되었다. 따라서 시간배분이론에서 가정생산함수, 가계생산이론이 탄생되었다고 할 수 있다.

Chapter 06

가사노동의 경제

산업사회 이후 여성의 사회진출 증가, 성 역할에 대한 가치관의 변화, 가사노동을 대체하는 시장제품 및 서비스의 증가 등으로 주부의 가사노동은 여러 측면에서 많은 변화가 있어 왔다. 그런데 과거에 비해 가사노동 관련 육체적 노동은 감소하는 추세이나 가사노동시간 기기 관리시간 증가, 더 높은 질적인 가사노동요구 증가, 새로운 가사노동의 출현 등으로 가사노동의 종류 및 가사노동 수행시간은 감소하지 않고 있다는 것이 지배적인 견해이다. 특히, 자녀의 수가 감소하였음에도 불구하고 자녀의 질적 서비스 증가에 대한 높은 요구로 자녀양육 관련 노동이나 시간이 증가하고 있는 것이다.

이 같은 상황에서 가사노동에 대한 가치관의 변화, 가사노동의 경제적 가치 인식, 가정 내 가사노동 분담구조의 변화 등이 계속 되고 있다. 기혼 여성의 취업 증가와 함께 핵가족 구조 속에서 부모 및 친지의 가사노동 지원감소, 유급가사조력자 활용의 어려움(예: 임금률 상승) 등으로 가사노동은 가족과 부부의 중요한 의사결정 사항이 되고 있고 또한 분쟁의 원인이 되기도 한다. 가사노동은 주로 여성에 의해 수행되어 온 무임노동이라는 점, 이윤을 목적으로 하지 않는 노동이라는 점에서 경제활동 또는 생산활동으로 인식되지 못하였다. 그러나

1960년대 (신)가정경제학파, (신)가족경제학파, (신)고전경제학파 등 다양한 명칭으로 불려온 경제학자들에 의해 가사노동이 생산적 활동이며 경제적 가치를 지닌 활동이라는 주장이 제기되면서 이에 대한 관심이 높아지게 되었다.

본 장에서는 가사노동에 대한 충분한 이해를 갖기 위해서는 무엇보다도 가사노동 활동에는 어떤 것이 있으며, 어떤 특성이 있는가에 대해 살펴보고자 하며 가사노동의 경제적 가치 측정방법, 부부 간 가사노동 분담, 가사노동의 시장 대체화 등에 대해 신가정경제학적 모델과 설명에 대해 다루고자 한다.

1 가사노동의 기초 이해

1) 가사노동의 학문적 관심과 개념

가사노동에 대한 관심 및 연구는 여러 학문 분야에서 진행되어 왔다. 주로 여성학, 사회학, 가정학, 경제학 분야에서 가사노동에 대한 관심과 연구가 진행되어 왔다. 여성학에서는 주로 여성 해방론적 관점에서 남녀평등, 여성의 사회참여 확대, 여성복지 증진 등에 초점을 둔 가사노동 연구가 많이 진행되어 왔다. 여성 해방론의 관점에 따르면 가사노동은 여성의 지위를 낮추고 여성을 억압하는 요인으로 간주되고 있다. 여성에게 부과된 가사노동문제의 해결, 가사노동의 가치평가, 가사노동문제의 사회적 해결, 남녀평등 및 여성복지증진을 위한 사회적·제도적 지원 등 여성학이 제기하는 많은 이슈들과 함께 가사노동 연구가 진행되어 왔다. 사회학에서는 사회의 기본구성 단위인 가족을 연구함에 있어 가사노동분담, 가사노동에 있어서의 성역할, 가족의 기능 변화 측면에서의 가사노동 등에 초점을 둔 연구가 진행되어 왔다.

가족경제학에서는 가사노동시간 분석, 가사노동의 생산성 인정, 가사노동의 경제적 가치 평가, 가사노동분담과 가사노동수행방안 등에 많은 관심을 가져왔다. 가사노동은 가족구성원의 노동력을 재생산시킬 뿐만 아니라 경제적 가치를 갖는 노동이므로 중요한 연구 대상으로 취급되어 왔다. 노동력 재생산은 자녀출산 및 양육 과정을 통해 계속적으로 새로운 노동력이 공급된다는 측면과 매일 매일 사용되어 소모되는 에너지가 가정에서 휴식과 가정생산물을 통해 재충전될 수 있다는 측면에서 중요시 되어 왔다. 또한, 가사노동은 시장에서 유급노동으로 대체할 수 있는, 다시 말해, 경제적 가치를 갖는 노동이라는 측면이 강조되어 왔다. 특히, Becker를 위시한 신가족경제학(가족행동의 경제)에서는 가사노동을 통해 생산되는 가정생산물은 효용을 창출하는 경제적 가치를 갖는 것이므로 가사노동을 생산활동으로 간주하고 있다. 가사노동은 가정에서 이루어지는 활동으로 일상생활유지, 삶의 재생산, 생계유지 등을 위해 필수적인 노동이라고 정의 내릴 수 있다. 또한, 가사노동은 가족관계 등 인간 상호관계를 위한 활동으로서 포괄적인 개념이다. 가족경제학적 시각에 따르면 가사노동은 가족원의 욕구를 충족시켜 주기 위해 가정생산물을 생산하는 활동으로 정의되고 있다.

〈소비자경제학 코너 6-1〉 가정생산물(household commodities)의 개념

가사노동의 개념은 흔히 사용되는 사회학적 개념인 반면, 가족경제학에서는 가정생산물이라는 용어를 사용한다. 가정생산물이란 필요한 시장재(market goods)를 시장에서 구입하여 시간과 가사노동을 통해 생산되는 최종적 생산물이다. 가정생산물은 매우 다양한데 예를 들면, 맛있게 만들어진 음식, 깨끗하게 다려진 옷, 교육을 잘 받은 자녀, 깨끗해진 집안, 자녀와 놀아줌으로서 형성된 밀착된 부모자녀 관계 등 매우 다양하다고 하겠다.

구체적으로, 맛있게 만들어진 된장국의 경우 된장국은 가정생산물이 되며, 이 생산물의 투입요소는 된장국을 만들기 위해 시장에서 구입한 각종 재료(감자, 파, 마늘, 된장 등), 즉 시장재, 재료 다듬기, 씻기, 국에 넣기 등 된장국을 만드는 데 할애한 시간, 즉 가사노동시간이라고 할 수 있다.

2) 가사노동의 분류

(1) 여성 중심형 가사노동과 남성 중심형 가사노동

지금까지 선행연구자들은 가사노동은 여성 중심형 가사노동(female-typed housework)과 남성 중심형 가사노동(male-typed housework)으로 분류해 왔다. 보통, 음식물 만들기나 그 뒷처리, 세탁 및 청소 등이 전통적인 여성의 가사노동 영역으로 간주되어 온 반면, 집 고치기나 자동차 관련 활동 등은 남성이 해야 할 가사노동 영역으로 구분되어 왔다. 이 같은 특성은 실제 연구에서 매우 중요하다. 예를 들면, 남편들의 가사노동 참여 공헌도에 대한 연구를 수행한다고 할 때, 전통적으로 여성의 일로 간주되어 온 음식 만들기 및 설거지, 청소, 빨래 등 여성 중심형 가사노동참여가 증가하였는지, 아니면 자동차관리 및 수리 등 남성 중심형 활동에 많은 공헌이 있었는가를 구분할 필요가 있다.

여성 중심형 가사노동은 거의 매일 행해져야 하는 일로써, 미루거나 시간 날 때 할 수 있는 일들이 아닌 경우가 많고, 비사회적 활동으로 주로 집안에서 이루어지며, 반복적 성격을 띤다. 남성 중심형 가사노동은 수행시간을 융통성 있게 바꿀 수 있는 가능성이 높은 일로, 여성 중심형 활동보다 여가성을 띤 활동이며, 사회성 있는 노동일 가능성이 높다. 주말 등에 주로 수행되며, 가끔씩 해도 되는 일로, 매일 수행해야 하는 여성 중심형 가사노동과는 다른 특성을 가지고 있다.

(2) 단순 가사노동과 관리적 가사노동

단순 가사노동과 달리 관리적 가사노동이란 가사노동을 언제, 어디서, 누가, 무엇을 할 것인가 등을 계획하고 또 관리하는 일이다. 도와주기 형태의 단순 가사노동과 효율적 수행을 위한 관리적 성격의 가사노동은 질적 측면에서 그 차이가 있다. 보통, 맞벌이 가계에서 가사노동의 어려움을 완화하기 위하여 파출부나 가사노동보조자를 고용하게 되는데, 이들의 고용으로 가사노동의 총괄적인 관리가 해결된다고 보기는 어렵다.

(3) 육체적 가사노동과 비육체적 가사노동

가사노동의 성격에 따라 육체적 가사노동과 비육체적 가사노동으로 분류할 수 있다. 보통 비육체적 가사노동은 자녀와의 대화, 함께 놀아주기, 세탁기 돌리기, 쇼핑 등 자유롭고, 즐거우며, 여가활용의 가능성이 높은 특성을 갖는 가사노동 활동을 의미한다.

(4) 육아노동의 다양한 분류

육아노동의 경우에도 다양한 유형의 활동이 있는데 같은 양의 노동시간이라도 육아노동 자체의 특성에 차이가 있다.

- 기본적 육체노동: 목욕시키기, 음식물 먹이기, 기저귀 갈기, 재우기 등 육아 육체노동
- 자녀와의 공유시간: 대화, 함께 놀기, 책 읽기 등 자녀와 함께 하는 시간
- 접촉 시간: 부모가 자녀와 서로 접할 수 있는 시간(예: 점심/저녁 같이 하는 빈도수)
- 사회화 시간: 자녀의 사회화에 할애한 시간
- 의사결정 시간: 양육과 관련한 제반 의사결정에 할애한 시간

3) 가사노동의 개념적 특성

(1) 사적 특성과 공적 특성

가사노동은 가정 내에서, 즉 사적 공간에서 수행되는 노동이라는 점에서 사

적 특성을 갖는다. 여기서 사적 공간은 다른 사람과 물리적으로 격리되어 있으며 개인적이고 비집단적인 공간을 의미한다. 가사노동은 개별 가정에서 이루어지는 경우가 많으므로 사적 노동으로 간주되는 경향이 있다. 그런데 점차 가사노동이 사회적 노동의 특성을 가지게 되면서 공적 노동으로 인식되기 시작하고 있다. 예를 들면, 자녀양육은 개별 가정의 책임일 뿐만 아니라 사회적 책임으로 인식하여야 한다는 것은 자녀양육을 단순히 사적 노동으로 간주하기보다는 사회 전체의 공적 노동으로 보는 시각이다.

(2) 단독 수행 가사노동과 공동 수행 가사노동

단독수행 가사노동은 혼자서 수행한 가사노동을 의미하며 공동 수행 가사노동은 부부 또는 기타의 가족 구성원과 함께 수행한 가사노동을 뜻한다. 보통, 과거 남편이 수행한 가사노동은 가족이 함께 하는 공동노동의 형태로서, 혼자서 수행하는 단독노동에 비해 여가적 성격이 강하며 보다 사회적인 특성을 갖는다. 한편, 가사노동 수행자를 일차적 가사노동 수행자와 이차적 가사노동 수행자로 구분하기도 한다. 한편, 가사노동을 주로 수행한 사람과 도와주기 형태로 수행한 사람을 구분하여 가사노동수행 실태, 가족 내의 가사노동분담 상황을 파악하는 것은 그 의미가 있다.

(3) 동시 중복노동: 일차적 노동과 이차적 노동

보통 가사노동을 수행할 때 같은 시간에 여러 가지 가사노동 활동을 중복적으로 동시에 수행하는 경우가 많다. 예를 들면, 세탁기를 돌리면서 음식을 만든다거나, 국을 끓이면서 진공청소기로 청소를 하는 등 주어진 시간에 여러 가지 가사노동을 병행하는 것이 보통이다. 여러 종류의 가사노동이 동시에 이루어진 경우 수행된 중복노동 중 중요한 일에 할애한 노동을 일차적 노동이라고 말하며, 두 가지 중 부차적인 일 또는 부수적인 노동을 이차적 노동이라고 한다. 예를 들면, 직장에서 직장업무를 보면서 동시에 저녁식사 반찬을 무엇을 할까 계획하고 있었다면, 업무를 위한 노동은 일차적 노동이고 저녁식사 준비를 위한 계획의 시간은 이차적 노동으로 볼 수 있다. 많은 가사노동의 경우 주어진 시간에 두 가지 이상의 활동을 하는 경우가 종종 있는 현실을 감안할 때, 이차적 노동의 의미를 무시할 수 없다.

4) 가사노동의 긍정적, 부정적 특성

(1) 가사노동의 부정적 특성

가사노동의 부정적 특성은 가사노동이 무급노동이라는 점, 반복적이고 비사회적인 노동이라는 점, 수행시간 및 수행 방법면에서 융통성이 없다는 점 등 부정적인 특성을 갖고 있어 기피되기도 한다.

첫째, 무급 특성은 가사노동은 중요하고 가치 있는 노동임에도 불구하고 시장노동과는 달리 무급노동으로서 소득과 승진 등 가시적인 경제 혜택이 없는 특성이 있다. 가사노동의 대가는 가족구성원의 성원에 의해 보상되는 사적 성격을 띠고 있다. 이 같은 가사노동의 무보수적 특성은 지속적인 물가상승과 생활표준의 증가로 가시적 소득을 갖는 시장노동의 가치가 점차 높게 인식되고 있는 상황에서 가사노동의 가치를 낮게 평가하게 만드는 주요 요인이 되고 있다.

둘째, 반복적 특성은 가사노동이 반복적이어서 단조롭고 지루한 특성을 말한다. 대부분의 가사노동이 매일 일상에서 이루어지는 활동이므로 반복적이다. 음식 만들기, 설거지, 청소 등 많은 가사노동 활동들은 매일 또는 자주 반복적으로 이루어지는 노동이라고 할 수 있다.

셋째, 비사회성은 가사노동이 주로 혼자서 폐쇄된 사적 공간에서 수행되는 경우가 많아 고립감 또는 소외감을 유발하는 특성을 말한다. 직장에서 수행되는 시장노동과는 달리 가사노동은 주로 혼자서 집에서 수행되므로 가사노동 수행자는 외로움, 소외감을 더 많이 느끼게 된다. 이같은 문제를 해결하고자 조리대, 개수대 등을 벽에 설치(주부가 벽을 보면서 혼자 고립되어 가사노동을 수행하는 구조)하지 말고 거실을 향하도록 설치하여 가사노동 수행자가 가족들을 보면서 식사 준비, 설거지 등의 가사노동을 수행하게 하는 주장이 제기되기도 하였다.

넷째, 비융통성은 대부분의 가사노동이 수행자 자신의 계획, 의도에 따라 융통성 있게 진행되지 않고 가족구성원의 계획, 생활 패턴, 생활주기에 따라 수행되어야 하는 특성을 말한다. 가사노동은 내용 면에서 매우 다양하고 종류가 많고 또한 육체적, 정신적 피로가 심한 편임에도 가사노동 수행에서 수행시간, 노동내용, 수행방법 등을 탄력적으로, 계획적으로, 자율적으로 수행하기 어려운 특성을 가지고 있다. 이 같은 이유는 가사노동수행의 어려움을 가중시키고 그 결과 가사노동을 기피하게 하는 요인이 되고 있다.

(2) 가사노동의 긍정적 특성

가사노동의 긍정적 특성에 대해 살펴보면 크게 창조성과 비경쟁성 두 가지이다. 첫째, 창조성은 가사노동이 시장노동에 비해 주부 자신의 태도나 주관적 인식에 따라 창조성, 취미성을 띠는 노동이라는 것이다. 가사노동에 대한 자율성이 높아 자기 충족적인 만족감이나 성취감이 높을 수 있다. 남편 및 자녀와의 상호관계, 자녀가 기대를 충족시켰을 때 오는 심리적 만족 등이 이에 해당한다고 하겠다. 대량생산 체제하에서 획일적 상품이나 인스턴트 상품이 범람하는 현대 사회에서 가족의 기호 및 가사노동수행자의 취향에 맞게 집에서 직접 생산했다는 것만으로도 만족감 및 성취감이 높아질 수 있다.

둘째, 비경쟁성으로써 가사노동이 시장노동과는 달리 수행자 간에 비교 또는 경쟁이 잘되지 않는다는 특징이다. 작업표준의 부족, 생산성 평가의 어려움, 가사노동수행자 간의 비경쟁적 특성 등으로 인해 시장노동처럼 심각한 경쟁을 하지 않는다. 그로 인해 경쟁으로 인한 스트레스, 실업으로 인한 괴로움 등을 받지 않는 특성을 갖고 있다.

5) 가사노동의 측정 방법

가사노동수행 측정 방법은 연구자마다 다양한 방법을 사용하여 왔다. 측정 방법상의 차이는 일치하지 않는 또는 상반되는 연구결과를 초래하기도 하였다. 각각의 측정 방법은 모두 장점과 단점을 가지고 있다. 또한, 조사를 위한 비용도 무시할 수 없으므로 연구의 목적 및 사용 목적에 잘 부합되는 측정 방법을 선택하여야 한다. 가사노동수행의 양적 측정방법은 빈도수 측정법, 활동 영역별 측정법, 그리고 시간일지법(time diary)이 있다(허경옥, 1994).

(1) 빈도수 측정법

이 방법은 가사노동 수행 정도를 빈도수로 측정하는 방법이다. 보통 설문조사에서 가사노동수행 정도를 보통 매일 자주, 매주 자주, 1주일에 한 번, 1달에 한 번, 또는 전혀 등의 방법을 통해 측정한다. 한편, 1주일에 설거지를 몇 번 하였는가? 라는 질문으로 다양한 유형의 가사노동의 빈도수를 측정하기도 한다. 이 방법은 정확한 가사노동 수행시간을 측정치 못하는 것이 결점이다. 내가 항상을 5로 코딩하고 내가 더 많이 4로, 코딩할 경우 5와 4간의 차이와 똑같이 3으로 코딩하고 나의 배우자가 더 많이 2로 하는 경우 3과 2간의 차이가 같게 점수화되는 결점이 있다.

(2) 활동 영역별 측정법

이 방법은 시간사용 연구에서 흔히 사용되는 방법으로 주어진 기간 동안 특정 가사노동 활동별 할애시간을 분 또는 시간으로 측정하는 방법이다. 실제 조사에서 질문 문항은 "지난 1주일간(또는 평일 하루 동안) 몇 시간(분)을 음식 만들기, 육아, 설거지 등에 할애했는가?"라고 질문하는 것이 보통이다. 활동 영역별로 가사노동시간을 측정하는 방법은 가사노동 수행시간이 분 단위로 정확하게 측정되어 등간척도(interval scale)로 처리되므로 통계적 처리에 유리한 것이 장점이다. 그러나 이 방법은 지난 1주일 또는 지난 평일의 시간 사용을 기억해야 함으로 응답자가 기억 상의 착오로 인해 정확하지 못한 정보를 제공할 우려가 있다.

(3) 시간일지법

시간일지법은 〈표 6-1〉에 제시한 바와 같이 응답자가 주어진 기간 동안(보통 1일에서 2일)의 활동을 모두 일지처럼 작성하는 것으로 어떤 일의 시작과 끝을 15분 또는 20분마다 기록하는 방법이다. 이 방법은 다른 여타의 방법보다 정확한 시간사용을 측정할 수 있는 장점이 있다. 또한 연구자의 목적에 따라 일차적 시간이외의 이차적 시간, 단독 가사노동시간과 공동 가사노동시간의 구별을 가능케 할 수 있어 유용하다. 일차적 시간, 이차적 시간을 조사하기 위해서는 〈표 6-1〉에 2차적 노동(중복노동)을 기입하는 세로 칸을 추가하여야 한다.

그러나 이 방법 역시 제약점이 있다. 무엇보다도 24시간 또는 48시간의 모든 행동을 그때그때 기록해야 하므로 응답자의 많은 노력과 주의가 필요하다. 따라서 응답률이 저조할 우려가 높으며 이 조사 참여를 거절할 가능성이 높다. 또한 이 같은 이유로 2일 이상의 시간일지조사는 현실적으로 불가능하므로 일상적 시간사용 또는 특정한 날의 시간사용을 측정하기 어려운 점이 있다. 특히, 주말의 시간사용이나 휴가, 방학 등 비전형적인 날들의 시간사용에 대한 정보를 얻기가 어렵다. 응답자가 자신의 시간사용이 기록되어야 함을 인식하여 조사기간 동안 보통 일상의 시간사용과는 다른 시간사용을 할 우려가 있다.

예를 들어, 조사요청 시 어쩔 수 없이 약간의 연구의 목적을 알리게 되는데 이를 인식하여 평상의 시간사용이 아닌 좀더 바람직한 시간사용으로 임의 조정할 가능성이 있다(이를 Social Desirability Problem으로 칭함).

〈표 6-1〉 시간일지법 기록의 실례

시	분	행동내용	단독행동 또는 공동행동의 여부	병행수행한 행동 내용
아침 6시	00-15	아침식사준비	단독	세수 및 이닦기
	15-30	↓	↓	↓
	30-45	식사	가족과 공동	자녀와 대화
	45-60	설거지 및 뒷정리	남편과 공동	없음
아침 7시	00-15	↓	↓	↓
	15-30	휴식	단독	없음
	30-45	아이들 씻기고 등교 준비 돕기	남편과 공동	없음
	45-60	↓	↓	↓

출처: 허경옥(2006). 삶의 경제. 성신여대 출판부.

2 가사노동의 경제적 가치

1) 생산활동으로서의 가사노동

오랫동안 가사노동은 생산활동이라는 인식이 높지 않았으나 Reid(1934), Beutler와 Owen(1980)의 주장과 1960년대 신가족경제학파의 괄목할 만한 노력으로 가사노동은 생산활동으로 간주되고 있다(허경옥, 1995 재인용). Reid는 가사노동을 시장에서 대체될 수 있는 것과 없는 것으로 구분하여 대체될 수 있는 가사노동만을 생산활동으로 간주하였다. 그후 Beutler, Owen은 Reid의 개념을 확장시켜 시장활동에 대응 또는 대체되지 않는 가사노동 유형도 생산활동으로 간주함으로써 모든 유형의 가사노동은 생산활동, 즉 생산노동으로 인식되기에 이르렀다.

한편, 신가족경제학파들은 가사노동보다는 가정생산이라는 용어를 사용하면서 가사노동을 통해 생산되는 가정생산물은 가족구성원의 욕구를 충족시키고 가족으로서의 기능을 유지하기 위하여 가정 내에서 최종적으로 소비되는 재화와 용역이라고 정의하였다. 다시 말해, 가사노동이 생산으로서의 의미가 더욱 명확하게 확립된 것은 Becker를 중심으로 한 시카고 경제학파들의 가정생산모델이 적극적으로 활용되면서라고 하겠다.

Becker는 1965년 시간배분이론의 논문에서 가계는 소비활동뿐만 아니라 시장에서 구입한 재화(시장재)에 시간을 투입하여 최종가계생산물을 생산함으로서 궁극적인 만족을 얻는다고 주장하였다. 이 주장은 가사노동이 생산활동임을 명백히 하는 것으로서 가사노동을 가정생산의 개념으로 전환시키는 획기적인 계기가 되었다. 이 같은 배경하에 가사노동이 생산활동으로 인식되면서 가사노동의 경제적 가치에 대한 연구가 계속되었다.

2) 가사노동의 경제적 가치평가의 필요성

가사노동은 생산활동으로서 경제적 가치를 지닌다. 가사노동의 경제적 가치를 객관적으로 평가하는 작업은 여러 측면에서 필수적이다. 가사노동의 경제적 가치를 평가해야 하는 이유를 살펴보면 다음과 같다.

(1) 가사노동가치 인식의 변화 필요

주부라면 누구나 가사노동을 해야 한다는 사회적 인식하에서 가사노동의 진정한 가치를 인식하지 못하고 그저 가사노동을 수행하여 온 주부들이 많았다 해도 과언이 아니다. 그동안 가사노동은 매일 매일 반복되는 주부의 일로서 '아이나 돌보고 밥이나 빨래를 하는 일'로서 인식되어 온 경향이 있다. 이같은 상황에서 주부 스스로가 주부의 역할을 과소평가하고 가사노동을 무시하는 경우가 많았다. 그 결과 많은 주부들이 주부역할의 중요성과 그 가치를 확신하지 못하고 주부의 역할에 만족하지 못해 온 경향이 있다. 뿐만 아니라, 많은 주부들이 경쟁사회에서 뒤떨어지는 듯한 느낌을 가져 왔고, 주부들 스스로 가사노동을 평가절하시키고 있어 가사노동의 정당한 가치 및 능력을 사회적으로 인정받지 못하고 있다(문숙재, 허경옥, 홍윤정, 1997).

이 같은 문제들의 근본적인 원인은 가사노동의 가치가 무시되고 올바르게 평가되지 못하는데 있다. 따라서 가사노동에 대한 올바른 인식과 정당한 가치를 측정함으로써 주부도 자신의 역할을 만족스럽게 수행하게 되며, 자신의 일에 긍지를 갖게 될 뿐만 아니라 창조적인 가사노동수행이 가능하다(문숙재, 정순희, 허경옥, 2000).

(2) 여성의 지위 향상

아직도 가사노동의 많은 부분이 여성 또는 주부에 의해 수행되고 있으므로 어떻게 가사노동을 평가할 것인가는 여성의 지위와 직결된다. 이 같은 맥락에서 여성학 분야에서는 남녀평등 차원에서 가족 내의 평등(불평등한 가사노동분담 포함), 여성의 사회참여 확대를 위한 가사노동경감 및 가사노동의 사회화, 여성의 복지증진을 위한 각종 복지정책 등에 초점을 두어 왔다. 결국 가사노동의 가치에 대한 적절한 평가작업은 여성문제, 여성의 지위 문제를 해결하기 위한 중요한 사항이다. 아직도 여성이 시장노동에 참여하거나 하지 않거나 간에 여성의 위치가 가사노동의 특성에 의해 결정되는 경우가 많아 여성의 지위향상을 위해서 가사노동의 경제적 가치에 대한 정확한 평가는 필수적이다. 가사노동가치에 대한 평가는 가사노동을 전담하는 여성들의 법적, 사회적, 경제적 지위를 높이는 측면에서 중요하지 않다고 할 수 없다.

(3) 사회적·법적 차원의 주부 가치 인정

가사노동에 대한 사회적 인식이 개선되어 가정 내에서 가사노동을 수행하는 주부도 가계의 재산축적에 경제적으로 기여했다는 점이 인정되어 이혼 시 재산분할청구권이 인정되고 있다. 그러나 아직까지 각종 세법, 사회보장제 등 많은 분야에서 가사노동의 가치가 올바르게 인정되고 있지 않아 여성이 불이익을 받고 있으며, 전체적으로 여성의 경제적 지위를 저하시키고 있다.

가사노동의 경제적 가치에 대한 올바른 평가는 이혼 시 재산분할청구, 각종 세금 분야, 각종 사고 및 재해로 발생하는 주부사망 및 부상에 대한 배상처리 시 필수적인 작업이다. 대부분의 손해배상액 산정 시 주부의 경우 무직자로 간주하여 일용근로자의 임금이 적용되고 있다. 이 같은 처사는 주부가 수행한 가사노동을 생산활동으로 보지 않고 가사노동의 가치를 평가절하하고 있음을 보여주고 있다.

최근 우리나라에서는 이혼 시 여성의 가사노동에 대한 경제적 가치를 인정하고 재산형성에 대한 기여도를 인정하여 재산분할권이 주어지고 있다. 그러나 그 액수나 방법 등이 구체적으로 결정되어 있지 않아 전적으로 판사의 재량권에 맡겨져 있는 실정이다.

한편, 얼마 전까지 결혼 중 축적된 남편의 연금은 이혼 시 재산분할 대상에 해당되지 않고 있었다. 주부의 가사노동을 통한 경제활동 부분이 과소평가된 증거이다. 국민들이 복지를 추구하는 사회보장제도에 따르면 주부는 배우자를 통해 간접적으로 사회보장제도에 참여함으로써 연금수급 도중 부부관계가 종료되면 그 연금을 포기해야 한다. 국민연금법에서는 유족연금의 지급여부 및 산정규정에서 남편이 사망한 경우 배우자인 부인은 소득활동 여부에 관계없이 연금수급권을 가지나, 피보험자인 여성이 사망한 경우 배우자인 남편은 60세 이상이거나 일정 등급이상의 장해상태에 있어야만 수급권을 갖는다(국민연금법 제63조). 게다가, 이혼 시 분할받는 재산에 증여세를 부과하는 세법은 여성의 가사노동을 근로소득으로 보지 않는 것으로 해석할 수 있다.

(4) 국민경제수준 평가

가사노동에 대한 경제적 가치를 올바르게 측정하는 것은 국민경제수준을 평가하는 거시적 측면에서도 필요한 작업이다. 가사노동을 통해 생산된 생산물은 실질적 가계소득에 직접적인 경제적 가치를 부여할 뿐만 아니라 거시적 차원에서는 국민총생산에 기여한다(허경옥, 2003; 2004).

보통 한 나라의 경제활동 수준을 나타내는 지표로 국민총생산(GNP)을 널리 사용하고 있다. 그러나 GNP 측정 과정에서 비시장경제활동, 즉 가계의 가사노동부문은 제외되고 있다. 최근 가사노동도 생산활동이며 경제적 가치를 생산하는 노동이라는 점에서 가사노동부문도 GNP 측정 과정에서 포함되어야 한다는 주장이 제기되고 있다.

현행 GNP 계산과정에 의하면, 같은 일이라도 음식점, 세탁소, 가정부 등에 의해 이루어 질 경우는 GNP에 산정되나, 개별 가정에서 주부의 가사노동을 통해 이루어진다면 GNP에 포함되지 않고 있다. 그렇다면, 현행 GNP는 한 나라의 경제활동 수준을 평가하기에 완벽한 기준이라고 보기 힘들다. 시장에서 대체할 수 있는 일을 집에서 수행하였을 경우 이는 사실상 소득을 벌어들인 것과 같은 효과를 가짐에도 가계의 소득수준 평가 또는 GNP 산정에서 제외되고 있다(허경옥, 2003).

가계경제학자들은 이 같은 문제를 완화하기 위한 NEW(Net Economic Welfare)나 NNW(Net National Welfare) 등과 같은 새로운 국민경제지표, 즉 가계의 가사노동활동 부문을 포함하는 지표를 개발하였다. Nordhous와 Tobin(1972)은 기존의 GNP 개념에 소비내구재에서 발생하는 서비스, 여가, 시장이외의 노동(non-market work), 즉 가사노동의 가치를 모두 포함시키고, 복지를 감소시키는 요소인 도시화, 교통 혼잡, 소음, 환경오염을 제외시키는 MEW(Measure of Economic Welfare) 개념을 도입하였다(허경옥, 2004 재인용). 결국, 가사노동의 가치는 국민계정, 즉 한 나라의 진정한 경제활동 수준을 평가하기 위한 측면에서도 필수적인 작업이라고 하겠다.[4] 한편, 국민의 경제적 수준 평가 과정에 가사노동 영역을 포함하는 것 이외에 소득분배의 불평등 정도를 나타내는 지니계수(Gini coefficient)를 측정함에 있어서도 가사노동 부문을 포함하는 것이 바람직하다는 의견도 제기되고 있다.

3) 가사노동의 경제적 가치 측정 방법

가사노동의 경제적 가치를 평가하는 것은 필수적이고 중요함에도 불구하고, 현실적으로 가사노동은 임금이 수반되지 않으므로 쉽게 환산·측정하기 어렵다. 지금까지 가사노동의 경제적 가치를 화폐적으로 측정하기 위한 여러 방법들이 시도되어 왔다.

(1) 시장비용접근법(Market Cost Approach)

시장비용접근법은 주부의 가사노동을 시장에 맡길 경우 지불해야 하는 비용을 가사노동의 경제적 가치로 간주하는 방법이다. 시장비용접근법은 크게 두 가지 방법이 있는데, 이는 총합적 대체비용법과 전문가 대체비용법이다(문숙재, 정순희, 허경옥, 2000).

4) 국민계정에서 가사노동의 가치를 반영하기 위해서는 가사노동 시간과 관련한 질문이 포함되어야 하나 아직까지 이 같은 자료가 수집되고 있지 않다.

① 총합적 대체비용법

총합적 대체비용법은 가사노동을 대신 수행해 줄 수 있는 직업에 해당하는 임금을 통해 가사노동의 경제적 가치를 평가하는 방법이다. 보통 가정부 또는 파출부를 가사노동을 대신할 수 있는 직업으로 간주하여 이들의 한 달 평균 임금을 주부의 한 달 평균 가사노동의 가치로 간주한다. 이 방법은 간편하고 손쉽게 가사노동의 가치를 측정할 수 있는 장점이 있으나 가사노동의 가치를 과소평가하는 한계점이 있다. 가정부나 파출부가 가정에서 이루어지는 가사노동을 모두 대신할 수 있는가에 대한 의문이 먼저 제기된다. 이 같은 문제점을 완화하기 위해서 가정부의 임금과 가사노동 총괄관리자의 임금, 즉 2개의 직업을 대체직으로 선정하는 방법이 사용되기도 한다. 주부들은 가족구성원에 대한 각종 서비스(예: 남편에게 자신감을 불어 넣어 줌), 자녀에게 애정을 주는 활동, 가계자산의 관리 및 가계경제 운영 등 다양하고 많은 활동을 수행하고 있는데, 과연 이 같은 많은 활동들이 일부 노동만을 위해 고용되는 가정부에 의해 모두 수행될 수 있는가 하는 것이다. 일반적으로 파출부 등은 주어진 일만을 수동적으로 수행하는 경우가 많아 가사노동 및 각종 집안일을 계획·관리하지 못한다는 점에서 이들의 임금으로 가사노동의 가치를 평가한다는 것은 가사노동의 가치를 과소평가 할 가능성이 높다.

② 전문가 대체비용법

전문가 대체비용법은 가사노동을 세부 활동별로 구분하여 각각의 세부 활동에 해당하는 노동을 대체해 주는 직업의 임금을 적용하는 방법이다. 다시 말해, 각 가사노동의 세부 활동별로 할애한 시간에 그 노동에 적합한 직업의 시장임금률(시간당)을 곱하는 방법으로 가사노동의 가치를 측정한다. 예를 들면, 가사노동의 세부 활동인 요리의 경우 요리사, 물건구입의 경우 물건 구입 대행사, 세탁의 경우 세탁소나 빨래방 근로자, 다림질의 경우 세탁소 노동자, 어린 자녀교육의 경우 유아원교사 등 다양한 가사노동 활동을 대체해 줄 수 있는 직업을 선정하여 이 직업에 종사하는 노동자의 임금을 통해 가사노동의 가치를 평가한다.

이 방법을 사용하여 가사노동의 가치를 평가하기 위해서는 가사노동활동 분류에 따른 시간사용 자료와 대체직업의 임금에 대한 자료가 필요하다. 가사노동의 대체직종 및 각 직종의 임금률에 관한 자료 예시는 〈표 6-2〉와 같다.

〈표 6-2〉 가사노동의 대체 직종 예시

가사노동활동 분류		
	대체직업	대체직업
식사준비	조리사	식품가공 및 관련 근로자
식후처리	가정부 및 관련 종사자	가사 및 관련조직원
청소	청소원 및 관련 종사자	청소원 및 세탁원
주택관리 및 손질	건물관리원	건물관리인
세탁	세탁공	섬유, 의복 및 관련 근로자
의복관리	세탁공	섬유, 의복 및 관련 근로자
신체적 가족돌보기	가정부 및 관련 종사자	가사 및 관련 조력원
비신체적 가족돌보기	교원	교육전문가
가계부 정리	경리원 및 출납원	대금수납원 및 관련사무원
은행, 관공서 일 보기	경리원 및 출납원	대금수납원 및 관련사무원
가정계획, 가족회의	가사 및 관련 감독자	종합관리자
시장보기	자재수급 및 생산계획사무원	재료기록 및 운송사무원

출처: 한국여성개발원, 4NDP, 여성부(2021). 여성 무급노동의 경제적 평가와 정책방안, 보고서를 참조하여 재분류 함.

전문가 대체비용법에 의해 가사노동의 가치를 평가할 경우 총합적 대체비용법에 의해 가사노동의 가치를 평가할 경우의 가사노동 과소평가 문제를 완화시켜 준다는 점에서 유용한 방법이라고 할 수 있다. 또한, 주부들이 수행하는 가사노동 활동이 매우 다양함을 잘 반영하고 있다. 그러나 매우 다양한 가사노동 활동에 적합한 시장대체 직업을 모두 선정하여 그에 대한 임금을 적용한다는 것이 현실적으로 쉽지 않다. 어떤 가사노동 활동의 경우 시장에서 대체가능하지 않은 것도 있으며, 적합한 시장대체 직업을 구하기 어려운 경우도 있다. 뿐만 아니라, 30분 또는 1시간 미만의 가사노동수행을 위해 대체직업 전문가들을 고용할 수 없는 경우가 많아 비현실적이라는 지적도 있다.

한편, 전문가들처럼 주부가 효과적으로 가사노동을 하지 않기 때문에 주부의 가사노동 수행가치를 과대평가한다는 지적도 있으나, 전체적인 면에서 주부의 노동성과가 전문가들이 부분적으로 나누어 하는 것보다 높다는 반대 입장의 견해도 있다. 후자를 옹호하는 주장은 각 작업에 해당하는 전문적 시장노동자는 자신에게 주어진 일만 수행할 뿐 집안에서 수행되어야 할 가사노동을 총괄적으로 계획·관리하지 못하며, 주부는 같은 시간에 여러 가지 가사노동을 동시에 수행하기도 하므로 전문가들이 가사노동을 대체한다 하여도 주부가 직접 수행하는 것보다 성과면에서 높다고 볼 수 없다는 것이 주요 요점이다. 게다가 인스턴트제품 및 편리제품이 범람하면서 주부가 직접 수행한 가정생산물에 대한 가족들의 효용이 더 높은 경향이 있으므로 후자가 설득력 있다는 주장이 많다. 예를 들면, 밖에서 사 온 김밥보다 집에서 직접 만든 김밥을 먹을 경우 가족들이 더 만족(맛과 비용과 무관하게)을 느끼는 경우가 많은 점은 이 같은 주장을 뒷받침한다.

(2) 기회비용법(Opportunity Cost Approach)

기회비용이란 일정한 목적을 달성하기 위해 어떤 일은 선택하고 다른 어떤 일은 포기하게 되는데, 이때 포기한 일의 비용을 선택한 일의 기회비용으로 간주하는 개념이다. 기회비용의 개념을 가사노동의 가치 평가에 응용하면 가사노동 수행의 기회비용은 가사노동을 하지 않고 다른 어떤 일을 수행했을 경우 얻을 수 있는 이익이라고 볼 수 있다.

기회비용법에 따르면, 시장노동으로 얻을 수 있는 소득을 가사노동의 기회비용으로 간주한다. 다시 말해, 기회비용법은 주부가 가사노동에 전념하지 않고 시장노동에 참가할 경우 얻을 수 있는 잠재적 소득, 즉 가사노동의 기회비용을 가사노동의 가치측정에 활용하는 방법이다. 구체적으로 기회비용법을 이용하여 주부들의 가사노동가치를 산정하는 경우 주부들의 연령, 교육수준 등을 파악하여 이에 해당하는 여성 근로자들의 시간당 평균 임금을 적용한다. 예를 들어, 대졸 30세 주부의 한 달 평균 가사노동의 가치는 대졸자이면서 30세인 취업여성의 월평균 임금으로 산정된다.

기회비용법은 가사노동의 가치를 평가하는 방법으로 많이 사용되고 있으나 몇 가지 문제점이 제기되고 있다. 첫째, 주부가 수행한 가사노동의 가치가 주부의 학력, 나이 등 노동시장에서 임금을 결정하는 중요한 특성에 의해 평가된다는데 그 문제점이 있다. 기회비용법에 따르면 교육수준과 연령이 높은 주부가 수행하는 가사노동의 가치는 교육수준이 낮은 주부나 연령이 낮은 주부가 수행한 것보다 높게 평가된다. 그러나 현실적으로 주부의 교육수준이 높다고 해서 교육수준이 낮은 주부보다 가사노동을 효율적으로 수행한다고 보기 어렵다. 다시 말해, 시장노동의 생산성을 결정하는 요인들이 반드시 가사노동의 생산성을 나타내지 않기 때문에 기회비용법은 비현실적이라는 한계점이 있다.

둘째, 기회비용법은 주부의 가사노동가치를 과소평가할 가능성이 높다(문숙재, 1990). 신가정경제학파들의 시간배분 이론에 따르면, 사람들은 가계생산의 한계가치와 시장노동의 한계가치를 비교하여 보다 우위에 있는 것에 시간을 할애한다고 전제하고 있다. 따라서 이 이론에 따르면, 어떤 주부가 가사노동에 전념하고 있다면, 이 주부는 가사노동을 통한 가계생산의 한계가치가 시장노동의 가치보다 큰 경우이므로 노동시장에 노동력을 공급하지 않고 전업주부를 선택한 것으로 볼 수 있다. 따라서 기회비용법에 근거하여 가사노동의 가치를 시장노동의 가치와 같은 것으로 측정한다는 것은 이들의 논리와 맞지 않으며 그 결과 주부의 가사노동의 가치를 과소평가한다는 지적이 제기되고 있다.

셋째, 주부들의 시간사용에 관한 의사결정, 즉 시장노동을 수행할 것인가 아니면 가사노동을 수행할 것인가의 의사결정은 현실적으로 자유의사 또는 개인적 선택에 의해 자유롭게 결정되지 않는다는 점이다. 시장노동에 참여하고 싶어도 노동시장의 구조상 불가능하거나, 이미 주부가 된 경우 다시 시장노동에 진입하고 싶어도 현실적으로 고용의 기회가 제한되는 경우가 많아 이 같은 선택은 개인의 자유선택에 의한 의사결정이 되지 못하는 경우가 많다. 뿐만 아니라, 일단 직장을 다니게 되면 노동시장의 구조적 특성에 의해 근로시간이 결정되므로 개인적으로 근로시간 및 가사노동시간을 완전히 자유롭게 결정하지 못하는 것이 현실이다.

지금까지 살펴본 바와 같이, 기회비용법에 의해 가사노동의 가치를 평가할 경우 위와 같은 몇 가지 한계점이 있으나 가사노동가치를 평가하는 여러 방법 중 가장 이론적이며 또한 분석적이라는 평가를 받고 있다. 또한, 기회비용법의 문제점을 해결하기 위한 많은 노력이 계속되어 왔으므로 가사노동의 가치평가 방법으로 적절하다는 주장이 지배적이다.

(3) 요구임금(Reservation Wage) 개념을 사용한 기회비용법

노동시장에서의 성과, 즉 시장임금률을 가사노동의 기회비용으로 간주하여 주부의 가사노동가치를 평가하는 기회비용법은 무엇보다도 비취업주부의 가사노동가치 평가에 적절치 못한 문제점이 있다. 다시 말해, 취업주부와 비취업주부는 현실적으로 여러 측면에서 동일한 집단이 아님에도 불구하고 그들의 가사노동에 대한 기회비용이 일괄적으로 시장임금에 의해 평가되는 문제점이 있다.

앞서 살펴본 바와 같이 신고전경제학파의 논리에 따르면 비취업주부가 노동시장에 노동력을 공급하지 않는, 즉 경제활동에 참가하지 않는 이유는 비시장노동(예: 가사노동)의 가치가 높기 때문이다. 취업주부와 비취업 주부의 가사노동의 가치를 동일하게 평가하는 문제점을 해결하기 위해, 즉 비취업주부의 가사노동의 가치를 정확하게 평가하기 위해 요구임금(reservation wage)의 개념이 도입되었다(허경옥, 2001).

요구임금이란 비취업주부가 노동시장에 진입하도록 하는 최소한의 임금, 그리고 취업주부가 계속 노동시장에 남아있게 하는 최소한의 임금으로 정의된다(Zick & Bryant, 1983). 즉, 요구임금은 주부들의 가사노동에 대한 생산적 가치를 화폐화한 개념, 비시장노동시간에 대한 주관적 가치의 개념으로 비취업주부의 가사노동에 대한 기회비용을 나타내는데 유용한 개념이다. 보통, 자녀를 가진 기혼 여성의 경우 남성보다 요구임금이 높다. 아직도 많은 사회에서 자녀를 돌보는 역할 및 각종 가사노동이 여성의 책임으로 주어지는 경우가 보통이므로 여성의 비시장노동시간의 가치는 남성보다 높은 편이다. 한편, 남성에 비해 여성은 요구임금에 의해 노동공급이 탄력적인 편이다.

요구임금의 개념은 경제학자인 Heckman(1976)에 의해 더욱 구체화되어 비취업여성의 가사노동의 가치, 가사노동의 기회비용을 나타내는 중요한 개념으로 사용하게 되었다. 요구임금의 측정방법에 대해 보다 구체적으로 살펴보자.

요구임금을 측정하기 위한 함수식을 도출하기 위하여 노동수요함수와 노동공급함수를 수식으로 표시하면 다음과 같다.

수식 6.1 노동수요함수 … $W = \alpha_i X_i + \epsilon_i$

수식 6.2 노동공급함수 … $W^* = \beta_i Z_i + \gamma_i M + \epsilon_i$

여기서, W = 시장임금률, W^* = 요구임금률, M = 시장노동시간
X_i = 시장생산성을 결정하는 요인들(예: 교육수준, 연령, 지역 등)
Z_i = 가사노동의 생산성을 결정하는 요인들(예: 교육수준, 연령, 어

린자녀의 존재, 방의 수, 각종 가사노동관련 내구재 소유여부 등)
α_i, β_i, γ_i = 변수 X, Z, M 각각의 회귀계수

위의 식 6.1은 노동수요함수이며, 식 6.2는 노동공급함수이다. 여기서 W^*인 요구임금률은 실제적으로 측정되지 않으므로 측정 가능한 식 6.1과 식 6.2를 결합하여 식 6.3으로 나타낼 수 있다.

수식 6.3 $$M = \frac{1}{\gamma_i}(\alpha_i X_i - \beta_i Z_i + \epsilon_i - \epsilon_j)$$

이제, 수식 6.1과 6.3은 실제 자료를 사용하여 측정할 수 있으므로 이 결과를 가지고 최종적으로 요구임금률인 W^*를 측정할 수 있다. 이때, 비취업여성의 경우 시장임금이 없으므로 Heckman(1977)이 제시한 표본절단오류 교정(Correction for Sample Selection Bias)방법을 통해 요구임금을 측정할 수 있다.[5)]

실제 data를 사용하여 요구임금을 측정할 경우 위의 수식 6.1과 6.2는 회귀모델로서, α_i는 시장생산성을 결정하는 변수들의 회귀계수이며 γ_i는 가정생산의 생산성을 결정하는 변수들의 회귀계수이다.

앞서 살펴 본 요구임금에 대한 기본적인 논리를 바탕으로 Zick와 Bryant(1990)는 실제 자료를 사용하여 요구임금을 측정하였다(허경옥, 2003 재인용). 이들이 사용한 요구임금측정 방법을 보다 자세하게 살펴보면 다음과 같다.

수식 6.4 $$\ln(W) = a_0 + a_1 \text{ Lambda } + a_i X_i$$

---

5) 표본절단오류교정을 가능하게 하는 컴퓨터의 소프트웨어로는 LIMDEP, SASAM, E-VIEWS 등이 있다.

여기서, X_i = 교육, 직장경력, 경력연수 제곱, 실업률 등 시장임금률에 영향 미치는 변수들[6)]

Lambda = probit 분석을 통해 추정된 계수로서 표본절단오류 수정치[7)]

수식 6.5 $\ln(W^*) = b_0 + b_1 \text{ Lambda } + b_2 WHRS + b_i Z_i$

여기서, WHRS = 여성의 시장노동시간

Lambda = 수식 6.4에서 추정된 계수로서 표본절단오류 수정치

Z_i = 가사노동의 생산성을 결정하는 변수들

수식 6.6 $WHRS = c_0 + c_1 \text{ Lambda } + c_i Y_i$

여기서, Lambda = 수식 6.4에서 추정된 계수로서 표본절단오류 수정치

Y_i = 여성의 시장노동시간을 결정하는 변수들

수식 6.4와 6.5는 실제 자료를 사용하여 종속변수인 임금률과 여성의 시장노동시간을 추정 할 수 있다. 그 결과 추정된 WHRS값을 수식 6.5에 대입하여 계산함으로서 최종적으로 요구임금률의 값을 추정할 수 있다.[8)]

---

6) 시장임금률을 추정키 위해 1n을 덧붙인 이유는 임금률을 결정하는 변수들(X_i)과 임금률과의 선형적인 관계를 다소 조정하여 모델의 적합도(fitness)를 높이기 위함이다.

7) 시장임금률을 예측하기 위한 분석에서 취업여성만을 대상으로 분석하기 때문에 비취업여성을 표본에서 제외시키는 표본절단오류(sample selection bias)를 범하게 된다. 이를 교정하기 위하여 probit 분석을 통해 lambda 값을 추정하여 이를 수식에 포함함으로서 이 오류를 교정하였다. 이때, 종속변수는 취업여성=1, 비취업여성=0로 하는 dummy변수, 종속변수는 취업여부를 결정하는 변수들(예: 교육수준, 어린자녀 존재 여부 등)이다.

8) 요구임금의 값을 추정하기 위해서는 수식 7.3에 나타난 것을 응용하여 다음과 같이 계산한다. $b_0 = a_0 - c_0 \times b_2$, 같은 이치로 $b_i = a_i - c_i \times b_2$,로 계산할 수 있다.

지금까지 비취업주부의 가사노동의 기회비용으로 시장임금률이 적용되는 기회비용법의 문제점을 보완하기 위하여 요구임금의 개념과 측정방법 등에 대해 자세하게 살펴보았다. 비취업주부들의 가사노동의 한계가치를 반영한 요구임금 개념을 통해 가사노동의 가치를 평가하는 방법은 기회비용법의 문제점들을 해결한 합리적이고 논리적인 방법이라고 할 수 있다.

요구임금의 개념을 도입하여 가사노동의 경제적 가치를 평가할 경우 단순히 가사노동의 기회비용 개념인 시장임금으로 측정하는 것보다 논리적이며 설득력이 있는 것은 사실이나, 현실적으로 쉽게 적용되지 못하는 한계점이 있다. 요구임금 개념 자체가 주관적인 개념으로서 실제 상황에서 쉽고 간편하게 사용되지 않고 있다. 노동공급이 노동수요보다 많은 노동시장의 구조적 상황에서 그리고 보다 나은 삶을 누리기 위해 필요한 화폐자원 수준이 높아지는 현실 속에서 이 같은 경제학적인 논리가 잘 맞지 않는 한계점이 있다.

(4) 시장가격 접근법(Output-Related Approach)

지금까지 살펴본 가사노동의 경제적 가치 측정 방법이 가사노동을 수행하는데 들어간 비용을 중심으로 측정한 투입(input) 측면에서의 방법이라면, 생산물 시장가격접근법은 가정에서 생산된 가정생산물에 대응하는 시장가격을 측정하는 산출(output)면에 초점을 둔 방법이라는 점에서 그 차이가 있다.

시장가격 접근법은 가정에서 생산된 가정생산물을 시장에서 구입한다고 할 경우 지불해야 하는 값을 통해 가사노동의 경제적 가치를 평가하는 것이다. 다시 말해 가정에서 생산된 생산물의 가치를 시장대응물과 비교하여 가사노동의 경제적 가치를 평가하는 방법이다. 예를 들어, 가정에서 주부가 한 단위의 된장국을 만들었다면 이 한 단위의 된장국을 시장에서 구입할 경우 지불해야 하는 값을 통해 이 주부가 된장국을 만들기 위해 수행한 가사 노동의 가치를 평가하는 방법이다. 이때, 한 단위의 된장국을 만들기 위해 쓰인 각종 재료값, 예를 들면, 된장국 재료값, 가스, 전기 등의 비용은 공제한 후 된장국 만들기의 가사노동가치를 평가한다. 구체적으로, 가사노동을 통해 생산되는 가정생산물의 경우 생산물의 단위를 조사하여 그 단위당 시장에서의 가격을 중심으로 그 가치를 평가한다. 예를 들면, Fitzgerald 와 Wicks(1990)는 청소와 관련한 가사노동의 경우, 쓰레기를 버린 노동의 가치를 몇 개의 쓰레기 덩어리를 버렸는가를 조사하여 한 덩어리의 쓰레기를 버리는데 드는 시장대체 가격으로 평가하며, 청소의 경우 몇 개의 방을 청소하였는가를 조사하여 방 하나를 청소하는데 드는 대체비용, 잔디를 깎은 경우 깎은 잔디의 크기를 조사하여 각 크기당 시장가격을 반영하는 방법을 사용하여 각 활동별 가사노동의 가치를 평가하고 있다. 다양한 가사노동 가치평가의 방법을 적용하여 그 결과를 비교한 결과 시장가격접근법을 통해 가사노동의 가치를 평가한 결과 기회비용법 및 시장비용접근법 등 비용에 초점을 두는 평가방법에 의한 결과보다 약 44% 정도 높게 산정된 연구가 있었다(문숙재, 정순희, 허경옥, 2000, 재인용).

지금까지 시장가격 접근법에 대해 살펴보았는데, 이 방법을 통해 가사노동의 가치를 측정하기 위해서는 가정에서 생산된 생산물과 동일한 시장재화 및 서비스를 선정하여야 하며 가정에서 생산된 노동이나 원재료와 같은 투입물의 가격을 파악하여야 하는 어려움이 있다.

4) 가사노동의 경제적 가치 평가의 과제

지금까지 논의한 바와 같이 가사노동의 가치평가는 여러 측면에서 중요하고 필수적인 작업임에 틀림없다. 그럼에도 불구하고 가사노동의 경제적 가치를 평가한다는 것은 그리 쉬운 작업이 아니다. 가사노동의 가치를 평가함에 있어 어려운 점은 크게 두 가지이다. 경제적 가치평가를 위한 측정 방법상의 문제와 자료수집상의 어려움이다. 가사노동의 경제적 가치를 평가함에 있어 어려운 점인 이 두 가지에 대해 구체적으로 살펴보자.

첫째, 앞서 살펴 본 바와 같이 가사노동의 경제적 가치를 평가하는 방법은 다양하다. 존재하는 여러 가지 다양한 가사노동의 가치평가방법 중 어느 방법을 사용할 것인가에 따라 그 결과가 차이가 있을 뿐만 아니라 각각의 방법이 장점과 단점이 있다. 따라서 정확한 가사노동의 경제적 가치를 측정하기 위해서는 보다 객관적이고 널리 사용할 수 있는 방법을 선정 또는 개발하여야 하는 과제를 안고 있다.

특히, 가사노동에 대한 경제적 가치를 측정함에 있어 가사노동을 대체할 수 있는 시장노동자를 어떻게 선정할 것인가 하는 것은 심각한 과제이다. 가정부나 파출부의 임금으로 주부의 가사노동의 가치를 평가하는 것은 가사노동을 과소평가 할 우려가 있으며, 가사노동의 세부 활동별로 각 활동에 대응하는 직업을 선정한다는 것 또한 그리 쉬운 일이 아니다. 기회비용법을 적용하여 전체 취업여성의 임금으로 산정하는 것도 그리 정확한 평가방법이라고 보기 어렵다. 요구임금을 통한 평가는 논리적이고 설득력이 있다고는 하나 요구임금 개념 자체가 다분히 주관적이고 추상적인 개념이므로 쉽게 널리 사용하는데 한계가 있다. 마찬가지로 가사노동을 통해 생산된 가정생산물(예: 음식물, 세탁물)의 시장가격을 적용하는 생산물가격접근법에 의해 가사노동의 가치를 평가하는 것도 여러 가지 문제점이 있다. 기본적으로 가사노동은 무급의 형태로 수행되어지므로 이에 대한 경제적 가치를 환산한다는 것이 그리 간단하고 쉽지 않으므로 보다 실용적이고 객관적인 평가방법을 모색하는 과제가 남아 있다.

둘째, 가사노동의 경제적 가치를 정확하게 측정하기 위해서는 시간사용에 관한 전국 규모의 자료수집이 요구된다. 그러나 전국 규모의 자료를 수집한다는 것이 비용 측면에서 쉽지 않은 작업이다. 또한, 매우 다양한 가사노동 활동을 어떻게 구분할 것인가, 구분된 가사노동활동에 대응하는 시간을 어떻게 객관적으로 측정할 것인가는 그리 쉽지 않은 문제이다. 예를 들면, 활동별로 시간사용을 조사할 것인지, 아니면 시간 단위별로 활동 내용을 조사할 것인지 그 방법에 따라 조사결과가 차이가 날 수 있다. 한편, 가사노동의 하위영역이나 시간조사와 관련한 일관된 분류체계가 존재하지 않는 점 또한 문제가 되고 있다. 전국민을 대상으로 하는 국민생활시간 조사가 유일한 공식적인 시간사용 조사이지만 가사노동시간과 관련한 정확하고 세밀한 정보를 제공하지 못하는 한계점이 있다. 가사노동의 경제적 가치를 포함하는 국민계정, 즉 가사노동 부문을 포함하는 국민총생산(GNP)을 측정하고자 한다면, 전통적으로 GNP 측정에 필요한 정보에 대한 조사와 시간사용 조사가 동시에 수행된 자료가 필요하다.

〈표 6-4〉 평가방법에 따른 우리나라 남녀 무급노동의 총평가액

	남성	여성	전체	
	무급노동평가액	무급노동평가액	무급노동평가액	GDP에 대한 비율
기회비용법 A	38조 3,728억 원	148조 6,292억 원	187조 20억 원	38.7%
기회비용법 B	36조 5,876억 원	140조 9,856억 원	177조 5,731억 원	36.7%
기회비용법 C	38조 3,728억 원	218조 4,462억 원	256조 8,190억 원	53.1%
전문가대체법	33조 2,508억 원	120조 5,718억 원	153조 8,226억 원	31.8%
총합적대체법	24조 7,817억 원	120조 500억 원	144조 8,317억원	29.9%

참조: 기회비용법 A는 여성의 기회비용을 연령집단별로만 구분, 기회비용법 B는 여성의 기회비용을 연령, 학력별로 구분, 기회비용법 C는 여성의 기회비용을 남성임금 적용 함.
참조: 노동부 2000년 임금구조기본조사 사용.
출처: 한국여성개발원, UNDP, 여성부(2001). 여성무급노동의 경제적 평가와 정책방안.

5) 가정생산 위성계정

가사노동으로 생산된 가정생산물은 가계경제에 직접적인 영향을 미칠 뿐만 아니라 가족구성원들의 노동력 재생산 및 정신적 측면에까지 많은 영향을 미치고 있음을 고려한다면 가사노동의 가치는 단순히 경제적 가치를 넘어 매우 높다고 하겠다.

가사노동은 국민총생산에도 영향을 미친다. 가사노동의 경제적 기여도를 거시적으로 평가하기 위하여 가사노동의 경제적 가치가 국민총생산에 어느 정도를 기여하는가, 즉 GNP 중 어느 정도를 차지하는가를 파악하기 위한 노력은 위성계정 개발로 시작되었다. 그러나 우리나라 주부가 수행한 가사노동이 GNP 중 어느 정도 되는지를 조사한 연구는 많이 진행되지 않았다. 가정생산위성계정에서 가사노동의 평가를 어떤 방법으로 측정하는가에 따라 GNP에 기여하는 정도는 차이가 있음을 알 수 있다(박현정, 홍현정, 허경옥, 2013). 파출부 또는 가정부의 임금을 통해 가사노동의 경제적 가치를 평가하는 경우 가사노동의 가치가 가장 높게 나타났으며, 가사노동 활동별 전문가 비용대체법이 그 다음인 것으로 나타났다(허경옥, 2004). 그러나 예상과 달리 요구임금에 의해 측정된 가사노동의 가치가 가장 적은 것으로 나타나 가사노동 가치평가방법과 관련한 계속적인 연구가 필요함을 알 수 있다.

무급가계노동의 가치가 국민소득 계정체계에서 제외됨으로서 진정한 국민복지를 평가하는데 미흡하다는 지적 속에서 가사노동의 가치를 국민계정에 포함하고자 하는 노력은 미국의 경제학자 Tobin, Nordhaus, Juster 등을 위시로 세계 각국에서 계속적으로 진행되어 왔다. 각국 주부가 수행한 가사노동이 국민생산에서 차지하는 비율에 대한 조사결과는 〈표 6-5〉와 같다.

GNP 등 국민계정에 가사노동의 가치를 포함시키는 작업은 주부가사노동의 국민경제기여에 대한 인식 부족, 자료수집의 어려움, 가사노동의 경제적 가치 평가방법의 선택 등의 측면에서 아직도 많은 과제를 안고 있다. 앞으로도 계속적인 연구·조사가 진행되어야 하겠다.

〈표 6-5〉 주요국의 가사노동의 경제적 가치가 GNP에서 차지하는 비율

국가	연도	연구자	평가액의 GDP에 대한 비용		
			기회비용법	종합적대체법	전문가대체법
덴마크	1987	Bonke(1993)	-	37	-
네덜란드	1990	Bruyn-Hundt(1990)	108	82	-
호주	1992	Castles(1992)	69	54	58
캐나다	1992	Chandler(1994)	46.3	-	41.4
노르웨이	1992	Dahle/Kitterod(1992)	39	38	37
오스트리아	1992	Franz(1992)	138	-	-
독일	1992	Schafer/Schwarz(1994)	63.0	44.0	46.0
뉴질랜드	1990	Statistics New Zealand(1992)	66	42	51
핀란드	1990	Vihavainen(1995)	59	45	-
스위스	1997	Sousa-Poza(1999)	49.40	41.11	52.30
일본	1996	M.Fukami(1999)	23.2	15.2	20.0
한국	1999		38.7	29.9	31.8

참조: 기회비용법은 과세 이전(pre-tax) 임금을 적용한 경우 임.
출처: 한국여성개발원, UNDP, 여성부(2001). 여성무급노동의 경제적 평가와 정책방안.

3 부부간 가사노동분담

가사노동은 가족의 욕구충족 및 행복한 삶을 위해 필수적이다. 그렇다면 불가피한 가사노동을 누가, 언제, 어떻게, 얼마만큼 수행할 것인가는 가족구성원의 중요한 의사결정 사항이다. 가사노동요구를 충족시키는 방법, 즉 가사노동 수행 방법은 가족구성원이 분담하여 수행하는 방법, 시장재로 대체하는 방법, 정부나 사회기관의 지원을 받는 방법 등이 있다. 이처럼 다양한 방법에 의해 가사노동요구가 충족되는데 이 중 가족구성원들이 직접 가사노동을 수행하는

방법이 가장 일반적인 방법이다. 여러 형태의 가사노동수행 방법이 있다 해도 어느 정도의 직접적인 가사노동수행은 필수적이므로 가족구성원 누군가의 가사노동수행은 가족의 중요한 의사결정 사항이다. 특히, 맞벌이 가족의 경우 누가 가사노동을 수행할 것인가, 즉 가사노동책임과 관련한 문제는 부부 및 가족 전체의 주요 이슈가 되고 있다. 점차 핵가족 형태로 보편화되면서 부모나 친척의 도움을 받기가 어려운 점, 가사노동조력자의 임금이 계속 상승하여 유급 조력자의 도움을 받기가 어려워지는 점 등의 환경에서 부부간의 가사노동분담(division of household work)은 가족 행동의 또 다른 주요 문제로 대두되고 있다(허경옥, 2001).

1) 가사노동수행 방법

가족구성원의 욕구를 충족시키기 위한 가사노동수행 방법은 크게 네 가지이다. 가족구성원들이 가사노동을 직접 수행하는 방법, 가사노동을 시장재화 및 서비스로 대체하는 방법, 민간복지 단체나 사회복지기관을 통한 가사노동의 사회복지적 대체방법, 그리고 정부의 행정 서비스 등을 통한 공적 사회화 방법이다. 가족구성원이 분담하여 가사노동을 수행하는 방법은 그동안 가장 많이 사용되어 온 방법으로 사적 차원에서 가사노동수요를 해결하는 방법이다. 한편, 가사노동의 시장재화 및 서비스 대체화 역시 널리 사용되고 있는 가사노동의 사회화방법이다. 한편, 사회복지적 차원에서 민간기구나 민간단체를 통해 가사노동수행 요구를 지원받는 방법도 새로운 사회화 방법으로 인식되고 있다.

〈소비자경제학 코너 6-2〉 가사노동 사회화 관련 창업 증가

가사노동 사회화와 관련한 창업이 증가하고 있다. 구체적으로 다음과 같은데 이 같은 창업은 소자본으로 창업가능한 업종으로 떠오르고 있다.

- 주말, 낮, 저녁 등 놀이방/유아원 열지 않는 시간 어린이 맡아주는 출장탁아업
- 장난감 및 레크리에이션 프로그램으로 아이들과 놀아주는 놀이교사 파견업
- 신생아만을 전문적으로 봐주는 신생아 전문 놀이방
- 부모 귀가 시간에 맞춰 어린이집/학원에서 아이를 집으로 데려다 주는 버스아가방
- 생일 케이크 장식, 마술시범, 게임 등을 해 주는 출장어린이 생일파티
- 이사 직후나 봄철에 집안 청소 등을 대행해 주는 청소대행업
- 각종 모임이나 행사 음식 준비를 위한 출장요리업

2) 부부간의 가사노동분담

가사노동 수행방법은 여러 가지가 있으나, 어느 정도 기본적인 가사노동은 가족구성원 스스로 수행하여야 한다. 기혼여성이 취업한 경우 가사노동 시간이 감소하는 것이 보통이나 어느 시점에 가서는 더 이상 가사노동시간이 감소하지 않는데 이를 가사노동의 floor effect라고 한다.

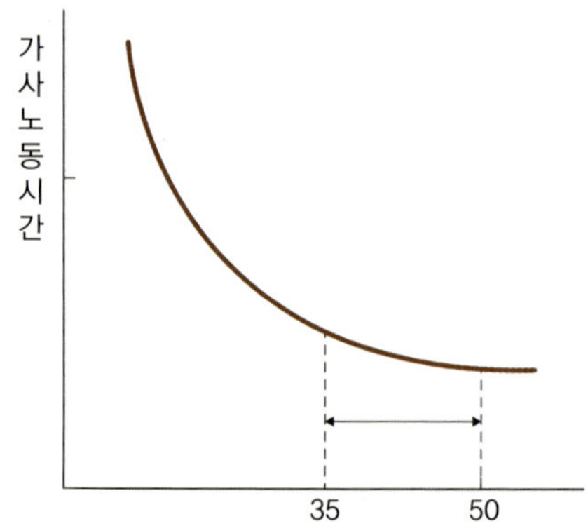

[그림 6-1] 가사노동의 floor effect

[그림 6-1]에서와 같이 기혼여성의 시장노동시간이 증가하면서 가사노동시간은 점차 감소하다가 어느 시점(보통 주당 35 근로시간)에 가면 시장노동시간이 계속 증가해도 더 이상 가사노동시간은 감소하지 않는데, 이를 가사노동의 floor effect라고 한다. 결국, 기본적인 가사노동은 직접 수행하여야 함을 시사한다고 하겠다.

가사보조자 고용임금의 상승, 시장대체 제품이나 서비스의 범람으로 인한 불만 등이 높아지면서 어느 정도의 가사노동은 직접 수행하여야 하므로 가사노동분담은 여전히 가족에게 중요한 사항이다. 전통적으로 여성 또는 주부의 책임으로 인식되어 오던 가사노동책임이 점차 남편과 부인의 분담의 형태로 변화되어야 한다는 인식이 높아지기 시작하였다. 그러나 아직도 전통적인 가사노동 분담형태를 고수하고 있는 부부가 많아 가사노동분담은 개별 가정의 노력이나 상황에 따라 많은 차이가 있다.

3) 가사노동분담 측정

부부간의 가사노동분담 정도를 측정하기 위해서는 가사노동시간의 두 가지 측면, 절대적 노동시간(absolute labor time)과 상대적 노동시간(relative labor time)을 이해하여야 한다(허경옥, 1997; 2000). 절대적 노동시간은 가사노동의 참여시간을 몇 분, 시간 또는 빈도수 등으로 나타내는 절대적 차원의 양적 개념이다. 상대적 노동시간은 배우자의 가사노동시간과 비교한 상대적 개념의 시간을 의미한다. 이 두 개념은 모두 그 의의를 갖는데, 절대적 노동시간은 얼마나 많은 시간을 가사노동에 할애하였는가를 알 수 있는 기본적인 개념이고, 상대적 개념은 부부간의 분담 정도 또는 상대적 기여도를 나타내는 개념이다.[9] 상대적 개념의 가사노동분담을 측정하는 방법은 크게 두 가지로 세분화된다. 상대적 등급 측정법과 남편의 가사노동에의 기여도 측정법이 그것인데 구체적으로 살펴보자.

① 상대적 등급 측정법(Relative Rating Technique)

가사노동분담을 나타내는 상대적 의미의 가사노동시간 측정방법으로 보통 부부 중 누가 가사노동을 더 많이 수행하였는가를 측정하는 방법으로 이를 상대적 등급 측정법이라 칭한다. 이 측정방법은 부부가 가사노동에 할애한 시간을 비교하여 측정하는 방법으로 설문조사 시 응답자에게 '내가 항상, 내가 더 많이, 똑같이, 나의 배우자가 더 많이, 또는 배우자가 항상'으로 주어지는 것이 보통이다. '주부가 대부분, 주부가 남편보다 많이, 부부가 똑같이, 남편이 주부보다 많이, 또는 남편이 가사노동의 대부분을 수행하였는가'를 5점 리커트척도에 의해 측정하는 것이 일반적이다(허경옥, 1998).

상대적 등급 측정법은 쉽고 간편하게 측정할 수 있다는 장점이 있으나 정확한 시간사용 및 분담정도를 측정하지 못하는 결점이 있다. 무엇보다도 응답 선택간의 차이가 실제 시간의 차이를 잘 반영하지 못한다. '내가 항상'과 '내가 더 많이' 간의 차이와 '똑같이, 나의 배우자가 더 많이'의 차이가 같게 점수화됨으로 실제 시간의 양의 차이를 반영하지 못하는 것이 결점이다. 뿐만 아니라, 남편의 가사노동참여를 과대평가할 가능성이 높다(허경옥, 1997).

② 남편의 가사노동 기여도 측정법

부부간의 가사노동분담을 연구하는 많은 연구에서 주로 사용되어 온 측정방법으로, 남편의 상대적 가사노동 기여도는 부인의 가사노동시간에 대한 남편

9) 남편의 가사노동에의 기여도를 나타내는 상대적 시간분석에서 주의하여야 할 것은, 남편의 기여도는 부인의 가사노동 시간의 변화에 따라 영향을 받게 되므로 남편의 가사노동시간이 증가되지 않더라도 부인의 가사노동시간이 감소하면 남편의 상대적 시간이 증가할 수 있음을 주지해야 한다.

의 가사노동시간을 비율로 나타내는 것이 보통이다. 이를 수식으로 나타내면 다음과 같다.

$$\text{남편의 가사노동 기여도} = \left(\frac{\text{남편의 가사노동시간}}{\text{부인의 가사노동시간}}\right)\times 100$$

때에 따라서는 남편의 기여도를 부부 각각의 수행시간의 차이(빼기: 부인시간 -남편시간)로 나타내거나 부부의 총 가사노동수행 시간 중 남편의 가사노동수행 시간 비율로 측정하기도 한다.

위 수식을 통한 가사노동 기여도 측정 방법은 가사노동수행시간을 분 단위로 측정한 후 상대적 개념에 따라 비율화시킴으로써 가사노동 분담정도를 보다 정확히 측정하는 방법이다.

4) 가사노동분담의 이론적 배경

가사노동분담을 설명하는 다양한 이론적 접근이 전개되어 왔는데 크게 경제학적 접근과 가족사회학적 접근으로 분류할 수 있다(허경옥, 1998).

(1) 경제학적 접근

신가족경제학파들은 가사노동분담과 관련한 의사결정을 설명하는 데 있어 경제학적 모델을 도입하였다. 이들의 견해에 따르면, 사람들은 가족의 최대효용을 추구하기 위하여 합리적 의사결정을 한다고 전제하고 있다. 이들의 가정생산모델에 따르면, 직장에 나가 일을 하여 얻는 소득으로 가사노동을 위한 시장재를 구입하고 시간을 할애함으로서 가정생산물이 창출된다고 보았다.

부부간의 가사노동분담에 대한 경제학적 접근은 가사노동 및 시장노동과 관련한 전문화 또는 생산성의 비교우위 개념을 통해 설명하고 있다(허경옥, 2011). 만약, 남편이 시장노동에 전문화(생산성이 높고)되어 있고, 부인이 가사노동에 전문화되어 있다면, 비교우위 개념에 의해 남편은 시장노동에 많은 시간을 할애하고 부인은 가사노동에 전념하는 것이 가장 최적의 선택으로 간주한다. 다시 말해, 부부간의 가사노동분담은 부부가 행하는 각 활동에의 한계생산성(marginal product; 다른 활동을 위한 기회비용을 고려하여)을 비교하여 결정한다는 논리이다. 가사노동의 시간비용, 즉 가사노동의 기회비용은 주로 시장노동에서의 임금률에 의해 측정된다(Farkas, 1976). 부부의 가사노동분담을 설명하는 기본적인 논리는 아래와 같다.

- $\frac{MP_f}{OP_f} > \frac{MP_m}{OP_m}$ .... 주부가 가사노동을 전담
- $\frac{MP_f}{OC_f} < \frac{MP_m}{OC_m}$ .... 남편이 가사노동을 전담

여기서, MP_f = 주부의 가사노동에 대한 한계생산성
MP_m = 남편의 가사노동에 대한 한계생산성
OC_f = 주부의 가사노동에 대한 기회비용
OC_m = 남편의 가사노동에 대한 기회비용

위의 논리에 따르면 부인이 가사노동을 주로 전담하는 전통적인 역할분담형태는 남편의 노동시장에서의 생산성이 부인보다 높고, 가사노동 생산성은 부인보다 낮기 때문으로 해석할 수 있다. 이처럼 부부가 전문성 있는 활동에 전담하는 분업체계가 가족 전체적으로 볼 때 이익이며 효율성이 높아진다고 보는 것이 경제학적 논리이다. 취업기회 및 취업여건 측면에서 여성이 불리한

점, 여성근로자에 대한 연수 및 재교육 기회의 제한, 노동시장에서의 각종 성차별 등은 노동시장에서 남성의 비교우위를 가속화시켜 전통적인 가사노동분담을 고착시키고 있다. 또한, 전통적인 노동분담으로 여성이 가사노동에 보다 많은 경험 및 기술을 축적하게 되는 점 역시 전통적인 가사노동분담 및 가사노동분담을 가속화시키는 요인이 되고 있다.

결국, 이 가설에 따르면 남편의 저조한 가사노동참여는 남편의 노동시장에서의 경제적 효율성이 부인보다 높으므로 남편은 보다 많은 시간을 노동시장에 할애하고 부인은 가사노동에 효율성이 높아 가사노동에 많은 시간을 할애한다는 것이다. 다시 말해, 남편의 가사노동시간의 기회비용은 배우자인 부인의 것보다 높아 그들의 가사노동시간은 부인보다 짧다고 하겠다. 이같이 전문화 및 효율성의 비교에 근거한 부부간의 가사노동분담이야말로 가족 전체의 효용을 극대화할 수 있는 합리적 조건으로 보고 있다.

가족 간의 가사노동분담을 설명하는 데 있어 경제학적 접근은 논리 정연하고 설득력 있는 설명을 전개하기는 하지만 실제적인 가정생활에 적용할 때에는 한계점이 있다는 지적이 있다. 첫째, 모든 사람들이 효용극대화를 위한 합리적인 의사결정을 한다는 전제는 가정생활 적용 시에는 부적합하다. 특히, 부부관계에서 단순히 경제적 효율성 비교에 의해 의사결정을 한다는 전제는 비현실적이다. 예를 들면, 경제적 효율성이 높은 전문직 종사자 남편이 경제적 효율성이 낮은 남편보다 가사노동의 참여가 높은 경우는 경제학적 접근의 기본적 전제와 부합되지 않는다(허경옥, 1994). 또한, 부인의 임금률이 남편보다 높은 가정에서도 가사노동은 전통적으로 여성의 일로 간주되어 온 바, 남편의 가사노동시간이 높지 않는 경우가 일반적이므로 현 경제학적 접근은 비현실적이라는 지적이 제기되고 있다.

둘째, 경제학적 접근은 개인마다 각기 다를 수 있는 선호도, 취미, 습관, 에너지, 가정환경 등이 고려되지 않아 설명력에 있어 한계가 있다. 사람들은 경제학자들이 말하는 것처럼 항시 합리적이고 이성적인 의사결정을 하는 것은 아니다. 더구나 가사노동분담을 포함하는 부부관계가 단순히 효용극대화의 원리에 따라 결정되지 않는 점이 있으므로 실제 생활을 충분히 설명하지 못하는 한계점이 있다.

이처럼 경제학적 논리가 실제 부부의 가사노동분담을 충분히 설명하지 못하는 측면이 있음에도 불구하고 경제학적 접근은 가사노동분담을 포함하는 다양한 가족행동의 특징적 윤곽을 잘 설명하여 주며, 비시장활동인 가족활동을 경제적 모델로 설명 가능케 한 점에서 그 가치가 인정되어 왔다(허경옥, 1997). 특히, 최근의 신가족경제학적 접근은 경제적 효율성만을 중시하는 전통적인 입장에서 탈피하여 개인의 선호도와 취향을 반영하고자 하는 노력을 계속되어 왔다. 이들은 기본적인 경제논리를 받아들이면서도, 경제학적 이론의 제약점인 개개인의 선호도와 취향을 무시한 것을 극복하기 위해 가사노동분담에 있어 가족의 다양한 특성들을 고려하고 있다. 또한, 점차 성별에 따른 전통적인 가사노동분담이 완화되고 남편의 가사노동참여가 증가하고 있는 현상에 대해 완전전담보다는 상호보완(complement)의 개념으로 설명함으로써 이론적 확장을 꾀하고 있다.

(2) 가족사회학적 접근

가정 내 부부간의 가사노동분담과 관련된 이론적 설명은 주로 사회학 또는 가족사회학적 접근에 의해 이루어져 왔다. 경제학적 접근은 시간의 경제적 가치 및 노동의 성과에 보다 많은 관심을 두었으나, 가사노동분담을 설명하는 사회학적 접근의 가설들은 부부간의 가사노동분담과 관련한 타협과정, 주권(power), 공평성(equity)에 더 큰 관심을 두었다(허경옥, 1994).

부부간의 가사노동분담을 설명함에 있어 가족사회학적 접근을 시도하는 연구자들의 개별적 관심과 연구목적 등은 각기 상이하였다. 지금까지 발전, 전개되어 온 이론적 가설들 중 보다 널리 이용되어 왔고 설득력 있는 가설은 이용가능시간 가설, 수요 및 실행가능 가설, 성역할 관념 가설, 상대적 자원가설, 사회화 가설 등인데 이 가설들을 구체적으로 살펴보면 다음과 같다(허경옥, 1993; 1995; 1996).

① 이용가능시간 가설(The Time Availability Perspective)

이 가설은 시간제약의 정도, 즉 이용가능한 시간에 따라 가사노동시간 또는 가사노동분담이 결정된다는 것으로 이용가능한 시간이 많은 사람이 더 많은 시간을 가사노동에 할애한다고 설명하고 있다. 시간제약의 정도 또는 이용가능 시간의 정도는 노동시장에서의 고용상태(예: 전업취업, 부분취업, 비취업) 또는 근로시간으로 측정하는 것이 보통이다.[10)]

이 가설에 따르면, 취업여성은 비취업여성보다 이용가능 시간이 적으므로 가사노동에 적은 시간을 할애하고, 동시에 남편의 가사노동참여를 유도하게 된다는 것이다. 이 가설의 효과를 검증한 연구결과는 일치하지 않고 있는데 여성의 가사노동시간에는 대체적으로 설득력 있는 것으로 밝혀지고 있다. 그러나 여성취업이 남편의 가사노동시간에 미치는 영향력에는 설득력이 없다는 결과가 지배적인 견해이므로 이 가설의 효과는 성별에 따라 차이가 있음을 알 수 있다. 다시 말해, 부인의 시간제약이 심한 경우에도 남편의 가사노동시간은 증가하지 않는 것이 보통이어서 남편의 가사노동시간 설명에는 잘 부합되지 않고 있다.

10) 일부 연구(예: 허경옥, 1994)에서는 취업상태 또는 근로시간은 남편의 이용가능 시간의 정도를 대표하기에 적절치 못한 점을 보완하기 위하여 근로조건의 융통성을 이용가능 시간 또는 시간제약의 대리변수로 사용하였다. 많은 기혼 남성들의 취업상태는 전업취업 상태이며 주당 근로노동 시간에도 커다란 차이를 갖지 않는 경우가 많기 때문이다.

② 수요 및 실행가능가설(The Demand/Response Capability Perspective)

이 가설은 가족사회학자 Coverman(1985)이 이용가능시간 가설에 가사노동 요구 또는 가사노동수요를 반영한 가설이다. 이 가설은 가사노동수행이 가정의 다양한 환경과 조건에 영향을 받는 점을 반영하고 있다.

이 가설에 따르면 가사노동의 수요가 많을수록 가사노동시간은 증가하며 이용가능시간이 많을수록 가사노동시간은 증가한다고 가정하고 있다. 보통 가사노동의 수요는 어린 자녀 수, 총자녀 수, 부인의 취업상태 등에 의해 크게 영향을 받는다. 자녀 수가 많거나(특히 어린 자녀 수), 주부취업으로 시간제약이 심한 맞벌이 가정은 가사노동의 수요가 높은 것으로 간주된다. 따라서 이 가설은 이용가능시간 뿐만 아니라 수행하여야 할 가사노동 수요에 의해 가사노동시간이 결정된다는 것이다.

이때, 부인의 근로시간은 남편이 해야 할 가사노동 수요의 증가를 의미하므로 남편에게는 수요 측면으로 간주되고, 부인 자신에게는 가사노동을 위한 이용가능시간이 적어지는 공급 측면으로 간주된다. 같은 이치로, 남편의 근로시간은 자신의 실행 가능한 시간을, 배우자인 부인에게는 가사노동수요로 간주된다. 따라서 어린 자녀가 있는 맞벌이 가정, 즉 가사노동수요가 높은 가정에서 남편의 근로시간이 적은 경우 남편의 가사노동시간은 증가한다고 가정할 수 있다.[11)]

③ 성 역할 관념 가설(The Sex-Role Ideology Perspective)

성 역할 관념 가설은 정신적인 사고나 태도(특히, 성역할 분야), 부모의 역할, 부인의 취업, 남편의 가사노동참여에 대한 가치관이 가사노동시간 및 가사노

---

11) 이용가능 시간가설과 마찬가지로 이 가설의 효과검증 결과도 일치하지 않고 있는데, 대체적으로 부인의 가사노동시간 사용에는 설득력이 있는 것으로 나타나고 있는 반면, 남편의 시간에는 영향력이 없는 것으로 나타나고 있다.

동분담을 결정한다는 것이다. 이 가설은 성 역할에 대해 보수적이며 전통적인 사고관을 가진 남편은 진보적이며 자유주의적인 사고관을 가진 경우보다 가사노동에 적은 시간을 할애하고 부부간의 가사노동분담에 소극적이라고 전제하고 있다(Bergen, 1990). 반면, 역할 관념에 있어서 보수적이며 전통적인 사고관을 가진 부인은 그렇지 않은 부인보다 더 많은 시간을 가사노동에 할애하여 전통적인 역할분담형태를 갖는다는 것이다. 결국, 이 가설은 개개인의 가치관 및 정신적 측면을 중시함을 알 수 있다.

④ 상대적 자원가설(The Relative Resources Perspective)

상대적 자원 가설은 Blood와 Wolfe(1960)에 의해 전개된 가설로서 부부간의 의사결정시 부부 각각이 소유한 자원(예: 인적자원을 나타내는 교육수준, 물적자원을 나타내는 소득)의 비교에 의해 의사결정의 주도권이 결정된다고 전제하고 있다.[12] 부부 중 물적 자원이 우위에 있는 사람은 가사노동분담에 관한 결정과정에서 주도권을 갖게 되어 그 사람의 가사노동시간은 감소한다는 것이다(Kamo, 1988).

이 이론에 따르면, 남편의 저조한 가사노동참여는 교육, 소득, 직업상의 지위 등에서 남편이 부인보다 우위에 있으므로 가사노동분담의 의사결정시 주도권을 갖게 되어 가사노동수행을 기피한다는 것이다. 같은 이치로, 고소득과 높은 교육수준을 가진 취업여성의 경우 전통적인 가사노동분담형태보다는 공평한 분담체제를 유지할 가능성이 높아진다고 볼 수 있다.

이 가설은 점차 여성의 교육수준과 임금이 높아지면서 남편의 가사노동참여가 증가하는 경향을 어느 정도 설명해 주기는 하지만, 일부 맞벌이 가계의 가사노동분담을 설명하는데 설득력이 없다는 지적이 제기되고 있다. 예를 들면,

12) 때에 따라서는 상대적 개념이 아닌 절대적 개념으로서의 자원가설을 응용하기도 한다.

남편에 비해 교육, 소득, 직업상 우위에 있는 부인의 경우에도 실제 배우자인 남편보다 가사노동시간이 긴 경우가 많으며 전통적인 역할분담을 유지하고 있는 경우가 많기 때문이다.

⑤ 사회화 가설(The Socialization Perspective)

이 가설은 유년기 시절의 사회화과정이 부부간의 가사노동분담 및 가사노동시간을 설명함에 있어 중요하다는 가설이다. 성장발달기부터 보고, 듣고, 배운 사회화 과정이 성인이 되었을 때 성역할에 대한 관념 및 전반적인 가사노동참여에 큰 영향을 준다는 것이다. 실증적 연구에서 유년기 시절 가족의 사회·경제적 지위, 부모의 교육수준, 또는 부모의 가사노동분담 실태 등을 통해 어린 시절의 사회화를 판단하는 것이 보통이다.

이외에도 사회화 가설을 응용하여 사회·문화적 가설(Cultural Perspective) 등이 제기되어 왔다. 사회·문화적 가설은 각 사회마다 처한 문화적, 사회적 가치관이나 전통, 여성의 사회적 지위 등이 어떠한가에 따라 부부 간의 가사노동의 분담 형태가 결정된다는 가설이다.

4 가사노동의 시장대체화

인간의 기본적인 삶을 유지하기 위해서는 최소한의 가사노동은 필수적이므로 가족구성원들이 가사노동을 직접 수행하게 된다. 그러나 시간제약 등 여러 가지 이유로 가사노동수행이 어려운 경우 시장재화나 유급 서비스의 대체를 통해 해결하게 된다. 유급노동자에게 가사노동을 위임시키거나, 시장제품을 구입하는 방법은 가사노동의 시장대체화로서 널리 사용되고 있는 방법 중의 하나이다. 이때, 가계는 가사노동을 통해 가족구성원의 욕구를 충족시킬 것인가 아니면 시장재를 구입하여 대체할 것인가 선택하여야 한다. 이 같은 선택은 가계의 중요한 의사결정의 하나로서 가계경제학의 주요 관심대상이 되고 있다. 여기서는 가사노동의 시장대체와 관련한 가계선택에 대해 구체적으로 살펴보자.

가정생산과 시장재에 대한 가계의 수요를 설명하기 위하여 Beutler와 Owen(1980)의 가사노동에 대한 개념을 먼저 살펴보자(허경옥, 2006 재인용). Beutler와 Owen(1980)은 다양한 가사노동활동을 분리 가능한 가사노동(separable housework)활동과 분리 불가능한 가사노동(inseparable housework)활동으로 구분하였다. 이때, 분리 가능한 가사노동활동은 시장에서 유급노동으로 대체 가능한 활동으로, 분리 불가능한 가사노동활동은 노동시장에서 유급노동력으로 대체 불가능한 노동으로 구분하였다. 예를 들어, 세탁, 음식 만들기, 청소와 같은 노동은 유급노동자의 서비스나 시장재화를 구입하여 기본적 욕구를 충족시켜 줄 수 있으므로 완전대체 가능한 가사노동(perfect-substitute housework)활동으로 간주한다. 이에 반해, 분리 불가능한 가사노동활동은 자녀들과의 대화, 몸이 아픈 가족을 돌보는 일과 같은 활동으로서 가족구성원들에게 심리적 만족감이나 친밀감을 부여하는 활동들이며 이는 유급노동력이나 시장재화로는 대체되기 어려운 가사노동(imperfect-substitute housework)이다.

여기서 가사노동활동을 완전히 시장대체가 가능한 경우와 전혀 불가능한 경우로 구분하여 가계의 선택 가능한 대안인 가정재(직접 가사노동을 수행하여 생산되는 생산물)와 시장재(가사노동을 대체할 수 있는 시장에서 구입한 재화 및 서비스) 간의 선택이론을 그래프로 나타내면 [그림 6-2], [그림 6-3], [그림 6-4]와 같다.

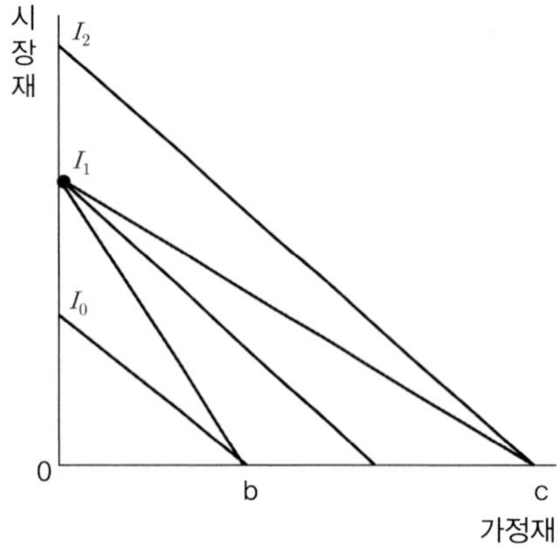

[그림 6-2] 완전대체 가능한 가사노동과 가계수요

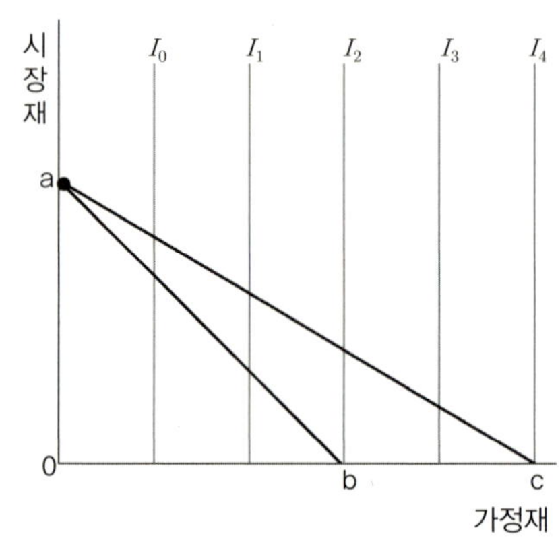

[그림 6-3] 완전대체 불가능한 가사노동과 가계수요

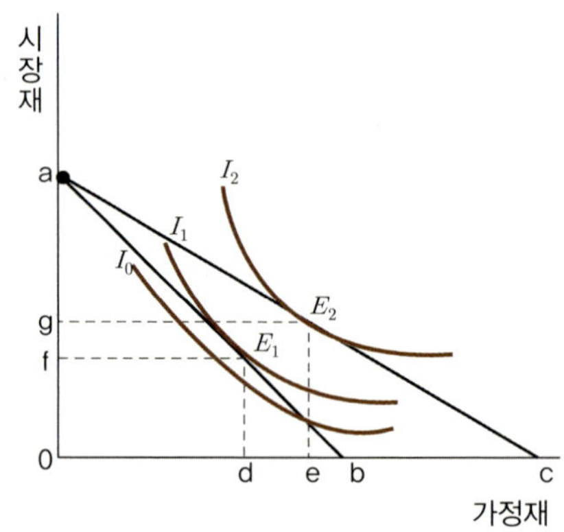

[그림 6-4] 일반적인 경우의 생산재와 시장재의 가계수요

출처: 허경옥(2006). 삶의 경제. 성신여대 출판부.

가사노동을 통해 가족의 욕구를 충족시킬 것인가(즉, 가정재 선택), 아니면 시장재(재화뿐만 아니라 서비스 포함)를 구입하여 충족시킬 것인가의 선택과 관련한 세 가지 유형의 그래프를 [그림 6-2]에서 [그림 6-4]까지 제시하였는데, 3개의 그림을 중심으로 가계소비선택을 설명하여 보자.

[그림 6-2]는 수행해야 하는 가사노동이 시장재로 완전대체(perfect substitution)

되는 경우이다. 다시 말해, 가사노동의 사회화가 완전 가능한 경우로서, 이때 소비자의 무차별곡선(indifference curve)은 음의 기울기를 갖는 직선 I_0, I_1, I_2와 같이 나타낼 수 있다.[13] 한편, 소비자의 소득제약을 나타내는 예산선을 그래프에 나타내면 선 ab로 나타낼 수 있다. 이 경우 무차별곡선과 예산선이 만나는 a점이 최적 균형점으로 가계는 시장재를 oa 만큼 구입하여 가족원의 욕구를 충족시키게 된다. 이때, I_0의 효용보다는 I_1의 효용수준이 높으므로 b점보다는 a점이 최적 선택점이 된다. 따라서 가계는 가정재를 전혀 선택하지 않게 된다. 필요한 가정재는 시장재에 의해 완전대체 되므로 가사노동은 전혀 수행하지 않고(가정재를 전혀 소비하지 않고) 시장재로 대체한다. 보통, 완전 분리가 가능한 가사노동활동, 즉 세탁소에서의 다림질, 외식, 놀이방에서의 탁아 등의 가사노동은 이처럼 시장재로 완전 대체할 수 있는 경우이다. 이때, 만약 가정재를 생산하는 가격이 하락한다면 가계예산선은 선 ab에서 선 ac로 이동하게 되므로 최적균형점은 c점이 되어 oc 만큼의 가정생산을 선택하고 시장재는 전혀 소비하지 않는 선택을 하게 된다.[14]

한편, 가사노동 중에는 시장에서 전혀 대체되지 않는 활동이 있는데, 앞서 살펴본 바와 같이 부모와 자녀간의 대화, 따뜻한 성원 및 지원, 정서적 지원 등이 이에 해당한다. 이처럼 가정재와 시장재는 전혀 대체되지 않는 즉 분리가 전혀 불가능한 경우 [그림 6-3]에 제시한 바와 같이, 무차별곡선은 수직의 형태로서 I_0, I_1, I_2, I_3, I_4와 같이 나타낼 수 있다. 다시 말해, 가정재가 시장재로 전혀 대체되지 않는다면, 가정재와 시장재는 서로 다른 소비재가 되므로 시장재와 가정재 간의 한계대체율은 무한대가 될 것이다. 즉, 가계는 약간의 가

13) 무차별곡선은 개인의 만족 또는 효용을 나타내는 곡선으로서 만족 또는 효용상의 차이가 없는 점을 연결한, 즉 만족수준이 같은 점을 연결한 곡선이다.

14) 예산선 ac는 예산선 ab보다 가정생산(X축)을 위한 비용이 시장재 구입비용보다 적은 경우이다.

정재를 위해 구입재의 무한한 양을 포기하는 수직형태의 무차별곡선이 될 것이다. 이때, 가계예산선이 선 ab로 나타나는 경우 이 가계는 ob만큼의 가사노동을 통해 욕구를 충족시키지만, 여전히 시장재는 전혀 소비하지 않는다. 예산선이 선 ac로 이동하는 경우 즉, 가정재 생산가격이 하락하면 가정재 소비가 증가되어 oc만큼의 가사노동을 통해 욕구를 충족시키고 시장재는 여전히 전혀 소비되지 않는다. 결국, 가정재와 시장재는 전혀 대체되고 있지 않음을 알 수 있다.

[그림 6-4]는 가사노동을 시장재로 대체 가능한 경우(완전 대체 가능하지는 않으나, 완전 불가능하지도 않는 경우)로서 하나의 재화를 선택하기 위해서는 다른 재화의 수요를 감소시켜야 하는 경우로서 전형적인 효용함수를 갖게 된다. 따라서 무차별곡선은 음의 기울기를 갖는 일반적인 형태인 I_0, I_1, I_2로 나타나게 된다. 이때, 가계예산선이 선 ab인 경우 점 E_1이 최적 균형점이 되므로 이 가계는 od만큼의 가정재, of만큼의 시장재를 구입하여 가족구성원의 욕구를 충족시키게 된다. 만약, 가정재를 생산하는 비용이 감소한다면 예산선은 선 ab에서 선 ac로 이동하므로 균형점도 E_1에서 E_2로 이동하고 그 결과 가계는 oe만큼의 가정재를, og만큼의 시장재를 구입하게 된다.

Chapter 07

시간의 경제

시간은 희소가치가 있는 귀중한 자원이므로 시간사용 및 관리에 대한 관심은 더욱 높아지고 있다. 특히, 여성의 사회진출 증가로 인한 여성의 시간압박, 사회 전체적 시간제약 분위기, 높아진 여가 욕구, 보다 나은 삶을 영위하기 위한 욕구 등으로 사람들의 시간사용 구조는 많은 변화를 보이고 있다.

어떻게 시간을 사용할 것인가, 어느 활동에 시간을 얼마큼 분배할 것인가는 개인적, 사회적, 그리고 학문적, 경제학적으로 중요한 관심사이다. 본 장에서는 경제적 자원으로써 시간에 대해 개념, 특성, 측정 방법 등에 대한 기초 이해를 높이고, 시간 사용과 배분 등의 경제학적 접근에 대해 구체적으로 살펴보고자 한다.

1 시간 자원의 이해

1) 시간의 개념

시간에 대한 개념 및 의미는 개인마다 나라마다 다르고 또한 문화권마다 다르다. 이런 면에서 시간은 매우 상대적인 개념이라고 할 수 있다. 시간은 무형으로 형체가 없는 특성으로 인해 시간의 성질 및 활용 방법은 그것을 사용하는 개인, 환경, 상황에 따라 다르게 나타난다. 예를 들면, 과거 "Korean time"이라는 말이 자주 인용되었을 정도로 오래전 한국인의 시간관념은 부정확했던 적이 있다. 이는 사회문화적 차이로 인한 시간 개념이 차이가 있음을 보여주는 실례이다. 보통 시간을 구성하는 다섯 가지 주관적 차원은 역사적 시간, 생리적 시간, 시간 감각, 일의 속도, 시간의 연속성이었다. 한편, 시간은 양적 시간과 질적 시간으로 구분할 수 있고 과거, 현재, 미래의 시간, 조직된 시간, 비조직된 시간, 좋은 시간, 부스러기 시간으로 구분할 수 있다. 시간은 다양한 속성 및 개념을 가지고 있다. 시간의 다양한 특성은 〈표 7-1〉과 같다.

〈표 7-1〉 시간의 여러 가지 특성

시간의 특성	구체적인 상황
유한성	시간의 길이는 하루 24시간으로 누구에게나 공평하며, 사거나 팔 수 없고, 더 많이 획득될 수 없다.
저장 불가능성	시간이 저장될 수 없다는 것은 시간의 희소성을 증가시키는 것으로, 주어진 시간 안에서 모든 활동을 마쳐야 한다는 것을 의미한다. 이를 위해서 수행해야 할 활동들 중 선택이 필요하게 된다.
양적·심리적 측정가능성	시간은 시(time), 주(week) 등과 같은 편리한 단위들로 계산될 수 있으며, 이렇게 측정된 것 이상의 심리적이고 주관적인 측면을 지닌다.
리듬감	시간은 자연현상에 따라 규칙적으로 그 흐름을 유지한다.
동시성	시간은 인간의 활동이나 여러 가지 사건들과 함께 발생한다.
연속성	시간은 일이 발생하는 순서에 따라 진행된다.

활동속도 의존성	시간은 일정한 일의 발생빈도 또는 반복이나 행동이 완성되는 속도에 의존한다.
결합성	시간은 다른 자원과 결합하여 사용되며, 상호대체된다.

출처: 문숙재(1996). 생활시간연구. 학지사.

2) 시간 사용의 중요성

시간은 제한되어 있는 희소자원이다. 시간은 재생시키거나 잉여, 축적할 수 없으며 모든 시간은 지나가 버린다. 현대사회에서 개인에게 허용되는 자유 재량적 시간은 적으므로 시간 사용의 효율적 관리가 필요하다. 모든 사람은 자신의 욕구충족 및 행복한 삶을 추구하기 위하여 시간을 소비한다. 이때, 주어진 시간을 어떻게, 어떤 방법으로, 어느 활동에 사용할 것인가를 결정하여야 한다.

사람들은 물적 자원을 얻기 위해 직장에서 근로하거나, 노동력 재생산을 위한 여가활동, 가사노동, 수면, 기타 생존을 위한 생리적 활동 등에 시간을 소비한다. 이때, 어느 활동에 어느 정도의 시간을 할애하느냐에 따라 개인 그리고 가족구성원의 행복과 삶의 질이 결정되므로 시간사용과 관련한 의사결정은 중요하다 아니 할 수 없다. 특히, 시장노동을 통한 경제적 생활수준의 향상, 육체적·정신적 노동력 재생산을 위한 여가, 가사노동수행과 관련한 부부간의 시간배분 등은 부부의 결혼만족도, 가족 전체의 생활만족도 등을 결정하는 요인이므로 시간사용구조 또는 시간배분 결정은 개인뿐만 아니라 부부, 그리고 가족 전체 차원에서 중요한 의사결정 사항이다.

3) 시간 사용의 측정

시간 사용을 측정하는 대표적인 방법은 크게 두 가지이다. 세부 활동 영역별 시간사용 측정법, 그리고 시간일지법(time diary)이다. 세부 활동영역별 시간사용 측정법은 시간사용 연구에서 흔히 사용되어 온 방법으로 주어진 기간 동안 주어진 세부 활동에 할애한 시간을 분 또는 시간으로 측정하는 방법이다. 주어진 24시간 내에 수행한 활동별로 구분하여 각 활동에 할애한 시간을 분단위로 측정하는 것이 보통이다. 이 방법은 지나간 활동에 할애한 시간을 기억해야 하는 단점이 있다.

시간 사용을 보다 자세하고 구체적으로 측정하는 방법은 시간일지법이다. 이 방법은 응답자가 주어진 기간 동안(보통 1일에서 2일)의 활동을 모두 일지처럼 작성하는 것으로 어떤 일의 시작과 끝을 15분 또는 20분마다 기록하는 방법이다. 이 방법은 다른 여타의 방법보다 정확한 시간사용을 측정할 수 있는 장점이 있다. 또한, 연구자의 목적에 따라 일차적 시간(primary time) 이외의 이차적 시간(secondary time)의 측정을 가능케 한다. 그러나 이 방법은 주어진 24시간 또는 48시간 동안 매 15분 또는 25분마다 행해지는 모든 행동을 계속 기록해야 하므로 응답자의 많은 노력과 주의가 요구된다. 따라서 응답률이 저조할 우려가 높으며, 조사참여 자체를 거절할 가능성이 높다(Warner, 1986). 또한 이 이유로 인해 2일 이상의 시간사용에 대한 조사는 현실적으로 어렵다.

4) 시간 사용에 관한 다양한 학문적 접근

사람들은 주어진 시간을 다양한 활동 영역에 할애하게 되는데 주요 활동은 직장에서의 근로활동, 가사노동, 여가활동, 그리고 기타 생리적 활동이라고 볼 수 있다. 다양한 활동에 할애한 시간, 즉 시간사용에 관한 연구는 경제학, 사회학, 여성학 가정학 등 여러 분야에서 진행되어 왔다.

첫째, 사회학 및 여성학 분야에서는 시간사용 연구를 통해 사회 구성원들의 일상생활 파악, 사회 전체의 생활양식과 가치관, 생활상의 문제점 파악 등에 중점을 두고 시간사용 연구를 진행하여 왔다. 한편, 여성학 분야에서는 성별에 따른 시간사용의 비교분석을 통해 불균형적 시간배분구조 파악을 통해 남녀 간의 불평등에 관한 연구를 진행시켜 왔다.

둘째, 경제학 분야에서는 시간은 경제적 가치를 지닌 희소자원으로서 최적의 시간배분을 통해 효용극대화를 추구하여야 한다는 기본적 전제하에서 시간을 중요한 연구대상으로 취급하여 왔다. 시간의 중요성 및 시간에 관한 연구는 1960년대 이후 미국 신가족경제학파(New Home Economics)의 발전으로 가속화되기 시작하였다. 신가족경제학파들의 가정생산모델(Household Production Model)에서 투입 요소로서 시간 개념이 도입되어 시장재(market goods)와 가사노동시간의 결합으로 가정생산물(Household Commodities)이 창출되고 이 생산물이 효용을 창출한다고 전제하였다. 결국, 시간배분을 설명하는 신가족경제학적 접근에 따르면 시간배분의 의사결정은 다양한 가족의 욕구를 충족시키고 가족원의 최대효용과 만족의 극대화를 이룰 수 있도록 결정하는 것이라고 전제하고 있다.

셋째, 가정학 분야에서는 개인과 가정의 욕구충족 및 복지증진은 시간사용과 직결되므로 시간사용실태, 시간배분구조, 시간자원의 합리적 소비, 시간관리, 시간사용과 생활의 질, 가사노동 및 여가시간 등에 대한 연구가 활발하게 진행되어 왔다.

2 시간 및 시간배분의 경제학적 이론

1) 가정생산이론

소비자와 소비자가 속한 가계의 주요 활동을 크게 두 가지로 나눈다면 생산활동과 소비활동이다. 생산활동은 주로 노동시장에서의 유급노동과 가정에서의 가사노동을 포함하며, 소비활동은 가계가 가지고 있는 여러 형태의 자원을 소비하는 활동이다. 전통경제학자들은 가계의 생산활동과 소비활동을 연구함에 있어 시장노동과 가계의 소비선택활동에 초점을 두어 왔다. 그러나, 1960년대 미국의 시카고학파를 중심으로 가계의 비화폐적 노동인 가사노동, 그리고 시간사용에 대한 경제학적 이론 및 연구가 활발하게 진행되었다.

가계의 생산활동의 대표적인 활동인 노동공급에 대한 전통적인 견해는 가계구성원의 경제활동 참가에 관한 것으로 가계구성원이 선택할 수 있는 대안은 시장노동시간과 비시장노동시간(여가시간) 간의 선택이었다. 전통경제학자들은 시장노동시간 이외의 시간은 비시장노동시간, 즉 여가로 간주하였다. 그러나, 가계의 많은 활동을 경제학적 측면에서 조명하고 있는 신가족경제학자들은 노동시간 이외의 모든 시간은 여가로 간주하는 시각에 의의를 제기하기 시작하였다. Gary Becker를 위시한 신가족경제학자들은 가정생산이론(Household Production Theory)을 통해 가사노동도 생산활동의 하나로서 시장재화와 가사노동의 결합으로 생산되는 가정생산물(Household Commodity)의 개념을 도입하였다.

[그림 7-1]에서는 전통적인 경제모델과 신가족경제학파의 경제모델을 도식으로 표시하였다. 두 모델은 가계의 가계행동 및 의사결정을 설명함에 있어 공통적으로 효용함수 원리를 도입하고 있다. 가계는 가계에 주어진 예산제약과 가계의 선호, 즉 효용을 극대화시킬 수 있는 선택을 취한다는 기본적인 논리에서 출발한다.

그러나 이 두 모델은 여러 측면에서 차이가 있다. 첫째, 그림에 나타난 바와 같이, 전통적 경제모델은 주어진 소득을 가지고 시장 재화를 선택하는 소비자 수요 이론에 초점을 두고 있다. 그러나 신가족경제학파의 모델은 전통적인 모델에서 도외시한 가사노동을 통한 가정생산을 연구대상에 포함시키고 있다. 이들의 기본적 모델은 시장노동으로 창출되는 소득으로 시장재를 구입·소비하고 가사노동으로 생산되는 가계생산물을 통해 효용이 창출되는 가정생산 모델을 설정하고 있다.

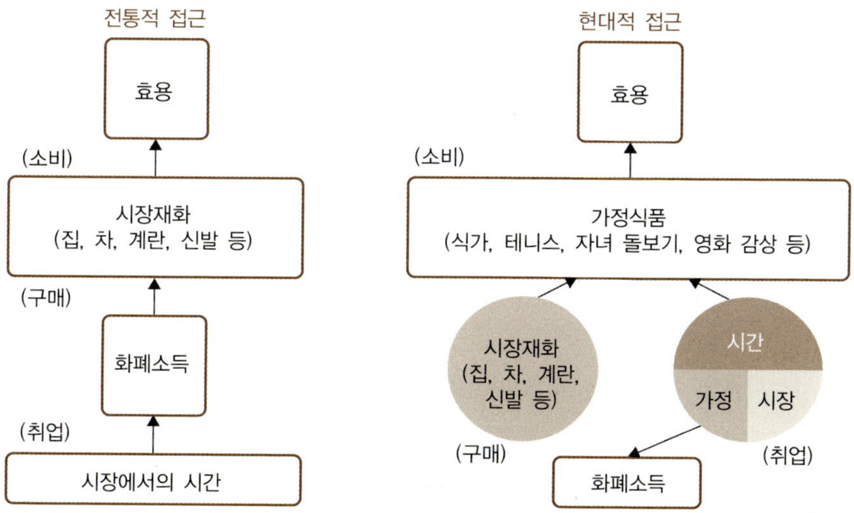

[그림 7-1] 가계행위의 경제학적 모델 비교

출처: Berk (1981). Women and Household Labor.

둘째, 전통적인 노동공급이론은 가족구성원들의 직장에서의 근로시간에만 초점을 두고 있으나, 신가족경제학파들은 시간배분이론(Time Allocation theory)을 통해 시장노동시간뿐만 아니라 가사노동시간 배분에도 관심을 두고 있다. 다시 말해, 이들의 모델은 가계의 노동공급 뿐만 아니라 가사노동시간 및 여가시간 등 시간배분을 경제학적 모델을 도입하여 설명하는 유용한 이론이다. 결론적으로, 신가족경제학파의 모델은 가계가 노동시장에서 얻은 소득으로 시장재를 구입하여 가사노동의 과정을 통해 생산되는 가정생산물을 통해 효용이 창출되는 것으로 설명하고 있다. 시간배분 이론은 가사노동시간, 근로시간, 여가 등이 종합적으로 반영된 이론이라고 하겠다.

2) 시간사용/배분의 경제이론

지금까지 고전적 모델과 신가족경제학파들의 모델을 비교하여 어떻게 시간사용과 관련한 시간배분모델이 전개되었는지를 살펴보았다. 시간배분의 경제학적 접근은 소비자수요 이론 또는 노동공급 이론과 유사하게 재화 및 시간사용 간의 선호를 나타내는 무차별곡선(indifference curve), 노동시장의 제약조건을 나타내는 임금률선을 도입하고 있다. 이때, 가사노동으로 창출되는 가계생산을 설명하는 가계생산 함수를 추가시켜 시장노동과 여가뿐만 아니라 가사노동시간까지 포함하는 시간배분모델을 전개하고 있다.

(1) 시간사용의 무차별곡선(indifference curve)

소비자는 주어진 시간을 시장노동, 가사노동, 여가에 할애하게 되는데 각 활동에 할애한 시간으로 얻어지는 생산물로부터 만족, 즉 효용을 얻게 된다. 노동시장에 시간을 할애하여 소득을 얻게 되고 이 소득으로 상품과 서비스 즉, 시장재(market goods)를 구입할 수 있다. 이때, 구입한 시장재에 시간(가사노동시간)을 할애하여 가정생산물을 생산함으로서 만족을 얻게 된다. 뿐만 아니라 여가시간 사용으로 안정감, 휴식, 피로감 제거 등의 만족감을 얻게 된다. 결국, 시간사용으로 인한 효용함수는 아래와 같이 나타낼 수 있다(Bryant, 1990).

수식 7.1 $$U = f(X, Z, L)$$

여기서, X = 시장에서 구입한 재화 및 서비스, Z = 가정생산물, L = 여가

위의 효용함수는 3차원이 되는데, 평면 그래프상에서 설명하기 어려우므로, 시장재 X와 가정생산물 Z가 서로 완전대체(perfect substitution)가 가능하다

고 보아 시장재와 가정재(home goods)를 통합하여 2차원 모델로 단순화시킨다. 단순화된 효용함수는 아래와 같이 나타낼 수 있다.

수식 7.2 $U = f(X + Z, L)$

위의 효용함수를 그래프로 나타내면 [그림 7-2]와 같다.

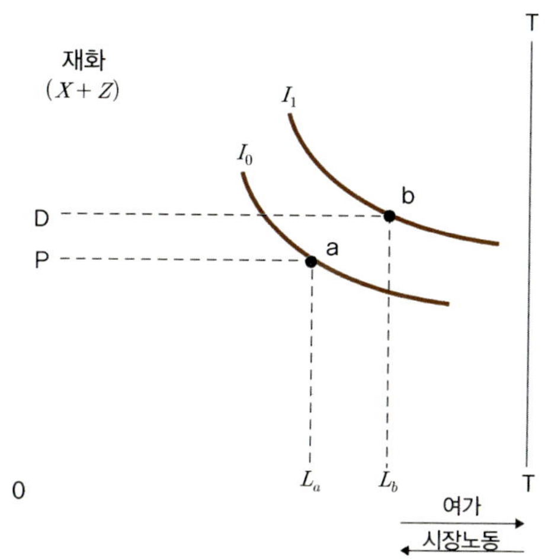

[그림 7-2] 재화와 시간사용에 대한 무차별곡선

위의 그래프에서 선 TT는 시간제약(time constraint)을 나타내는 직선으로 분석단위가 1일인 경우 24시간으로 TT선과 같이 세로 직선으로 나타낼 수 있다. 결국, 총시간은 시장노동, 가사노동, 여가시간의 합으로 아래의 수식과 같이 나타낼 수 있다.

수식 7.3 $T = M + H + L$

여기서, T = 총시간, M = 근로시간, H = 가사노동시간, L = 여가시간

[그림 7-2]에서 나타난 곡선 I_0와 I_1은 재화와 시간사용에 대한 선호도를 나타내는 무차별곡선으로서 무차별곡선 I_0보다는 I_1의 경우 만족이 높음을 나타낸다. 다시 말해, 위의 그림에서 a점보다 b점에서 더 높은 만족을 얻게 된다. b점의 경우 a점과 비교할 때 여가(정상재)시간은 a점보다 L_a L_b만큼 길고, 재화량도 FD만큼 더 얻을 수 있어 만족도가 높은 점이다.

(2) 시장노동제약

사람들은 노동시장에 노동력을 투입하여 소득을 획득하게 된다. 소득은 근로소득과 비근로소득으로 구성되어 있다. 비근로소득의 원천은 다양한데, 보통 자산소득, 정부보조금 등이 이에 해당된다. 여성의 노동력 공급을 설명할 경우에는 남편의 소득이나 기타 구성원의 소득도 비근로소득의 형태로 간주되는 것이 보통이다.

근로소득은 시간당 임금률에 근로시간을 곱하여 산출되며, 이때 소득은 모두 시장재를 구입하는데 사용된다고 가정된다.[15] 따라서, 시장노동제약식은 다음과 같이 설정할 수 있다.

수식 7.4 $$P \times X = W \times M + V$$

여기서, P = 가격, X = 시장재화, M = 근로시간, W = 임금률,
V = 비근로소득

---

15) 소비자수요 이론에서와 마찬가지로 모델의 간명화를 위해 저축이나 빚 갚기 등의 경우는 고려하지 않는다. 또한, 시장재화(C)와 가사노동으로 생산되는 생산물(G)은 완전대체제로 가정하고 있으므로 가계소득이 모두 시장재화를 위해 지출된다는 가정이 성립될 수 있다.

위의 식에서 총소득($P \times X$)은 근로시간에 시간당 임금률을 곱한 근로소득과 비근로소득의 합으로 계산됨을 알 수 있다. 또한, 총소득은 주어진 가격하에서 구입할 수 있는 시장재화의 양으로 표현되고 있다.

위의 식을 가지고 그래프에 시장노동시간 제약식을 나타내기 위하여 (Y축이 시장재화의 양이므로) 양변을 P로 나누면 아래의 수식으로 나타낼 수 있다.

수식 7.5 $$X = \left(\frac{W}{P}\right)M + \left(\frac{WM + V}{P}\right)$$

위의 1차식을 통해 기울기는 시간당 임금률(W/P)이며, 비근로소득인 V는 상수항임을 알 수 있다. 시장노동시간 제약선을 그래프에 제시하면 [그림 7-3]과 같다.

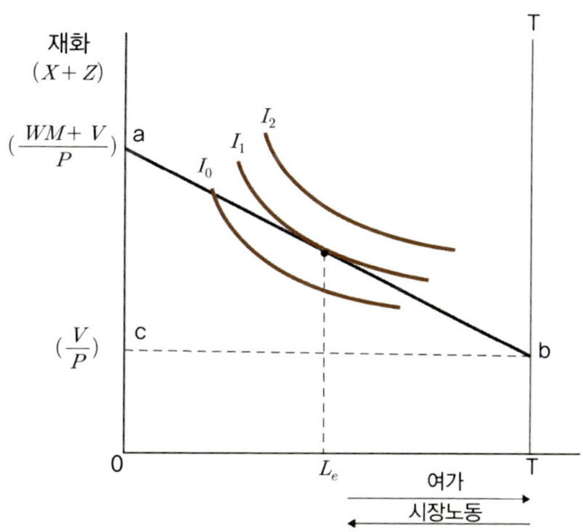

[그림 7-3] 시장노동시간 제약선

[그림 7-3]에서 시장노동시간 제약선은 선 ab이다. 비근로소득 V는 시장노동시간 제약선의 기울기인 임금률선에는 영향을 미치지 않으나 [그림 7-3]에

서 C만큼 시장노동제약선을 상향이동시킨다. 앞서 살펴 본 가사노동이나 재화와 시간사용에 대한 어떤 사람의 선호도가 그림에서처럼 I_0, I_1, I_2로 나타난다면, E점에서 균형을 이루어 OL_e만큼의 여가시간, L_eT만큼의 근로시간을 할애하게 된다.

(3) 가계생산함수(household production function)

앞서 논의한 바와 같이, 사람들은 노동시장에 시간을 할애하여 소득을 얻을 뿐만 아니라 가사노동에 시간을 할애하여 가계생산물을 생산한다. 가사노동을 통해 생산되는 가계생산물은 효용을 창출하는데 예를 들면, 식사준비, 세탁, 청소, 자녀양육 등의 다양한 가사노동을 수행하여 잘 준비된 저녁식사, 깨끗해진 옷, 청소가 잘 된 집안, 잘 교육받은 자녀 등이 이에 해당한다.

여기서, 가계경제학자들은 가사노동에 할애한 시간에 관심을 두고 가계생산함수를 도출하였다. 가계생산함수는 다음과 같이 수식으로 나타낼 수 있다.

수식 7.7 $Z = z(X, H, K)$

여기서, X = 시장에서 구입한 재화 및 서비스, H = 가사노동시간,
K = 기타 가계생산요소(예: 기술, 내구재 등)

가계생산은 시장재화, 가사노동시간, 기타 가계생산에 영향을 미치는 요소의 함수이다. 시장재화는 소득으로 시장에서 구입한 상품으로서 가정생산의 투입요소(예: 음식물 재료, 세탁을 위한 세제, 청소를 위한 재료 등)이다. 기타 가계생산에 영향을 미치는 요소는 가사노동과 관련한 각종 기술(예: 세탁기술, 요리솜씨 등), 가사노동에 필요한 장비(예: 가스레인지, 부엌 배치, 현대식 장비 등) 등 다양한 요소들을 모두 포함한다.

시간사용 또는 시간배분모델(time allocation model)은 간명하면서도 효과적으로 설정하고자 시장재화, 그리고 기타 가계생산요소는 일정한 것으로 가정하고 가계생산곡선을 도출하고 있다.

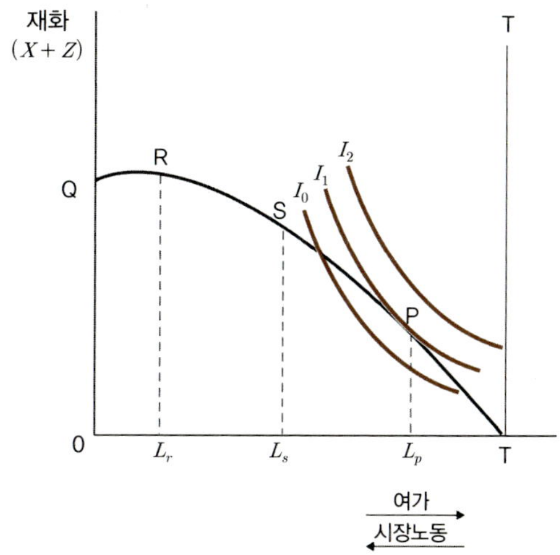

[그림 7-4] 가계생산곡선

[그림 7-4]는 주어진 시간제약에서의 가계생산곡선으로 가사노동에 투입하여 얻을 수 있는 가계생산물을 곡선으로 연결하여 그래프로 나타내는 가계생산곡선으로서, 곡선 QRST 로 나타낼 수 있다. 가사노동으로 생산되는 가정생산물은 가사노동시간이 증가하면서 점차 증가하다가 어느 시점(R)이 되면 그 생산성이 오히려 하락하게 된다. 따라서 가계생산곡선은 증가하다가 감소하는 형태인 곡선 QRST로 나타나게 된다.

가계생산곡선의 기울기는 가사노동의 한계생산성(marginal productivity)을 의미한다. 가계생산곡선 QRST를 T점을 중심으로 왼쪽으로 진행하면서 살펴볼 때, 구간 TP는 가사노동의 한계생산성이 높은 구간(기울기가 가파르고 그 값이 크다)이나, 점차 가사노동시간이 길어지면서 구간 PS, SR구간으로 가면 한계생산성이 적어지면서 급기야 R점에서는 오히려 부적(negative)인 기울기를 갖게 된다. 다시 말해, 가사노동에 시간을 계속적으로 증가사키면 생산되는 추가적 가계생산물은 점차 감소하게 되는데 이를 한계생산체감(diminishing marginal productivity)의 법칙이라 한다. 다시 말해 가계생산곡선이 R점을 지나면서 음의 기울기를 갖도록 그려진 것은 한계생산체감의 법칙 때문이다. 즉, R점에서 Q점 구간은 가사노동시간이 길어지면서 오히려 생산물이 감소하는 구간으로 한계생산체감의 법칙을 잘 보여 주고 있다. 이는 가사노동을 너무 많이 하여 피로감, 일의 과로로 인한 생산성 저하 등 생산성이 떨어지는 것을 의미한다.

3) 시간사용의 총가계예산선(total household budget line)

지금까지 재화와 시간사용에 대한 선호도를 나타내는 무차별곡선, 노동시간 제약, 가사노동의 생산성을 나타내는 가계생산곡선을 살펴보았으므로 시간배분으로 얻을 수 있는 총가계생산물(총소득으로 구입할 수 있는 시장재화와 가정생산으로 얻어지는 총생산물)과의 관계를 그래프에 나타낼 수 있다. 시장제약선과 가계생산곡선을 통해 시간배분을 어떻게 하게 되는지를 살펴보자.

[그림 7-5]에서 시간사용의 총가계예산선은 DEST이다. 이 가계는 OV만큼의 재화를 구입할 수 있는 비근로소득이 있는데, 비근로소득은 노동시장에서의 기울기나 가사노동의 한계생산성에 영향을 미치지 않으므로 비근로소득으로 구입할 수 있는 재화의 양만큼 Y축을 중심으로 위로 이동시키는 형태를 띤다.

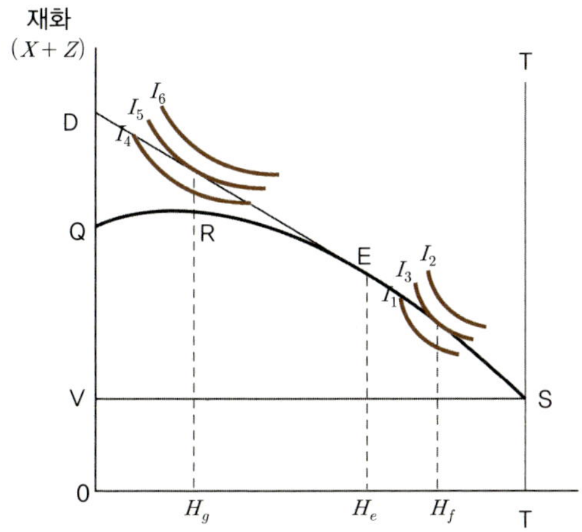

[그림 7-5 총가계예산선과 시간배분결정

출처: Bryant, K.(1990). The economic organization of the household. Cambridge university press. p. 131.

한편, QRES는 가계생산곡선을 나타내며 DES로 나타내는 직선은 시장제약을 나타내는 임금률선이다. 시장제약선의 기울기와 가사노동의 한계생산을 나타내는 한계생산곡선의 기울기가 같은 점은 E점이다. 사람들은 노동시장에 노동력을 제공하여 얻을 수 있는 총재화($X+Z$)량과 가사노동을 통해 얻을 수 있는 총재화($X+Z$)량을 비교하여 우위에 있는 경우를 선택함으로서 효용을 극대화하게 된다. 만약, 노동시장에서의 생산성에 비해 가사노동의 생산성이 높다면 더 많은 시간을 가사노동에 할애하게 되고, 역의 경우는 노동시장에 시간을 할애하게 된다. 따라서 노동시장의 임금률선의 기울기와 가계생산곡선의 기울기를 비교하여 시간을 배분하게 된다.

위의 그림에서 ES 구간은 가계생산곡선의 기울기가 크므로(가파르다) 가사노동에 시간을 할애하는 구간, DE 구간은 노동시장의 임금률이 높으므로 노동시장에 시간을 할애, 즉 경제활동에 참가하는 구간이다. SE 구간은 가사노동을 통한 한계생산성이 시장에서의 생산성(임금률)보다 높은 구간이므로 가정에서 가사노동에 시간을 할애하는 것이 효율적인 구간이다. 그러나 DE 구간의 경우 노동시장에서의 생산성(임금률)이 가사노동의 생산성보다 높은 구간이므로 노동시장에 노동력을 공급하는 결정을 내리게 된다. 결국, 위의 총가계예산선에서 재화와 시간간의 선호도를 나타내는 무차별곡선과 접하는 점에서 시간배분이 결정된다고 하겠다.

위의 그림에서 어떤 사람의 무차별곡선이 I_1, I_2, I_3와 같은 경우 F점이 균형점이므로 TH_f만큼의 시간을 가사노동에 할애하며, 나머지 시간인 OH_f 만큼 여가에 할애하게 된다. 다시 말해, 이 사람의 선호도하에서는 노동시장에 시간을 전혀 할애하지 않는 시간배분을 결정하게 되며 이 선택이 가장 효용을 극대화시키는 선택이 된다.

한편, 어떤 사람의 무차별곡선이 I_4, I_5, I_6와 같은 경우 G점이 균형점이므로, TH_e만큼의 시간을 가사노동에, H_eH_g만큼의 시간을 노동시장에 할애하고, 나머지 시간인 OH_g만큼을 여가에 할애하게 된다. 다시 말해, 이 사람은 가사노동, 시장노동, 그리고 여가에 시간을 할애하는 결정을 하게 되는데 이 같은 시간배분이 이 사람에게는 효용을 극대화시키는 선택이다.

지금까지 가계의 시간배분 결정에 관한 경제학적 모델에 대해 살펴보았다. 이 모델은 가계선호, 주어진 가계자원하에서 시간배분 결정의 규칙을 나타내는 행동적 관계를 설명하고 있다. 지금까지 살펴 본 모델은 종전의 전통적 경제학에서 다루었던 노동력공급모델에서 제외된 가사노동 영역을 포함시킴으로써 여성과 남성의 시간사용의 차이를 충분히 설명하고 있다는 점에서 그 가치가 있다. 그러나 위 모델이 개인이 아닌 가계의 시간배분을 설명하기 위해서는 배우자의 소득이 비근로소득으로서 일정하다는 전제하에서 해석되어야 한다.

3 시간관리

사람들은 보통 돈, 건강, 재능, 경험, 정보 등 많은 자원을 가지고 있다. 이 중에서도 시간은 희소가치가 있는 매우 귀중한 자원이므로 잘 활용하고 관리하여야 한다. 시간이란 우리에게 가장 중요한 자원임에도 불구하고 노력하지 않아도 누구에게나 똑같이 주어진다는 점에서, 보이지 않고, 막연하며 계속적으로 주어지다 보니 잊히기 쉬운 존재로 간주되기도 하고 시간의 중요성에 대해 절감하지 못하기도 한다.

시간은 인적 자원으로 분류되는데, 점차 화폐나 물적 자원 못지않게 시간 자원의 중요성이 부각되고 있다. '시간은 돈/금이다'.라는 속담은 시간의 경제적 가치를 충분히 보여 준다. 시간의 중요성이 인식되면서 시간을 어떻게 효과적으로 관리할 것인가는 우리 모두의 관심 사항이 되었다. 점차 물질이 풍부해지면서 상대적으로 시간의 중요성은 더욱 부각되었고 시간관리는 많은 사람들에게 중요한 관심사로 그리고 중요한 연구분야로 자리 잡기 시작하였다.

1) 시간관리의 필요성

시간관리란 일상생활에서 주어진 시간을 가장 효율적으로 사용하는 것을 의미한다. 여기서, 시간관리란 단순히 시간의 절약 또는 시간의 최소화를 의미하는 것이 아니라 시간사용 후의 결과에 대한 만족감, 시간사용으로 인한 삶의 질을 고려하여 합리적으로 사용·관리하는 것을 의미한다.

시간관리의 필요성은 여러 측면에서 설명할 수 있다. 첫째, 시간관리를 어떻게 하느냐는 삶을 어떻게 효과적으로 살아가느냐, 삶을 리듬 있게 효과적으로 운영할 수 있느냐를 결정하는 하나의 예술이라고 할 수 있을 만큼 중요하다.

둘째, 시간은 희소적 가치를 지닌 경제적 자원으로 자유재량적으로 관리할 수 있는 자원이다. 흔히, 시간이 없다, 시간압박이 심하다 등의 표현은 시간제약의 특성을 잘 보여 준다. 누구에게나 시간은 동일하게 주어지나 어떻게 활용하고 관리하느냐에 따라 더 많은 경제적 가치를 주기도 하며, 활용하지 못하는 경우 가치가 없는 자원으로 사용될 수 있으므로 관리가 필요하다. 시간은 저축되지도 않고 되돌릴 수도 없는 희소자원이므로 시간의 효율적인 관리는 합리적인 생활을 위해 필수적이다. 주어진 시간을 어떻게 사용하느냐에 따라 그 가치가 달라지므로 시간관리가 필요하다. 셋째, 시간은 다른 여러 물적, 인적 자원을 사용, 소비, 관리하는 데 필요한 중요한 자원이다. 다시 말해, 시간은 이중적 자원으로서 시간 그 자체가 자원일 뿐만 아니라 다른 모든 자원을 활용할 수 있게 하는 자원이다. 모든 행동이나 활동에는 시간이 수반되어야 한다. 결국, 시간은 여타의 자원과 함께 사용되어져야 하는 가장 필수적이고 기본적인 자원이므로 효율적인 관리가 필요한 대상이다.

2) 시간관리의 기본적 조건

시간관리를 잘하기 위해서는 기본적으로 3가지 조건이 성립되어야 한다. 첫째, 자신의 상황을 정확히 파악하고 이 상황을 최대로 활용하는 것이 전제되어야 한다. 시간을 사용하는 자신에 대한 충분한 사전 파악이 시간관리를 위해 필요하다. 예를 들면, 어떤 사람은 밤이 되어야 집중이 잘되고 밤의 시간이 창조적인 시간인 사람이 있는가 하면, 그 반대인 사람도 있다. 8시간을 자고는 일할 수 없는 사람이 있는가 하면, 어떤 사람은 4시간을 자고도 거뜬히 일하는 사람이 있다. 따라서 시간관리를 하기 위해서는 자기 자신의 조건 및 환경 등 자신에 대해 충분한 파악이 필요하고 자신의 주어진 조건 및 상황을 적절하게 활용하여야 한다.

둘째, 자신의 주변환경을 잘 파악하여야 한다. 예를 들면, 가사노동 시간관리와 관련하여 자신의 주거환경, 가사노동 관련 설비 및 배치, 주위 사람들의 지원 가능성, 가족의 가사노동요구 등 다양한 주변환경 파악은 가사노동시간을 관리하는데 중요하다. 한옥집에 사는 사람과 아파트에 사는 사람은 일하는 방법, 일하는 시간, 시간절약, 낭비와 관련된 주변 환경 등 여러 조건에서 차이가 있다. 주변 환경이 지나치게 시끄러운가, 방해물이 많은가, 방해물이 많은 시간은 언제인가 등에 대한 파악은 시간관리를 효과적으로 하기 위해서 기본적으로 필요한 사항이다.

셋째, 목표에 대한 정확한 파악이 필요하다. 자신의 목표가 무엇인지에 대해 주의 깊고 분명하게 파악하여야 시간낭비를 줄이고 효과적인 시간사용을 추구하게 된다. 시간은 주로 목표수행을 위해 필요하고 또 소비되기 때문이다. 목표설정은 제일 먼저 수행하여야 할 일이 무엇이며, 어느 것이 중요도가 높은 일인가 등을 판단하게 한다. 구체적인 목표에 맞추어 합당한 행동에 시간을 할애하는 것은 시간사용의 최대효과를 창출하는 기본적인 전제 조건이므로 목표에 대한 파악이 필요하다.

3) 시간관리 평가의 기준

시간관리를 잘 하였는지의 여부를 평가하기 위해서는 무엇보다도 평가척도 또는 평가기준이 필요하다. 시간관리평가 기준은 보통 효율과 효과 2가지 측면에서 생각해 볼 수 있다. 시간의 효율(efficiency)은 시간의 능률이라고도 하는데 주어진 목표를 달성하기 위해 사용된 시간의 양을 최소화하면서 최대의 일을 수행하였다면 효율이 높다고 할 수 있다.

효과(effectiveness)는 중요한 결과 혹은 성취한 것에 대한 평가개념으로서 일을 얼마나 잘 달성했느냐의 의미이다. 독서를 아무리 빨리 했다고 해도 불필요한 유해서적을 빨리 읽었다면, 컴퓨터를 많이 했으나 주로 채팅에만 시간을 할애하였다면 이는 효과적이지 못한 시간사용인 것이다. 아무리 효율적이라고 해도 그 결과가 반드시 효과적인 것은 아니다. 효율적이고 효과적인 시간사용이 동시에 이루어졌다면 시간관리를 잘 하였다고 볼 수 있다.

한편, 시간은 보통 계획, 수행, 평가의 3단계를 거쳐 사용된다. 시간을 어떻게 사용할 것인가를 계획하고, 계획에 따라 시간을 사용하고, 시간 사용 후 평가 과정을 거치게 된다. 다시 말해, 시간관리를 효과적으로 하기 위해서는 이 3단계 과정에서의 효과적인 수행 및 관리가 필수적이다.

〈표 7-2〉 시간관리의 척도

기준	측정 문항
계획 및 우선순위 설정	1) 여러 일을 해야 할 경우 중요한 순서대로 우선순위를 정해 놓고 한다. 2) 대개 일을 할 때 미리 계획을 세운다. 3) 시간계획표나 스케줄을 잘 짠다. 4) 별계획 없이 하루일과를 습관적으로 한다.
마감시간 설정 및 지키기	5) 약속시간을 잘 지키려고 노력한다. 6) 오늘 할 일을 내일이나 다음으로 잘 미루는 편이다. 7) 마감시간을 잘 지키려고 노력한다. 8) 하던 일을 다 끝맺은 다음에 다른 일을 시작한다.
단순화	9) 같이 할 수 있는 일들을 함께 모아서 하는 편이다. 10) 할 일이 있을 때 그 일과 관계없는 일은 생략하거나 단순화시킨다.
목표설정	11) 대개 목표를 세우고 그것을 이루려고 노력한다. 12) 나와 가족의 장·단기 목표들을 수시로 점검한다. 13) 어떤 목표를 이루기 위해 필요한 활동들을 정해둔다. 14) 매사에 목표를 잘 세워 두는 편이다.
도움요청	15) 내 일이 많을 때에도 남에게 도움을 청하기보다는 혼자서 한다. 16) 직장이나 가정에서 할 일이 많을 때 동료·가족들의 도움을 받는다.
책임감소	17) 가정일이 있기 때문에 가능한 직장에서 많은 책임을 맡지 않는다. 18) 직장일이 있기 때문에 가능한 가정에서 많은 책임을 맡지 않는다. 19) 직장에서 많은 일 부탁을 받을 때 쉽게 거절한다. 20) 다른 사람에 비해 일을 하는데 훨씬 철저한 편이다.
표준변경	21) 내게 덜 중요하다 싶은 일은 가능한 하지 않는다. 22) 시간이 부족하여 할 수 없는 일은 가능하면 다른 사람에게 맡긴다. 23) 직장에서 일 부담이 너무 많아지면 내가 세운 표준이나 기대를 낮춘다. 24) 가정에서의 일부담이 너무 많아지면 가사에 세운 표준이나 기대를 낮춘다.

출처: 허경옥(2011) 재인용. 삶의 경제, 성신여자대학교 출판부.

4) 시간관리 전략

〈소비자경제학 코너 7-1〉 시간관리의 자기평가

자신의 시간관리가 어느 정도인가를 평가하는 것은 보다 나은 시간관리를 위한 기본적인 과정이다. 이하의 문항을 통해 자신의 시간관리 점수를 알아보고 보다 나은 시간관리를 위한 기초자료로 사용하면 좋다.

1) 하루의 일을 시작하기 전에 그 준비와 계획에 우선 시간을 할애한다.
2) 위임가능한 일은 무엇이나 위임한다.
3) 일의 과제, 목표, 기한을 서면으로 확정한다.
4) 모든 문서는 한 번만, 그러나 정성스럽게 작성한다.
5) 매일 다루어야 할 과제의 우선순위를 정하여 가장 중요한 것부터 수행한다.
6) 쓸데없는 전화응답, 예정되지 않은 방문자와의 면담, 갑작스런 회의를 멀리한다.
7) 능력리듬에 따라 자신의 하루일을 조정하고 있다.
8) 긴급안건과 돌발적인 일에 당황하지 않도록 시간계획 중 여유를 가지고 있다.
9) 본질적인 문제에 우선 집중할 수 있도록 활동을 조정하는데 신경쓰고 있다.
10) 중요한 일이 있는 경우 누군가가 시간을 나누자고 해도 아니오 라고 대답한다.

위의 문항에 대해, 거의 하지 않음: 0점, 가끔: 1점, 종종: 2점, 거의 항상: 3점
답변점수 합으로 아래 시간관리 점수 평가방법 사용

*시간관리 점수 평가방법:
- 0~15점: 자신의 시간계획이 없으므로 다른 사람들에게 휘둘려지고 있다. 우선순위 리스트를 만드는 것으로 자신의 목표 일부를 달성할 수 있다.
- 16~20점: 자신의 시간을 관리하려 하고 있지만 아직 노력이 조금 부족하다.
- 21~25점: 당신의 시간관리는 우수하다.
- 26~30점: 시간을 잘 사용하는 방법을 알려고 하는 사람에게 당신은 이상적인 모델이다. 당신의 경험을 다른 사람에게 전하라.

출처: 허경옥 재인용(2011). 삶의 경제. 성신여대 출판부.

실제로 많은 활동을 수행하는 데 있어, 즉 시간을 사용하는 그 시점에 있어 필

요한 구체적인 전략은 매우 많다. 이중 기본적인 전략을 살펴보면 다음과 같다.

① 조직: 일을 수행함에 있어서 조직적으로 하는 것이 중요하다. 예를 들면, 일하는 장소를 조직하는 것, 책상과 서류를 조직화 하는 것 등이 이에 해당한다.

② 위임 또는 타협: 자기 일을 다른 사람에게 위임하는 방법만 잘 알면 매우 효율적이고 효과적으로 처리할 수 있다. 필요하다면 가족, 고용인, 직장 동료 등에게 위임하거나 타협하여 효율적인 시간관리를 꾀한다.

③ 지원받기: 직장동료, 가족 등 주변 사람들의 지원이나 도움을 받는 방법이다. 가사조력자의 도움, 가족구성원과의 일 분담 등이 이에 해당한다.

④ 능률적인 시간의 최대 활용: 최고의 능률을 올릴 수 있는 중요한 시간(prime time)을 잘 활용한다. 보통 그 날의 업무를 시작한 후 2시간이 최상의 시간이다. 능률적인 시간에 잡일이나 사소한 일을 처리하는 것은 시간관리를 잘못하고 있다고 판단될 수 있다.

⑤ 표준 낮추기: 해야 할 일이 많을 때, 시간제약 및 압박이 많은 경우에는 우선순위가 낮은 활동의 표준을 낮춰서 시간요구를 줄인다. 우선순위가 낮은 일은 적당하게 마무리하여 중요한 일에의 시간사용을 효율적으로 수행하는데 도움이 되도록 한다.

⑥ 나쁜 습관 삭제: 좋지 못한 습관은 시간을 효율적이고 효과적으로 사용하는데 심각한 장애가 된다. 우유부단하거나 무결정, 미루는 것, 중도포기, 경우에 따라서는 일중독 등의 악습은 버려야 한다.

⑦ 효율적인 공간 및 환경관리: 시간사용은 일을 하는 절차나 방법과 관련이 있으므로 특정작업의 방법, 작업환경 등의 개선이 필요하다. 목표를 수행하기 위해서, 시간을 효율적으로 사용하기 위해서는 일에 필요한 적절한 도구(예: 계산기, 필요한 자료, 컴퓨터 등)를 갖추고 공간(작업실, 연구실, 기

분전환을 위한 새로운 공간, 여행)을 효과적으로 관리하는 것이 필요하다.

〈소비자경제학 코너 7-2〉 바쁜 사람과 학생들을 위한 시간관리 십계명

현대인들은 모두 바쁘다. 특히, 한국 사람들은 바쁜 것이 체질화되어 있다. 특히, 학생들의 시간 관리는 성적향상 및 즐거운 학창생활을 위해 필수적이다. 따라서, 시간을 잘 관리하여야 하는데 이를 위한 십계명은 다음과 같다.

바쁜 사람들	학생들
1. 왜 바쁜가를 정확히 분석하라.	1. 공부에 대해 강박증을 갖지 마라.
2. 중점주의로 살아라(중요한 것만 수행).	2. 자기에 대해 정확히 파악하라.
3. 우선순위를 지켜라.	3. 자기에게 맞는 학습스타일을 개발하라.
4. 미리 계획하라.	4. 구체적인 목표를 세워라.
5. 아침에 한 시간만 빨리 일어나라.	5. 우선순위과목을 위해 특정시간을 할당하라.
6. 시간표를 빡빡하게 짜지 마라.	6. 공부시간과 휴식시간의 리듬을 잘 맞춘다.
7. 무리하게 마감날짜를 잡지 말라.	7. 공부에 재미를 붙여라.
8. 시간을 대치할 수단을 찾으라.	8. 변화 있게 공부하라.
9. 바쁘지만 서둘지 말아라.	9. 수업시간을 효과적으로 이용하라.
10. 때때로 시계와 시간을 잊고 살자.	10. 취침시간을 줄이는 길을 찾아라.

출처: 허경옥 재인용(2011). 삶의 경제. 성신여대 출판부.

5) 시간사용 기록

시간 관리를 잘 하기 위해 무엇보다도 자신의 시간사용에 대해 기록하는 습관이 필요하다. 시간사용을 기록하는 방법은 여러 가지가 있는데 매일의 시간사용을 활동 또는 행동별로 기록하는 것이 바람직하다. 시간사용을 기록함에 있어, 단순히 언제 무엇을 하였는지에 대해서만 기록하는 것보다는 행동의 중단시간, 중단이유 등을 함께 기록하는 것도 중요하다.

6) 시간사용 후 평가

어떤 행위를 하고 나면 반드시 그 평가를 하는 것이 효과적인 시간관리를 위해 필수적이다. 결과에 대한 평가뿐만 아니라 목표를 위한 모든 활동과정에서도 평가는 반드시 필요하다. 객관적인 평가는 목표를 달성하고 효과적인 시간관리를 위해서 그리고 앞으로 시간을 효과적으로 사용하기 위해서 필수적이다. 시간사용에 관한 평가결과 및 자료는 다음의 시간사용 계획설정 시 좋은 참고 자료로 활용될 수 있다.

① 행동의 적합성 여부 판정

시간사용을 어떻게 하였는가를 분석하는 데는 여러 가지 방법이 있을 수 있으나, 보통 자신이 행한 행동이 꼭 필요한 행동이었나, 적합하였는가를 분석하여야 한다. 행동의 적합성 여부를 판단하는 기준은 아래와 같다.

- 그 행동은 필요한 것이었나? 예, 아니요
- 소비된 시간은 타당했는가? 예, 아니요
- 그 행동은 목적에 부합했는가? 예, 아니요
- 그 행동은 적합한 시간에 수행되었나? 예, 아니요

② 시간의 낭비 분석

시간의 효율적인 사용, 즉 시간을 효과적으로 관리하기 위해서는 시간을 낭비하고 있는 요인을 먼저 분석하는 것이 필요하다. 거의 모든 사람은 매일 적어도 2시간 정도는 시간을 낭비한다고 한다(유성은, 1987). 시간관리를 잘하는 사람도 활용할 수 있는 시간의 평균 6분의 1은 잡담, 흡연, 우발적 사고, 개인적 용무 등의 형태로 시간을 낭비한다고 한다.

시간낭비의 요소는 크게 두 가지이다(유성은, 1987). 하나는 외적 요소로서 예기치 않은 일들이 시간낭비를 초래하는 것이다. 예를 들면, 세일즈맨의 방문, 예기치 않는 방문자와의 면담, 전화 등이다. 다른 하나는 내적 요소로서 자신의 내부 또는 심리적 측면의 요인이다. 무결정, 연기, 계획의 결핍, 거절하지 못하는 무능력, 타성에 젖은 행동 등이 이에 해당한다.

시간의 낭비정도를 효과적으로 판단하기 위해서는 시간사용의 과정단계별로, 즉 목표설정, 계획, 의사결정, 실천 및 조직, 정보수집 및 전달과정의 다섯 단계에서의 낭비정도를 파악하는 것이 바람직하다. 이 다섯 단계에 따라 어떤 시간낭비가 있는지 분석하기 위한 점검표를 〈표 7-5〉에 제시하였다.

〈표 7-5〉 시간사용과정 단계별 시간낭비 점검표

기준	시간 낭비 내용
목표 설정에서의 낭비	1) 자신의 행동이나 할일을 점검표를 사용하여 체계적으로 그려 보고 있는가? 2) 지나치게 많은 과제를 달성하려고 하지 않는가? 3) 상당히 많은 종류의 서로 다른 문제와 과제에 분주하지 않은가?
계획 단계에서의 낭비	4) 자신의 일 중 몇 퍼센트가 진정으로 기대되는 일인지 알고 있는가? 5) 예상외의 반대, 위기, 방해 등에 대하여, 여유시간을 가지고 있는가? 6) 방해받지 않고 일을 하기 위해 저해요인에 대해 주의를 기울이고 있는가? 7) 매일계획표에 예정, 임무상의 과제, 행동 등을 기록하고 있는가?
의사결정 단계에서의 낭비	8) 일을 시작하기 전에 그 일의 가치를 확인하는가? 9) 중요도에 따라 일의 우선순위를 정하는가? 10) 중요도와 긴급도에 따라 각각의 일에 정확한 시간을 배분하고 있는가? 11) 불필요한 회의라든가 중요하지 않은 회의, 전화, 방문자 등에게 시간을 지나치게 낭비하고 있지 않은가? 12) 좀스러운 일, 중요도가 낮은 사항에 조차 완벽을 기하려고 하지 않는가?
실천/수행 단계에서의 낭비	13) 하나의 문제에 지나치게 시간을 들여 일의 효율을 떨어뜨리고 있는가? 14) 모든 일을 자신이 혼자 하려고 하지는 않는가? 15) 책상 위가 항상 어지럽지 않은가? 16) 일의 효율을 높이기 위한 최신도구를 잘 사용하고 있는가? 17) 일을 시작하기 전에 쓸데없이 시간을 보내는가? 18) 중요한 것을 종종 연기하고 있지 않은가? 19) 일을 시작하고서도 도중에 반 정도하고 남겨둔 적이 많지 않은가?

정보수집 과정에서의 낭비	20) 중요하고 이용도가 높은 잡지기사나 전문서적을 읽으려고 노력하는가? 21) 전화, 대화, 회의 등이 불필요하게 길 때, 그것을 빨리 자르고 있는가? 22) 간단한 노트, 자세히 메모해둔 자료를 가지고 서신을 쓸 준비를 하는가? 23) 정형화된 업무에 대해서는 규정된 양식을 사용하고 있는가?

출처: 허경옥 재인용(2011). 삶의 경제. 성신여대 출판부.

Chapter 08

생애주기별 가족행동의 경제

1 사랑의 경제

1) 사랑에 대한 경제학적 접근

인간의 가장 큰 관심사 중 하나인 사랑에 대한 논리적 설명, 이론적 접근은 학문적 시각에 따라 다양하게 전개되어 왔다. 시카고 대학 가족경제학파의 대표적 학자인 Gary Becker는 교육수준, 종교, 연령 등 여러 측면에서 비슷한 사람들이 결혼할 때 안정적인 결혼이 유지되고 효용이 증가되어 합리적 선택이 된다고 설명하였다. 경제학적 관점에 따르면 결혼 전의 교제나 사랑은 장래의 배우자에 관한 정보를 얻기 위한 투자 행동으로 간주한다. 또한 결혼에서 기대되는 소득수준은 결혼 결정의 주요 기준이 되며 동시에 가능한 후보 중 누구와 결혼할 것인지를 결정하는 기준이 된다.

한편, 사랑을 설명하는 자원교환 접근에 따르면 자신의 매력(예: 용모, 교양, 화제의 풍부함, 매너)이라는 자원을 상호 교환하게 되는데 누구나 가진 조건(자원)은 제약조건이 되고 가장 최적의 이성을 선택하는 결혼이란 그야말로 경제적 측면에서 효율적 선택이다. 결국 자기보다 나은, 손해 보지 않는, 최소비용으로 최대효과를 내는 의미가 담겨져 있다. 또 다른 경제학적 설명에 따르면 결혼상대자를 선택하는 것은 결혼의 이익과 비용을 고려하여 만족이나 효용을 최대로 높여 줄 사람과 결혼함을 의미한다.

결론적으로 사랑에 대한 경제학적 논리의 대표적 접근은 사랑은 두 사람의 자원을 교환하는 행위, 즉 자원교환 이론(resource exchange)이고, 또 다른 접근은 사랑 또는 데이트의 비용과 이익 접근이다. 자원교환 이론에 따르면, 사랑을 통해 각자가 가진 자원을 교환하는데 예를 들면, 여성이 가진 여성스러움, 매력, 보살핌 등의 자원과 남성이 가진 자원인 박력, 능력, 용감함 등의 자원을 서로 교환하는 행동으로 설명할 수 있다. 결국 여기서 비용 이익접근법에 따르면 사람들은 사랑 또는 데이트의 비용과 이익을 감안하여 사랑 또는 데이트를 할 것인가의 여부를 결정한다고 하겠다.

2) 자원교환 접근

사랑, 결혼 등에서 발생하는 많은 행동들을 경제학적 관점에서 설명하고 이해하고자 하는 것이 결혼경제학이다. 이들에 따르면 사랑은 남녀가 서로의 자원을 교환하는 과정으로 설명할 수 있고, 이 같은 교환과정은 경제적 효율성을 전제로 한다.

남녀 성인들의 배우자 선택 조건에 대해 조사하면 상대방 배우자의 어떤 자원을 교환하고 싶어 하는가를 추측할 수 있다. 지금까지 많은 언론 뉴스에 따르면 대체로 미혼여성은 남자의 능력과 수입을 결혼 상대자의 첫 번째 조건으로 꼽고 있다. 반면, 남자들의 결혼상대 여성의 첫 번째 조건은 성격, 외모, 경제력/직업으로 알려진 바 있다. 이 뉴스는 여성이 남자의 경제력을 결혼에 대한 큰 이익으로 즉, 교환하고 싶은 자원으로 작용한다는 것을 알 수 있다.

3) 비용과 이익 접근

데이트 또는 사랑의 지속여부 나아가 결혼을 할 것인지의 여부는 비용과 이익의 비교분석에 의해 결정된다는 것이 비용과 이익 접근법이다. 사랑 또는 데이트 선택은 데이트의 비용과 이익을 고려하여 데이트를 할 것을 결정하고 데이트는 데이트로 인한 이익이 극대화될 때까지 데이트는 계속되나 이익보다 비용이 발생할 경우 헤어짐이라는 결과가 나타난다고 설명한다.

(1) 데이트의 비용

데이트의 비용에는 여러 가지가 있을 수 있는데, 크게 금전적 비용, 시간, 체력이 대표적이다. 시간 역시 돈 못지않은 데이트 비용의 한 유형이다. 시간이라는 기회비용은 어떤 개인에게는 매우 클 수도 있다. 예를 들면, 어떤 사람은 데이트하는 것 대신에 공부에 할애해 더 좋은 학점을 받을 수 있다고 생각하여 데이트는 공부의 기회비용이 될 수 있다.

(2) 데이트의 이익

데이트를 하는 이유는 데이트로 얻을 수 있는 이익 때문이다. 어떤 사람들은 데이트의 이익은 누군가가 나를 사랑해 준다는 느낌, 또 누군가를 위해 살고 있다는 감정을 얻을 수 있다는 것이 이익으로 받아들이고 있다. 데이트의 또 다른 이익은 미래 삶을 같이 하기 위한 배우자를 고르는 데 도움이 된다는 것이다. 배우자 선택이 의무사항은 아니지만 데이트는 적절한 최적의 배우자를 고르기 위한 투자행동 또는 정보탐색 행동이 될 수 있다. 상대에 대한 불완전한 정보탐색의 결과는 결혼 후 이혼에 이르기도 하므로 데이트 기간은 상대방에 대한 정보탐색의 이익을 얻을 수 있는 행동이라고 할 수 있다.

(3) 비용과 이익을 감안한 데이트 결정

데이트는 좋은 배우자를 고르기 위한 행동일 수 있다. 사람들은 데이트를 통해 비용보다 이익을 더 얻을 수 있으면 데이트를 지속하게 되나, 데이트로 인한 이익보다 비용이 더 클 경우 데이트를 그만두게 된다. 취업, 고시 준비, 자격증 취득 등에 우선가치를 두고 있는 사람의 경우 데이트로 인한 시간비용, 체력소모 등의 비용이 크므로 데이트를 하지 않을 가능성이 높다.

그런데 데이트를 하면서 즉 만남이 지속될수록 대체로 열정은 감소하고 친밀감이 증가한다는 논리가 존재한다. [그림 8-1]에 따르면 만나는 횟수 또는 지속시간에 따른 친밀감이 증가하는 반면 시간이 지남에 따라 열정은 빠르게 감퇴하는 것을 알 수 있다.

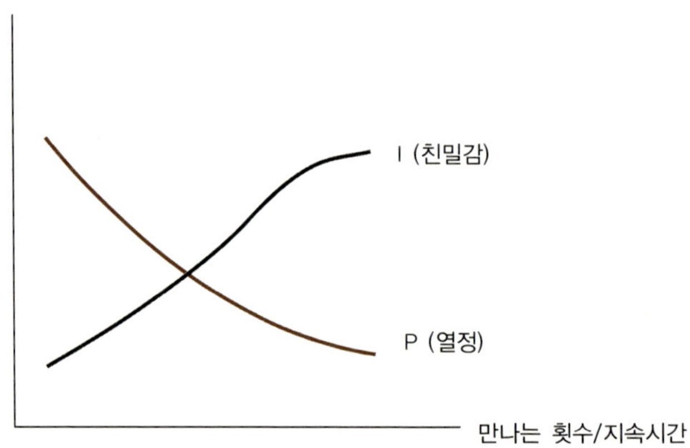

[그림 8-1] 만남증가와 친밀감 그리고 열정

출처: 허경옥(2006). 삶의 경제. 성신여대 출판부.

결국 [그림 8-1]을 통해 데이트에서 한계효용체감의 법칙이 성립함을 알 수 있다. 친밀감도 데이트로 인한 효용의 한 요소가 될 수 있으나, 데이트 지속기간이 증가할 경우 열정이 감소하여 데이트로 얻을 수 있는 추가적 만족은 감소한다고 하겠다. 결국, 연애 기간이 길어질수록 헤어질 가능성이 높음을 암시한다.

4) 경제학적 관점 근거 성공 데이트 전략

데이트는 성공적인 결혼을 위한 투자행동이라고 볼 수 있으므로 성공적인 데이트 전략을 경제학적 관점에서 다음과 같이 설명할 수 있다.

(1) 타인과 자신에 대한 정확한 정보 수집

타인과 자신에 대한 많은 정보 그리고 정확한 정보를 갖는 것이 중요하다. 드물게 학력을 속이거나, 재산을 속이는 등 정보의 불확실성을 악용하는 경우가 발생한다. 따라서 데이트 중 상대방에 대한 정확한 정보탐색이 요구된다. 데이트를 통해 정보의 불완전성을 해소하고 상대방에 대한 정확한 정보를 얻게 된다고 하겠다.

(2) 자신에 대한 투자

자신에 대한 투자 다시 말해, 인적자본에 대한 투자를 할 필요가 있다. 자원교환 접근에서 논의한 것처럼 나 자신의 인적자원을 삼으면 교환가치가 높아지기 때문이다. 교육과 같은 투자 외에도 내면적인 투자가 중요하고 교양을 쌓아야 한다는 지적도 많고 결국 일반적 상식이나 전문성 있는 서적 및 신문 또는 잡지의 읽음도 중요하다고 하겠다.

(3) 좋은 결혼시장 탐색

질이 좋은 물건이 많은 시장에 가야 질이 좋은 물건을 구매할 수 있다. 즉, 최적 선택을 할 수 있는 시장이 중요한 것처럼 괜찮은 이성들을 많이 만날 수 있는 모임이나 장소에 자주 가는 것도 전략이다. 마치 공부를 잘하는 사람을 만나고 싶으면 좋은 교육현장, 도서관 등에 가는 것이 전략적이다. 결국, 만남의 장소가 중요하다고 하겠다. 춤을 추는 나이트클럽, 위험한 술집 등에서 만

난 경우 좋은 상대자를 만나기 어려울 수 있다.

(4) 상대방에 대한 불확실한 정보

남녀 간에 가지고 있는 정보의 비대칭성 또는 불확실성을 잘 활용할 필요가 있다. 보통 상대방에 대해 불확실한 정보만을 가진 상태에서 결혼을 결정해야 하는 경우가 허다하다. 이기적이긴 하나 거꾸로 이 같은 제약, 즉 정보의 불확실성을 잘 활용하는 것도 유리할 수 있다.

(5) 인적 자원 활용

주변의 네트워크 또는 인적자원을 잘 이용하는 것도 전략이다. 친구, 선배, 부모 등의 인적 자원을 잘 이용하여 좋은 사람을 소개받거나 좋은 사람들이 많은 모임이나 결혼시장에의 접근성을 높이는 것이 전략적이다.

2 결혼의 경제

결혼을 설명하는 경제학적 접근에 따르면, 결혼은 사회적으로 규정된 필연적인 행동이 아니라 개인적 선택 행위로서 경제적인 동기와 기대성과 등에 의해 결정된다고 주장한다. 결혼에 대한 경제학적 접근 중 하나인 비용이익 접근법에 따르면 결혼은 당사자 간의 지각된 비용과 이익 계산에 의해 선택되며, 결혼은 암묵적인 책임을 수행하는 불완전한 계약으로 간주한다. 다시 말해, 결혼을 할 것인지의 여부는 결혼함으로서 얻을 수 있는 기대이익/비용과 미혼으로 남아 있을 경우 예상되는 기대이익/비용을 비교하여 결정하게 된다고 설명한다. 같은 맥락에서, 이혼 역시 이혼으로 발생하는 각종 비용보다 이혼으로 발생하는 이익이 큰 경우 이혼을 선택하게 된다고 설명한다. 마찬가지로, 다른 사람과 재혼해서 얻을 수 있는 기대이익이 재혼으로 발생할 수 있는 비용보다 크다고 판단되면 재혼을 선택한다고 설명하고 있다.

한편, 결혼에 대한 또 다른 이론적 접근은 Becker의 가정생산물 접근, 가족경제학파들의 결혼시장에서의 수요공급 접근 등이 있다.

1) 결혼 결정의 시장원리

결혼에 대한 경제학적 모델은 크게 두 가지 전제를 토대로 설명된다. 첫째, 결혼시장에서 수요와 공급의 시스템이 존재한다는 것이다. 이때, 효율적인 결혼시장이 존재하지 않으면 '결혼 난'이 발생한다고 설명하고 있다. 둘째, 결혼에 대한 경제학적 논리는 사람들이 결혼 전과 후의 비용과 이익을 비교하여 이익이 큰 경우 결혼을 선택하게 된다는 비용과 이익 분석을 근간으로 하고 있다.

(1) 결혼시장의 존재 원리

결혼경제학의 출발은 결혼을 위한 시장이 존재한다는 것에서 시작한다. 결혼을 하지 않은 미혼 남성과 미혼 여성이 결혼시장의 수요와 공급자로서 시장을 형성한다는 것이다. 결혼하지 않은 사람은 물론, 독신으로 있는 사람도 결혼시장의 수요와 공급자라는 것이다. 만약 독신주의자가 '반드시 결혼하고 싶지 않다'가 아니고 '반드시 결혼시장에 참가하고 있지 않다'라고 설명할 수도 있다. 그렇다면, 이 경우 독신자는 유보수요자 또는 잠재수요자라고 할 수 있다. 이들은 독신보다 나은 생활이나 만족을 줄 수 있다. 결국, 유보수요라는 사고방식을 도입하면 시장의 범위는 훨씬 광범위하게 되고 시장의 원리, 예를 들면, 가격 메커니즘의 작용이 점점 중요해진다는 의미이다. 심하게 말하면, 유부남과 유부녀도 광범위한 차원에서는 잠재적 수요와 공급자라고 할 수 있다. 결론적으로, 결혼을 위한 시장이 존재하고 또한 시장에 수요와 공급이 있어 시장기구의 기능이 작동된다고 볼 수 있다.

(2) 결혼시장에서의 시장원리

결혼시장에 시장원리 또는 시장 기능이 지배한다. 시장원리란 가격 메커니즘을 통해 수요와 공급이 결정된다는 의미이다. 시장원리를 결혼시장에 도입하면, 결혼을 바라고 상대자를 찾고 있는 사람이 있으면 그것은 신부/신랑을 수요하며 동시에 신랑/신부를 공급하는 것으로 설명한다. 신성한 결혼을'시장'이라는 용어와 결부시키는데 큰 반론이나 저항을 느끼는 사람도 있을 것이다. 그러나 태어날 때 별자리, 사주 등에 의해 모든 것이 결정된다고 믿는 운명론자가 아닌 한 어떤 사람과 결혼하는가? 왜 어떤 사람은 결혼하지 않는가? 어떤 사람과 결혼할까? 등과 같은 문제는 결혼을 위한 시장에서의 의사결정이라고 생각할 수 있다. 특히 이 같은 의사결정에 경제학적 선택의 논리를 추가한 것이다. 한편, 결혼시장에서 수요와 공급이 맞지 않으면 '결혼 난'이 일어난다. 비슷하거나 연상의 남성 공급자가 부족한 경우 하방결혼, 즉 연하의 남성과 결혼하는 현상이 발생한다. 또한, 여성공급이 과다한 경우 '신부지참금'의 풍속도가 발생할 수 있고, 남성공급이 과다한 경우 '신부 값'이라는 현상이 발생한다고 설명한다. 결국, 결혼할 수 없는 남성이 증가하는 이유를 결혼시장에서의 수요와 공급 시스템으로 설명하는 것이 경제학적 관점의 한 축이다.

(3) 결혼시장 기구의 효율성

결혼시장을 설명함에 있어 경제학자들은 효율적인 결혼시장에 관심을 가지고 있다. 물론 전제조건은 앞서의 두 조건, 자유로운 선택이 가능한 시장 즉 결혼시장이 존재하고 있고 이 시장에는 공급과 수요의 원칙이 지배한다는 것이다. 결혼시장에서 효율적인 시장이 되기 위한 조건은 무엇보다도 수요공급의 균형이 잡혀 있는 것과 최적의 선택이 이루어지는 것이다. 이 두 가지에 대해 구체적으로 살펴보자.

첫째, 효율적인 시장이 유지되기 위해서는 수요와 공급이 어느 정도 일치하는 조건이 필요하다. 그러나 어느 나라에서나 자연적 출생의 경우 대체로 남아의 출생률이 5% 많다. 자연적 출생에서 남아가 많이 태어남에 따라 어느 나라나 20~30세의 경우 남성이 3% 많다. 다시 말해, 결혼시장에서 수요 공급차원에서 볼 때 남성 쪽이 불리하다고 하겠다.

둘째, 결혼시장에서의 최적의 선택에 대해 살펴보자. 흔히 소비자수요 이론에서 최적의 선택이란 어느 상품과 다른 상품을 바꾸려는 요구가 없어진 파레토(pareto) 상태를 의미한다. 파레토 최적 상황의 필요조건은 가장 효율적인 상황, 즉 극대화의 조건이 충족되는 상황이다. 파레토 최적의 상태를 결혼에 적용하면 누구도 다른 사람들의 만족을 손상치 않고 자신의 배우자를 바꾸지 않는 상황이라고 할 수 있다. 즉, 더 이상의 개선의 여지가 없는 상황이다. 결혼시장에서 최적의 조건이란 결혼 후 더 이상 결혼 상태를 변화시키고 싶지 않은 상태를 말한다. 보통 결혼 전보다 결혼 후 이익이 큰 경우가 결혼의 파레토 상태라고 하겠다. 다시 표현하면, 주어진 결혼시장에서 배우자 선택, 결혼여부 등의 결정을 하게 되는데 이 과정에서 사람들은 비용과 이익을 비교하여 이익을 최대화시키는 선택을 한다는 것이다.

(4) 결혼시장에서 정보의 불확실성

시장에는 소비자가 선택 가능한 재화가 있고, 소비자 선호가 있으며 여기에 수요와 공급이 존재하는데 이것 이외에도 정보가 중요하다. 소비자수요 이론에서 경제학자들은 시장에 완전정보가 존재한다고 전제하고 있다. 결혼시장에서 합리적 선택의 필요조건은 정보의 완전성을 전제로 하고 있다. 그런데 현실의 결혼시장에서는 불확실한 정보가 존재한다. 보통, 사람들은 상대자에 관하여 충분히 알지 못한 채 인생의 커다란 선택을 하게 된다. 결혼 상대자의 선택범위가 넓은 만큼 불특정 다수 가운데서 특정의 남성, 여성을 선택하는데 수반되는 정보의 불확실성이 결혼을 파탄에 이르게 하는 요인 중 하나로 설명하고 있다. 결국 좋은 결혼을 위해서는 가능한 많은 그리고 정확한 정보수집이 필요함을 알려준다.

그러나 때로는 지나친 정보수집 시간으로 잠재적으로 바람직한 상대자가 사라져 버리는 수도 있다. 실제로, 여성이 늦게 결혼하거나 결혼하지 못하는 요인 중 하나는 배우자를 찾으려는 시간을 너무 많이 사용하기 때문일 수 있다. 빨리 결혼하는 경우 어떤 의미에서 좋은 조건을 갖은 사람을 만났을 확률이 높다. 늦게 결혼하는 경우 결혼시장에서의 공급부족 상황에 결혼정보 수집 시간이 길어져 점점 결혼을 하게 될 가능성이 적어 질 수 있다. 정보수집에 필요한 시간적 제약, 정보수집 비용이 결혼시장에도 존재한다고 주장한다.

한편, 혼전 동거를 정보와 연결시켜 보자. 이혼의 가장 큰 요인 중 하나는 서로의 성격 등에 관한 정보의 불확실성 때문에 발생할 수 있다. 이런 의미에서 결혼 전의 사실혼(동거)은 정보(성격, 장점과 단점, 습관)를 수집할 수 있는 좋은 기간이 될 수도 있다. 경제적으로 독립된 생활이 가능한 취업여성의 경우 동거의 위험이 상대적으로 비취업여성 보다는 낮을 수 있다. 그러나 법적인 보호에 의해 여성의 경제적 지위를 확보하는 것이 여전히 필요하다는 것이 지배적인 견해이다.

2) 가족경제학파의 가정생산물 접근

(1) 결혼과 가정생산물

경제학자들이 결혼이나 이혼에 연구하기 시작한 것은 1970년대 후반부터이다. 결혼에 대한 가장 대표적인 연구자는 노벨경제학상을 수상한 Gary Becker이다. 그는 1973년과 1974에 그의 논문 'A theory of Marriage I과 II'를 발표하면서 결혼경제학 모델을 완성시켰다. Schultz 역시 1974년 'Economic of Family'라는 논문을 발표하였다.

경제학자들은 결혼 또는 이혼은 주어진 모든 대안 내에서 최선의 행복/만족을 지향하기 위한 합리적인 의사결정의 결과로 간주하고 있다. Becker에 따르면, 가정은 재화를 가지고 생산, 소비하는 곳이며 그 가족구성원들에게 효용을 제공하는 장소로 간주하고 있다. 결혼을 통해 형성되는 가정은 가족구성원에게 효용을 제공한다고 전제한다. Becker의 이론에 따르면 미혼자 각자의 소득이 독신 상태일 때보다 결혼 후 더 많아진다면 둘은 결혼한다는 것이다. Minser와 Brown(1979, 1980)은 결혼이란 두 사람 사이의 협조적인 타협의 결과라고 주장하였다. 여기서 이들의 견해에는 모두 이혼 발생의 소지가 내재되어 있음을 전제하고 있다. 여러 경제학자들의 연구를 중심으로 결혼의 경제학적 모델을 제시하면 다음과 같다.

Becker의 결혼모델은 결혼 전과 후의 가정생산물(House production commodity)의 이익과 비용 분석의 원리를 적용하고 있다. 물론 모든 논리는 일부일처제를 전제로 하고 있다. 이때, 경제학적 원리인 만족 극대화의 원리가 작용되고 있다. 결국 경제학적 원리에 의하면 결혼을 하는 의사결정은 독신보다 결혼이 더 행복할 것이라고 믿는 경우에 발생한다. 독신 상태에서의 행복 또는 효용보다 결혼 후의 효용이 크므로 결혼한다는 것이다. 결국 경제학자들은 결혼으로부터 얻을 수 있는 이익에 초점을 두고 있다.

결혼으로부터의 이익을 측정하는 방법은 가정생산물의 개념으로부터 출발한다. 가계생산 이론에 따르면, 가족구성원들은 시장에서 재화나 서비스를 구매하고 여기에 가사노동을 투입하여 최종생산물인 가정생산물로부터 만족이 창출된다고 전제하고 있다. 여기서, 가사노동으로 산출된 가정생산물이란 예를 들면, 식사준비로 만들어진 음식, 청소로 깨끗해진 공간, 세탁된 옷, 태어난 자녀, 자녀의 질(예: 노동생산성이 높은 자녀), 성적 만족, 사랑하는 마음, 돌봄으로 오는 기쁨 등이다. 아래 수식에서 가정생산물 Z는 결혼 후 가정생산물, S는 독신의 가정생산물로 표시하고 있다.

결혼의 성과, 즉 가정생산물의 개념을 결혼 전과 결혼 후로 구분하여 살펴보면 다음과 같다.

① 결혼 전 미혼 남성의 가정생산 산출량

수식 8.2. $Sm = S(SHm, SHf = 0, X)$

여기서, m = 남성(male), f = 여성(female)

Sm = 미혼 남성이 산출한 가정생산물의 량

Sm = 미혼남성의 가사노동량, Hf = 미혼여성의 가사노동량

X = 스토브, 침대, 그릇 등 자본설비 또는 음식, 전기, 극장표 등 단용재/서비스

② 결혼전 미혼 여성과 남성의 가정생산 산출량

수식 8.2.2 $Sf = S(Hm = 0, Hf, X)$

③ 결혼 후 두 사람의 가정 산출량

수식 8.2.3 $Zf = (ZHm, ZHf, X)$

④ 총 소득

수식 8.2.4 $Y_i = W_i L_i + V_i \ \ ({}_i = m, f)$

여기서, W = 시간당 임금률, L = 시장노동시간, V = 비근로소득
한편, 총 시간배분은 다음과 같다.

수식 8.2.5 $T_i = H_i + L_i \ \ ({}_i = m, f)$ 총시간 = 가사노동 + 시장노동

한편, 결혼 후의 가정생산물을 통해 얻는 효용(utility)은 다음과 같다.

수식 8.2.6 $U = u_i(Z_i) \ \ ({}_i = m, f)$
효용 = 가사노동의 산출량인 가정생산물(Z_i)

이때, Z_i, 즉 가정생산량이 많아지면 효용이 높아짐을 의미한다.

⑤ 시간과 물적(예산)제약

수식 8.2.7 시간 제약: $T_i = H_i + L_i$
수식 8.2.8 물적 제약: 총 소비(구매한 재화/서비스)
$PX + W_i\, Ti = W_i\, Ti + V_i$

위의 두 가지 제약 하에서 결혼으로 인한 효용을 극대화하는 것이 가족경제학파들이 생각하는 결혼의 최대 목표로 설명된다. 이때, 결혼으로 인한 효용은 가정생산물에 의해 결정된다. 이를 수식으로 표현하면 다음과 같다.

수식 8.2.9 결혼의 효용: $\max\{U_{i,}(Z_i)\}$

(2) 결혼성립의 두 가지 전제조건

지금까지의 논리를 근거로 결혼 결정에 대한 경제학적 논리를 구체적으로 살펴보자. 결혼이 성립되는 것은 결혼으로 인한 이익이 결혼을 하지 않았던 미혼 때의 이익보다 많아야 한다. 결혼이 성립되기 위한 두 가지 조건은 다음과 같다.

① 결혼의 첫째 조건: 효율성 추구 조건 ⇒ $Z_{mf} > S_f + S_m$

여기서, Z_{mf} = 결혼한 부부의 총 가정생산물

S = 미혼일 때의 가정생산물, Z=기혼일 때의 가정생산물

S_f = 미혼여성의 가정생산물, S_m=미혼남성의 가정생산물

결혼의 첫째 조건을 설명하면, 결혼 후 부부의 총 가정생산물의 량(Z_{mf})은 두 사람이 미혼일 때 각자 산출한 가정생산물량을 합한 합계와 같거나 클 경우에 결혼이 성립된다는 것이다. 그렇다면, 어떻게 이 같은 조건이 현실적으로 실현되는가 하는 것이다. 경제학자들은 이 같은 조건이 실제로 지켜지는 이유를 두 가지에서 찾고 있다. 하나는 규모의 경제(economy of scale)이고 또 다른 하나는 전문화 또는 분업화이다.

가계에서 규모의 경제 원리는 가계의 규모를 2배로 늘렸을 때 가계생산은 2배 이상 된다는 것이다. 즉, 독신가계였던 독신남성과 독신여성의 가계를 결혼을 통해 규모를 2배로 늘렸을 때 총가정생산물의 크기는 2배 이상이라는 의미이다. 이는 흔히 상식적으로 볼 때 이해가 되는 것이다. 예를 들면, 가사노동을 수행할 경우에도 혼자서 빗자루로 질을 하고 닦는 것보다 한 사람은 쓸고 한

사람은 닦는 것이 전체적 가사노동시간이 줄어 들 수 있다는 것이다. 즉 같은 시간을 각자 투입하는 것보다 둘이서 한꺼번에 투입하면 생산량이 늘게 된다는 것이다.

이 같은 가계에서의 규모의 경제는 분업화와 전문화를 통해 더욱 확실해 진다. 결혼 가계에서 남녀 배우자간의 분업화와 전문화를 통해서 규모의 경제가 발생하여 생산성 증가로 이어 진다는 것이다. 특히, 결혼의 경우 보완적 투입(complementary inputs)으로 설명할 수 있다. 가정생산물의 일부 유형은 반드시 결혼을 통해서 생산되는 경우가 있다. 예를 들면, 자녀 출산으로 인한 행복함이나 자녀와의 사랑으로 얻는 행복함 같은 것이다. 자녀 출산은 결혼을 해야만 얻을 수 있으며, 자녀와의 행복한 사랑은 다른 사람이 대신 해 줄 수 없는 것이다.

여기서 물론 경제학적 접근에 대해 동의하지 않는 비평가들은 동거, 동성연애를 통해서도 자녀 출산(입양 포함)이 가능하다고 주장할 수 있다. 그러나 이런 경우는 가정경제학의 일반적 분석에서 제외한다. 한편, 자녀 훈련에서도 부모인 남성과 여성이 모두 필요하다. 부모가 모두 자녀 훈련에 투입될 경우 한쪽 부모만이 투입된 경우보다 많은 산출물을 얻을 수 있다는 것이다. 결국, 이 같은 이유에서 가정생산물 산출에서 특히, 자녀양육의 경우 남녀는 상호 보완적이라고 하겠다.

결혼의 둘째 조건에 대해 살펴보자. 결혼이 성립하는 두 번째 전제조건은 이익분배의 조건이다. 둘째 조건은 다음과 같다.

② 결혼 성립의 둘째 조건: 이익분배 조건 $\Rightarrow Z_f > S_f$ and $Z_m > S_m$

여기서, 남성의 결혼성립 조건은 $Z_m > S_m$이고, 여성의 결혼성립 조건은 $Z_f > S_f$이다. 결혼의 두 번째 조건은 결혼으로 얻는 총산출 중 자신의 몫이 독신일 때의 산출보다 같거나 클 때이다. 어떤 결혼한 부부의 경우 결혼한 후 남편의 경우는 $Z_m > S_m$이 성립되나, 배우자인 부인의 경우는 $Z_f < S_f$일수도 있다. 이 같은 경우가 발생한다면 이는 결혼이 흔들린다고 보는 것이다. 만약, 맞벌이 가계에서 취업주부가 가사노동 및 육아 등을 전적으로 담당하면서도 시장노동에 많은 시간을 투입할 경우 여성의 결혼으로 인한 가정생산물이 $Z_f < S_f$로 나타날 수도 있다. 이 부인의 경우 결혼성립의 첫 번째 조건인 $Z_{mf} > S_f + S_m$가 성립된다 해도 두 번째 조건인 $Z_f > S_f$ and $Z_m > S_m$ 중에서 $Z_m > S_m$가 성립되지 않은 경우이다. 따라서 이 같은 경우 이혼이 발생할 수 있다는 것이다.

③ 비경제적 결혼 선택: '불구하고도의 사랑'

지금까지 제시한 가족경제학적 논리에 따르면, 대부분의 사람들이 결혼하는 이유는 결혼은 남녀의 역할이 상호보완적 관계에 있으므로 남녀가 각기 미혼으로 있을 때의 효용의 합보다 결혼하여 발생하는 총효용이 더 크기 때문이다. 그러나 결혼으로 인한 이익이 각기 미혼 때 그것의 합보다 크다고 해도 만약 결혼으로 인한 이익이 어느 한 배우자에게만 제공된다면, 다시 말해, 배우자 중 어느 한 사람이라도 결혼 전의 효용보다 낮다면 결혼은 파기되어 이혼이 발생한다고 설명하고 있다.

그런데 정서적인 면이나 질적인 면이나 애정에 기초한 결혼선택 행동에 경제학의 사고방식을 도입하는 것은 동의할 수 없다는 반론이 제기될 수 있다. 예를 들면, 결혼으로 이익이 오지 않음에도 결혼하는 경우, 나에게 이익을 주지 않는 배우자 선택, 흔히 "불구하고도의 사랑"이 주변에서 연인 또는 부부 사이에서 자신의 이익을 희생시키는 것을 싫어하지 않는 경우가 많다. 그렇다면 이 같은 경우 경제학에서 자기희생의 사고방식을 어떻게 설명할 수 있는가 하는 반론이 제기될 수 있다. 이 같은 반론에 대해 후속 결혼경제학자들은 이타주의로부터의 만족감, 심리적 만족 개념을 추가로 도입하여 이를 결혼의 이익에 포함시키는 작업을 진행하기로 하였다. 최근 확장된 결혼경제학 모델에서는 결혼으로 인한 이익에 물질적인 것 이외에 명예, 사회적 바람직성, 안정감 등 정신적이고 추상적인 것도 포함시키며 심지어 자신을 희생함으로써 타인의 행복이 추구되는 이타주의 개념도 포함시키고 있다.

3) 결혼의 수요공급 접근

결혼시장에서의 수요와 공급곡선에 대해 살펴보자. 먼저, 결혼시장에서 남성 배우자의 수요와 공급곡선은 [그림 8-2]에 제시한 바와 같다. [그림 8-2]는 여성보다 남성의 수가 많은 보통의 결혼시장(자연적으로 남아가 5% 더 태어남)을 나타내고 있다. 다시 말해, 일부 여자는 독신으로 남게 되는 일반적인 시장을 전제로 한다.

결혼 후 얻게 되는 산출 중 자신의 몫이 결혼이 전 독신 때의 산출보다 크거나 같아야 결혼을 하게 된다. 그렇다면, 독신일 때의 산출물, $Z_i(_i=m,f)$는 결혼유보가격(reservation prise of marriage)이다. 따라서 이 유보가격은 Z_{m1}과 A점을 지나는 공급곡선을 도출시킨다. Z_{m1}점은 독신남성으로써 가정 산출물이 가장 적은 점이며, A점은 산출물이 가장 높은 점이다. 결국, Z_{m1}과 A점을 지나는 곡선은 남성 배우자의 공급곡선이다(Z_i: 독신일 때 산출물, S_i: 결혼 후 산출물, N_f: 여성의 수).

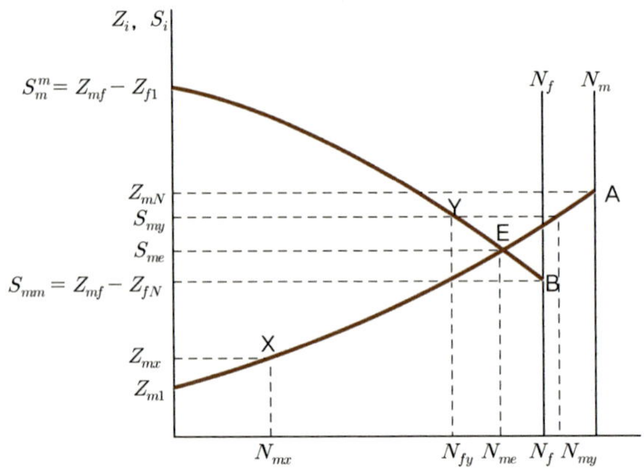

[그림 8-2] 남성 배우자의 수요와 공급곡선

출처: Bryant(1990). The economic organization of the households.

한편, 수요 곡선은 공급 곡선에서 추정된다. S_M^M점에서 B점까지의 곡선은 결혼시장에서 남성배우자에 대한 수요곡선을 나타낸다.

공급곡선에 대해 보다 구체적으로 살펴보자. 점 X에서 남성의 경우 원점에서 N_{mx}까지 만큼의 남성 숫자가 결혼 후 차지할 자신의 몫이 최소한 원점에서 Z_{mx}까지의 크기와 같으면 결혼한다. 다시 말해, N_{mx}는 Z_{mx} 가격에서의 남성 공급(남성 배우자 공급)량이 된다.

한편, 수요곡선에서 점 B에서의 경우 모든 여성이 결혼하고 싶어 하는 남성 배우자 가격이 최저가격인 경우이다. 반대로 S_M^M에서의 경우 남성 배우자에게 지불할 최고 가격이 된다. 두 곡선이 만나는 점(N_{me}=결혼한 커플 수), 즉 남성 배우자를 수요 하는 여성 수와 결혼코자 하는 남성 수가 같은 점이 E점으로써 균형점이다. N_f와 N_m의 거리는 여성 수가 남성 수 보다 많은 정도를 나타내는 것으로 여성이 결혼하지 못 함을 의미한다.

지금까지 남성 배우자의 수요와 공급곡선에 대해 살펴보았다. 여성 배우자의 공급곡선도 이것과 비슷할 것이다. 그러나 여기서 여성의 수요와 공급곡선을 다시 제시할 필요가 없다. 왜냐하면 여성 측에서는 남성 배우자 수요곡선이며, 남성 배우자의 수요는 여성 배우자의 공급곡선이기 때문이다.

4) 결혼의 비용과 이익 분석

결혼성립의 가장 단순한 논리는 결혼으로 인한 비용과 이익을 비교하여 이익이 될 경우 결혼을 선택한다는 것이다. 결혼으로 인한 이익은 앞서 가정생산물(house production commodity) 개념을 사용하여 이미 설명한 바 있다. 여기서 결혼을 위한 직접 비용에 대해 살펴볼 필요가 있다. 결혼의 직접 비용은 결혼에서의 경제적 교환의 대상이 되는 모든 결혼식 비용, 신혼여행 비용, 배우자 예단 예물 비용, 배우자 부모 예단 예물 비용, 배우자 친척 예단 비용, 살림살이 비용, 주택비용, 기타 비용(함 값, 부케 값 등) 등이다. 이외에도 결혼의 비화폐적 비용으로 결혼생활을 원만히 유지하기 위해 투입해야 하는 노력, 시간 그리고 정신적 스트레스, 더 나아가 결혼할 경우 포기해야 하는 독신생활의 자유로움과 같은 기회비용이 포함된다.

〈소비자경제학 코너 8-1〉 대체재와 보완재: 무역관계와 가정 내 분업

대체제와 보완재의 경우는 무역관계를 통해 비교 설명할 수 있다. 예를 들면, 무역관계는 수직적 분업과 수평적 분업이 있는데 다음과 같다.

① 수직적 분업: 일본과 오스트레일리아는 상호 보완적인 관계(상호 보완적 분업)의 무역 을 하는 경향이 있다. 일본의 경우 오스트레일리아에게 완제품을 수출하고 오스트리아로부터 석탄, 철광석을 수입한다. 상호 부족한 상품을 거래하는 자유무역이 서로에게 상호 이익이 되기 때문이다.

② 수평적 분업: 일본과 미국은 서로 대체적인 관계에 있어서 상호국간의 경쟁으로 무역 마찰이 심하다. 보호주의, 자국산업보호 정책으로 경제마찰이 심하여 위험성을 내포하고 있다.

가정 내 가사노동의 분업 관계 역시 보완적 분업과 수평적 분업으로 구분할 수 있다.

③ 보완적 분업 ⇒ 과거 부부간의 가사노동 및 시장노동 분업형태는 보완적 분업형태였다.
④ 수평적 분업 ⇒ 최근 여성의 경제적 지위가 향상되고 임금률이 높아지면서 여성이 공평한 분담을 요구하면서 수평적 분업 관계로 변화하고 있다. 그 결과 남성은 지금까지의 기득권을 계속적으로 주장하고 있어 마찰의 가능성이 높다.

출처: 허경옥(2006). 삶의 경제. 성신여대 출판부.

결국, 최근 맞벌이 가정이 증가하면서 부부의 소득의 합으로 풍요로운 생활을 향유하는 반면 부부간의 주도권이 명확치 않아서 오는 위험 증가, 불안정 증가가 초래되고 있다. 그러나 맞벌이 가계가 증가하는 것, 즉 여성의 지위가 증가하는 것이 이혼의 직접적 원인은 아니고 다만 이혼과의 상관성이 높다고 보는 견해가 지배적이다.

5) 결혼에 영향 미치는 요인

결혼 경제학적 모델은 결혼시기, 지역에 따른 결혼율의 차이 등을 설명하는데 도움을 준다. 그런데, 남녀의 성비, 여성의 임금률, 결혼의 비용 등은 결혼에 많은 영향을 미친다.

(1) 남녀 성비와 결혼

남녀의 성비는 배우자에 대한 수요 및 공급 곡선에 영향을 미친다. 보통 자연적 출생에 따르면 남성이 여성보다 많이 태어난다. 그러나 남녀 성비는 시기 및 지역에 따라 다양하다.

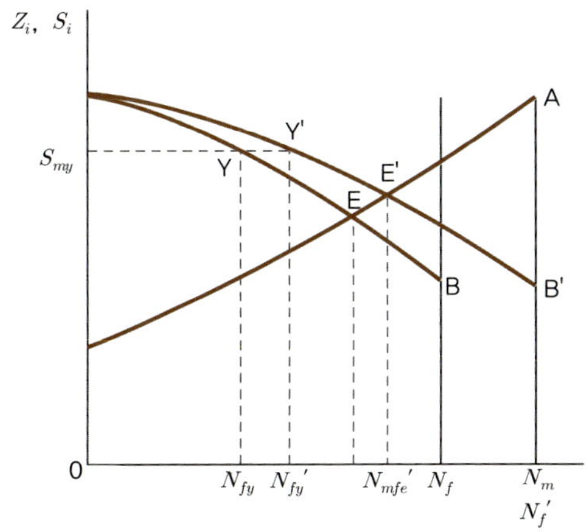

[그림 8-3] 남성 배우자 수요와 기혼자 수에 대한 여성 수의 증가

출처: Bryant(1990). The economic organization of the households.

[그림 8-3]에서 여성 수 보다 남성 수가 많은 경우의 남성배우자 공급 곡선은 E 와 A 점을 지나는 곡선이다. 이 상태에서 여성 수가 증가하는 경우를 살펴보자. 여성의 수가 증가하면 남성 배우자에 대한 수요곡선이 B →B'로 우상향 형태로 이동하게 된다. 다시 말해, 수요 곡선 상의 균형점은 E에서 E'로 이동하게 된다. 결국 공급곡선과 교차 하는 이동점이 이동함으로써 결혼한 부부가 증가하게 된다. 결국, 인구의 성비율은 결혼 상태를 결정짓는 중요한 요인이다. 1990년대 초 우리나라에서 남아선호 사상으로 남아가 여아에 비해 많이 출생하였다. 그렇다면 1990년대 초 태어난 아이들이 결혼 적령기인 2010년 즈음, 즉 20년 뒤 여성이 몹시 적을 것이다. 결국, 20년 뒤 여자에 비해 남자의 수가 비율 증가한 경우 결혼 커플 수가 감소하게 됨을 쉽게 예측할 수 있다.

(2) 임금률 및 결혼비용과 결혼

① 임금률과 결혼의 이익과 비용

임금률 변화가 결혼에서 얻게 되는 이익에 미치는 효과에 대해 살펴보자. 먼저, 여성 임금률 상승이 결혼에 미치는 효과를 살펴보자. 일반적으로 여성의 임금률이 상승하면 결혼 후 가계산출물의 양이 감소하여 여성 입장에서 결혼으로 인한 이득이 감소한다. 경제적으로 독립된 상태인 즉, 독신 여성의 임금률이 높은 경우 독신이라도 가계산출물이 증가하므로 굳이 결혼할 필요가 없다. 다시 말해, 여성의 임금률 상승은 여성의 결혼율을 감소시킨다. 이 때, 결혼한 경우 남편과 부인의 경우 가사노동과 시장노동 간의 대체성보다는 남성과 여성의 보완성 강조가 필요하다.

한편, 남성의 임금률 상승이 결혼이득에 미치는 효과를 크게 두 가지 측면으로 나누어 살펴보자. 첫째, 남성의 임금률 상승은 결혼한 남성의 경우 독신남성보다 시장노동에 더 많은 시간을 투여함을 의미한다. 반면, 독신 남성은 임금률이 증가한다 해도 시장노동과 가사노동 간의 기능 전문화가 불가능하여 시장노동을 증가시킬 수 없고 어느 정도의 가사노동 시간을 투입해야 함을 의미한다.

둘째, 가계생산 비용 면에서 살펴보자. 결혼한 경우 평균 가계산출 비용이 독신일 때보다 적다(가정생산을 위한 재료 구입 등의 측면에서 규모의 경제가 발생하기 때문이다). 그 결과 남성의 임금률 상승은 전체적으로 결혼에서의 이득을 증가시키므로 결혼하고자 하는 남성과 임금률이 높은 남성과 결혼하고자 하는 여성이 증가한다고 볼 수 있다. 다시 말해, 남성이 결혼하면 부인과의 분업 및 전문화를 통해 가정생산을 더 저렴한 값에 생산할 수 있어 더 많은 이득을 얻을 수 있다.

② 결혼 비용과 결혼

결혼 비용의 대표적인 것은 독신일 때 얻게 되는 이득의 상실과 결혼이 취소될 수 있는 가능성(이혼할 수 있는 용이성의 정도)이라고 할 수 있다. 결혼비용은 결혼성립에 영향을 미치게 된다. 결혼함으로써 잃게 되는 자유로운 생활, 출산 및 가사노동 등을 도맡아 수행해야 하는 고소득 미혼여성의 경우 결혼의 비용은 높다고 할 수 있다.

한편, 결혼이 취소 될 수 있는 결혼비용을 줄이기 위해, 즉 이혼을 방지하기 위해 종교적 차원의 노력과 사회적 차원의 제도나 법규가 존재한다. 예를 들면, 가톨릭에서는 결혼에 대해 매우 신중하고 이혼을 어렵게 하고 있다. 또한, 많은 국가에서 이혼 관련 법규나 제도를 마련하여 이혼 사유를 제한하거나 이혼에 소요되는 시간을 연장시켜 이혼을 줄이고자 노력하고 있다.

(3) 결혼지속과 한계효용체감의 법칙

결혼의 한계효용체감이란 결혼이 지속될수록 결혼으로 인한 추가적 효용이 감소한다는 것을 의미한다. 한계효용체감의 법칙(diminishing marginal utility)이란 보통 수요량이 증가하면 그 증가 단위당의 효용(만족도)이 체감된다는 원리를 의미한다. 예를 들면, 고급 캐비아(철갑상어의 알젓)도 소량이기에 좋은 맛이지 매일 먹으면 식상하는 것처럼 서비스나 상품의 가치는 상대적이라는 것이다. 아담 스미스의 국부론에서 물과 다이아몬드의 paradox에서도 이 같은 원리를 발견할 수 있다. 인간이 필요 불가결한 물의 가치와 비교해, 아무 도움도 되지 않는 다이아몬드의 가격이 높은 이유는 한계효용체감의 법칙 또는 공급의 희소성 때문이다. 흔히, 미인을 부인으로 둔 남편이 더 외도를 한다는 주장이 제기되었다면 이는 결혼생활이 길어지면서 미모의 아내에게 식상한 남편이 그다지 아름답지 않은 여성에게서 마음의 평온을 찾아 연애, 즉 외도를 하였다고 설명할 수 있다. 결국, 결혼이 골인이라고 생각하여 새로운 노력을 하지 않고 무익하게 하루하루를 보내면 한계효용이 높은 다른 여성 또는 남성에게 관심이 옮겨가게 된다고 생각할 수 있다. 그렇다면, 결론은 결혼 후에도 여전히 잠재적 결혼시장에 머물고 있다는 것을 충분히 인식하여 남편과 아내가 서로 매력을 개발하는 노력을 함으로써 결혼 후 세월이 흐르더라도 한계효용이 체감하는 것을 피할 수 있다.

(4) 결혼 관련 다양한 이슈

① 동질혼과 이질혼

결혼의 유형을 동질혼(positive assortative mating)과 이질혼(assortative mating)으로 구분할 수 있다. 어떤 학자들은 이를 정적 결합과 부적 결합으로 구분하기도 한다. 때로는 이질혼이 중요하기도 하지만, 일반적으로 효율적인 결혼은 동질혼의 경우가 많다. 이때, 동질혼과 이질혼을 결정하는 특성들은 크게 세 가지로 경제적 요인, 생물학적 요인, 심리적 요인이다.

가. 한계생산성 개념과 결혼의 종류

결혼이 성립되기 위한 최적 결합은 결혼의 총산출을 극대화하는 조건으로 정의될 수 있다. 한계생산성이 zero보다 큰 경우는 동질혼을 이루는 것이 최적 결합이다. 거꾸로 한계생산성이 zero보다 적은 경우는 이질혼을 이루는 것이 최적 결합이다.

나. 부부의 가사노동과 시장외적 특성의 차이

부부간에 시장임금이 크게 다를 경우 이질혼이 결혼의 총산출량을 극대화시킬 수 있다. 배우자 중 시장 임금률이 낮은 사람이 가사노동에 전념하고, 임금률이 높은 사람이 시장노동에 전문화함으로써 가정생산량을 극대화시킬 수 있다. 그러나 화폐소득은 두 사람 사이에 큰 차이가 없으나 비화폐소득 또는 시장외적 특성에서 남녀 간에 크게 차이가 있는 경우 동질혼이 결혼의 총산출량을 극대화시킨다. 예를 들면, 지능, 교육수준, 건강상태, 신체적 힘, 출산력, 키, 성격, 종교 등 화폐소득과 무관한 다른 특성에만 남녀 간에 다른 경우, 즉 시장생산성과 거리가 먼 특성상에 부부간에 차이가 있는 경우 최적 결합은 동질혼의 형태이다. 생산성 향상은 생산비용의 절감을 통해 산출을 증가시키기 때문이다.

다. 개인 선호와 최적 결합

일반적으로 비슷한 선호를 가진 사람은 생활문화, 삶의 방식, 소비패턴도 비슷하므로 최적 결혼조건이 될 수 있다. 비슷한 선호를 가진 두 사람의 소비는 규모의 경제로 인해 생산비용을 낮출 수 있고 소비 자본의 전문화를 통해 최적 결혼조건이 될 수 있다. 예를 들면, 취향이 같을 경우 1개를 사서 공동으로 사용할 수 있다. 이 경우 정적 결합 또는 동질혼이 더 유리하다.

② 신부 값, 지참금, 배우자 가격의 유동성

일반적으로 남성 수가 여성 수보다 많은 경우, 여성의 재혼이 금지된 경우, 일부다처제의 관습이 남아 있는 경우, 가부장제 결혼구조에서 신부 값(남성이 여성에게 지불하는 것)의 빈도와 액수가 커지는 경향이 있다. 이 같은 신부 값의 존재는 결혼산출물 또는 가정생산물의 분배가 균형상태에서 벗어나는 경우로써 신부 값을 통해 균형에 가깝게 되도록 조절하는 역할을 수행한다고 간주한다.

③ 여성의 독신현상과 만혼

최근 젊은 여성들은 결혼을 안 하거나 시기를 늦추는 경향이 있다. 그렇다면 이는 왜 그럴까? 경제학자들의 견해에 따르면 결혼으로부터 얻는 여성의 이익 또는 만족도가 낮아지고 있기 때문이다. 역으로, 여성이 독신으로부터 얻는 이익 또는 만족도가 증가하고 있다는 얘기이다. 최근, 결혼의 손익계산이 점점 엄격해지고 있는데 손익계산에 여성이 더 민감하다고 한다. 여성의 만혼 또는 독신이 증가하는 이유로는 여성의 경제적 지위 향상, 결혼에 대한 가치관 변화, 결혼의 기회비용 증가, 결혼의 불확실성 등이다.

3 출산의 경제

출산율 감소 현상은 우리나라뿐만 아니라 전 세계적 추세이다. 최근 출산율이 다소 회복되는 선진 국가도 나타나고 있는데 이는 저출산을 막기 위한 국가, 사회 개인적 차원의 노력이 일조했다고 본다. 출산경제학은 자녀의 수, 자녀의 질, 출산시기, 자녀터울 등과 관련한 사항에 대해 경제학적 모델을 도입한 것이다. 출산경제학은 자녀 수요에 대한 경제학적 모델로써 자녀의 잠재가격(shadow price)과 실질소득(real income)의 개념을 적용하고 있다.

한편, 출산경제학에 따르면 자녀 수요는 가족의 소득, 자녀의 질, 어머니의 시간 가치, 기타 가족 관련 변수들에 의해 결정된다고 주장한다. 자녀출산의 여부도 비용과 이익체계에 의해 설명된다. 구체적으로, 자녀출산의 비용은 자녀출산 및 양육의 직접비용, 기혼여성의 시간가치와 같은 기회비용, 자녀의 수와 질의 관계에 의해 결정된다. 결국, 자녀출산으로 기대되는 미래의 기대이익은 자녀의 미래 기대소득, 자녀가 주는 정신적 도움 등으로서 이 기대이익이 비용보다 큰 경우 자녀를 출산하게 된다. 결국 자녀의 비용과 이익 비교에 의해 최종 자녀 수가 결정된다는 것이다. 이때, 자녀의 수와 질의 상호작용은 출산율 감소를 설명하는 주요 분석틀이 되고 있다.

자녀로부터 얻는 부모의 효용은 자녀 수의 함수일 뿐만 아니라 질의 함수이기도 하다. 자녀 한 명의 추가 출산에서 기대되는 효용보다 기존 자녀의 질을 높임으로서 발생하는 효용이 더 크다면 출산을 하지 않게 된다. Becker(1991)는 자녀의 수와 질에는 대체 관계가 있고 자녀의 질에 대한 수요의 소득탄력성은 자녀의 수에 대한 수요의 소득탄력성보다 훨씬 크다고 주장하고 있다. 다시 말해, 상류층은 일반적으로 자녀의 성공과 질에 높은 열망을 가지고 있어 자녀를 적게 출산하는 대신 각 자녀에 대해 더 많이 투자하는 경향이 있음을 밝히고 있다. 이처럼 자녀 수와 질의 상호관계에 대한 분석 틀은 선진국 및 상류층의 출산율 감소를 설명하는 중요한 분석틀이 되고 있다. 여기서는 저출산에 대한 경제학적인 설명, 자녀의 이익과 비용, 자녀 수요 모델, 자녀의 양과 질, 출산에 미치는 요인 등에 대해 살펴보고자 한다.

1) 자녀 및 출산에 대한 경제학적 관점

(1) 자녀의 경제학적 개념

경제학에서 소득과 관련하여 소비재의 특성은 정상재(normal goods)와 열등재(inferior goods)가 있다. 정상재는 소득이 증가할수록 그 수요가 증가하는 재화를 말하고, 열등재는 정상재와는 반대로 소득이 증가할수록 그 수요가 감소하는 재화를 말한다. 자녀를 재화의 개념으로 보았을 때, 국민소득이 증가했음에도 불구하고 저출산이 계속되고 있다. 최근 자녀를 사치재로 간주하는 사람들이 생긴 것은 아닐까? 하는 생각이 들 수 있다. 과거 자녀는 투자재로 인식되었으나 요즘은 수익이 돌아오지 않는 소비재 또는 사치재로써 인식되고 있는 것이 아닐까? 하는 생각이 들 수 있다. 다른 나라의 경우를 사례로 자녀에 대한 개념이 어떻게 인식되고 있는지 살펴보자.

출생률 회복의 모범 사례인 스웨덴은 남녀 간의 임금격차가 크지 않다. 또한 국가의 보육원, 아동수당 등의 보조가 자녀 수요를 자극하고 있다. 보통 소득 탄력성이 1보다 크면 사치재라고 한다. 다시 말해, 소득이 1% 증가할 경우 자녀 수요가 1% 이상 증가한다면 자녀는 사치재적 특성을 갖는다고 할 수 있다. 결국, 스웨덴의 경우 여성의 소득 증가는 자녀 수요의 증가로 이어지므로 자녀는 사치재적 성격을 갖고 있다고 해석 할 수 있다.

한편, 북유럽에서 남편에 대한 수요는 쌀, 소금과 같은 필수재 또는 하급재적 성격을 띠고 있다고 알려져 있다. 여성의 경제적 지위가 낮은 사회에서 여성은 결혼을 통해 경제적 안정을 얻는다. 그러나 북유럽에서 여성의 높은 경제력은 남편에 대한 수요를 낮추는 요인이 되고 있다. 지금까지의 논의가 사실이라면 북유럽에서의 남편과 자녀에 대한 수요는 다음과 같다.

- 북유럽에서의 자녀: 사치재이므로 여성의 소득수준이 증가할 경우 자녀 수요 증가
- 북유럽에서의 남편: 필수재이므로 여성의 소득수준이 증가할 경우 남편 수요 감소

(2) 경제학적 관점에서의 출생률 저하

경제학적 관점에서 출산율 저하의 일차적 원인을 자녀의 수요 감소에 두고 있다. 자녀 수요가 감소하는 이유는 크게 네 가지 정도로 설명하고 있다. 첫째는 자녀로 인한 이익이 감소하기 때문이다. 투자 가치로서 자녀의 경제적 이익이 감소하기 때문에 출산율이 낮아지고 있다고 설명한다. 둘째, 자녀양육의 직접 비용이 증가하기 때문이다. 다시 말해, 자녀의 가격이 비싸지므로 출산율이 저하된다는 것이다. 자녀양육을 위한 경제적 비용, 즉 화폐적 비용이 증가하는 것은 출산을 기피하게 된다는 것이다. 셋째, 기혼여성의 시간 비용 또는 자녀

출산의 기회비용이 증가하면서 출산율이 낮아진다는 것이다. 다시 말해, 여성의 시간에 대한 가치가 높아지면서 출산율이 낮아진다. 자녀양육시간에 대한 기회비용 증가는 자녀 수요 감소의 중요한 원인이라고 설명한다. 무엇보다도 여성의 교육수준이 높아지면서 시장에서의 임금률 또한 증가하고 있는데 이는 자녀양육 시간에 대한 기회비용을 높이는 직접적인 요인이고 그 결과 자녀 수요가 감소한다. 넷째, 과거에 비해 요즘의 부모들은 자녀 수보다 질에 대한 관심이 높아지면서 자녀 수요가 감소한다. 자녀 수요조절은 피임방법이나 산아조절 기술의 발달을 전제로 함은 물론이다.

(3) 자녀 수요의 경제에서의 조건

자녀 수요에 대한 연구는 새로운 관심 분야로 떠오르고 있다. 자녀 수요에 관련한 세부 연구 주제를 살펴보면, 농촌 지역 수태율이 도시지역보다 낮은 이유, 직장여성의 수태율과 임금률의 부적 관계 분석, 정부 정책과 자녀 수요 연구, 고소득가족과 자녀 수 등 다양하다. 자녀의 수요에 대한 연구는 자녀의 양과 질의 상호작용에도 관심을 두고 있다. 실제로 자녀와 유사한 대체제가 없다. 자녀의 양에 대한 수요탄력성이 그리 크지 않다. 그럼에도 불구하고, 왜 자녀 수가 역사적으로 계속 감소해 왔는가? 자녀 수가 많은 가족의 경우 각 자녀에 대한 교육적 투자가 적은 이유는? 선진국에서, 농촌 수태율이 도시 지역수태율보다 낮은 이유는 무엇인가? 미국 흑인가정에서 자녀를 많이 갖는 이유는 무엇인가? 등 다양한 질문에 대해 출산경제학은 관심을 갖고 조사·분석한다.

자녀의 수에 대한 연구를 수행함에 있어, 즉 가계의 출산행동을 경제학적으로 이해하기 위한 전제조건은 크게 세 가지 이다. 첫째, 자녀는 부모를 만족시켜야 한다. 보통 소비자는 소비를 통해 만족감을 느낀다. 소비를 위해 소득창출을 하는 것이다. 마찬가지로 자녀는 부모에게 만족감을 준다. 예를 들면, 자녀는 사랑스러움이라는 만족을 주며, 노년기에 경제적·사회적·심리적 안정을 제공할 것이라는 이익을 제공한다.

둘째, 부모는 자녀를 가질까?, 안 가질까?, 몇 명을 가질까?, 언제 가질까?를 선택할 수 있다. 부모의 이 같은 선택은 정교한 피임법, 임신중절수술, 현대의학 또는 입양제공이 전제되기 때문이다.

셋째, 자녀출산 및 양육에는 비용이 뒤따른다. 자녀양육의 직접비용은 화폐적 비용을 의미하며 자녀양육을 위한 시간비용은 간접비용으로 간주하기도 한다. 보통 가계소득의 21%, 24%가 한 자녀, 두 자녀의 양육비로 사용된다(허경옥, 1994). 자녀양육을 위한 시간비용을 화폐로 환산한다면 자녀양육을 위한 총비용은 매우 높다고 하겠다.

그런데, 경제학적 논리를 자녀 수 또는 출산행동에 응용할 경우 고려하여야 할 것은 자녀의 목표는 성장, 발달에 있으며 궁극적으로 사회적, 경제적 독립을 하는 것에 있다는 것이다. 결국 자녀를 가질지의 결정은 소비결정이 아니고, 투자·저축 결정의 특성을 갖는다는 것이다. 자녀 수 결정이 투자·저축의 개념이라면 자녀 수요는 시차적 모델과 인적자본투자모델에 의해 파악된다.

한편, 출산에 대한 경제학적 접근을 시도할 때 고려해야 할 것을 살펴보면, 첫째, 자녀가 만족을 산출하고 오랜 시간에 걸쳐 자원을 지출한다는 사실을 받아들여야 한다. 자녀의 비용은 초기에는 시간 비용, 화폐비용이 비슷하게 요구된다. 그러나 후기에는 화폐비용 비율이 증가한다는 것이다. 시간비용은 상대적으로 점차 적게 요구된다는 것이다. 이 같은 특성은 내구재의 경우와 상반된다. 결국, 출산 초기(어린 자녀)에 시간 비용이 높다는 사실은 기혼여성(엄마)의 시장노동 선택이나 노동유형을 결정하는 것과 깊은 관계가 있다. 둘째, 원치 않는 자녀는 내구재, 중고차, 주택 등과는 다르다. 원치 않은 자녀의 시장은 불완전하다. 대표적인 시장인 입양시장은 불법적일 수 있으며, 입양시장에서 일정한 기준이 잘 운용되지 못하며, 취소 불가능한 특성을 가지고 있다.

2) 자녀 수요(출산)의 경제 모델

(1) 출산 경제의 기본 개념 및 논리

가족 크기, 즉 자녀의 수에 관한 대표적인 경제학적 접근은 신고전경제학파, 가족경제학 등 다양한 이름으로 불리는 경제학적 이론이다. 가족경제학파의 출산모델은 단순출산모델(simple model of fertility)로 이 모델의 전제사항은 다음과 같다. 첫째, 출산모델은 완성된 최종 가족 크기에 초점을 둔다. 출산모델에서는 전 생애시간 통틀어서 최종 결정된 자녀 수에 중점을 둔다. 주부 나이 25세인 경우의 자녀 수는 분석에서 적합지 않다. 왜냐하면, 미래에 자녀 출산을 더 할 수도 있기 때문이다.

둘째, 자녀는 부모의 시간과 구매재의 조합을 필요로 하는 가정재(household goods)로 간주한다. 자녀는 시장재화 또는 화폐뿐만 아니라 부모의 시간을 필요로 하는 가정생산물(household commodity)이다.

셋째, 자녀 수 또는 출산의 경제학적 모델에서는 주부의 시간투입에 초점을 둔다. 자녀양육과 관련한 분석에서 남편 또는 아버지의 시간은 배제하거나 무시한다. 일단 출산을 수행하는 사람이 주부이며 현실적으로 어린 자녀의 양육은 대부분 주부가 담당하고 있기 때문이다. 한편, 출산 경제학에서는 시간 변수 이외에도 자녀 어머니의 특성 예를 들면, 어머니의 시간당 임금, 교육수준, 연령 등에는 관심을 갖으나 아버지의 특성에는 그다지 관심을 두지 않는다.

넷째, 부모는 자녀 서비스로부터 만족을 얻는다고 가정한다. 자녀 서비스(child service)란 부모가 자녀로부터 매년 얻고 소비하는 서비스의 량이라고 할 수 있다. 자녀 서비스는 자동차, 주택 서비스 등을 소비하는 것과 비슷한 의미로서 경제학자들은 자녀를 내구재와 유사한 특성이 있다고 본다.

다섯째, 한 가족 내 여러 자녀들의 속성은 자녀마다 동일하다고 전제한다. 한 가정에서 여러 자녀들 중 각 자녀는 동등하게 취급한다.

여섯째, 자녀서비스는 자녀 수와 인적자본에 의해서 구성된다. 즉 자녀가 획득한 인적자본이 부모의 효용을 높인다고 가정한다.

(2) 자녀 수, 출산 결정 모델

자녀 수가 증가하면 자녀를 위한 지출, 자녀를 위한 시간 투입은 증가한다. 자녀는 부모의 시간과 시장재(예: 자녀를 위한 소비제품)를 필요로 한다. 그런데, 부모는 자녀가 제공하는 서비스로부터 만족을 얻는다. 소비자가 내구소비재로부터 만족을 얻는 것과 마찬가지로 부모는 자녀로부터 즉 자녀가 제공하는 서비스로부터 만족을 얻는다. 이때, 경제학자들은 자녀를 내구재의 개념으로 간주한다. 자녀가 내구재와 유사한 점이 많기 때문이다. 물론, 내구재 소비는 단기간에 모두 소비되는 것이 아니고 장기간에 걸쳐 소비되면서 만족을 얻게 되는데 소비자가 내구재 그 자체보다는 내구재가 제공하는 서비스에서 효용을 얻듯이 자녀라는 그 자체보다는 자녀가 제공하는 서비스로부터 효용을 얻는다고 간주한다.

부모가 생애기간 동안 얻는 자녀 서비스의 양은 자녀 수와 인적자본량에 의해 결정된다. 즉 자녀가 인적자본량을 많이 소유할수록 자녀가 부모에게 제공하는 서비스 량은 증가한다. 결국 부모는 향후 자녀로부터 서비스를 받기 위해 자녀를 출산하게 된다. 그런데 몇 명의 자녀를 둘 것인가의 결정에서 부모는 가계의 소득과 지출을 고려해야 하며 동시에 자녀가 제공하는 서비스 량을 고려하게 된다. 부모는 최종 출산할 자녀 수를 결정해야 하는데 자녀 수를 결정하는 선택은 출산 모델에 근거한다.

부모의 자녀 수 결정에 대한 모델을 살펴보기 위해 먼저, 자녀 서비스량을 수식으로 표시하면 다음과 같다.

수식 8.3.1 자녀 서비스(C) = NQ

(C = 자녀 서비스, N = 자녀 수, Q = 자녀의 질)

여기서, 자녀의 질은 인적자본량을 의미한다. 부모는 자녀가 더 많은 교육을 받고, 건강하며, 더 좋은 생활수준 상태에 있을 때 만족하며 이를 위해 자녀교육 및 인적자본에 투자하게 된다. 자녀 서비스 량은 부부의 기대 수명동안 부부에 의해 생산되고 소비되는 양으로써 이로 인해 부부는 만족을 얻는다.

한편, 부모의 선호도는 효용함수에 의해 설명되는데 수식으로 표시하면 다음과 같다.

수식 8.3.2 효용함수(U) = U(C, S) (S = 부모 서비스)

자녀 수를 설명하는 출산모델에서 부부는 두 재화, 즉 자녀 서비스(C)와 부모 서비스(S)로부터 만족을 얻는다. 여기서 부모 서비스는 부부가 생산하고 소비한 기타재(자녀 서비스를 제외한 나머지)로부터 얻는 만족을 의미한다. 효용함수에서 부부의 선호가 같은 수준을 나타내는 곡선의 기울기는 한계대체율(marginal rate of substitution)로 일정한 만족을 유지하면서, 부부가 자녀를 위한 1단위 추가 소비를 위해 부모 서비스를 포기하는 비율을 의미한다.

자녀의 서비스 량과 효용함수에 대해 살펴보았으므로 가계소득에 대해 살펴보자. 가계 소득을 표현하는 예산선은 수식 8.3.3과 같다.

수식 8.3.3 가족총소득 예산선(FI) = WT + V

(FI: 가족총소득, W: 임금률, T: 시간, V: 비근로소득)

여기서 시간(T)은 기대수명기간 동안의 총시간을 의미하며, 비근로소득은 남편 소득을 포함한 모든 비근로소득을 의미한다.

부부가 자녀 수(N), 자녀에게 바라는 인적자본량(Q), 부부가 소비하려는 기타 서비스(사실상 부모 서비스, S)를 선택한다고 하자. 이미 부모의 선호도는 수식 8.3.2에서 결정되었으므로 예산선을 결정해야 한다. 여기서, 예산선은 총자원량(총소득), 지출량 두 가지를 결정해야 한다. 총소득(FI)은 부부의 총소유자원이고 자녀 서비스(C)와 기타 서비스(부모 서비스, S)를 위해 구매할 수 있는 소득이다. 이 상태에서 자녀 서비스(C)와 기타 서비스(부모 서비스, S)에 대한 가계선호를 그래프로 나타내면 [그림 8-4]의 U_1, U_2, U_3와 같다.

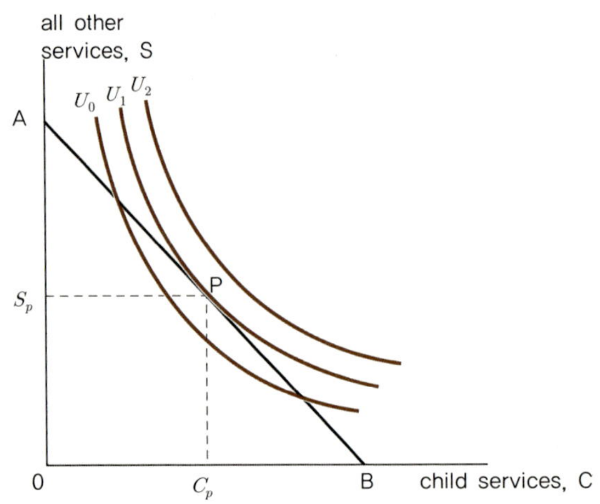

[그림 8-4] 자녀 서비스에 대한 예산선, 가계선호, 균형점

출처: Bryant(1990). The economic organization of the households.

[그림 8-4]를 통해 가계의 선호, 즉 부모의 자녀 서비스와 기타 서비스에 대한 선호에 대해서 다음과 같은 사실을 알 수 있다.

- 조합점 D는 더 높은 무차별 곡산 U_2상에 있으므로 조합 A, B, C보다 선호

된다.

- 점 B에서의 기울기는 즉 효용함수를 나타내는 무차별 곡선 AF의 기울기는 부모서비스에 대한 자녀서비스의 한계대체율 MRS cs|B $=\frac{MU_c}{MU_s}$
- 점 B에서는 C_b만큼 자녀서비스를 소비한다. 그리고 S_b만큼 부모서비스를 소비한다.
- 한계대체율(MRS)은 일정한 만족을 유지하면서 부부가 자녀서비스 1단위 추가소비를 위해 부모서비스를 기꺼이 포기하는 비율이다.

가계소득에 대해 살펴보았으므로 다음 단계로 가계의 지출에 대해 살펴보자. 가계지출을 수식으로 표현하면 다음과 같다.

수식 8.3.4 가계총지출(Ex) = Pc C + Ps S

(Ex=가계총지출, Pc=자녀 서비스 가격, Ps= 부모 서비스 가격)

여기서, 자녀서비스의 가격은 시간비용과 화폐비용(시장재+서비스)을 의미한다. 자녀 서비스 가격을 수식으로 표현하면 다음과 같다.

수식 8.3.4.1 자녀서비스 가격(Pc) = Pxc b_s + W Tc

(Px: 시장재 서비스 가격지수, b_s: 시장재 서비스 양, W= 임금률, Tc= 자녀양육시간)

수식 8.3.4.2 부모서비스 가격(Ps) = Pxs b_s + W Ts

(Px: 시장재 서비스 가격지수, b_s: 시장재 서비스 양, W= 임금률, Ts= 부모서비스 시간)

여기서 부모 서비스의 화폐비용은 부모가 사용하는 휴가, 여가 등의 비용 및 부모의 의·식·주, 교통, 교육 등의 비용을 모두 포함한다. 부모 서비스의 시간 비용은 부모에 의해 소비되는 주부의 총시간 가치이다. 지금까지 전개된 수식을 종합하여 부모의 최종예산제약식, 즉 부부의 선택 가능한 선택의 조합을 수식으로 나타내면 수식 8.3.5와 같다.

수식 8.3.5 최종 예산제약식: 총지출(Ex) = 총자원(FI): Pc C + Ps S = WT + V

수식 8.3.5, 즉 최종 예산제약식을 그래프로 표시하면 [그림 8-4]에서의 선 FF 이다.

[그림 8-4]의 그래프를 통해 부모의 예산제약과 관련하여 주요한 내용을 정리·종합하면 다음과 같다.

- 예산제약선 즉 부부의 선택 가능성을 나타 내 주는 선은 FF이다.
- Y축 선상의 F점은 기타 서비스(즉, 부모 서비스의 최대량)에 대한 최대소비량, 즉 자녀가 없을 때 소비할 수 있는 양이다. 물론 이때, 가계의 총 자원이 기타 서비스(부모 서비스)의 생산과 소비에 모두 사용된다고 전제하고 있다.
- X축 선상의 F점은 가계가 또는 부모가 소비하는 자녀 서비스의 최대량이다. 물론 이 경우 가계 또는 부모의 총 자원은 다른 목적에는 전혀 사용되지 않고 자녀 서비스에만 생산되고 소비됨을 의미한다.
- 선 FF의 기울기의 의미는 부모 서비스에 대한 자녀 서비스의 시장교환율 ($\frac{Pc}{Ps}$)이며, 또한, 한 단위 자녀 서비스를 추가로 생산하고 소비하기 위해

부부가 포기해야 하는 기타 서비스(부모 서비스)의 양을 의미한다. 이 같은 교환율은 시장가격(Pxc, Pxs), 여성의 시간당 가치, 즉 임금률(W), S와 C의 생산과 소비에 관련된 기술에 의해 결정된다($b_c b_s t_c t_s$).

- 무차별곡선 U의 기울기는(점 P에서) MRS sc|P $= \frac{MUc}{MUs}$
- 부모는 무차별곡선이 주어진 상태에서(U_0, U_1, U_2) 점 P에서 만족을 극대화한다($\frac{Pc}{Ps} = \frac{MUc}{MUs}$).
- 결혼기간 동안 부부가 계획한 자녀서비스의 소비량(Cp)은 원하는 자녀 수(Np), 인적자본량(Qp)으로 이루어진다. 그러나 부부는 자녀 수, 인적자본의 속성에 대해 사전에 모든 것을 알지 못한다. 또한 자녀들의 타고난 능력이 기본적으로 다르다. 따라서 현실적으로 원하는 가족 크기, 즉 자녀 수와 실제적으로 각 자녀의 인적자본량(Qp)에는 약간의 차이가 있다.

지금까지 논의한 자녀 수요에 대한 가족경제학적 접근을 정리·종합하면, 먼저 각 가정은 자녀 수, 자녀 질, 최종생산물 양의 효용함수를 극대화시킨다고 가정한다. 자녀에 대한 수요는 자녀의 상대가격에 의해 결정된다. 자녀의 상대가격이 높아지면 자녀 수요가 감소하며 다른 최종생산물 수요가 증가한다.

참고적으로 자녀의 상대가격에 영향을 주는 요인으로써 주거지역에 대해 살펴보자. 주거지역, 즉 농촌과 도시를 비교할 때 농촌 지역의 자녀 수가 도시보다 많았다(수백 년 동안의 증거) 그 이유는? 첫째, 음식물, 주거, 자녀양육의 주요 비용이 과거에 농촌에서 더 저렴하였다. 둘째, 자녀가 집안일을 도와줌으로써(특히 농촌) 가족소득에 기여함으로써 자녀의 순수비용은 농촌에서 상대적으로 낮았다. 그러나 최근 농업의 기계화, 전문화로 인해 농촌 자녀가 농촌 가계경제에의 기여도는 감소하여 왔다. 또한, 농촌 자녀도 도시 자녀와 마찬가지로 학교 교육이 연장되면서 농촌 일을 도와주지 못하여 최근 선진국 일부(예:

미국, 이탈리아, 일본, 대만)에서 농촌의 출산율이 도시보다 조금 더 낮아지는 경우도 속출하고 있다.

3) 출산 관련 주요 이슈

(1) 자녀의 양과 질의 상호작용

자녀의 양과 질에는 상호작용이 있다. 1920년대 미국과 1950년대의 일본의 출산율 감소 원인이 자녀의 양과 질에 대한 상호작용으로 인한 것으로 확신된다(피임혁명 이전의 시기이므로). 자녀의 고정비용이 증가한다면 자녀 수 증가로 인해 자녀의 질 또는 다른 최종생산물로의 대체가 일어나야 한다. 임신과 출산에 사용된 시간 지출, 불편함, 위험, 심리적 지출이 대표적인 고정비용이다. 그렇다면 자녀의 양과 질의 상호작용을 고려하는 전형적인 가족의 무차별곡선과 예산선을 살펴보자(자녀의 양과 질의 부적 관계). 보통 자녀 비용이 증가하므로 자녀 수는 감소하는 반면 자녀 질은 증가하게 된다.

실증적인 예를 살펴보면, 첫째, 경제발전 초기 단계에서 농촌의 경우 자녀비용이 더 낮으므로 자녀 출산율이 높다. 그러나 발전이 계속되면 농촌가족도 자녀를 위한 인적자본에의 수익률이 증가되므로 양보다 질을 선호한다. 이 현상은 농업의 기계화, 복잡화와 병행되었다.

둘째, 교육 받은 기혼여성의 경우, 자녀의 양에 대한 수요가 더 낮다. 반면, 자녀의 질에 대한 수요가 높아 자녀의 교육과 다른 훈련에 더 많이 투자한다. 이 경우도 자녀의 양과 질의 관계를 단적으로 보여준다.

셋째, 경제발전도 중요하다. 경제발전은 소득을 증가시키며 인적자본 또는 교육에 대한 투자수익률을 증가시킨다. 경제발전과 수익률의 구조적 차이분석 연구 결과를 살펴보면 경제발전 또는 소득증가는 자녀의 양과 질에 대한 영향을 미친다. 예를 들면, 선진국의 경우 부유가족이 더 적은 수의 자녀를 가지며

후진국의 경우 부유가족이 더 많은 수의 자녀를 가지는 경향이 있다.

(2) 출산율 관련 요인

출산율에 영향을 미치는 요인들은 출산율을 설명함에 있어 중요하다. 대표적인 요인들은 소득, 임금률(특히 여성), 주거지역, 정부의 출산 관련 정책, 모자가구에 대한 지원 프로그램, 유전적·문화적 요소, 피임에 대한 지식이다. 보통, 가계소득과 기혼여성의 교육수준은 가족 크기 또는 자녀 수에 부적 상관관계를 갖는다.

4 이혼과 재혼의 경제

이혼이 늘어나는 현상은 이제 어제 오늘의 일이 아니다. 이처럼 이혼이 증가하는 것에 대한 이유에 대해 다양한 이론적 접근이 응용되고 있다. 경제학적 접근에 따르면 이혼이 증가하는 것은 결혼으로 인한 이익이 감소하고 비용이 증가한 것 때문이라고 한다. 가족경제학파들은 결혼으로 인한 이익은 자녀, 행복한 삶, 경제적 효율성으로 인한 이익 등 가정생산물 개념으로 설명하고 있다. 그런데 부부의 총 가정생산물의 규모증가 및 분배의 공평성 등에서 경제성이 떨어지는 경우 이혼이 발생한다고 본다. 이때, 결혼으로 인한 이익과 비용은 남편과 부인에 따라 다소 차이가 있다. 이혼 증가로 인해 이혼의 비용, 이혼에 대한 사회적 인식, 이혼과 재산분할 등 다양한 이슈가 제기되고 있다.

1) 이혼 증가에 대한 경제학적 접근

이혼증가의 원인을 경제학적 접근에 근거하여 한마디로 말하자면, 이혼 증가는 결혼으로부터 얻을 수 있는 이익의 감소 또는 효용(만족감)의 감소에 있다. 결혼으로 인한 규모의 경제와 평등한 분배가 이루어지지 않아 결혼 실패가 일어난다고 설명할 수 있다. 이외에도 결혼성과에 대한 불만, 정보의 실패로 인한 결혼의 이익 감소나 비용 증가, 이혼의 비용 감소 등이 이혼을 증가시키는 요인이 되고 있다.

(1) 결혼의 이익 감소

결혼이 성립되는 경제학적 근거는 규모의 경제(효율성 추구) 달성과 어느 정도 공평한 이익 분배에서 실현에 있다. 그러나 결혼 후 규모의 경제 및 분배의 평등이 실현되지 않거나, 전자는 성립되지만 후자는 성립되지 않는 경우가 발생할 수 있다. 이 같은 경우 가족경제학적 모델에 따르면 이혼이 발생한다.

가족경제학파의 설명에 따르면 미혼여성은 자신보다 소득수준이 높은 남성과 결혼하여 독신 때보다 많은 소득을 분배받는다. 결혼 후 남편의 연령이 높아지면서 소득수준 또한 높아지므로 결혼을 지속시킬 때 얻을 수 있는 이익이 증가하여 결혼생활이 지속된다. 그러나 최근 여성의 소득수준이 점차 증가하면서 여성이 결혼으로부터 얻는 이익이 상대적으로 감소하는 현상이 발생하고 있다. 다시 말해, 과거에 비해 여성이 경제활동에 참여하는 비중이 높아지고 있고 그 결과 경제적 지위가 향상되면서 여성 입장에서 결혼으로부터 얻는 이익이 감소함으로써 이혼이 증가한다는 것이다. 특히, 가족경제학적 접근에 따르면 맞벌이 가계에서 여성의 경우 시장노동과 가정노동의 이중부담이 불공평하다고 판단함으로써 이혼이 증가한다고 설명한다.

한편, 자녀의 존재는 결혼의 순이득, 즉 결혼의 성과나 이익의 중요한 부분이다(물론 원치 않았던 자녀는 예외). 자녀는 결혼의 증거이며 부부 공유의 재산이다. 그런데, 최근 자녀 수의 감소는 세계적 추세인데 자녀 수의 감소는 결혼의 순이득 감소를 의미하고 결국, 결혼의 이익 감소는 이혼의 가능성을 높인다는 것이다.

중장년층의 이혼 증가는 또 다른 측면에서도 설명이 가능하다. 중장년층의 경우남성이 정년퇴직하는 경우가 많아 결혼으로 인한 경제적 이득이 감소하기 때문에 황혼이혼, 중장년층의 이혼이 증가한다는 것이다. 특히, 노인 남성의 경우 퇴임 후 가정에서 실질적으로 가정생산(가사노동)에 경쟁력이 없거나 가정생산을 하지 않으나, 노인 여성의 경우 여전히 가정생산에 경쟁력이 있기 때문에 노인 여성 입장에서는 결혼으로 인한 이익이 감소함으로써 황혼이혼을 결심하게 될 수 있다는 것이다. 더구나 중장년 층 여성의 경우 맞벌이를 하는 젊은 세대에 거주 또는 통근하면서 그들 세대의 자녀를 돌봐주는 일 등을 통해 소득창출이 가능한 점은 황혼 이혼을 증가시키는 요인이 된다. 이 같은 현상은 맞벌이 가계의 증가로 인해 가속화되고 있다.

(2) 결혼에 대한 이상과 현실의 차이(gap)

경제학적 논리에 따르면 결혼 전 결혼에 대한 기대 이익과 실제 결혼으로부터 얻는 이익에 차이가 있기 때문에 이혼이 발생한다고 주장한다. 다시 말해, 연애시기와 결혼시기의 기대와 실제적 성과 사이의 차이(gap)가 이혼의 원인이 된다는 것이다. 한편, 연애시기의 정보의 비대칭성과 불확실성도 결혼 후 이혼이 발생하는 또 다른 이유이다. 정보의 비대칭성이란 연애시기에 서로가 자신의 부정적인 면을 숨기고 장점만 보여주는 현상에서 발생한다. 자신에 대한 정보는 자신이 더 많이 가지고 있는 반면 상대방은 자신에 대한 정보가 양적으로 그리고 정확성 등 질적인 측면에서 불리한 것이 보통이다. 보통, 경제학에서는 완전정보가 시장에 존재한다고 가정한다. 그러나 결혼시장에서 또는 연애과정에서 정보의 비대칭성이 존재하므로 그 결과 이혼이 발생할 수 있다는 것이다.

(3) 이혼 비용의 감소

이혼 비용의 감소 추세는 이혼을 증가시키는 요인이 된다. 이혼으로 인한 심리적, 경제적, 사회적 비용이 과거에 비해 적어지는 추세다. 이혼 비용이 감소하는 추세는 이혼을 증가시키는 요인이다. 이혼경제학자들은 이혼행동을 결혼의 비용과 이익 또는 성과의 비교, 이혼을 할 경우의 비용과 이익의 비교에 대한 결과를 반영하는 행동이라고 간주한다.

이혼 비용의 크기를 결정하는 중요한 변수는 자녀의 수이다. 자녀 수의 증가는 이혼 후 자녀양육을 위한 경제적 어려움을 전제로 하므로 자녀가 많은 경우 이혼하기 어렵다. 즉 자녀의 존재는 이혼의 비용이다. 이혼 후 배우자 중 한 사람 또는 배우자 둘이서 많은 자녀를 양육하기란 쉽지 않기 때문에 많은 자녀 수는 이혼의 가능성은 감소시킨다(외국의 경우 이혼 후 자녀와 동거하지 않더라도 자녀양육비를 계속 지급해야 하는 것이 보통이므로).

한편, 이혼이 급증하면서 이혼에 대한 사회적 편견이 줄어들고 있다. 이 같은 이혼에 대한 사회적 인식의 변화는 이혼을 용이하게 한다. 즉 이혼에 대한 사회적 차원의 부정적 시각의 감소는 이혼 비용을 감소시키는 요인이다.

(4) 이혼의 비용 감소 추세

이혼의 비용은 개인에 따라 다소 차이가 있을 수 있다. 이혼함으로 잃어버리는 것, 즉 이혼의 비용은 남성과 여성에 따라 차이가 있다. 여성의 경우 이혼으로 인한 가장 심각한 비용은 경제적 지위의 하락이며, 남성의 경우 심리적 문제 그리고 건강의 문제이다. 또한, 자녀에게 주는 피해, 재혼의 불투명성, 건강악화 및 심리적불안정 등이 있다.

가족경제학적 접근에 따르면 결혼에서 얻게 되는 실제 이득과 결혼 전 기대

했던 기대이익 사이에 불일치가 발생하면 이혼이 발생한다. 결혼 전 결혼에 대한 기대이득이 클수록 실제 얻는 이득은 적어 이혼이 발생한다는 것이다. 결혼에서 얻는 실제 산출이 이혼 할 경우의 산출합계보다 적거나 다른 사람과 결혼 시 기대되는 배우자의 합계보다 적은 경우 이혼을 선택하게 된다. 결혼은 두 사람 사이의 협조적인 타협의 결과이다. 결혼은 다양한 대안 중 최선의 생활을 지향하기 위한 합리적 의사결정의 결과이다. 그런데 이 같은 타협이 깨지고 최선의 생활이 유지되지 않을 경우 이혼이 발생하게 된다. 그런데 이혼은 여러 요인에 의해 다르게 나타날 수 있다. 결혼의 유형, 연령, 소득이나 임금률, 결혼 지속 기간, 자녀존재 및 자녀 수에 따라 이혼에 어떤 차이가 있는 가를 살펴볼 필요가 있다.

2) 불완전한 정보와 이혼

가족경제학자들은 결혼시장에 참여한 모든 사람들이 모든 대상자에 대해 완전한 정보를 가지고 있다면 이혼은 발생하지 않을 것이라고 전제한다. 왜냐하면, 배우자에 대한 완전한 정보를 갖지 못하고 결혼한 경우 데서 이혼이 발생하기 때문이다. 한편, 이혼은 생활주기에 따른 개인 특성의 변화에 상응하여 일어나는 결과이기도 하다. 개인 특성은 점차적으로 변하는 것이므로 이혼은 결혼기간이 지난 후에 일어날 수 있다. 결국, 결혼 전 또는 결혼 이후 배우자 또는 자신에 대한 정보가 충분하고 정확하지 못했기 때문에 이혼이 발생한다.

이질혼과 정보의 관계에 대해 살펴보자. 어떤 사람은 이질혼이 이혼 가능성이 높음에도 불구하고 자신과 다른 종교, 인종, 연령, 교육수준의 사람과 결혼하는 것일까? 대답은 다음과 같다.

• 더 이상 탐색하고 기다린다고 더 나아질 것을 기대하지 못하기 때문에 사

람들은 높은 이혼가능성을 예상하면서도 타 집단의 사람과 결혼한다.

- 아마도 탐색과정에서 운이 별로 좋지 않았고, 그러다가 나이가 들고, 결혼 시장이 축소되는 것을 두려워하게 되었을 것이다.
- 운이 나빠서가 아니고 적당한 상대를 못 찾아서 또는 본인이 결혼으로 인한 이득을 감소시키는 다른 특성을 지니고 있다는 이유로 타 집단 사람과 결혼하게 된다.

충분한 정보탐색 없이 타 집단 성원과 결혼한 사람은 재혼 시장에서도 비효율적으로 또 다시 높은 이혼 성향을 갖게 된다고 한다. 배우자에 대한 많은 정보 없이 결혼한 결과라고 하겠다.

3) 재혼의 경제

최근 우리 사회에서 결혼 건 수는 줄어드는 반면, 50대 이후 황혼(黃昏)이혼과 재혼이 급증하고 있다. 혼인은 줄고, 이혼이 늘면서 전체 혼인 중 재혼 비중이 크게 증가하고 있다. 재혼이 증가하는 이유는 이혼 또는 사별 후 혼자 지내는 것보다 재혼을 하는 것이 이익이기 때문이다. 결혼경제 모델과 마찬가지로 가족경제학적 설명에 따르면, 재혼 후 가정생산물이 재혼 이전의 것보다 많아 재혼의 경제적 효율성이 전제되기 때문에 사람들은 재혼을 한다. 그러나, 초혼과 비교할 때 재혼의 비용이나 장애물은 더 많으므로 사별 또는 이혼 후 독신을 유지하는 경우도 존재한다. 다만, 과거에 비해 재혼의 비용, 예를 들면, 자녀 수 감소, 재혼에 대한 편견감소, 이혼 증가로 재혼시장의 공급자 증가, 이혼 후 생애기간증가 등 재혼비용이 적어지고 있어 재혼이 증가하고 있다.

(1) 재혼에 대한 경제학적 모델

사랑밖에 난 몰라, 장래성이 있으니까 등 순정과 환상을 갖는 초혼보다 재혼자의 조건이 더 까다롭다고 한다. 그런데, 재혼시장에서 여성은 여전히 불리하다고 한다. 재혼시장에서 여성의 불리함은 가족경제학파의 논리인 재혼시장의 수요공급 이론으로 설명할 수 있다. 재혼시장에서 여성의 수는 많은데 남성의 수는 상대적으로 적다고 할 수 있다. 재혼시장에는 미혼여성, 노처녀나 독신여성, 이혼녀, 사별한 과부 등이 많다. 그러나 남성의 경우 재혼이 많은 40대 이후 50대 이전에 사망하는 경우도 많아 구조적으로 여성공급이 과잉인 상태이다. 다시 말해, 남편의 사망으로 재혼시장에 공급되는 여성 미망인이 남성 미망인보다 더 많이 증가한다는 의미이다. 게다가, 남성의 경우 재혼시장에서 연하의 여성 또는 사별한 여성, 독신여성 등 넓은 범위의 여성 공급자들은 만날 수 있다. 또한, 가장 흔한 재혼 나이인 40대 후반 또는 50대의 경우 여성의 경제적 능력은 남성에 비해 매우 낮은 상황이므로 재혼시장에서 여성의 협상력은 떨어지게 된다. 결국, 재혼시장에서 여성은 남성보다 여러 측면에서 구조적으로 불리하다고 하겠다.

(2) 재혼의 비용과 이익

재혼의 대표적인 비용은 자녀의 존재, 재혼에 대한 사회적 편견, 재혼 성공의 불확실성 등이다. 반면, 재혼의 이익은 초혼과 마찬가지로 성별에 따라 다소 차이가 있다. 여성의 경우 재혼의 이익은 안정된 경제생활 확보, 정신적으로 안정적인 삶 등이며, 남성의 경우 정신적 안정, 성생활 욕구 등으로 나타나고 있다. 결혼경제학에서 다룬 바와 같이 재혼의 경제학적 결정은 재혼 이전의 가정생산물과 재혼 이후의 가정생산물의 비교에 의해 이루어진다고 설명할 수 있다. 재혼 후 가정생산물이 재혼 이전보다 높기 때문에 많은 재혼 가정이 탄생한다고 할 수 있다. 물론 또 다른 측면에서 사람들은 재혼의 이익과 비용을 분석하여 이익이 많은 경우 재혼을 선택하게 된다고 설명할 수 있다.

(3) 재혼과 정보

이혼에 대한 일반적인 편견은 이혼한 사람은 결혼 상대자로 적절치 못하다는 것이다. 이 같은 편견으로 인해 이혼자는 처음의 결혼보다 불리한 조건에서 재혼할 수 있다. 또한, 재혼시장에서 정보탐색활동에 있어서 비효율적일 수가 있다. 이혼한 사람은 재혼 시장에서 재혼에 대해 더 적은 이득을 기대함으로써 충분한 탐색 없이 재혼할 우려가 있다. 그 결과 초혼보다 재혼은 와해되기 쉽다.

5 인적자본(교육)투자

인간은 자기 자신 또는 자녀에게 교육, 교육훈련, 연수 등 인적자본 투자를 해 왔다. 경제학자들은 사람들의 교육, 훈련 등을 인적자본투자(human capital investiment)로 개념 정의하고 이에 대한 경제학적 이론이나 모델을 개발해 왔다. Theodore Schultz(1961, 1972, 1974)가 인적자본 이론(Human Capital Theory) 개발의 대표적 경제학자이다. 교육기간, 교육의 정도 등 인적자본투자에 대한 개인 또는 가계의 의사결정을 설명하는 경제학적 모델이 인적자본 이론이다.

교육은 인적자본 투자의 대표적인 유형으로서, 교육을 통해 창출되는 능력, 기술, 경험 등이 인적자본(human capital)이다. 정규교육, 수련, 연수 등을 통해 인간의 기술, 지식 등이 향상되고 그 결과 소득이 증대되므로 사람들은 미래소득 향상을 위해 인적자본에 투자하게 된다. 인적자본투자 이론에 따르면,

교육을 통한 미래 기대소득과 교육의 비용을 비교하여 교육투자 결정, 최적의 교육기간을 선택한다고 설명하고 있다. 결국, 이 같은 논리에 따르면 여성의 교육수준 증가는 여성의 인적자본 투자를 통한 이익이 점차 증가되어 초래된 결과라고 볼 수 있다. 따라서 자녀교육을 위한 가계지출은 자녀의 미래 생산성 또는 미래소득에 대한 부모의 투자행위로 간주되고 있다. 정규교육뿐만 아니라, 훈련, 직장연수 등도 미래의 수익을 위한 현재의 투자행위로 간주된다. 다시 말해, 교육에의 투자는 현재의 소비욕구 또는 다른 형태의 투자를 포기하고 인적자본 향상에 투자함으로써 미래 이익을 도모하는 행위라고 할 수 있다.

1) 인적자본(교육)투자의 경제학적 모델

인간은 자신과 자녀에게 지속적인 투자를 해 왔다. 성인 자신 또는 자녀교육의 교육투자결정은 인적자본투자 이론(human capital investment theory)에 의해 설명된다. 경제학자들이 인적자본 투자에 관심을 갖게 된 것은 1960년대부터이다. 인적자본투자 이론에서는 교육투자를 인적자본 투자로 간주하면서 인적자본투자는 가장 중요한 저축 방법의 하나로 정의 내렸다. 가정경제 조직을 이해하기 위해 매우 중요한 개념일 뿐만 아니라 교육에 대한 수요, 개인의 노동시장 행위를 이해하는 데 중요한 사항이다.

(1) 정규교육에의 투자 원리

사람들이 자기 자신 또는 자녀를 대상으로 정규교육 형태의 인적자본에 투자하는 이유는 미래 소득을 증가시키고 총자산을 증가시키고자 함에 있다. 다시 말해, 사람들이 교육에 투자하는 이유는 교육을 통해 노동시장에서의 생산성을 향상시켜 더 많은 임금을 받는 데 목표가 있다. 여기서 정규교육의 투자 대안 즉, 정규교육을 포기할 경우 다른 대체적인 방법은 보통 시장이자율(r),

즉 금융투자를 한다고 전제한다. 결국, 경제학자들은 합리적인 사람들은 추가 교육에서 얻을 수 있는 수익률(i)과 시장 이자율(r)의 비교에 의해 교육투자를 할 것인지를 여부 결정한다는 모델을 세우고 있다. 만약 정규교육의 수익률이 시장이자율보다 높으면 개인은 그 수익률이 시장이자율보다 낮아질 때까지 계속적으로 교육에 투자함으로써 자산을 극대화한다. 따라서 교육에 대한 투자 모델은 가계의 저축모델과 유사하다.

가계저축 모델에서 가계의 저축행위는 현재 소비수요와 미래소비 수요의 균형을 맞추는 것으로 전제하고 있다. 가계의 저축행위는 미래에 대비하기 위해서 시간선호, 즉 현재 소비와 미래 소비 간의 선택으로 설명한다. 저축은 현재 소비를 안 하는 대신 미래 소비를 약속하는 것인데, 보통 시장 이자율, 기대가격 변화(inflation or deflation) 등에 따라 저축을 결정한다.

(2) 인적자본투자의 방법

인적자본투자의 방법에는 다음과 같이 여러 가지 형태가 있다.

- 정규교육: 가장 잘 알려진 인적자본 투자 방법
- 직업훈련 또는 경험: 인적자본에 투자 된 양은 직업훈련을 받는 기간 동안의 소득과 받지 않고 획득하는 소득의 차이의 비교에 의해 결정
- 가정 내 가사노동 훈련 또는 경험
- 건강: 건강유지를 위해 투자하는 시간과 금전(예: 에어로빅 강습, 조깅, 구강검진)
- 이주: 더 좋은 직업, 나은 생활을 위해 다른 도시, 주, 나라로 이주하는 것

위의 다양한 인적자본투자 방법 중 어느 것을 선택할 것인지는 가계의 저축행동 모델을 살펴보아야 한다. 다시 말해, 가계는 실물자본(예: 자동차, 집 등)

의 형태로 저축할 것인가, 금융자본(예: 은행구좌, 주식, 증권)의 형태로 저축할 것인가, 인적자본(예: 보통 교육, 경험, 기술)의 형태로 저축할 것인가를 결정해야 한다. 이때, 인적자본 형태로 투자할 때 대체안인 시장이자율을 고려하여야 한다. 결국, 사람들은 실물자본(예: 자동차, 집)의 형태로 저축할 것인가, 금융자본(예: 은행구좌, 증권) 형태로 투자할 것인가, 아니면 정규교육에 투자하여 미래 노동시장의 생산성을 높여 임금 상승, 총자산 증가를 선택할 것인가를 결정함에 있어 각각의 투자방법이 주는 수익률을 비교하게 된다.

(3) 정규교육 결정의 균형조건

경제학적 모델에 따르면, 정규교육에 투자할 것인가, 투자할 경우 그 규모, 즉 어느 정도를 투자 할 것인가는 교육으로 얻을 수 있는 기대이익과 기대비용의 개념으로 설명한다. 결론부터 말하면, 사람들은 교육으로 인한 한계이익이 한계비용과 같아질 때까지 교육에 투자하게 된다.

정규교육 투자에서 사람들은 교육의 수익률(rate of return on education, i로 표기)과 비용을 고려한다. 사람들은 교육에 대한 투자에서 투자비용과 투자시 얻을 수 있는 미래 이득의 현재 가치를 같게 만드는 수준까지 투자하게 된다. 즉, 교육의 수익률과(i로 표시함) 시장이자율(r로 표시)을 고려한다. 추가교육의 추가투자비용(MC)은 2가지로 구성되는데 이는 학교 다니느라 상실된 소득, 즉 교육의 기회비용(E_0)과 재학으로 인해 드는 책값 등의 직접비용(C)이다. 여기서, 교육의 기회비용은 학교를 다니지 않을 경우 직장에 나가서 벌 수 있는 소득이다. 이를 수식으로 나타내면 다음과 같다.

수식 8.5.1 교육의 한계비용(MC) = 교육의 기회비용(E_0) + 교육의 직접비용(C)

한편, 추가 교육으로 얻는 이득, 즉 한계이익(MR)은 교육 후 기대되는 미래 연간소득과 교육을 받지 않을 경우 기대되는 미래연간소득의 차이에 의해 결정된다.

수식 8.5.2 교육의 한계이익(MR) = (E1′−E1)+(E2′−E2),+···+(Et′−Et)

여기서, 교육의 양은 교육의 한계비용과 교육의 한계이익이 같아질 때까지의 양인데, 미래 기대소득의 경우 현재가치(i로 표기)로 환원해야 하므로 한계이익을 (1+i)로 나누어 준다.

수식 8.5.3 교육량 결정: 한계비용과 한계이익이 같아질 때까지,

즉 $E_0 + C = \sum nt = 1(Et' - Et) / (1+i)^t$

- E_0: 교육의 기회비용, 학교를 다니지 않고 직장노동에서 얻을수 있는 소득
- C: 수업료, 책 값 등 직접비용
- n: 은퇴 시기, 즉 퇴임년까지의 근로년수
- Et': 추가 교육을 받은 t'시점 상태에서 받을 수 있는 미래의 연간소득
- Et: 추가교육을 받지 않은 t시점 상태에서의 미래 기대소득
- i: 교육의 수익률, 추가교육을 받는 동안 투자된 투자액에 대한 수익률(이자 포함)
- r: 시장이자율

다시 한 번 정리·종합하면, 교육투자의 최종 균형, 즉 교육에 얼마나 투자할 것인가의 결정은 수식 8.5.3에 제시한 바와 같이 한계이익과 한계비용이 같

아지는, 즉 MR=MC를 충족시키는 i값을 구해야 한다.

- 교육 수익률(i) 〉 시장이자율(r) ⇒ 정규교육을 더 시켜 순자산을 증가시킴
- 교육 수익률(i) = 시장이자율(r) ⇒ 정규교육과 금융시장투자 간에 차이가 없음

2) 정규교육의 수요곡선

정규교육에 대한 수요를 도식화 하면 [그림 8-5]와 같다. 선 DD는 정규교육에 대한 수요곡선이다. 교육기간 Sa년의 수익률은 i_a이다. 선 DD는 개인이 받은 교육기간 중 연간 수익률을 나타낸다. 선 DD는 하향(음의 기울기)하는 직선인데 이는 교육년 수가 증가하면 교육의 수익률이 감소함을 의미한다. 한편, rr은 금융투자에 대한 시장 수익률이다. 시장수익률을 나타내는 rr이 수평선인 이유는 금융투자에 대한 시장수익률이 X축의 교육년 수에 영향을 받지 않기

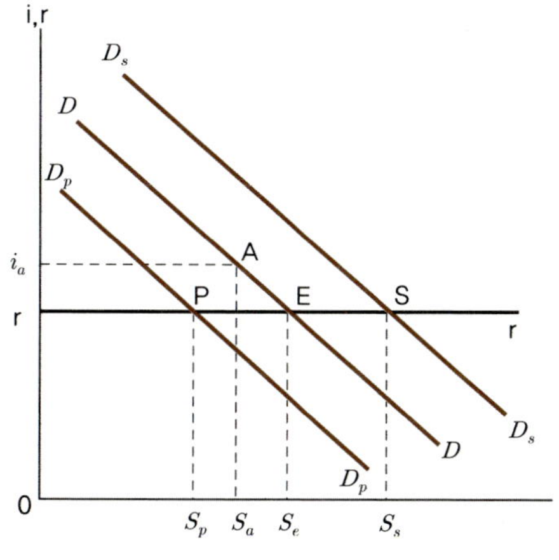

[그림 8-5] 교육에 대한 수요 곡선

출처: Bryant(1990). The economic organization of the household.

때문이다. 사람들은 자산을 극대화하기 위해서 교육수익률이 투자대안의 수익률 수준, 즉 r이 감소할 때까지 정규교육에 투자할 것이다. 결국 선 DD 상에서 자산을 극대화시키고자 하는 사람은 금융투자율이 r일 때 Se년의 교육을 수요한다. 그러므로 선 DD는 정규교육에 대한 수요곡선이다.

지금까지 정규교육에 대한 수요 곡선을 통해 교육이 미래의 소득 증가를 보장할 때에만 자녀에게 교육을 시키거나 또는 자신을 위해 교육을 수요 한다고 가정하였다. 그러나 여기서 고려해야 할 것은 사람들의 공부에 대한 관심이나 선호 또는 열정도 고려해야 한다. 공부를 좋아하는 사람과 싫어하는 사람의 경우를 구분하여 수요 곡선을 생각해 볼 필요가 있다.

(1) 공부가 좋은 사람의 교육 수요 곡선

공부를 좋아하는 사람은 교육을 통해 미래소득과 만족감을 얻고자 한다. 이 같은 사람은 보통의 학생보다 추가교육에 대한 한계비용이 더 적어서 교육년수와 상관없이 교육의 수익률이 더 커질 것이다. 결과적으로 공부를 좋아하는 사람의 수요곡선은 자산 극대화 추구자의 수요곡선 DD보다 더 위에 있을 것이다. 그림에서는 수요곡선 Ds Ds 상의 S에서 균형점을 가짐으로 Ss년의 교육기간을 수요한다.

수식 8.5.4　　공부가 좋은 사람 교육 수요:

$$\Sigma(Et' - Et)/(1+i)^t = E_0 + C - V_s$$

여기서 수식 8.5.4의 왼쪽 부분은 교육의 한계이익을 오른쪽 부분은 한계비용을 표현하고 있다. 이때, Vs는 공부로 인한 만족감으로 수식 8.5.4의 오른쪽 교육의 한계비용부분에서 공부로 인한 만족감(Vs)을 공제한 것이다. 즉, 공부로 인해 만족이 오는 사람의 경우 공부의 한계수익이 적어도 공부에 대한 수요가 증가할 것임을 반영한다.

(2) 공부가 싫은 사람의 교육 수요곡선

공부 또는 학교를 다녀서 불만족이 증가되는 사람은 교육의 추가비용(Vd), 즉 한계비용이 높다고 하겠다.

수식 8.5.5 공부가 싫은 사람 교육 수요:

$$\sum(Et' - Et)/(1+i)^t = E_0 + C - Vd$$

여기서 수식 8.5.5의 왼쪽 부분은 교육의 한계이익을 오른쪽 부분은 한계비용을 표현한 수식이다. 공부가 싫어서 발생하는 만족감은 (Vd)로 한계비용에 추가시켜야 한다. 이때 이미 Vd값이 마이너스 값이므로 E_0와 C를 더한 값에 Vd를 빼는 공식이 생긴다.

3) 교육의 한계수익률체감의 법칙

교육의 한계수익률 체감의 법칙이란 교육이 증가함에 따라 얻어지는 추가이익이 점차 감소한다는 의미이다. 즉 교육의 수익률(i)은 교육 연수가 증가함에 따라 감소한다는 의미이다. 교육의 한계수익률이 체감하는 이유는 무엇일까? 크게 세 가지로 생각해 볼 수 있다.

(1) 한계비용 증가

교육년 수가 1년 증가 시 교육의 기회비용(E_0)은 증가하게 된다. 시장에서의 임금률은 교육년 수 증가에 따라, 즉 연령이 증가하여 얻을 수 있는 시장에서의 소득수준이 증가한다. 결국, 계속적인 교육년 수 증가는 기회비용 증가를 의미한다. 다시 말해, 대졸 후 입사할 경우 100만 원 소득 보장이 되지만 석사졸업 후 입사 200만 원 소득이 보장되므로 교육의 기회비용이 높아진다는 의미이다. 결국, 고졸 후 취업을 포기하고 대학에 가는 기회비용보다 대졸 후 취업을 포기하고 대학원에 진학하는 기회비용이 높아진다는 의미이다. 따라서 한계비용이 증가하여 교육수익률(i)이 감소한다.

(2) 잔여노동기간 감소

직업노동에서 교육년 수가 증가하면 직업노동기간이 감소함을 의미한다. 예를 들면, 만약 45세에 박사학위를 받아 대기업 연구소에 취직하면 정년퇴임이 10년 남았음을 의미한다. 즉, 추가 교육의 기대이득이 경감한다. 그 결과 한계이익 감소하여 총자산이 감소한다.

(3) 한계생산체감의 법칙

연령이 증가하면 즉 교육기간이 증가하면 인간의 건강이 나빠지고 의욕이 떨어져 노동 생산성의 증가량이 감소한다. 즉 장기간의 추가교육은 그로 인한 추가적 이익, 즉 한계이익이 감소한다.

4) 인적자본 투자와 관련 변인

대부분의 사람들은 노동시장, 가계활동, 여가활동에서 생산성을 증진시키도록 투자한다. 예를 들어, 부모는 자녀가 경험을 축적시킬 수 있는 가사노동, 여가활동에 참여시키기 위해 침대 정리, 접시 닦기, 잔디 깎기, 세차, 음악, 수영, 무용 등에 투자한다. 개인이 자신을 위해 또는 부모가 자녀를 위해 어떤 종류의 인적자본에 투자를 하는가의 결정에서 인적자본투자에 대한 기대(expectation of capital investment)가 매우 중요하다. 다시 말해, 자기 자신 또는 자녀가 미래에 시장노동에서 많은 시간을 할애할 것으로 예상되면 시장노동의 생산성을 증진시키는 인적자본에 투자한다. 반면, 자기 자신 또는 자녀가 미래에 가정노동/여가에서 많은 시간을 할애할 것으로 예상되면 가정노동/여가 생산성을 증진시키는 인적자본에 투자한다. 앞서 설명한 바와 같이, 교육의 투자량은 교육의 한계비용과 교육의 한계이익이 같아지는 부분에서 결정되는데 이 같은 논리를 이용하여 가정생산, 인적자본 투자, 여가 투자 간의 선택을 수식으로 나타내면 수식 8.5.6과 같다.

수식 8.5.6 가정생산, 인적자본투자, 여가선택:

$$\sum_{t=1}^{n} \frac{Wk(\hat{g}h\,Hgt + \hat{w}Mt + \widehat{r_1}\,Lt)}{(1+r)^t} = MC$$

- $\hat{g}h$: 인적자본 1단위 추가 시 가계생산 증가율
- $\hat{w}$: 시장노동 생산성
- $\widehat{r_1}$: 여가활동 생산성 증가율
- Hgt, Mt, Lt: 가정생산시간, 시장노동시간, 여가시간

결론적으로 수식 8.5.6에 나타난 바와 같이 사람들은 MR=MC가 되는 부분까지 가정생산, 교육, 여가 투자를 배분하게 된다.

(1) 성별과 인적자본투자

인적자본투자 결정에 있어서 미래 수익에 대한 기대가 교육에 대한 투자결정의 중요한 요인이다. 그런데 성별에 따라 미래 기대수익에 대한 기대가 다르다면 부모들은 인적자본 투자를 다르게 할 것이다. 부모의 인적자본투자에 대한 성별화에 대해 살펴보자.

역사적으로, 과거에는 여성은 가사노동 및 여가활동에 많은 시간을 소비하는 것으로 기대되어 왔고 남성은 시장노동에 시간과 에너지를 소비하는 것으로 기대되어 왔다. 여성에게 교육을 시킬 경우에도 교양에 중점을 두는 교육(심지어 대학에서도)을 시킨 반면, 남성의 경우 시장노동의 질을 높이는 것이 교육의 1차적 목표였다.

따라서 과거에는 아들보다 딸에 대한 교육투자량이 적었다. 그 이유는 여성의 고등교육의 수익률이 낮았기 때문이고, 그 결과 대학 또는 대학원에 진학하는 여성은 적었던 것이다. 결국 과거에는 성별에 따른 교육의 기대수익률이 달라서 교육투자량에 차이가 있었다고 하겠다. 전공 선택의 지도에서도 여성은 문과대학, 남성은 법과대학, 이공계, 경상대를 추천하였던 것이 그동안의 지배적인 현상이었다. 그러나 시간이 흐름에 따라 여성들의 장래 역할에 대한 기대감이 변화되었고, 딸 또는 여성의 교육수익률도 증진되었으며, 일생 동안의 시장노동 시간에 대한 기대감도 변화되었다. 그 결과, 부모의 딸에 대한 미래시간 소비에 대한 기대감에 변화가 일기 시작하였다.

정리 · 요약하면, 역사적으로, 여성 또는 딸의 경우 시장노동시간 투자보다는 가사노동 및 여가시간에 대한 투자시간이 높아 왔다. 인적자본투자로 인한 시장노동의 한계이익은 남성 또는 아들보다 낮았기 때문이다. 그 결과 여성이나 딸에 대한 인적자본 투자량이 낮았는데 이는 여성이나 딸의 고등교육의 수익률이 낮았기 때문이다. 그러나 최근 여성들에 대한 노동시장에 대한 기대감이 변화되고 있다. 여성의 교육투자가 증가하는 것은 여성의 미래 시장노동시간, 시장에서의 수익률이 높다고 예측하기 때문이다.

(2) 자녀의 속성에 따른 인적자본투자

자녀를 어떻게 인식하느냐는 부모가 자녀의 인적자본투자 결정에 영향을 미친다. 자녀를 투자재로써 인식하는가 아니면 내구재로서 인식하는 가에 따라 성별에 따른 인적자본투자에도 영향을 미친다.

자녀를 투자재로 인식할 경우 성별의 차이가 중요하다. 예를 들면, 상속을 위한 투자 수요로써는 아들이 중요하다. 그 결과 과거에는 남아가 태어날 때까지 계속 출산하였다. 이 경우 남아 중에서도 서열이 중요하다. 과거 장남은 대를 이을 사람으로서 책임이 중요하게 인식되었고 이는 자녀들 간의 불평등의 요인이 되었고 나아가 장남에의 인적자본 투자를 늘리는 요인이 되어왔다.

자녀를 내구재로 생각할 경우 성별의 차이가 중요하지 않다. 오히려, 딸이 결혼 뒤 친정과 유대관계를 긴밀하게 하므로 딸은 소비재로써의 내구연수가 길고 바람직하다고 생각할 수 있다. 자녀를 내구재로 간주할 경우 교육 또는 인적자본투자 면에서도 남녀의 차이 또는 장·차남의 차이가 없거나 줄어든다. 그 결과 유산상속도 평등하다. 물론, 교육투자도 딸·아들과 장·차남의 구별이 없다. 결국 장남이라는 신분관계에 의해 유상 상속이 정해진 것이 아니고 계약관계(나이, 성별 무시)로 이행하려는 경향이 있다. 계약 관계에서는 부모의 노후생활 보장의 공헌도에 따라 유산을 배분하려는 경향이 있다. 계약관계에 대한 사회적 도덕심의 결여라는 비판도 있으나 합리적, 민주적 차원에서 바람직하다는 사고와 함께 계약관계의 사고는 요즘 전 세계적 현상이다.

(3) 직업 훈련의 경험

정규교육 다음 또 하나의 인적자본 형태인 직업훈련도 인적자본투자에서 중요한 의사결정 사항이다. 만약, 인적자본을 증가시키는 요인이 정규교육뿐이라면, 교육이 다 끝난 전업 직장인의 소득은 한번 결정된 후 변하지 않을 것이다. 그러나 실제로 연령이 증가함에 따라(교육이 다 끝난 후) 소득이 증가한다. 그 이유는 무엇인가? 정답은 직업상의 경험 또는 직업훈련을 통한 생산성향상 때문이다. 신고전경제학파(Neoclassical Economics)에 의하면, 고용주는 고용자에게 한계생산성과 같은 임금률을 지급한다. 연령이 증가함에 따라서 임금률이 증가되는 이유는 경험, 직업훈련 또는 실천을 통해 한계생산성(marginal productivity)이 증가하기 때문에 실질임금률 또는 소득이 증가하는 것이다. 경험의 종류에는 다음과 같이 크게 두 가지이다.

- 일반적 경험: 생산성을 증진시키는 작업습관, 개인의 기술, 문제해결능력, 일반적 사업기술, 직업기술
- 전문적 경험: 특정 회사의 행정지식, 재무결정구조, 특정기업에서만 쓰는 기술 경험

정규교육과 마찬가지로, 개인은 추가경험에서 얻는 한계이익이 추가경험에 의한 한계비용수준으로 낮아질 때까지 더 많은 경험을 얻고자 할 것이다. 직업을 통해 계속적으로 경험을 얻을 수 있는 한 개인의 시장생산성은 증가한다. 그 결과 소득이 연령에 따라 증가한다. 결국, 인적자본형성, 즉 정규교육과 경험의 결과는 매우 중요하며 또 실질임금의 개인 차이를 많이 설명한다.

그런데 과거 여성의 경우 남성과 달리 연령이 증가해도 소득 증가가 크지 않아 왔다. 그 이유는 무엇이었을까? 남성의 경우 연령과 노동시장에서 경험 및 직업훈련은 정적인 관계가 깊어 왔다. 그러나 여성의 경우 전통적으로 연령과 노동시장에서의 경험은 관계가 없었다. 그 이유는 두 가지이다. 첫째, 결혼 후 여성은 노동시장에서 이탈하고 그 후 출산 이후 또는 사별하여 노동시장에 다시 유입해 왔다. 그 결과 직업상의 경험이나 직업훈련에서 제외되어 왔기 때문이다. 둘째, 노동시장에서의 성차별로 노동시장에서 여성의 경험이나 훈련이 축적될 기회를 갖지 못하였기 때문이다. 여성의 개인적 이유, 예를 들면, 집안일 때문에 출장, 연수를 회피해 온 것도 일부 흔한 경우였고, 고용주의 판단, 즉 여성은 곧 회사를 그만 둘 것이라는 선입견으로 비용이 수반되는 직업훈련에서 여성 근로자를 제외시켜 온 것이 과거의 현실이었다.

5) 교육 및 경험투자의 시기 결정

교육시기에 따라 교육의 투자비용 또는 추가수익을 비교 할 필요가 있다. 사람들은 일반적으로 젊을 때 교육의 형태로 인적자본에 투자한다. 그 후 점차 나이가 들면 교육투자를 감소시킨다. 정규교육의 시기 결정은 인적자본 형성과 노동공급 행위의 결합모델로 설명될 수 있다. 일반적으로 사람들은 젊을 때 교육 또는 경험의 형태로 인적자본에 투자하며, 점차 나이가 들면 투자를 감소시킨다. 그 이유는 무엇일까? 즉, 정규교육의 시기를 늦추지 않는 것이 좋다. 그 이유는 무엇일까?

(1) 교육의 한계수익감소

인적자본 투자가 늦어질수록 한계 수익이 적어진다. 교육의 한계 수익률 체감법칙 때문에 교육시기를 연기할 수 없다. 연령이 높을수록 시장노동을 통한 소득, 가사 노동에 대한 자본의 투자기간이 짧아진다. 결국 인적자본 투자가 늦을수록 한계수익이 적어진다. 수식으로 살펴보자.

수식 8.5.7
$$MB = \sum_{t=1}^{n} \frac{(Et' - Et) = E + C = MC}{(1+i)^t}$$

여기서, 인적자본투자를 늦추면, 즉 n이 적어짐으로 다시 말해, 연령이 높아지므로 결국 한계수익은 감소함을 알 수 있다.

(2) 투자수익의 현재 가치 감소

인적자본투자가 연기될수록 투자수익의 현재 가치가 저하된다. 투자의 한계이익이 적어진다는 의미이다. 다시 말해, 졸업 후 받을 수 있는 미래 수익을 현재 환산한 액수가 점점 저하된다. 그 이유는 인적자본 투자 후 취업할 경우 정년퇴임이 가까워 오기 때문에 한계이익이 감소한다. 위 수식에서 인적자본형성을 5년 늦추면 지수 t가 1에서 시작이 아니고 t가 6에서 시작한다. 따라서 미래투자의 경우 수익은 현재 투자하는 것보다 감소한다.

(3) 투자의 기회비용 증가

교육의 시기를 늦추면 투자의 기회비용(교육받는 동안 못 버는 손해)이 더욱 커진다. 예를 들면, 인적자본투자의 기회비용은 아래와 같이 교육기간이 증가할수록 증가한다.

- 대학교육의 기회비용 = 고졸자가 취업 해 버는 이익(예: 신입사원 임금)
- 석사교육의 기회비용 = 대졸자가 취업 해 버는 이익(예: 대리 임금)
- 박사교육의 기회비용 = 석사졸업자가 취업 해 버는 이익(예: 과장 임금)

예를 들면, 유학의 경우도 늦게 유학을 가는 경우 영어, 습득력, 가족생활사 등 여러 면에서 불리한 것이 사실이다. 예를 들면, 대학교 갓 졸업 후 유학을 갈 경우 친구들 신입사원 시 200만 원을 받으므로 유학의 기회비용은 200만 원이다. 그러나 대학교 졸업 후 5년 근무 이후 유학을 갈 경우 포기해야 할 수입이 250만 원이다. 현재 5년차 근로자의 수입을 포기하고 유학을 가려면 그 만큼 기회비용이 커서 교육의 한계비용이 크다. 결국 인적자본 투자를 위한 유학은 일찍 가는 것이 좋다. 보통, 공부에 관심 있고 공부를 원하는 사람은 빨리 결단을 내리는 것이 좋다. 미련과 열망으로 시간만 보내다 뒤늦게 유학을 가게 되면 교육의 비용이 더 커진다.

결론적으로, 인적자본에 대한 미래투자를 연기하게 되면 그동안 더 많은 직업훈련이나 직업경험을 얻게 되므로 투자의 기회비용은 더 커진다. 또한 교육

투자의 연기는 한계수익을 감소시킨다. 결국 교육투자의 연기는 한계수익 감소 그리고 기회비용 증가로 인한 교육의 한계비용 증가로 이어져 비합리적 선택이 된다.

Chapter 09

시장경쟁과 시장실패

시장은 소비자에게 제품 및 서비스를 구입하게 함으로써 소비생활을 영위하게 하는 장소이며 동시에 생산자에게는 제품을 판매하는 장소이다. 즉 시장은 판매와 소비의 주요 기능을 수행한다. 시장에서 소비자들은 자신의 욕구를 가장 최대한으로 충족시킬 수 있는 제품 및 서비스를 구입하며, 판매자들은 최대한의 이익을 위해 판매활동을 벌이게 된다. 이 같은 판매자와 소비자의 욕구를 효과적으로 충족시키기 위해 시장에서는 경쟁과 적정한 가격이 형성되고 판매와 소비, 시장은 자원을 배분하는 기능을 수행하게 된다. 이때, 시장이 경제적 구조(공개, 자유, 공정 경쟁)를 갖출 때 시장 기능이 활성화되어 소비자이익이 극대화되고 소비자경제 복지가 실현된다.

그러나, 시장의 주요 기능이 작동되지 못할 경우 소비자이익이 감소 또는 존재하지 않게 되고, 시장실패는 소비자주권 실현의 장애가 된다. 독과점적 시장구조, 복잡하고 다양한 유형의 불공정거래행위, 담합 등 경쟁을 제한하는 행위 등은 시장실패의 대표적이고 가장 핵심적인 장애 요인으로써 정부의 개입을 초래한다. 즉 시장실패가 나타나면 시장에 적정한 경쟁이 존재하고 소비자보호를 위한 정부의 시장 개입, 기업 규제 등이 나타난다.

시장경제에서 중요한 사항인 시장의 의미, 시장구조와 특성을 이해하고, 정부의 시장 개입을 소비자 입장에서 살펴 볼 필요가 있다. 다시 말해 시장이 실패한 경우 시장기능을 활성화시키고 소비자를 보호하기 위하여 정부가 어떻게 시장과 기업을 규제되는지에 대해서 살펴볼 필요가 있다.

1 시장의 이해

시장이란 제품 및 서비스를 판매 또는 구입하는 장소로서 상품 또는 서비스의 가격이 자유로이 결정된다. 자본주의 경제체제는 시장경제를 바탕으로 유지되는 체제로서 생산, 판매, 소비 등 사회적 자원의 배분이 기본적으로 시장의 힘에 의해서 이루어지는 체제를 말한다. 이때, 생산자 및 소비자들 간의 많은 거래는 가격시스템 하에서 자유로운 경쟁이 존재한다.

시장에서 경쟁이 존재하는 상태에서 생산자, 판매자, 소비자들은 서로의 이익을 위해 노력하게 되는데 가격 기능, 즉 시장 기능이 효율적으로 작동하면 시장경제 질서(적정 가격, 양질의 제품)와 조화(적정한 수요와 공급)를 이루게 되고 모든 거래 당사자들에게 이익을 가져다주게 된다. 즉 시장에서 수요와 공급에 의해 가격이 결정되고 시장에는 경쟁이 존재해야 하는 것이다. 시장에서 자연스럽게 형성되는 가격은, 세 가지 기본적인 경제 문제, 즉 무엇을, 어떻게, 누구를 위하여 생산할 것인가 등의 가장 기본적인 결정에 중요한 역할을 한다. 시장의 기능은 다음과 같다.

1) 자원배분의 역할

시장에서는 자원배분의 기능이 달성된다. 시장은 생산자 또는 판매자로 부터 소비자로 제품과 서비스가 이동되는 장소이다. 이 같은 자원의 이동 또는 배분은 일정한 가격과 경쟁 속에서 이루어진다. 가격의 높고 낮음은 소비자가 상품을 얼마나 원하고 있는지, 또는 생산자가 상품을 생산하는데 얼마나 많은 비용이 드는지에 관한 정보를 제공해 주는 역할을 한다. 한편, 가격에 의해 영향 받는 소비자 선호는 기업에게 무엇을 얼마나 어떻게 생산할 것인지를 결정하는 주요 기준이 되며, 한 사회의 물적 그리고 인적 자원의 배분을 결정하는데 근원적 토대가 된다.

2) 경제발전 유도

다수의 생산자와 소비자가 존재하는 시장에서 경쟁은 필수적이다. 경쟁은 생산자에게는 소비자의 기호에 부응하는 양질의 제품을 보다 싼 값에 공급하여야 함을 의미한다. 경쟁적 시장에서 생산자들은 최소의 비용으로 최대의 이익을 거두기 위하여 품질 개발, 신제품 개발 등의 노력을 기울임으로써 경제발전의 원동력이 된다.

3) 소득분배의 역할

시장에서 거래되는 가격은 간접적으로 소득분배에 영향을 미친다. 예를 들면, 저소득층이 주로 사용하는 생활필수품의 가격이 오르게 되면 고소득층보다 저소득층의 실질소득이 더욱 감소하는 효과를 가져온다. 또한 인플레에 의한 전반적인 물가 상승이나 모든 제품의 가격에 부과되는 간접세 상승 역시 저소득의 실질소득이 상대적으로 더 감소하는 효과를 주면서 간접적으로 소득분배에 영향을 미친다.

4) 사회적 복지 증진

경쟁의 시장원리 속에서는 여러 경제 주체들의 살아남기 위한 또는 더 많은 이익을 얻기 위한 동기유발이 일어난다. 소비자 수요가 급증하면 더 많이 생산할 동기가 유발되며, 이로 인한 경쟁은 궁극적으로 사회적 효율성을 증대시키고 나아가 소비자복지 증진의 기초가 된다. 경쟁적 구조하에서의 가격기구에 의해 운영되어 경제 주체들의 복지를 향상시킨다.

2 경쟁수준별 시장유형

이 세상에 존재하는 모든 시장은 제각기 다른 구조와 특징을 가지고 있다. 보통, 시장의 성격을 규명하기 위하여 경쟁상태 또는 경쟁수준에 따라 시장의 유형을 유형화하는데 크게 완전경쟁시장, 독점시장, 과점시장, 독점적 경쟁 시장으로 분류할 수 있다. 경쟁수준에 따른 시장유형을 결정하는 요인들 그리고 4가지 시장 유형의 특징에 대해 살펴보자.

1) 경쟁수준별 시장유형 결정 요인

(1) 공급자 및 수요자의 수

공급자 및 수요자의 수는 시장구조 또는 시장유형을 결정하는 요인이다. 보통, 수요자의 수보다는 판매자의 수에 의해서 시장유형 구분하는 것이 보통이다. 소비자들은 대체로 다수이기 때문이다. 어떤 제품을 생산하여 판매하는 공급자 수가 많고 또 그것을 사고자 하는 수요자 즉, 소비자의 숫자가 많을 때 그 시장은 완전경쟁시장이라고 할 수 있다. 이 같은 완전경쟁 시장에서는 경쟁적으로 제품이 생산되고 판매되기 때문에, 공급자나 수요자가 마음대로 시장에서 가격을 정할 수 없고 수요와 공급의 원칙에 의하여 자연스럽게 결정된다. 완전경쟁 시장에서는 개별 수요자와 공급자는 시장 지배력을 전혀 행사할 수 없다.

그러나 공급자의 수 또는 수요자의 수가 적을 경우에는 시장은 비경쟁적 구조를 형성하게 되며 공급자 또는 수요자가 가격결정에 우위의 역할을 하게 된다. 독점시장은 보통 하나의 공급자가 존재하며 수요자는 많은 경우를 의미한다. 반면, 과점시장은 소수, 즉 몇 개의 공급자가 상품 또는 서비스를 공급하는 구조로써 완전경쟁시장과 독점시장의 중간에 위치한다고 할 수 있다.

수요자가 단 하나인 수요독점 시장도 존재할 수 있다. 예를 들면, 군수 제품의 수요자는 정부 하나라고 할 수 있다. 한편, 불황 속에서 팔려는 공급자는 많고 사려는 수요자는 적은 경우 수요자에 의해 가격이 결정되는 경우도 있다.

(2) 상품의 동질성 여부

시장에서 거래되는 상품이 질적인 면에서 같은 제품인가의 여부이다. 예를 들면, 달걀, 시금치 등은 어느 정도 동질성이 높은 제품이라고 할 수 있다. 제품이 동질적인 것인 경우 생산자들은 자신의 제품을 특별히 광고할 필요가 없으며 수요자들도 제품에 대한 정보를 구태여 탐색하지 않아도 된다. 그러므로 이 경우에는 제품의 공급자와 수요자 간에 시장 지배력 행사가 나타나지 않는다. 그러나, 동질성이 적은 제품을 생산하여 각자 소비자들의 기호에 호소하기 위한 차별화 전략과 광고 등의 영향으로 소비자에 대한 독점력을 가지는 시장

(과점, 독과점 경쟁시장)이 출현하기도 한다.[16)]

(3) 시장진입 · 탈퇴 장벽의 여부

새로운 기업의 진입과 탈퇴의 자유로움의 정도는 시장구조를 결정하는 또 다른 요인이다. 기업이 어떤 새로운 산업에 진입하고자 할 때 진입 비용(예: 특허권)과 위험부담이 너무 크면 그 산업에 참여하는 기업의 수가 한정되게 되므로 독점적 구조를 띨 가능성이 높다. 완전경쟁시장에서는 시장진입 및 탈퇴가 자유롭고 그 장벽이 높지 않아 다수의 공급자가 참여하여 자유로운 경쟁이 존재하게 된다.

(4) 정보소유 여부

수요자와 공급자가 시장의 여러 측면에 관하여 어느 정도의 정보를 가지고 있는가, 그리고 정보의 비용에 따라 시장유형을 구분할 수 있다. 시장 관련 제반 정보를 누군가 소수가 독점적으로 소유하는 시장에서는 정보의 비대칭성에 의해 불공정 경쟁이 유발되고 누군가가 시장지배력을 갖게 된다. 그러나 완전경쟁 시장구조 속에서는 완전정보가 제공되고 또한 이 정보를 얻는 데 커다란 비용이 들지 않는 특징이 있다.

---

16) 달걀, 야채, 쌀 등은 비교적 동질성이 높은 제품이나 요즘은 차별화 마케팅을 통해 이질성을 강조하는 경향이 있다. 예를 들면, 달걀의 경우 특정 성분을 강화한 특수달걀을 개발하여 차별화하고자 한다. 예를 들면, DHA란, 알짜오메가란, 온천 DHA란, 인삼란, 알로에란 등 다양한 제품을 개발하여 이질성을 높이려는 경향이 있다.

〈표 9-1〉 경쟁수준별 시장유형에 따른 특징

시장구조 / 기준	완전경쟁(perfect competition)	독점적 경쟁	과점(oligopoly)	독점(monopoly)
정의	소수사업자의 시장점유율이 높지 않음	다수기업, 단 유사상품 공급	3개 사업자의 시장 점유율이 75% 이상	1개 사업자의 시장점유율이 50% 이상
공급자수	다수	다수	소수	하나
수요자수	다수	다수	다수	다수
경쟁제품의 성질	동질적	어느 정도 이질적	동질적	이질적 (대체재의 부재)
시장진입/탈퇴 자유	자유롭다	비교적 용이	비교적 용이	매우 곤란
우리나라 산업 실례	존재불가 (증권거래소가 비교적 가깝다)	미장원, 목욕탕, 다방, 이발소 등	자동차, 가전, 타이어, 철강, 조선 등	담배, 홍삼, 철도

출처: 허경옥(2021). 소비자학의 기초, 교문사.

2) 경쟁수준별 시장유형의 특성

시장은 경쟁의 정도에 따라 완전경쟁, 독점적 경쟁시장, 과점, 독점시장으로 구분할 수 있다. 이 같은 시장 형태의 특징에 대해 구체적으로 살펴보면 다음과 같다.

(1) 완전경쟁 시장

완전경쟁적(perfect competition) 시장을 형성하기 위해서는 많은 수의 공급자와 수요자가 있어 자유로운 경쟁이 존재하여야 한다. 또한, 이 시장에서 거래되는 상품은 동질적이어야 하며, 이 시장에 진입과 탈퇴가 자유로우며, 경제주체자인 소비자, 공급자가 완전한 정보를 가지고 있어야 한다. 공급자와 구매자가 다수 존재하므로 충분한 경쟁 속에서 가격은 시장의 균형에 의하여 형성된다. 한편, 거래되는 상품이 동질적 특성을 가져야 하는데 이는 기술적 특성

뿐 아니라 판매 및 판매 후 서비스와 관련된 조건도 같다는 것을 의미한다. 시장진입과 탈퇴의 용이성이란, 이윤의 기회를 발견한 기업은 언제라도 마음대로 이 산업에 참여할 수 있으며 반대로 그 산업에서 손해를 보고 있는 기업은 언제라도 쉽게 철수할 수 있어야 함을 의미한다.

결국, 위의 조건을 모두 갖춘 완전경쟁 시장이란 실제로 존재하지 않는다고 볼 수 있다. 최근 투명성 증진에 힘입어 금융시장, 주식시장의 경우 완전시장에 근접하는 양상이 나타나고 있으나 이 시장에서 조차도 정보의 비대칭성과 같은 문제가 있어 대다수의 시장에서 완전경쟁시장의 존재는 불가능하다. 그러나 최근 인터넷의 발전으로 거래비용 절감, 가용정보 확대, 구매자 및 공급자수 증대 등으로 시장에서의 경쟁 및 효율성이 높아지고 있다. 완전경쟁 시장은하나의 이상적인 시장유형으로서 현실적으로 존재하는 시장을 평가하고 현실 시장의 구조적 문제점을 시정하는 데 하나의 지침이 될 수 있기 때문에 중요하다.

(2) 독점적 경쟁시장

독점적 경쟁시장은 다수의 공급자들이 제품의 생산에 참여하고 있으며 시장에의 진입과 탈퇴가 자유롭다는 점에서 완전경쟁 시장과 유사하다. 그러나 시장에 관한 정보가 불완전하고 제품이 서로 동질적이 아니라는 점에서 차이가 있다. 독점적 경쟁시장의 가장 큰 특징은 제품의 이질성이라 할 수 있으며 이는 기업들의 상품 차별화(product differentiation)정책을 통해 다양하게 나타난다.

상품차별화의 실례는 거의 모든 상품에서 무수히 찾을 수 있다. 치약만 보더라도 향을 달리한 치약, 유아용 치약, 충치를 없애 주는 치약 등 치아를 닦아주는 본질적인 기능 이외에 다른 기능을 첨가함으로써 제품을 차별화하는 마케팅 전략을 사용하고 있다. 최근, 동질성이 높다고 인식되어 온 달걀 제품에도 제품차별화 전략이 활용되고 있다. 인삼란, 건강란, 알부민란 등 다양한 성분이 추가 또는 배제된 달걀이 시판되어 차별화를 꾀하고 있다.

이와 같이 제품의 재료를 달리함으로써 차별화를 시도할 수 있고 그 외에도 디자인의 차이, 기계 등의 구조적인 차이, 각종 보증이나 환불 보증제공의 차이, 서비스의 차이 등의 방법으로 상품 차별화 전략을 펼치고 있다. 이들 제품들은 상호 밀접한 대체재들 임에도 불구하고 표면적인 차이를 부각시켜 어느 정도 차별적인 시장을 형성하게 된다. 현실적으로 우리나라 대부분의 시장은 과점 또는 독점적 경쟁시장의 형태를 취한다. 특히, 상표 부착을 통해서 특정 제품을 판매하기 때문에 상표의 고유성으로 인하여 독점시장이 형성된다. 그러므로 소비자들은 구매의 효율성을 높이기 위하여 상품에 대한 정확한 정보가 필요하다.

(3) 과점시장

과점(oligopoly)시장이란 소수의 공급자에 의하여 제품이 공급되고 있는 시장을 말한다. 한 시장에서 소수의 기업들이 얼마나 큰 비중을 차지하고 있느냐에 따라 과점의 정도가 달라진다. 과점시장은 독점시장보다는 덜하지만 상당한 정도의 진입장벽이 존재하고 있다. 또한, 상품의 차별화(product differentiation)가 어느 정도 존재하며 몇 개 안 되는 소수의 기업들이 치열하게 경쟁하고 있는 시장이므로, 각 기업들은 자신의 상품이 다른 회사의 제품과 구별된다는 것을 보여주기 위하여 광고 등을 통하여 엄청난 노력을 기울인다.

과점시장에서 기업들은 서로 상호의존성이 높다. 소수의 기업이 존재하는 과점시장에서는 한 기업이 취한 행동이 다른 경쟁 기업에게 많은 영향을 미치므로 어느 한 기업의 행동에 매우 민감한 반응을 보인다. 따라서 이 같은 시장구조 속에서는 기업들의 담합이나 불공정거래행위가 일어나기 쉽다.

과점이 발생하는 원인에는 여러 가지가 있다. 첫째, 과점은 규모의 경제(economy of scale) 때문에 생기는 경우가 많다. 전체 시장 수요를 감안할 때

다수의 기업이 참여하기에는 적은 규모인 경우 몇 개의 기업만이 참여하는 과점적 시장구조를 형성하여 규모의 이익을 창출한다. 둘째, 각종 시장진입장벽 때문에 신규 기업의 진출이 막혀 있을 때에도 과점이 발생할 수 있다. 셋째, 기업들이 경쟁의 압력을 줄이기 위해 합법적 혹은 비합법적인 방법을 동원하여 경쟁기업을 몰아낸 결과로서 과점이 발생하기도 한다.

(4) 독점시장

독점(monopoly)시장은 시장에서 공급자가 하나인 경우로서 같은 상품을 생산하는 경쟁자가 없거나 직접적인 대체재를 생산하는 공급자가 없는 경우이다. 한 가지 종류의 재화에 대한 공급자가 하나밖에 없는 경우 공급독점이라 하고 이 공급자를 독점 기업이라고 한다. 독점은 완전경쟁과 반대되는 시장유형으로서 시장에서 경쟁이 완전히 배제되어 있는 경우로 상품의 성질이 매우 이질적이어서 대체재가 존재하지 않는다. 그 결과, 독점 기업이 가격설정자가 된다. 독점기업은 상품의 생산량을 조절함으로써 가격결정에 영향력을 행사한다. 한편, 이 같은 시장유형에서는 새로운 경쟁기업이 출현하기가 어려운 경향이 있으며, 소비자가 지닌 정보는 불완전하다.

우리나라의 대표적인 독점적 시장구조를 갖는 산업은 담배, 홍삼 등이라고 할 수 있다. 수요자가 하나뿐인 독점시장은 군수품 시장이라고 할 수 있다. 군수품을 생산하는 하청업자는 여럿이지만 수요자는 국방부라는 정부기관 하나뿐이다. 또한, 수도, 전기, 철도 등의 산업은 막대한 자본이 들면서도 자본회수율이 느려 민간 사업자의 진입이 어렵다. 이들 산업 분야는 국민복지에 밀접한 분야로써 생산이 독점의 형태를 띠고 있으나 정부가 가격책정을 통해 국민복지 증진을 위해 노력하고 있다.

3) 경쟁수준에 따른 시장유형별 소비자주권

경제생활 또는 소비생활의 궁극적인 목적은 소비자의 만족 및 행복 추구에 있다. 소비자 만족이나 행복이 최대로 달성되기 위해서는 시장에 경쟁이 존재해야 하고, 소비자는 규모 있는 소비 또는 효율적인 선택이 이루어져야 한다. 이 같은 소비자의 효율적인 선택과 소비는 소비자에게 선택의 폭이 가장 넓을 때, 즉 시장이 경쟁적일 때 가능하다. 경쟁적인 제품이 많을수록 품질은 좋아지고 값도 싸지므로 소비자만족이 최고가 된다.

소비자만족은 또한 소비자주권이 실현될 때 최대로 충족될 수 있다. 소비자에 의해, 소비자가 원하는 물건이 만들어질 때 소비자주권이 실현되는 것으로 보는데, 소비자주권이 실현되기 위해서는 시장은 경쟁적이어야 한다. 법적 소비자 보호나 정부의 시장규제, 소비자운동보다 자유로운 시장경쟁 체제하에서 시장기능이 효과적으로 작동할 때 소비자주권이 보다 효과적으로 실현되므로 경쟁적 시장구조는 소비자 권익에 가장 중요한 사항이다.

시장경제 체제하에서 공정하고 자유로운 경쟁은 소비자, 기업, 정부 모두에게 필수적인 사항이라고 할 수 있다. 공정하고 자유로운 경쟁이 유지되어야 시장경제의 정상적인 기능이 수행되어 균형 있는 국민경제 발전과 동시에 소비자권익이 달성된다. 특히, 경제적 의미의 주권이라고 할 수 있는 소비자주권(Consumer Sovereignty)이 달성되기 위해서 시장에서의 경쟁은 반드시 필요하다. 특히 경쟁의 3대 원칙이라 할 수 있는 공개, 자유, 공정경쟁이 이루어져야 한다.

그러나 독과점적 구조에서는 이 같은 조건이 충족되지 않으므로 시장경제가 정상적인 기능을 수행하지 못하며 동시에 소비자주권이 실현되지 않는다. 실질적인 경쟁이 없는 구조에서는 시장지배력을 갖춘 소수 기업이 가격, 품질, 각종 시장행동에서 주도권을 갖게 되어 경쟁을 회피하게 된다. 결국, 독과점적 구조에서 주도 기업이 가격지배력을 통해 가격차별, 거래거절, 경쟁업자의 시장진입 억제 등 다양한 형태의 불공정거래행위를 용이하게 할 수 있게 되며, 또한 공급자들 간의 담합이 용이하게 일어날 수 있다. 결론적으로, 독과점적 시장구조에서는 다양한 형태의 경쟁제한 행위가 쉽게 일어난다고 하겠다. 경쟁은 소비자주권실현 및 공정한 경쟁의 필수조건인데 완전경쟁이 현실적으로 불가능하다면 어느 정도의 실질적 경쟁, 즉 유효경쟁이 존재하여야 한다.[17)]

〈표 9-2〉 경쟁수준에 따른 시장유형별 소비자주권

기준 \ 시장유형	완전경쟁 (perfect competition)	과점 (oligopoly)	독점 (monopoly)
소비자정보 제공	완전정보 제공	불완전정보 제공	불완전정보 제공
소비자주권 실현	실현됨	실현되지 않음	실현되지 않음

출처: 허경옥(2021). 소비자학의 기초. 교문사.

3 경쟁적 시장 실패와 정부규제

시장 내에 자유롭고 공정한 경쟁이 존재하며, 충분한 정보가 주어져야만 시장의 기능이 활성화되어 소비자에게 긍정적인 영향을 미치게 된다. 사회의 인적 자원과 물적 자원이 효율적으로 배분되고, 시장메커니즘인 수요와 공급 원칙에 의해 가격이 형성되어 소비자 주도의 시장이 운영될 때 소비자이익 및 소비자주권이 실현될 수 있다.

17) 유효경쟁의 개념은 통태적 개념이며 또한 경쟁의 과정을 의미하는 개념이므로 학자들도 명확한 규정은 하지 못하고 있으나, 어느 정도의 경쟁이 존재하는 상태로 보는 것이 지배적인 견해이다(서정희, 1993).

그러나 현실적으로 우리의 시장구조는 독과점적 형태를 띠고 있으며, 경쟁이 제한되는 경우가 더 많다. 다시 말해, 시장기능이 제대로 작용하지 않고 실패하는 경우가 더 많다. 소비자권익 및 소비자주권에 영향을 미치는 시장실패는 크게 3가지 측면에서 살펴 볼 수 있다. 첫째, 시장에서 경쟁이 제한되는 시장구조적 문제로서 유효경쟁이 존재하지 않고 독과점적 시장구조가 형성된 경우이다. 둘째, 시장 내에서 경쟁을 제한하는 기업결함 및 담합 그리고 기업간의 불공정한 거래로 발생하는 시장실패이다. 셋째, 적정한 양의 정보, 정확한 정보가 존재하지 않는 경우 시장실패라고 할 수 있다. 기업합병을 통한 독과점적 시장구조 형성, 복잡한 방법을 통한 불공정거래행위 등 시장실패를 유발하는 요인들로 인해 시장경제의 기능이 마비된다. 실질적 경쟁이 없는 독과점적 구조에서는 시장지배력을 갖춘 소수 기업이 가격, 품질, 각종 시장행동에서 주도권을 갖게 되므로 가격차별, 거래거절, 경쟁업자의 시장진입 억제 등을 통해 소비자이익, 소비자주권에 부정적인 영향을 미치게 된다. 결국, 어떤 원인으로 발생한 시장실패이든 간에 시장실패는 소비선택, 소비자권익, 소비자주권 등에 부정적인 영향을 미치게 된다.

예를 들면, 지나친 경품경쟁은 소비자들의 판단을 흐리게 하여 불필요한 제품구매를 조장하고, 비합리적인 소비생활을 초래하며 동시에 경품경쟁만을 조장시켜 기업 간의 공정하고 자유로운 경쟁을 방해한다. 또한, 사업자간의 끼워팔기 및 강제거래와 같은 불공정거래행위는 곧 바로 소비자들에게 부정적인 영향을 미치게 된다. 잘 팔리지 않는 제품을 끼워팔기 명목하에 기업으로부터 강제로 매입한 판매자는 여러 가지 방법으로 소비자에게 이 문제를 전가하게 된다. 뿐만 아니라, 백화점이 입점업체에게 도깨비 매상, 상품권 강매, 광고 및 사은품 비용부담, 판촉사원 파견 강요 등 불공정한 거래를 유도한다면 장기적으로 입점업체는 가격 등 다양한 방법으로 이 같은 문제를 소비자에게 전가시킬 것이다.

경제가 고도로 발전하면서 규모의 경제를 실현하기 위하여 기업은 점차 대형화되어 가고 있으며 경쟁에서 유리한 위치를 차지하기 위해 다른 기업을 합병하는 등의 과정을 거쳐 독점 또는 독과점적 시장구조를 형성하게 된다. 현실적으로 시장에서는 경쟁이 제한되는 경우가 더 많다. 시장에서 경쟁이 제한되면 시장경제의 기능이 제대로 작동되지 못하므로 정부는 시장경제의 활성화를 위하여 경쟁제한 행위를 규제하게 된다. 즉 시장경쟁 활성화 정책을 펼치게 된다. 독과점적 시장구조에서는 상품이나 서비스의 공급 가격이 시장 메커니즘인 수요와 공급 원칙에 따른 가격 형성이 아닌 공급자 주도로 결정되며 이로 인해 소비자이익에 부정적인 영향을 미치게 된다. 다시 말해, 사회 전체의 인적 자원과 물적 자원을 효율적으로 배분하지 못하게 되는데 이를 시장실패(market failure)라 한다.

시장실패는 소비자에게 부정적인 영향을 미치게 됨은 물론이고 공정하고 창의적인 기업 활동을 제한한다. 이 같은 이유로 정부는 독과점, 기업 결합, 공동행위 등과 같은 경쟁제한 행위를 규제하지 않을 수 없다. 경쟁이 존재하지 않는 시장실패가 나타날 때 이를 시정하기 위하여 정부의 개입은 불가피하고 정부는 기업의 경쟁제한 행동에 일정한 제약을 가하게 된다. 특히, 기업들의 담합, 불공정거래행위 등으로 인한 경쟁제한 행위로 인한 시장실패에 정부 특히 공정거래위원회가 개입하게 된다. 소비자이익을 감소시키며, 소비자주권 실현에 방해요인이 되는, 즉 자유로운 경쟁을 제한하는 경쟁제한적 행위는 공정거래위원회에서 여러 행정적 수단을 활용하여 규제한다. 시장경제의 실패 즉 소비자주권 실현의 필수적 조건인 경쟁을 제한하는 행위들은 독과점규제 및 공정거래에 관한 법률을 토대로 독과점, 시장지배적 지위남용행위, 기업 결합, 공동행위, 불공정거래행위에 대해 규제하고 있다.

1) 독과점 규제

우리나라는 1960년대부터 경제개발 5개년 계획을 수립하여 자본과 기술 그리고 여러 자원이 부족한 상태에서 수출 중심의 고도성장을 실현하고자 소수의 능력있는 기업을 여러 측면(예: 자본, 기술, 행정적 측면)에서 집중적으로 지원하여 왔다. 그 결과 우리나라의 시장구조는 1970년대, 1980년대에 중공업 부분은 물론 경공업 부문까지 대부분의 산업에서 독과점적 구조를 형성하여 왔다. 이 같은 독점적 구조는 재벌의 출현으로 더욱 그 폐해가 커지기 시작하였다.

1980년대 접어들면서부터는 재벌 중심의 독과점적 시장구조로 인한 폐해가 심각해지면서 사회 문제로 대두되었다. 이 같은 상황에서 1980년에 「독점규제 및 공정거래에 관한 법률」이 제정되기에 이르렀다. 특히, 독과점적 시장구조를 촉발하는 경제력 집중을 방지하고 공정하고 자유로운 경쟁을 촉진하는 경제정책을 펼쳐왔다.

독과점적 시장구조하에서 시장지배적 사업자의 남용행위는 실질적인 경쟁을 제한하게 되므로 그 폐해가 사업자 그리고 소비자에게까지 심각하다. 따라서 시장지배적 지위를 갖는 사업자가 자신의 경제적 지위를 남용하는 행위를 하는 경우, 「독점규제 및 공정거래에 관한 법률」에서 해마다 일정 요건을 갖춘 시장지배적 사업자를 규제하고 있다. 모든 사업자의 행위를 감찰·규제하기는 현실적으로 불가능하므로, 지위남용 행위로 인하여 발생하는 경쟁제한 효과가 클 것이 우려되는 일정 규모 이상의 사업자만을 대상으로 지위남용 행위를 감시·규제하고 있다.

시장지배적 사업자 선정기준은 동종 또는 유사한 상품공급에 있어서 한 사업자의 시장점유율이 50% 이상인 경우, 3 이하 사업자의 시장점유율이 75%이상인 경우로서 최근 1년간 국내총공급액이 500억 원 이상인 사업자를 규제대상으로 선정하고 있다. 시장지배적 사업자의 남용행위가 있는 경우 「독점규제 및 공정거래에 관한 법률」에 근거하여 행위중지, 법위반 사실의 공표, 기타 시정을 위한 조치 등을 명할 수 있다. 한편, 시장지배적 사업자가 그 지위를 남용하고 있는지의 여부를 가리기 위하여 「독점규제 및 공정거래에 관한 법률」에서는 5가지의 기준을 제시하고 있는데 다음과 같다.

- 상품의 가격을 부당하게 결정유지 또는 변경하는 행위
- 상품의 판매 또는 용역의 제공을 부당하게 조절하는 행위
- 다른 사업자의 사업활동을 부당하게 방해하는 행위
- 새로운 경쟁사업자의 참가를 부당하게 방해하는 행위
- 경쟁을 실질적으로 제한하거나 소비자이익을 현저히 저해할 우려가 있는 행위

(1) 「독점규제 및 공정거래에 관한 법률」의 제정

1960년대 이후 정부 주도의 경제성장정책을 수행한 결과 우리나라의 많은 산업 분야에서 독과점적 시장 구조가 고착되기도 하였다. 독과점적 시장구조하에서 독점 기업은 자사의 시장경제적 지위 남용, 각종 경쟁제한행위 등을 일삼기 시작하면서 독과점 폐해가 속출하기 시작하였다. 이에 정부는 1980년 「독점규제 및 공정거래에 관한 법률」을 제정·공포하였고, 1981년에는 그 시행령을 제정하여 4월부터 시행하게 되었다. 그 후 정부는 계속적으로 법을 개정하여 독과점 규제를 강화해 왔다.

「독점규제 및 공정거래에 관한 법률」은 독과점의 폐해를 방지하고 자유로운 경쟁과 공정거래를 촉진하여 궁극적으로는 자유시장경제체제를 구축하고자 하는 법이다. 우리나라의 경우 독점 그 자체는 문제 삼지 않고 독점적 지위를 남용하는 행위를 금하는 남용방지주의를 채택하고 있다.

(2) 「독점규제 및 공정거래에 관한 법률」의 목적

「독점규제 및 공정거래에 관한 법률」은 시장에 있어서 공정한 경쟁을 유지하는 것을 목적으로 하고 있다. 「독점규제 및 공정거래에 관한 법률」에서는 사업자의 시장지배적 지위의 남용과 과도한 경제력의 집중을 방지하고, 부당한 공동행위 및 불공정거래행위를 규제하여 공정하고 자유로운 경쟁을 촉진하는 것이 목표이다. 또한 창의적인 기업활동을 조장하고 소비자를 보호함과 아울러 국가 경제의 균형 있는 발전을 도모함을 목적으로 한다고 규정하고 있다. 「독점규제 및 공정거래에 관한 법률」 제정의 목적을 구체적으로 구분하여 설명하면 다음과 같다.

- 창의적인 기업활동보장: 사업자의 시장지배적 지위 남용방지, 과도한 경제력의 집중방지, 부당한 공동행위 규제, 불공정거래행위 규제
- 국민경제의 균형 있는 발전 추구
- 공정하고 자유로운 경쟁 촉진
- 소비자보호

(3) 「독점규제 및 공정거래에 관한 법률」의 내용

「독점규제 및 공정거래에 관한 법률」의 내용은 크게 시장구조의 개선과 거래행태의 확립으로 나눌 수 있다. 첫째, 시장구조 개선이란 독과점 형성을 방지함으로써 시장경쟁을 확보하여 경제의 효율성을 높이는 것을 의미한다. 시장구조개선을 위한 「독점규제 및 공정거래에 관한 법률」의 주요 내용은 시장지배적 사업자의 그 지위의 남용을 금지하여 독과점적 시장행동을 규제하고, 새로운 독과점의 형성을 방지하기 위해 경쟁제한적인 기업 결합을 억제하며, 개별시장에서의 독과점력 형성여부와 관계없이 대규모 집단에 의해 경제력이 집중되는 것을 억제하는 것이다.

둘째, 거래행태의 개선이란 개별기업 또는 사업자단체의 경쟁제한적인 거래행태 및 관행을 시정하여 건전한 거래질서를 정착시키고자 하는 것이며, 그 내용은 2가지이다. ⅰ)기업이 담합하여 독점력을 행사하는 것을 방지하기 위해 부당한 공동행위를 제한하고, 사업자단체의 경쟁제한행위를 제한한다. ⅱ) 개별 거래 단계에서 발생할 수 있는 불공정거래행위를 금지하여 거래질서를 확립한다.

이 법에서 소비자보호와 보다 밀접한 관계가 있는 부문은 거래 행태의 개선 부문인데 특히 사업자의 불공정거래행위에 관한 내용이 소비자보호와 밀접하다. 「독점규제 및 공정거래에 관한 법률」을 전담하여 시행하고 있는 공정거래위원회는 불공정거래행위의 유형과 기준을 지정하여 고시하고 있는데 이는 거래거절, 차별적 취급, 경쟁사업자배제, 부당한 고객 유인, 거래강제, 거래상 지위의 남용, 구속조건부 거래, 사업활동 방해, 부당한 표시·광고, 부당한 자금·자산·인력의 지원 등이다.

(4) 독점 규제 원칙

「독점규제 및 공정거래에 관한 법률」에 따르면, 독점규제는 폐해규제 원칙, 행정규제 원칙, 직권규제 원칙을 적용하고 있다. 다시 말해, 우리나라 「독점규제 및 공정거래에 관한 법률」은 독점이나 과점은 원칙적으로 허용하면서 그 폐해, 즉 시장지배적 지위남용만 금지하는 폐해주의를 취하고 있다. 예를 들면, 기업 결합 및 공동행위의 경우 그것으로 인하여 실질적인 경쟁을 제한하는 경우에만 규제하고 있다.

한편, 사법적 절차에 의해 경쟁제한 행위를 규제하는 것이 아니고 행정규제 원칙에 따라 행정기관인 공정거래위원회의 행정처분을 통해 규제하고 있다. 또한, 직권규제 원칙에 따라 공정거래위원회가 직권으로 「독점규제 및 공정거래에 관한 법률」 위반사실 여부를 조사할 수 있으며 일반 국민은 공정거래위원회에 「독점규제 및 공정거래에 관한 법률」 위반사실을 신고할 수 있다. 다시 말해, 「독점규제 및 공정거래에 관한 법률」 위반에 대한 처벌은 공정거래위원회의 고발이 있어야 하며 이 법위반으로 인한 피해자의 손해배상청구권은 공정거래위원회의 시정조치가 확정된 후에 사법적으로 주장할 수 있다.

2) 기업 결합으로 인한 경쟁제한 규제

기업 결합이란 기업 간에 결부를 통해 여러 기업의 활동을 단일한 관리체제에 통합시키는 것을 의미한다. 기업 간의 결합은 인적, 조직적, 그리고 물적 결합을 포함하며 개별 기업의 독립성을 소멸시키는 형태를 말한다. 기업 결합은 다양한 방법으로 진행되는데 여러 기준에 따라 분류할 수 있다. 가장 대표적인 분류방법은 결합이 시장에 미치는 효과를 기준으로 수평 결합, 수직 결합, 혼합 결합으로 분류한다.

- 수평 결합: 동종 또는 인접제품 시장 내에서 발생하는 기업 결합으로 경쟁제한 효과가 커서 독점화의 수단이 된다.
- 수직 결합: 동종제품시장이 아닌 다른 제품시장의 기업과 결합하는 것으로 보통 주력 생산제품의 수요 및 공급과 연관이 있는 기업과 결합하는 경향이 있다. 지배적인 기업이 수직적 결합을 통해 피결합된 시장에서 경쟁제한행위를 용이하게 할 수 있다.
- 혼합 결합: 수평 결합과 수직 결합이 혼재된 결합의 형태이다.

기업 결합이 모두 경쟁을 제한하는 행위는 아니므로 경쟁을 실질적으로 제한하는 결합의 경우에만 규제 대상이 된다. 기업 결합이 이루어진 경우 규제 대상은 기업 결합으로 인해 유효경쟁을 기대하기 곤란한 경우인데 보통 사업자의 수와 규모의 차이, 독립성의 정도, 시장진입의 제한 등을 기준으로 판단한다. 또한, 기술개발이나 원가절감을 위한 노력, 생산비와 가격의 상관관계, 조업도, 이윤율, 판매비의 지출 등도 규제 대상 선정의 기준이 된다. 그러나 경쟁제한적인 결합의 경우라 해도 공정거래위원회가 산업합리화 또는 국제경쟁력 강화를 위해 필요하다고 인정하는 경우 예외적으로 허용하고 있다.

기업 결합으로 인해 실질적인 경쟁이 제한된다면 기업은 품질 개선이나 원가절감의 노력을 하지 않게 되어 궁극적으로는 소비자주권실현 및 소비자권익에 부정적인 영향을 미치게 된다. 따라서 기업 결합은 기업만의 문제가 아니고 소비자에게도 직·간접적으로 영향을 미칠 수 있음에 주목해야 된다.

3) 담합으로 인한 경쟁제한행위 규제

공동행위 또는 카르텔(cartel), 담합이라 부르는데 생산자 또는 유통업자들 사이에서 이루어지는 다양한 형태의 담합적 협정을 의미한다. 즉, 사업자가 계약, 협약, 결의 등의 방법으로 다른 사업자와 공동으로 상품이나 서비스의 가격, 거래량, 거래조건, 거래지역 등을 제한 또는 담합하는 행위를 말한다. 담합은 명시적인 협정서나 교섭 없이 암묵적으로 이루어지는 것이 보통이어서 이를 발견하기가 어려운 실정이다.

담합이 거래 분야에서 실질적으로 경쟁을 제한하는 경우 부당한 공동행위에 해당되며 이 같은 행위는 규제 대상이 된다. 다만, 산업합리화, 연구·기술개발, 불황극복, 산업구조의 조정, 중소기업의 경쟁력 향상 등의 이유로 공정거래위원회의 인가를 받은 경우는 예외로 인정하고 있다.

담합은 일반적으로 상당한 시장점유율을 차지하고 있는 사업자들 간에 가격, 거래조건, 판매량 등 소비자이익과 직결되는 경쟁을 피하기 위한 담합을 하는 것이 보통이다. 따라서 독과점적 시장구조하에서 공동행위는 기업 결합 또는 다른 형태의 경쟁제한행위보다 경쟁제한의 폐해가 심각하다고 하겠다.

담합의 형태는 매우 다양하다. 어떤 형태의 담합행위든 담합행위로 인해 경쟁이 제한된다면 소비자주권 실현의 방해가 되며 가격, 제품의 질, 서비스 등 여러 측면에서 소비자에게 부정적인 영향을 미치게 된다.「독점규제 및 공정거래에 관한 법률」에서 제시하고 있는 공동행위의 대표적인 형태는 다음과 같다.

① 가격담합: 가장 전형적인 형태의 공동행위로서 가격협정으로 인한 이익이 크기 때문에 공동행위가 쉽게 일어난다. 경쟁제한효과가 크므로 엄격히 규제하는 것이 세계적인 추세이다.

② 거래조건 담합: 다양한 형태의 거래와 관련한 조건을 공동으로 취하는 것으로 경쟁제한의 효과는 큰 경우도 있고 그렇지 않은 경우도 있다.

③ 공급제한 담합: 공급수량을 사업자들 간에 공동으로 협정하는 것으로 당사자 간의 이해관계가 충돌하기 쉬워 담합 자체가 쉽게 성립되지는 않는 편이다.

④ 시장분할 담합: 가격담합의 보조 수단으로 사용되는 경우가 많은데 가격수준을 직접 결정하는 것은 아니므로 경쟁제한 효과는 약하다. 그러나 담합 위반 시 제재를 수반하는 경우 경쟁제한 효과가 약하다 해도 공정하고 자유로운 경쟁을 제약하므로 부당한 담합행위로서 규제 대상이 된다.

⑤ 설비제한 담합: 생산량이나 판매량을 직접 제한하는 것은 아니므로 경쟁제한 효과는 크지 않다.

⑥ 상품의 종류 및 규격제한 담합: 새로운 상품이나 다른 규격의 상품이 시장에 공급되는 것을 제한하거나 표준화된 상품에 대해 거래를 제한하는 경우로서 부당한 담합행위로 규제된다. 다만, 제품의 표준화가 가격유지의 수단으로 악용되지 않고 경쟁의 합리화에 기여하는 경우 규제 대상이 되지 않는다.

⑦ 회사의 설립: 상호 경쟁 관계에 있는 다수의 사업자들이 상품이나 서비스를 공동으로 판매하기 위하여 또는 공동으로 원자재를 구입하기 위하여 공동으로 회사를 설립하는 경우 부당한 담합 행위에 해당된다.

⑧ 다른 사업자의 사업활동 제한: 이미 시장점유율이 높은 사업자들이 공동으로 다른 사업자의 시장진입을 방해하거나 특정 사업자의 사업활동을 방해 또는 제한하는 경우 부당한 담합행위에 해당된다.

4) 불공정거래행위로 인한 경쟁제한 행위 규제

불공정행위란 공정한 경쟁을 저해할 우려가 있는 행위인데 소비자이익을 침해할 우려가 있는 행위도 불공정거래행위로 간주하여 정부의 규제 대상이 된다. 공정거래위원회에서는 「독점규제 및 공정거래에 관한 법률」에 근거하여 불공정거래행위에 대해 과징금 부과와 불공정거래행위중지 등 시정명령을 내릴 수 있는 권한을 가지고 있다.

우리나라 「독점규제 및 공정거래에 관한 법률」은 불공정거래행위에 해당되는 행위의 유형을 고시하고 있으며, 불공정거래행위에 있어 일반 모든 사업 분야에 적용되는 ⅰ) 일반불공정거래 행위와 특수한 사업 분야에만 적용되는 ⅱ) 특수불공정거래 행위로 나누어 고시하고 있다.

(1) 일반불공정거래 행위

사업자 간의 불공정거래는 다양한 형태로 나타나고 있다. 불공정거래행위의 대표적 유형 몇 가지에 대해 간단하게 살펴보면 다음과 같다.

① 거래거절

시장지배적 지위를 가진 사업자가 자신의 지위를 남용하여 정당한 이유 없이 경쟁관계에 있는 다른 사업자와 거래하지 못하도록 하는 행위이다. 공정거래위원회에서는 행위를 발견하면 시정하도록 명령할 수 있고 공정거래위원회로부터 이 같은 시정조치를 받았음을 통지(통지내용은 공정거래위원회와 사전협의)하도록 하고 있다.

② 차별거래

사업자가 정당한 이유 없이 가격, 거래조건, 지역에 따라 차별적으로 거래하는 행위이다. 거래지역 또는 거래 상대방에 따라 부당하게 유리 또는 불리하게 거래하는 차별거래는 불공정거래행위에 해당하므로 시정명령을 받을 수 있다.

③ 지역 및 고객 제한

제조업자와 판매업자의 계약이나 약관에 의해 지역이나 고객을 한정하여 거래하는 행위이다. 주로 대리점과 제조업자간에 많이 발생하는 형태로서 시장지배적 지위를 가진 제조자가 대리점과 계약할 때 대리점에게 불리한 형태의 거래계약을 하는 경우가 보통이다.

④ 거래강제

시장지배적 지위를 남용하여 강제적 거래조건을 요구하는 행위이다. 보통 전품목강제, 묶어 팔기, 끼워팔기, 사원판매 등이 대표적인 거래강제 행위에 해당한다. 끼워진 상품이나 서비스의 가격이나 우수성 때문이 아닌 시장지배적인 지위를 가진 사업자에 의해 강제로 제품이나 서비스를 구입하는 경우 거래강제로서 불공정거래행위에 해당한다. 예를 들면, 예식장에서 예식장을 임대해 주면서 자기 예식장의 결혼의상, 앨범사진, 신부화장 등 부대용품을 강제로 이용토록 하면 거래 강제 행위에 해당한다. 한편, 자사 직원 또는 계열사 직원들에게 자사의 자동차를 강제로 판매하게 하는 행위, 회사의 주차장에 자사 또는 계열사 자동차가 아닌 자동차를 가지고 오는 경우 주차하지 못하도록 하는 횡포도 문제가 될 수 있다.

⑤ 우월적 지위 남용 행위

사업자가 시장지배적 지위를 가지고 있는 경우 이를 남용하여 각종 부당한 거래 또는 불공정거래행위를 하는 것으로 보통 구입강제, 이익제공강요, 판매목표강제, 경영간섭의 형태를 띤다. 프랜차이즈 사업자들이 가맹점에 대해 브랜드가 인쇄된 냅킨 등을 본사로부터 구매하도록 강제하고 인테리어 공사업체를 지정하는 행위 등은 불공정거래행위로 간주되어 시정명령을 받을 수 있다.

⑥ 부당한 표시 및 광고행위

「독점규제 및 공정거래에 관한 법률」에 의하면 '허위 또는 소비자를 기만하거나 오인시킬 우려가 있는 표시광고 행위'를 부당광고로 규정하고 있다. 부당광고의 규제는 소비자를 보호하기 위해서도 필요하나, 자유롭고 공정한 경쟁이라는 공익을 보호하기 위해서 필요하다. 따라서 부당한 광고행위는 사업자간의 공정하고 자유로운 경영활동을 방해하므로 규제 대상으로 하고 있다. 품질표시, 가격표시 등 각종 표시와 관련한 부당광고, 소비자를 오인시킬 수 있는 광고 등은 공정거래위원회로부터 규제를 받게 된다. 사업자간의 다양한 형태의 불공정거래행위는 사업자 간의 공정한 거래질서 확립에 장애요인이 됨은 물론이고 궁극적으로는 시장기구가 제대로 운영되지 않아 소비자에게 직·간접적으로 부정적인 영향을 미침에 주목해야 한다.

〈표 9-3〉 일반 불공정거래 유형

일반 불공정거래 유형	실제 형태 (불공정거래 기준)
1. 거래거절	공동의 거래거절, 기타 거래거절
2. 차별적 취급	가격차별, 거래조건차별, 계열사를 위한 차별, 집단적 차별취급
3. 경쟁사업자의 배제	계속거래상의 부당염매, 장기거래상의 부당염매, 부당고가매입
4. 부당한 고객유인	부당이익에 대한 고객유인, 위계에 의한 고객유인, 기타 부당한 고객유인
5. 거래강제	끼워팔기, 사원판매, 기타 거래강제
6. 우월적 지위남용	구입강제, 이익제공강요, 판매목표강제, 불이익제공, 경영간섭 등
7. 구속조건부 거래	배타조건부거래, 거래지역 및 상대방제한
8. 사업활동방해	기술 부당이용, 인력 부당유인/채용, 거래처 이전 방해, 기타 사업활동 방해
9. 부당한 표시·광고	허위·과장, 기만적, 부당한, 비방 표시·광고

(2) 특수불공정거래 행위

일반불공정거래 행위와는 별도로 특수한 사업분야 또는 특수한 행위에만 적용하는 특수 불공정거래 행위는 다음과 같다.

- 경품류에 관한 불공정거래행위
- 할인특별판매행위에 대한 불공정거래행위
- 백화점에 관한 특수불공정거래행위
- 공공건설공사에 있어서의 저가 입찰에 관한 특수불공정거래행위
- 학습교재 등의 판매에 있어서의 특수불공정거래행위

특수불공정거래행위 유형 중 소비자와 밀접한 경품과 백화점의 불공정거래 행위에 대해 보다 구체적으로 살펴보자.

① 경품

경품제공은 판매촉진을 위한 사업자의 수단 중 대표적인 것이다. 경품의 종

류는 다음과 같이 구별할 수 있다.

- 소비자경품: 구매자에게만 경품 제공
- 소비자현상경품: 구매 소비자를 대상으로 추첨
- 공개현상경품: 구매와 관계없이 당첨대상자가 됨

경품제공이 지나치면 규제의 대상이 되는데 이는 지나친 경품제공이 가격, 품질 등의 경쟁을 제한하는 경우가 많기 때문이다. 사업자들은 판매증진을 위하여 과도한 경품을 제공할 경우 소비자들 입장에서는 충동구매 및 과잉지출 문제가 초래될 수 있다. 뿐만 아니라, 과도한 경품 경쟁은 업자들 간의 불공정거래 행위를 유발시킬 수 있다. 예를 들면, 백화점의 과도한 경품경쟁이 납품업체나 입점업체에 불공정행위를 할 가능성이 있다.

이 같은 과도한 경품제공으로 인한 폐해를 막고자 현행 「독점규제 및 공정거래에 관한 법률」에서는 3만원 이하의 제품판매 시 경품은 그 제품가격의 10% 이하에 해당하는 것을 제공할 수 있도록 규정하고 있다. 한편, 현상경품은 예상 매출액의 1% 이내의 제품을 걸 수 있으며 현상경품가액은 최고 100만 원으로 제한하고 있다.

② 백화점의 불공정거래 행위

백화점의 경우 소비자가 직접 접하는 유통기관으로서 백화점의 불공정거래행위는 별도의 규정으로 규제하고 있다. 백화점의 불공정거래행위에 대한 규제는 할인판매와 관련한 내용이 많다. 예를 들면, 할인율을 과대하게 표시하기 위하여 할인판매직전에 가격을 인상하는 경우, 이미 가격이 인하된 제품의 할인율을 표시하는 경우, 인하 이전 가격을 기점으로 표시하는 경우 모두 규제대상이 된다. 뿐만 아니라 상당한 양의 재고가 없어 일부 품목만을 할인하여 판매하면서 대부분의 제품이 높은 할인가격으로 판매되는 것처럼 하는 행위, 조악상품인데 정상상품을 할인하여 판매하는 것처럼 하는 행위, 할인기간종료 후에도 계속 할인 관련 광고물을 제거하지 않는 행위 등은 모두 규제대상이 된다.

한편, 백화점과 거래업자들 간의 불공정거래행위도 규제대상이다. 이 같은 불공정거래행위의 주요 행위는 백화점이 입점 또는 납품업자들에게 취하는 불공정행위로서 수수료를 부당하게 징수하는 행위, 물품대금을 지연하여 이자를 챙기는 행위, 판촉사원을 강요하거나 상품권 및 각종 상품을 강제로 구입케 하는 행위 등이다.

〈소비자경제학 코너 9-1〉 백화점 불공정거래행위의 대표적 사례

백화점들은 백화점에 납품 또는 입점하고자 하는 업자들이 많아 영업상의 주도권을 이용하여 불공정거래행위를 하여 왔다. 규제대상이 되고 있는 백화점의 불공정거래행위를 구체적으로 살펴보면 다음과 같다.

① 도깨비 매상: 매출액이 적다고 트집을 잡아 매출액을 실제보다 부풀려 수수료수입을 올리는 행위
② 상품권 강매: 명절과 연말에 거래선에게 상품권 대량구입을 강요 행위
③ 특판부서의 강매: 특판부서가 거래선에게 상품을 강제판매하는 행위
④ 광고 및 사은품 비용 부담요구: 거래선들에게 광고비, 팜플릿, 사은품 비용을 부담하라고 요구하는 행위
⑤ 경쟁백화점에 납품 또는 입점방해: 인근의 경쟁점포에 납품 또는 매장을 개설하지 못하게 하는 행위
⑥ 수수료 부당인상: 과도하게 수수료를 올려 폭리를 취하는 행위
⑦ 판촉사원 파견 강요: 인건비를 줄이기 위해 거래선에게 판촉사원파견 강요 행위
⑧ 물품대금지급 지연 또는 감액: 물품대금지급을 지연하여 매출대금의 이자를 챙기거나 실적이 적다며 물품대금의 일부를 깎는 행위

출처: 허경옥(2021). 소비자학의 기초(개정판). 교문사.

지금까지 살펴 본 바와 같이 시장실패는 소비자에게 여러 측면에서 부정적인 영향을 미치므로 소비자, 소비자단체, 정부는 공정거래질서 유지, 경쟁적 시장구조 정착, 정보공개정책 등을 추구해 왔다. 소비자이익추구 및 소비자주권 실현을 위한 불매운동, 사주기 운동, 소비자운동, 소비자교육, 소비자피해구제 등 존재하는 그 어떤 방법보다도 경쟁적 시장구조, 기업 간의 공정한 거래, 완전정보시장 확보, 시장실패 방지 노력은 궁극적으로 효과적이다. 다시 말해, 그 어떤 방법보다도 시장실패를 해결하는 것이 소비자들 입장에서는 중요하다고 하겠다. 기업들의 담합, 불공정거래행위 등 시장실패의 주요 원인인 경쟁제한 행위를 규제하여 소비자이익을 증가시키고 소비자주권을 실현하기 위한 노력이 더욱 필요하다.

Chapter 10

정부의 소비자경제복지 정책

소비자는 시장경제에서 무엇을, 얼마나, 누구를 위하여 생산하고, 어떻게 배분할 것인가를 좌우하는 최대의 경제 주체로서 가계는 물론 기업 그리고 국가 경제의 수준과 질에 절대적인 영향을 미친다. 가계의 소비지출 규모는 국민총생산의 약 60%를 차지하고 있는데 소비자의 지출패턴에 따라 국가의 산업구조는 물론 물가, 국제수지, 경제성장률 등의 거시 경제지표가 달라진다. 개인과 가계의 소비가 중요하다고 하겠다.

그런데 소비자의 목표는 소비자복지 증진이다. 복지란 개인의 욕구가 충족된 정도라고 할 수 있는데, 특히 경제적 복지(economic well-being)는 인간으로서 존엄성을 유지하면서 삶을 살아가는 데 필수적이다. 소비자복지를 증진시키기 위한 소비자, 기업, 정부의 다양한 노력은 모든 경제활동의 궁극적 목표인 소비자의 욕구충족, 소비생활의 질 향상, 삶의 질 향상을 실현시키는데 있다. 소비자복지가 실현되고 발전되기 위해서 성숙한 소비자주권의식, 기업의 소비자지향적 경영, 정부의 소비자경제복지정책이 중요하다.

소비자의 경제적 복지란 용어는 이미 우리 생활에서 매우 중요하고 일반적인 용어로 사용되고 있는 것에 비해 과연 어떤 것이 경제적 복지인가를 정의한다는 것은 쉽지 않다. 가계의 경제적 복지 수준을 측정하는 것 또한 그리 쉽지 않다.

따라서 본 장에서는 소비자의 경제적 복지에 대한 개념적 정의, 경제복지의 중요성, 경제적 복지수준 측정방법, 경제적 복지 측정 시 고려사항 등에 대해 살펴보고자 한다.

1 소비자복지의 기초 이해

1) 소비자복지의 목표

소비자복지 또는 소비자복지 정책의 목표는 크게 5가지이다. 첫째, 소비자의 존엄성 확보 및 소비자주권 실현이다. 소비자의 존재가 시장경제의 가장 중요한 요소이며 이들의 존엄성확보 및 주권이 소비자복지의 최고 목표이다.

둘째, 인간다운 최소한의 소비생활 보장이다. 소비자는 인간으로써 최소한의 경제적 삶, 소비생활을 영위해야 하며 이것이 소비자 복지의 중요한 목표이다.

셋째, 소비자선택의 보장 및 소비자의 자주권 획득이다. 소비자결정권이란 타인 소비자에게 의존하지 않고 스스로 자주적이고 독립적인 소비선택을 하고 이로 인해 만족, 나아가 삶의 질을 높일 수 있어야 한다.

넷째, 능력 있는 소비자 그리고 책임 있는 소비자로써의 개발 및 교육이다. 소비자의 잠재적 능력을 최대한으로 발휘시키기 위한 독자적이고 주체적인 삶, 그리고 스스로 선택하고 결정한 삶에 대해 책임질 수 있는 소비자로 교육·개발시켜야 한다.

다섯째, 사회적 복지이다. 시장경제 구조하에서의 개인의 선택에만 치중하지 않고 사회 전체의 행복한 삶, 사회적 소비복지가 중요하다. 즉 다 같이 행복한 소비생활을 할 수 있는 소비시장환경을 구축하여야 소비자복지가 실현될 수 있다.

소비자복지의 목표를 5가지로 정리하였는데 이를 달성하기 위해서 정부의 소비자정책이 개입하게 된다. 물론 정부의 개입 이전에 소비자 개인, 소비자단체, 기업 등의 다양한 노력이 필요하다. 소비자복지 서비스의 대상자는 빈민이나 사회적 장애를 가지고 있는 일부 특정 계층의 사람(예: 고아나 미망인, 빈민이나 장애인, 노령자 등)뿐만 아니라 모든 소비자를 대상으로 한다. 현대 산업사회에서는 소비자들의 의지와 관계없이 발생하는 소비자 사고도 소비자복지의 대상이 될 수 있으며 소비자 누구나 소비자복지의 대상이다.

2) 소비자복지 실천 주체

소비자가 행복한 삶을 영위하기 위해서는 소비의 주체인 소비자의 노력이 중요할 뿐 아니라, 소비자들에게 상품을 공급하는 기업 그리고 중재자의 역할을 하는 정부의 노력이 함께 이루어져야 한다. 소비자복지 실현을 위해 소비자는 자신들의 권리나 복지를 추구하기 위하여 소비자단체를 구성하기도 한다. 기업은 고객만족센터 등을 운영하여 소비자요구나 불만을 수용하고 궁극적으로 경제적 이윤을 최대화한다. 정부는 행정기관을 통해 정책적 지원을 제공하고 소비자와 기업 사이의 문제를 해결하고자 한다. 재화의 소비를 넘어 소비자, 기업, 정부가 긴밀하게 연관되어 움직이는 유기체이며 국가경제의 근간이 된다.

소비자복지의 실천 주체는 첫째, 정부(국가 및 지방자치단체)이다. 정부는 소비자복지증진을 위해 소비자교육, 소비자정보 제공 및 정보정책, 소비자 법·제도 확립, 각종 소비자정책을 실행한다. 둘째, 소비자복지 실천 주체는 기업(사업자)이다. 사업자는 사회적 책임을 자각하고, 국가 등의 소비자보호시책에 협력하며 안전기준에 위배되는 물품을 제조·판매하지 않고 표시광고 기준을 준수하고자 한다. 결국, 소비자 지향적 기업경영은 기업의 중요한 역할 중 하나이다. 셋째, 소비자복지의 실천 주체는 소비자(소비자단체)이다. 소비자는 스스로의 안전과 권익을 향상시키기 위하여 필요한 지식을 습득하는 동시에 자주적이고 성실한 행동과 환경친화적인 소비생활을 함으로써 소비생활의 향상과 합리화에 적극적인 역할을 다하고자 한다. 따라서 소비자 자신도 소비자복지 실천의 중요한 주체이다. 한편, 소비자단체는 소비자상담 및 불만처리, 소비자 교육, 소비자에게 유용한 정보제공, 정부 및 기업에 대한 소비자이익 대변 등 소비자권익확보 및 소비자복지 실천의 주체이다.

2 소비자복지의 이론적 접근

소비자복지(consumer welfare)는 단순히 경제성만을 중요시하는 논리가 아니고 소비자의 권리와 주권 그리고 편익을 동시에 추구하여 소비생활의 질이 향상될 때 진정으로 실현되었다고 볼 수 있다. 최근 소비자의 힘이 증대되고 있고 양질의 제품을 더 싼값으로 추구하려는 소비자의 공감대가 확대되는 것은 소비자복지 형성에 긍정적인 현상이다. 소비자의 욕구를 충족시켜 줄 수 있는 재화나 서비스가 시장에 존재하고 핵심이 되어야 한다는 소비자지향성이 소비자복지의 중요 개념이다.

소비자의 경제적 복지를 위한 국가의 역할을 강조한 미국 케인즈 경제는 변화되어 왔다. 즉 국가의 역할에서 시장실패를 시장 스스로가 해결하는 것이 훨씬 효율적이라는 신자유경제주의 철학으로 전환되어 왔다. 국가 역할과 정부/시장 실패 논쟁은 자본주의 국가 내에서 계속되고 있는데 복지논쟁은 큰 정부 대 작은 정부 논쟁과 시장실패 대 정부실패 논쟁으로 이어진다.

정부의 실패를 주장하는 사람들은 어떤 정치적 기구보다도 시장이 자원을 더 효율적으로 배분한다고 믿고 있다. 정부의 개입은 시장의 혼란만 가중시킬 뿐 국가 전체의 복지와 후생에 전혀 도움이 되지 않는다고 주장한다. 시장은 경쟁을 통하여 보다 싼 가격의 상품을 소비자에게 제공하므로 저소득층 소비자의 복지도 실현된다고 간주한다. 정부나 정부 기관이 국민들의 복지를 책임진다고 시장가격을 통제하거나 노동 수요를 억지로 만들어 낸다면 경쟁은 사라지고 노동의 질은 떨어지는 악순환이 되어 경제는 실패한다는 논리이다.

반면, 시장 실패를 강조하는 관점은 1930년대 경제공황으로 시장경제의 불완전성 때문에 케인즈식 복지국가, 즉 시장에 대한 국가개입을 정당화시켰다. 시장 메커니즘은 소비자의 구매력, 소비자수요에 대응하는 체제로써 가진 자들의 '만족'에 기여할 뿐 빈곤한 사람들의 필요에 무관심하다는 것이다. 따라서 인간의 필요를 충족시키기 위해서는 국가가 공공재를 제공해야 한다고 주장한다. 그러나 경제적 정의를 실현하기 위한 국가의 개입은 개인이나 시장의 자유와 권리를 제한한다는 반대의견을 피하기 어렵다. 복지는 국가의 역할을 두고 벌어지는 이데올로기의 산물이다. 국가의 역할에 대한 이데올로기 논쟁에 따라서 복지의 형태와 크기가 정해져 왔다.

자유민주사회는 개인주의와 자유평등 사상을 바탕으로 경제에 대한 간섭이나 규제를 배제하고 철저한 중립을 요구하는 자유방임주의의 형태를 띠고 있다. 그러나 극단적 자유주의는 기술발달, 도시화, 인구증가 등 경제환경의 변화와 결합되면서 빈부격차, 독과점적 시장지배, 계약의 불이행, 노사간의 극한적 대립 및 환경오염, 소비자소외 및 격리 등 수 많은 사회문제를 불러일으킴으로써 자유주의적 경제원리에 중대한 위협이 되고 있다. 게다가 이러한 상황에서 고도산업사회를 유지하고 경제적 민주주의를 실현하기 위한 기본권으로서 소비자권리가 중요해지고 있다. 소비자권리는 소외된 계층의 소비자 또는 불리한 조건의 소비자들에게도 주어져야 한다는 공감대가 확산되고 있다.

그러나 현대 경제에서는 생산자들이 생산할 제품의 종류 및 가격을 결정하고 소비자들이 영향력을 충분히 행사하지 못하며, 소비자주권이 충분히 존재하지 않는다는 지적이 많다. 또한, 경제학에서 말하는 합리적 소비자는 존재하지 않으며, 소비자들은 그들이 구입하고자 하는 상품에 대한 충분한 정보를 가지고 있지 못하고, 소비결정은 소비의 외부경제효과에 의해서 결정되는 경우가 많고, 생산자들에 의해 창출된 소비가 많은 것이 현실이다.

전통적인 경제학에서 소비자의 영향력은 상당히 제한적이다. 특히, 독과점 상태에서는 개별 생산자에게 힘이 집중되기 때문에 생산자들이 시장에서 지배적인 영향력을 행사하게 되어 경제학적 원리가 작동하지 않고 소비피해자가 발생한다. 따라서 소비자들은 시장에서 생산자의 영향력에 대응할 수 있는 힘을 길러야 한다는 주장이 일게 되었고, 시장에서 소비자들이 필요로 하는 것이 무엇이고 바람직한 것이 무엇인가를 스스로 판단하여 결정하는 소비자 주권 실현 나아가 소비자복지가 중요한 과제로 떠올랐다.

소비자권리 실현을 위해서 소비자는 실질적으로 시장과 경제 체제를 주도해 나아가야 한다. 즉, 소비자들은 상품과 서비스를 선택할 수 있어야 하고, 여러 선택 대안들 중에서 최적의 효율적 선택을 할 수 있어야 한다.

소비자들은 자신이 직면한 소비자문제를 스스로 판단하고 결정하는 주체가 되기 위해서는 소비자주권, 컨슈머리즘 사상을 중심으로 소비자로서의 권리와 의무를 다해야 하며 더 나아가 적극적인 사고에서 컨슈머리즘을 극복할 수 있는 가장 효율적인 방안을 강구해야 한다. 그런데 소비자복지 개념은 소비자권리 및 주권 개념을 확대한 것으로써 실질적으로 경제체제를 주도해 나가는 소비자를 보호하고, 소비자가 갖추어야 할 기본적인 덕목을 갖추게 하여 국가경제 발전을 도모하고 나아가 세계경제 발전을 목표로 한다.

1) 시장경제와 소비자복지

많은 소비자들이 낮은 가격으로 양질의 재화를 제공받을 수 있을 때 시장에서 소비자복지는 극대화된다. 소비자복지가 실현되지 않는 문제는 2가지이다. 하나는 자유시장과 정부 중에서 어떤 주체가 이를 더 잘 해결하느냐는 것이고 또 다른 하나는 자유경제구조에서 최소한의 소비자복지가 충족되지 못하는 경우의 문제이다.

한편, 한 사회에서 제한된 양의 자원을 배분하는 방법에는 2가지로써, 사회에 대한 강력한 통제를 바탕으로 계획자나 계획기구가 한정된 자원을 배분하는 방법과 시장기구에 의한 자율적 배분 방법이다. 전자의 자원배분 방법은 지극히 비효율적이라는 사실이 이론적으로나 실증적으로 명확하게 밝혀졌다. 영국이 이른바 '모든 사람들이 고르게 의료 서비스를 받을 수 있어야 한다'는 철학에 입각하여 정부 주도의 의료행정을 실행한 이후 소비자들의 불편은 물론 의료서비스 수준도 낮았다는 것은 잘 알려진 사실이다.

정부가 시장에 개입하는 중요한 이유는 일반 소비자는 물론 자신의 능력으로 비용을 지불하기 어려운 저소득층, 노인 소비자, 장애인 소비자 등의 소비자복지를 향상시켜 주기 위함이다. 즉, 사회구성원 모두가 수준 높은 서비스를 제공받을 수 있어야 한다. 그러나 많은 비용을 정부 재정으로 뒷받침할 수 없어 장기적으로 양질의 서비스를 지속적으로 제공하기는 어렵다.

시장에 의한 자원배분 방법은 시장의 가격기구(price mechanism)가 경제문제를 해결하는 데 필요한 정보를 제공해 줌으로써 경제 주체들이 합리적으로 행동하도록 함은 물론 사회 전체의 효율적인 자원배분을 가능케 한다. 예를 들어, 서비스에 대한 수요가 증가하면 서비스 가격은 오른다. 가격의 변화는 곧 시장의 상황 변화를 소비자들에게 널리 알려주는 정보전달 기능을 수행한다. 이때, 서비스 가격이 올랐으므로 비용 때문에 제공하지 않았던 서비스, 즉 노동력을 공급할 수 있는 유인 제공 기능도 수행한다. 그 결과 노동 공급자들은 자신이 제공한 서비스에 대한 소득을 얻게 된다. 이것이 곧 가격의 소득분배 기능이다. 이러한 2종류의 기능이 원활하게 발휘될 때 시장도 효율적으로 작동하며 이는 곧 소비자복지가 극대화됨을 의미한다. 소비자복지를 위해서는 자유로운 시장에서 공급자들의 사익추구 활동이 보장되어야 하며 경쟁을 통하여 소비자복지에 충실할 수 있도록 하여야 한다.

시장경제체제에서 소비자복지를 추구하는 방법은 서비스 공급이 수요에 탄력적으로 대처할 수 있도록 공급자를 경쟁체제로 가도록 유도하는 것이다. 공급자 수가 늘어난다고 해서 서비스의 품질은 떨어지지 않으며 오히려 개선된다. 공급자들의 수 증가에 대한 진입장벽의 제거는 경쟁의 심화를 의미한다. 경쟁에서 살아남기 위해서는 양질의 서비스를 낮은 가격으로 공급할 수 있어야만 한다. 그 결과 공급자간의 경쟁의 정도가 심해져 서비스의 품질이 높아짐은 물론 소비자복지 수준은 높아진다. 결국, 견제와 균형 그리고 공정경쟁이 확립돼야 진정한 소비자 주권이 실현될 것이다.

그러나 이 같은 경쟁적 시장구조체제를 갖는 것이 현실에서 쉽지 않다. 게다가 견제와 균형, 공정경쟁이 실현되어도 저소득층, 노인, 장애인 등 소외된 계층 소비자 또는 불리한 상황의 소비자들에게 소비자복지가 충족되지 않을 수 있다. 이 같은 경우 사회복지 영역이 필요한 것처럼 소비자 복지를 위한 다른 차원의 노력이나 정부의 개입 여지가 남게 된다.

2) 경제주체들의 소비자복지의 실현 조건

어떤 상태가 소비자복지가 실현된 상태일까? 특히, 사회구성원 모두가 소비자 복지실현이 가능키 위해서는 어떤 조건들이 필요할까? 경제 주체들의 입장에서 소비자복지 실현에 대해 살펴보면 다음과 같다.

(1) 개인 및 가계 소비자 측면

소비자복지의 실현 조건은 다음과 같다.

- 선택에 대한 비판적 사고능력을 가진 상태
- 현대경제사회에서 생활하는 자신감 및 자립심이 증진된 상태
- 소비자피해예방과 소비자권리의 확대로 소비자주권이 향상된 상태
- 소외된 소비자계층의 소비자주권 확보가 향상된 상태

그런데 여기서 우리는 소비자소외에 대해 면밀하게 살펴볼 필요가 있다. 소비자소외란 소비환경의 발전과 진보에 따라 창출되는 혜택의 사회구성원 간 배분 문제를 지칭하는 것이다. 예를 들면, 사회 전반에 걸친 소비자소외의 수준은 사회발전 또는 경제발전의 혜택을 얼마나 많은 소비자에게 적절하게 분배하고 있는가에 달려 있다. 소비자 소외는 여러 측면에서 살펴볼 수 있다. 예를 들면, 부의 차이에 따른 소비자 소외의 경우 금융 분야로부터의 소비자소외이다. 외환위기 이후 제도권의 서민 금융기관들이 소비자 개인 뱅킹이나 주택담보대출 등에 주력하면서 서민금융을 도외시 해 왔다. 이에 따라 저소득가구가 적자상태에 빠지고 개인파산 신청건수가 급증하는 등 서민들의 금융소외현상이 심화되고 있다. 서민금융의 악화는 소득양극화현상을 심화시켜 분배구조를 악화시키고 성장잠재력을 잠식한다. 결국, 저소득층 소비자는 소득부족으로 인해 금융기관 등으로부터 소비자권리실현, 소비자 주권확보로부터 소외되고 있다. 뿐만 아니라 사교육 과열 및 빈부격차에 따른 영어 격차, 도시거주 소비자와 농촌거주 소비자 간의 소비생활 및 경제적 수준 차이로 인한 소외, 정

보격차로 인한 소비자소외 등이 발생하고 있다.

(2) 기업 및 생산자 측면

기업 측면에서 소비자복지 실현의 조건은 다음과 같다.

- 소비자만족 증대와 소비자불평이 감소된 상태
- 기업 자율구제 지원강화로 경영비용이 감소된 상태
- 건전한 기업이 생존하는 시장 메커니즘이 정립된 상태

현대 소비환경은 급격하고 다양하게 변화하고 있다. 수많은 소비제품이 생산되고 있으며, 그 결과 소비자 문제도 급격히 증가하고 있다. 소비자의 변화, 새로운 형태의 소비자문제 발생 등 기업의 고객상담실을 둘러싼 환경의 변화는 심화되고 있다. 이러한 환경 변화에 대응하기 위해서는 소비자의 다양한 목소리에 귀 기울이는 것이 무엇보다 중요하다. 기업은 소비자안전 확보, 소비자피해 사전예방 및 사후구제, 소비자만족 최우선정책, 기업의 사회적 책임 등에 더 많은 역할을 수행하여야 한다. 소비자복지 실현을 위한 기업의 방안은 다음과 같다. 첫째, 소비자 욕구에 부응하는 제품과 서비스의 혁신적 개선은 기업 간의 경쟁에 의해 실현되도록 한다. 둘째, 경쟁제한 행위와 불공정 관행이 없어져야 한다. 특정 기업의 독점을 제지하고 독점의 폐회를 최소화 시켜야 한다. 셋째, 기업윤리, 기업의 사회적 책임, 불리한 조건의 소외된 소비자들의 소비자복지에 관심을 갖아야 한다.

(3) 정부 및 사회적 측면

정부 측면에서 소비자복지 증진을 도와주기 위한 정책 목표, 즉 소비자복지 실현 조건은 다음과 같다.

- 소비자와 사업자 간 힘의 균형으로 경제시스템 만족도가 증진된 상태
- 소비자정책 등 각종 공공정책 실현이 원활한 환경
- 공공이익에 대한 관심증대로 사회적 비용이 감소된 상태
- 모든 구성원의 소비생활의 질이 향상되고 건전한 사회가 구성된 상태

정부가 취할 수 있는 소비자복지증진 방안은 다양하다. 여러 정책 방향을 살펴보면 다음과 같다. 첫째, 정부가 시장실패로 발생하는 각종 소비자 불만 및 피해와 관련한 소비자상담 및 피해구제를 지원한다. 둘째, 정부가 소비자교육 및 정보제공에 대한 지원을 확대하는 것이다. 소비자주권실현은 합리적 소비자의 효율적 선택이 전제되어야 하고 이를 위해서 완전소비자정보는 필수적이며 능력 있는 소비자육성을 위한 소비자교육은 반드시 필요하다. 셋째, 정부가 소비자와 시장의 관계를 분석하여 경제동향을 살피고 미래를 예측 해 소비자, 기업 그리고 수요와 공급이 만나는 시장의 효율성을 높인다. 넷째, 정부의 중요한 또 다른 역할은 자유경제 그리고 경쟁적 개방시장 체제를 만드는 것이다. 모든 산업과 거래에 합리적인 참가와 불참의 자유보장, 바람직한 경쟁의 유지, 소비자 지향적 체제 추구가 바로 그것이다. 다섯째, 정부가 소비자 관련 법령 및 제도를 강화하여 소비자지향적인 소비자복지추구의 사회를 구축하는 것이다. 소비자정책방향 설정에 중요한 것은 정부, 기업, 소비자 사이의 목적을 정확히 인식하고 이들의 유기적 공조 및 협력이다. 여섯째, 정부가 불리한 소비자, 소외된 소비자의 소비자권익과 주권실현을 지원하는 것이다.

3 정부의 소비자복지정책 실현수단

1) 입법적 소비자복지정책

오늘날의 소비자피해는 피해자와 소비자 사이의 지위의 대등성이 상실되었기 때문에 발생하는 이른바 구조적 피해이다. 소비자권리를 확보하고 소비자피해를 근본적으로 예방함과 동시에 신속한 피해구제를 위해서는 적절한 입법적 조치가 필요하다. 실제로 소비자에게 일방적으로 불리한 약관이 널리 통용되고 있으며, 안전성이 결여된 제조물로부터 생명이나 신체안전이 침해된 소비자가 제조업자의 과실을 입증하지 못하여 피해구제를 받지 못하는 경우도 적지 않다. 이러한 문제를 적절히 해결하기 위해서는 소비자 주권확립을 위한 본래적 「소비자기본법」을 적극적으로 제정하는 등 소비자복지를 실천할 수 있는 입법적 조치가 강화되어야 할 것이다.

「소비자기본법」에서는 소비자의 기본적인 권리를 보장할 수 있는 국가 및 지방자치단체, 그리고 사업자에 대하여 소비자권리의 실현에 노력해야 할 의무를 부과하고 있으며, 특히 국가 및 지방자치단체에 대하여는 이를 위하여 관계법령을 제정할 의무를 부여하고 있다. 이에 따라 「독점규제 및 공정거래에 관한 법률」,「물가안정 및 공정거래에 관한 법률」,「식품위생법」,「공산품품질관리법」,「약관의 규제에 관한 법률」,「방문판매법」,「할부거래에 관한 법률」 등이 제정 · 시행되고 있다. 그런데 이러한 법들 대부분들은 처음부터 소비자의 권리 실현 그 자체를 목적으로 하고 있는 것이 아니라, 개별적 행정목적을 실현하기 위하여 제정된 법률에 소비자 관련 규정을 부분적으로 삽입하거나 기존의 규정을 소비자보호의 방향으로 다소 개정함으로써 소비자 보호의 목적을 실현하려고 한 것이 대부분이기 때문에, 소비자복지 관점에서 보면 그 내용이 매우 부족하거나 미흡한 것이 사실이다.

그러므로 사업자에게 구체적으로 상품이나 용역에 관한 정보의 제공을 청구할 수 있고, 또 안전한 상품의 공급을 요구할 수 있는 적극적인 장치는 물론, 소비자피해를 효율적으로 구제할 수 있는 제도적 강화조치가 필요하다. 특히, 장애인, 노인, 저소득층, 청소년 등 소외된 계층의 소비자복지를 지원할 수 있는 다양한 법제도를 추가시켜야 한다.

2) 사법적 소비자복지정책

소비자의 권익을 침해하는 거래관계로부터 소비자를 보호하기 위한 사법적 통제방법으로는 형사적 통제와 민사적 통제가 있다. 형사적 통제는 법위반을 한 사업자에 대하여 부과하는 형사적 제재이다. 예를 들어, 부당한 약관과 관련하여 공정거래위원회에서는 불공정한 약관을 수정, 삭제하도록 시정조치를 권고할 수 있다. 만일 이 시정명령을 위반한 사업자에 대해서는 2년 이하의 징역 또는 1억원 이하의 벌금에 처한다.

민사적 통제수단으로는 소비자피해구제나 예방, 부당한 약관의 무효 및 부정경쟁행위의 중지청구 등이 있다. 그런데 법원의 판결에 의한 구제는 소비자가 소송을 제기하여야 하는데, 대부분의 소비자들은 법률지식의 부족이나 소송비용의 과다, 소송절차의 복잡성, 시간적 문제 등으로 인하여 소송을 회피하려는 경향이 많다. 따라서 고액의 피해를 입었거나 생명, 신체의 안전이 침해된 경우와 같이 심각한 피해가 발생한 경우를 제외하고는 거의 대부분의 소비자가 피해구제를 포기하고 있는 실정이다. 2008년부터 단체소송제도가 도입되었으나 실질적으로 개인 소비자의 손해배상청구를 인정하지 않고 있어 소비자피해를 신속하고 간편하게 구제할 수 있는 집단피해구제 관련 사법적 조치가 필요하다.

3) 행정적 소비자복지정책

행정적 규제는 소비자보호에 관한 정부의 규제를 의미한다. 이는 그 시행이 강제적일 뿐만 아니라 예방적인 조치를 강구할 수 있다는 점에서 장점을 가진다. 예를 들어 소비자의 안전을 보장하기 위하여 식품이나 의약품에 대해서 그 제조, 가공업에 대한 허가제를 도입하여 소비자피해를 사전에 예방하거나, 보험약관에 대한 사전인가를 통하여 소비자에게 부당하게 불리한 약관의 사용을 원천적으로 봉쇄하는 등이다. 이와 같은 행정적 규제는 각 행정부처가 개별적으로 업무 특성에 맞게 추진하고 있는데 재정경제부, 공정거래위원회, 한국소비자원 등에서 소비자복지추구를 위한 노력을 펼치고 있다. 그러나 분산된 소비자복지행정은 업무중복, 효율적 조정실패 등으로 나타나고 있어 소비자복지를 위한 제반사항을 총괄적으로 담당하는 새로운 기구 또는 총합조정피해구제, 사업자에 대한 감시, 소비자보호시책의 개발 등 소비자행정에서 주도적 역할을 담당하는 기구가 필요하다.

4 정부의 행정적 소비자복지정책 내용

1) 경쟁의 유지와 촉진정책

정부는 사업자들 간의 경쟁을 유도하여 소비자는 유리한 조건에서 보다 양질의 상품을 보다 싼 값으로 구입할 수 있다. 시장경제 체제하에서 대부분의 국가에서 사업자 간의 경쟁유지와 촉진을 위한 제도적 장치를 도입하고 있는데 이는 궁극적으로 소비자복지 실현을 위한 것이다. 예를 들면, 공정하고 자유로운 경쟁을 촉진하기 위하여 사업자의 시장지배적 지위의 남용이 금지되고 있고, 기업결합과 경제적 집중을 억제하며, 부당한 공동행위를 제한하고 있으며, 불공정거래행위를 금지하는 등 소비자복지를 위한 여러 정책이 추진되고 있다. 이때, 이 같은 경쟁촉진 정책으로도 충분하게 소비자복지가 실현되지 못하는 부분, 예를 들면, 노인, 저소득층, 장애인 소비자들에게는 정부의 차별적인 소비자정책이 수립 · 실천되어야 한다.

2) 소비자조직 활동지원 정책

소비자들이 사업자 또는 사업단체에 대항하여 그들의 권익을 스스로 옹호하기 위해서는 소비자들 스스로 조직화하지 않으면 안 된다. 그런데 소비자는 장소적인 분산뿐만 아니라 상호 연계성 부족 때문에 조직화하기가 어렵다. 소비자의 조직화가 본격적인 소비자운동으로 연결된다고 볼 때 자생적인 소비자복지추구 활동은 매우 중요하다. 최근 활동하고 있는 소비자단체는 모두 10여 개인데, 이들이 사업자 또는 사업자단체에 대항하여 소비자복지를 증진시키기 위해서는 정부의 적극적인 지원이 필요하다. 최근 장애인소비자연합이라는 소비자단체가 설립되어 장애인의 특수한 소비자문제 및 소비자복지를 증진시키는 활동을 하고 있어 주목할 만하다.

3) 소비자지원행정

소비자복지증진을 위한 정부의 소비자지원 정책 유형은 소비자교육, 소비자정보제공, 제품비교검사지원, 소비자상담 및 피해구제 등의 형태를 통해 실현된다. 최근, 기업규제 행정보다 소비자지원 정책이 소비자정책의 주요 수단이 되어야 한다는 목소리가 높아지고 있다.

(1) 소비자교육 지원

소비자교육은 소비자가 개인적, 사회적 존재로서 자아실현을 할 수 있도록 소비자능력(consumer competency), 즉 소비자 역할을 효과적, 효율적으로 수행할 수 있도록 하기 위해 필요한 소비자 지식·태도·기능을 개발시켜주는 교육이라고 할 수 있다. 특히 21세기 소비자교육은 디지털경제 시대에 적절한 자주적이고 책임감 있고 정보화된 소비자교육을 목표로 한다. 소비자교육을 통해 달성하고자 하는 바람직한 소비자유형은 다음과 같다.

- 신소비자: 자주적이고 책임감 있고 정보화된 소비자
- 자주적 소비자: 소비의사결정을 자신의 가치에 맞게 스스로 내릴 수 있는 소비자
- 책임감 있는 소비자: 자신의 소비가 경제·사회·정치·자연환경에 미칠 제반 영향을 고려할 줄 아는 소비자
- 정보화된 소비자: 소비자정보의 중요성 인식하고 이를 의사결정에 충분히 활용하는 소비자

소비자교육의 중요성은 소비자교육을 통해 소비자가 인간답고 풍요롭게 생활할 수 있는 능력을 가질 수 있도록 한다는데 있다. 소비자주권 확립뿐만 아니라 소비자의 심리적, 물리적, 금전적 혜택을 누릴 수 있도록 한다는 점에서 소비자교육은 소비자복지 정책의 주요 수단이다.

소비자교육의 내용은 시장 및 금전관리 방법과 같은 기본적인 내용 이외에도 소비자와 그 행동이 일어나는 경제·정치·사회·물리적 조직 간의 상호관계를 이해할 수 있는 내용도 포함된다. 다시 말해, 소비자들의 의사결정과정, 소비자정보획득 방법, 합리적인 소비 방법, 재무관리 방법, 가치선택 방법, 소비자시민의식, 환경보호적 소비의 내용이 소비자교육에 포함된다. 그러나 소비자교육

을 통해 소비자권리가 실현된 것만으로 효율적인 시장경제체제를 이룰 수 있는 것은 아니다. 소비자에게는 권리와 함께 책임이 따르게 되며 소비자의 주권이 확립되기 위해서는 소비자의 도덕적인 책임이 중요한 과제로 남게 된다.

(2) 소비자정보정책 수행

소비자정보는 소비자선택행동에서 불확실성을 감소시켜 주는 중요한 요인이다. 소비자정책은 소비자권리의 보호 중심에서 점차 소비자정보제공 등 소비자정보 정책으로 바뀌어 가고 있다. 다시 말해, 소비자정보정책과 소비자정보교육을 통한 소비자들의 복지정책으로 변화되고 있다. 이와 같은 소비자정보정책이 성공하기 위해서는 정부, 기업, 소비자 단체의 유기적 협력이 필요하다.

(3) 소비자단체 및 소비자운동 지원

소비자운동이란 소비자로서의 개인의 권리를 보장받고 재화 및 용역의 구매로 발생하는 피해를 방지하고 보상받기 위한 일련의 집합적 행동이라 정의내릴 수 있다. 소비자운동 유형은 첫째, 정보제공형 소비자운동이다. 정보제공형 소비자운동은 소비자평가의 최소기준치를 결정할 수 있도록 하고 소비자의 합리적인 소비환경을 만들어주는 기본 조건이 된다. 소비자정보 표시제도, 품질보증, 비교테스트 정보 등 정보제공 형태의 소비자운동 역시 소비자의 자율적이고 합리적인 선택을 돕는다.

둘째, 규제입법형 소비자운동이다. 소비자 관련 법의 체계적 정비가 이루어진 상태에서 소비자복지가 실현되기 때문에 규제입법형 소비자운동이 필요하다. 예를 들면, 기업은 상품판매 이윤을 위하여 허위 또는 불공정한 광고를 하는 경우가 있다. 이는 위험한 제품 또는 불공정 계약을 일으키므로 마케팅, 가격정보, 소비자계약관계, 제품안전, 소비자판매, 소비자서비스, 소비자신용, 소비자보험, 방문판매 등에 대한 규제입법을 통해 소비자복지증진을 추구해야 한다.

소비자는 소비자운동을 통해 인간답게, 풍요롭게 생활할 수 있는 능력을 갖게 되며, 궁극적 목적인 소비자복지실현이 가능하다. 소비자의 자주적 선택이 시장구조를 통해 생산구조에 영향을 미치고, 그 결과 소비자복지에 기여하게 된다. 소비자가 합리적 소비를 통해 소비자복지 향상을 실현하기 위한 소비자교육 및 소비자정보 제공형태의 소비자운동이 계속되고 있다.

5 소비자의 경제적 복지 개념과 중요성

소비자란 경제적 의미로 재화를 소비하는 사람을 말하며, 복지란 행복한 삶을 말한다. 따라서 소비자의 경제적 복지란 재화를 소비하는 사람의 행복한 삶을 의미한 것이다. 소비자의 경제적 복지 개념은 흔히 말하는 복지 개념과는 다소 차이가 있다.

소비자의 경제적 복지는 사회복지(social welfare)의 개념에 소비자를 적용시켜 소비생활을 통한 개개인의 안녕과 행복을 말한다. 소비자의 경제적 복지가 실현되지 않음으로 인해 일어나는 소비자와 문제, 소비자피해 해결 또는 이 같은 문제 예방을 위해 정부 및 여러 경제 주체들의 정책, 사업, 서비스가 필요하다. 다시 말해, 소비자복지란 개인이 소비생활을 하면서 얻게 되는 소비자의 물질적, 금전적, 혜택을 말하며 소비환경 및 소비의 질과 양에 의해 영향을 받는 사회 구성원의 삶의 질 의 요소이다. 물론 넓은 의미의 소비자복지는 경제적 개념인 소비자후생의 범주를 넘어 삶의 질, 문화적 그리고 사회적 요소를 포함하는 포괄적 개념으로 이해할 수 있다. 소비생활은 소비자 자신과 가계, 사회 전체의 경제적 측면의 복지를 결정하는 중요한 요소이다. 소비자경제학에서는 협의·광의의 소비자복지 개념을 모두 포함하고자 한다.

좁은 의미의 소비자의 경제적 복지 개념은 경제생활이 곤란한 저소득층, 장애를 받고 있는 장애인 소비자, 취약계층인 노인 소비자나, 아동소비자 등 사회적 약자나 보호가 필요한 소비자에 대한 보호, 지원, 교육 등의 서비스라고 할 수 있다. 전체 소비자를 대상으로 하는 소비자주권, 소비자권리 등을 위한 모든 정책이나 서비스를 포괄하는 것으로 생활의 각 측면에서 삶의 질을 높이기 위한 각종 제도나 서비스를 총칭한다고 할 수 있다.

가계의 경제적 복지는 여러 측면에서 중요하다. 첫째, 가계의 경제적 복지 수준은 가계예산 수립, 미래를 위한 가계의 재정적 준비, 가계의 소비생활수준 결정 시 중요한 지표로 삼을 수 있다. 뿐만 아니라, 가계의 경제적 복지에 대한 자료는 노동공급과 관련한 의사결정, 출산의 여부, 출산 시기, 자녀교육, 인적자본 투자결정 등과 같은 중요한 가계행동 그리고 시간사용 등 가계의 다양한 자원을 어떻게 배분하고 사용할 것인지를 결정하는데 유용하게 활용할 수 있다.

둘째, 가계의 경제적 복지수준이 어느 정도인가는 그 가계의 생활수준 나아가서는 삶의 질의 일부분을 평가하는 기준이 된다. 삶의 질을 결정하는 요인들은 매우 많다고 할 수 있으나 이중 경제적 복지는 매우 중요한 사항이다. 경제적 복지는 삶의 질에 많은 영향력을 미칠 것임에 틀림없다. 결국, 가계의 경제적 복지 수준은 삶의 질 파악의 중요한 자료로서 그리고 미래 삶의 질 향상을 위한 중·장기계획을 설정하는 데 있어 필수적이라 할 수 있다.

셋째, 가계의 경제적 복지는 정부의 각종 경제정책 및 복지정책의 중요한 기준이 된다. 우리 사회도 점차 복지사회로 전환될 것으로 보이는데 가계의 복지상태가 어느 정도인지를 파악하는 것은 복지사회실현을 위한 정책수행에 있어서 기초적인 작업이라고 하겠다.

6 경제적 복지의 개념과 측정

경제적 복지에 대한 개념적 정의는 학자마다 조금씩 다르나, 대체적으로 개인이나 가계의 욕구가 충족되고 행복한 삶을 누리기 위한 가계의 경제적 상태의 적정감의 정도로 보는 것이 지배적인 견해이다. 다시 말해, 욕구에 대한 실제 경제적 자원의 충족의 정도라고 할 수 있다. 한편, 가계의 경제적 복지를 측정하는 두 가지 기준은 i) 객관적으로 평가할 것인가 아니면 주관적으로 평가할 것인가 하는 문제, 그리고 ii) 절대적 개념으로 측정할 것인가 아니면 상대적 개념으로 측정할 것인가이다. 가계의 경제적 복지를 측정하는 방법도 이같은 기준에 따라 다르므로 이 기준에 따라 경제적 복지 수준의 평가 방법에 대해 보다 구체적으로 살펴보자. 경제적 복지의 개념을 이해하고 측정하기 위해서는 여러 측면에서 살펴볼 필요가 있다.

1) 경제적 복지 개념의 여러 차원

① 경제적 복지의 구성 요소

경제적 복지에 대한 개념은 3가지 구성 요소에 의해 설명할 수 있는데, 이것은 적정도(adequacy), 안정성(stability), 안전도(security)이다.

- 적정도: 표준과 실제 현실과의 차이
- 안정도: 일정한 수준이 계속적으로 지속되는 상태
- 안전도: 닥쳐올지 모르는 경제적, 재정적 위기에 얼마나 대처할 수 있는가를 평가

② 객관적 복지와 주관적 복지

소비자의 경제적 복지는 객관적인 경제지표에 의해 측정하는 객관적인 경제 복지와 가계경제상태에 대한 가계구성원 스스로가 느끼는 만족 또는 주관적인 평가에 의한 주관적인 경제복지 개념으로 나누어 설명할 수 있다.

③ 절대적 복지와 상대적 복지

소비자경제 복지를 정의함에 있어 절대적인 개념으로 파악할 것인가 아니면 상대적인 개념으로 파악할 것인가를 생각해 볼 수 있다.[18)]

〈표 10-1〉 경제적 복지 평가 개념 및 기준

분류 개념	객관적 경제복지		주관적 경제복지	
	절대적 기준	상대적 기준	절대적 기준	상대적 기준
평가기준 측정 예시	• 가계소득 • 가계자산 • 소비지출 구조 • 소득의 안정도	• 소득분배분포 • 빈곤선	• 경제자원의 적정도 • 경제적 안정도 • 재정적 안전	• 상대적 박탈감

2) 객관적/주관적 소비자경제 복지 측정의 실제

(1) 객관적 소비자 경제 복지

객관적 경제복지는 가계소득, 가계자산, 가계의 소비생활수준 등과 같은 객관적인 경제지표에 의해 측정되는 개념이다. 다시 말해, 가계소득, 가계자산, 가계의 소비생활수준은 객관적인 경제복지를 측정하는 대리지표라고 하겠다.

---

18) Wilhelm, Iams, Rudd(1987)는 이 2가지 개념에 기초하여 경제적 복지측정 시 객관적·실질적(objective·actual), 객관적·상대적(objective·relative), 주관적·실질적(subjective·actual), 주관적·상대적(subjective·relative) 기준으로 구분하여 측정하였다.

① 가계소득

가계소득은 지금까지 가장 널리 사용되어 온 경제복지 평가지표이다. 무엇보다도 손쉽게 측정할 수 있는 편의성 때문에 가계의 현재 소득액수는 대표적인 경제복지 판단의 기준이 되어 왔다. 이때, 가계소득으로 경제복지수준을 평가하는데 있어 가계총소득, 가처분소득(disposable income), 실소득(spendable income) 등의 구별 없이 혼용되어 사용되는 것에 대한 주의가 필요하다. 가계소득의 명확한 구분을 위해 이 개념들에 대해 구체적으로 살펴보면 다음과 같다.

- 총가계소득: 모든 가족구성원 근로소득, 사업소득, 재산소득, 이전소득 등의 합
- 가처분소득: 총가계소득에서 세금, 집세, 융자상환금 등을 제외하고 실질적으로 가계가 자유로이 사용할 수 있는 소득
- 실소득: 실제로 가계에 가져오는 소득으로 가처분소득에서 의료보험료 등 각종 보험료, 연금기금 등을 제외한 소득

이와 같이 가계소득은 개념상 다양하게 구분되어 있으므로 가계소득을 경제복지 수준의 대리지표로 사용할 경우 총가계소득 개념을 사용할 것인지, 가처분소득을 사용할 것인지 등을 명확히 하는 것이 바람직하다. 기업에서 마케팅 전략을 수립할 경우에도 실질구매력을 의미하는 가처분소득을 기준으로 설정하는 것이 보통이듯이, 어떤 소득 개념이 가계의 경제적 복지를 평가하는 데 보다 적합한 기준이 될 것인지를 검토하여야 한다. 예를 들면, 물가상승이 극심한 경우 총가계소득, 가처분소득, 실소득과 같은 명목소득의 개념보다는 물가변동을 반영한 실질임금을 경제적 복지의 평가지표로 사용하는 것이 바람직하다.

총가계소득이든 가처분소득이든 가계소득을 가계의 경제적 복지 평가의 대리지표로 삼을 경우 몇 가지 한계점이 있다. 첫째, 노인 가계, 농업 가계 등 특

수 가계의 경우 가계소득을 가계경제지표로 삼기에 부적합하다. 예를 들면, 노인 가계의 경우 일정한 정기적 소득이 없는 경우가 많고 친지나 가족 또는 정부 보조에 의존하는 등 소득원천이 다양하고 부정기적이어서 소득측정이 어렵다. 농업 가계의 경우 가계소득이 수확기인가에 따라 일정치가 않으며 소득액수의 변동이 심하므로 또한, 생산된 농산물 중 일부는 자신의 농가의 식생활을 위해 소비되기도 하므로 가계소득만을 가지고 농가의 경제복지를 평가하기 어렵다.

둘째, 가계소득만으로 경제적 복지를 측정하는 것은 행복한 삶이나 만족에 영향을 미칠 수 있는 여러 가지 다양한 환경을 고려하지 못하는 문제점이 있다. 예를 들어, 가계소득은 높으나 높은 가계소득을 얻기 위해 지나치게 장시간 근로를 한다거나, 노동작업환경이 건강에 악영향을 미칠 정도로 열악하지만 고소득을 올릴 수 있는 직업에 종사하는 경우 등은 생각해 볼 여지가 있다. 열악한 근로 조건은 장기적으로 가계소득을 격감시킬 수 있으며(예: 과로나 질병으로 인한 취업불가) 장기적 측면에서 경제적 가계복지가 높다고 보기 힘들기 때문이다.

셋째, 단순히 가계총소득만으로 가계의 복지 수준을 평가하는 것은 무리가 있다. 같은 소득수준이라고 해도 가족 수, 가족구성원의 연령, 가족구성원의 구조 등의 차이에 따라 가계의 복지 수준은 다르기 때문이다. 이같이 다양한 가족특성을 잘 반영하여 가계의 경제적 복지수준을 평가하려는 노력이 필요하다.

② 가계자산

가계자산은 금융자산, 부동산의 현재가치, 보유 동산 및 내구재의 현재가치(귀금속, 골동품, 골프회원권 등) 등을 모두 포함하는 것이 보통인데, 가계자산의 규모는 가계소득 못지않게 가계의 경제적 복지를 가늠하는 중요한 기준이 되고 있다. 자산은 경제적 안정도 측면에서 매우 중요한 경제지표이기 때문에 경제적 복지를 평가하는 대리지표로 많이 사용된다. 자산은 특히, 노인 가계나 비근로소득에 의존하는 가계의 경제적 복지수준을 평가하는데 적절한 기준이라 하겠다. 우리나라의 경우 가계소득보다는 가계자산이 가계의 경제적 복지 및 소비수준을 설명하기에 적합하다는 것이 지배적인 견해이다. 한편, 가계자산의 경우 가계소득과 마찬가지로 가계가 보유한 총자산의 개념과 가계의 부채액수를 제외한 가계순자산의 개념으로 구별하여야 함은 물론이다. 가계의 경제적 복지를 보다 정확하게 측정하기 위해 가계소득과 가계의 자산을 결합한 지표를 사용하기도 한다. 일부 학자들은 순자산과 소득을 결합하여 총소득의 개념으로 가계의 경제적 지위 및 경제적 불평등을 평가하기도 하였다.[19]

③ 소비지출패턴

가계의 소비지출액수 또는 소비패턴도 가계의 경제복지를 측정하는 대리지표이다. 소득은 지출을 위해 필요하고 저축 또한 미래소비를 위해 존재한다는 시각에서 보면 소비는 만족이나 복지를 추구하기 위한 중요한 행위라고 할 수 있다. 가계총소득이 같은 가계라 해서 경제적 복지수준이 같다고 보기 어렵다. 그 이유는 가족 수, 가계구성원의 구성의 차이 등에 따라 가계의 욕구 및 소비수준의 차이가 있기 때문이다. 따라서 가계소득이나 자산 등과 같은 지표이외에 소비지출액수나 소비패턴도 가계경제 복지의 중요한 지표가 될 수 있다. 소비지출액수를 통해 가계의 경제적 복지를 평가하는 경우 가계의 총소비지출액수는 그 가계의 소비수준을 나타내며 소비를 통해 만족감이 높아지므로 소비지출액수가 높으면 경제적 복지수준이 높은 것으로 본다.

---

19) 이들은 $Y_t^* = Y_t + NW_t \times A_n$과 같은 식을 통해 가계의 경제적 복지를 평가하였다. 여기서, Y_t^* = 총소득(화폐소득과 자산의 합), Y_t = 현재가계소득, $NW_t \times A_n$ = t 시점에서의 순자산을 연가치로 환산한 값, N = 순자산을 연가치로 환산키 위한 기대여명(예측/기대되는 여생의 기간), r = 이자율, $A_n = r[1-(1+r)^{-n}]$이다.

그러나 가계소비지출액수 만을 가지고 가계의 경제적 복지를 나타내기는 다소 무리가 있다. 무엇보다도 소비지출액수가 높다고 해서 생활수준이나 복지가 높다고 보기 어렵기 때문이다. 가족 수가 많아서 소비지출이 많거나, 저축이나 재정적 대비 없이 소비지출 액수가 많은 경우 소비지출이 과연 가계의 경제적 복지를 평가하는 기준이 될 수 있느냐 하는 문제가 제기된다.

한편, 소비지출 항목별 지출구조나 식품비의 지출에 중점을 둔 엥겔계수를 통해 경제적 복지 수준을 판가름하기도 한다. 균등화지수를 적용한 엥겔계수를 통해 가계의 생활수준 또는 경제적 복지수준을 평가하는 것은 오래 전부터 많이 사용되어 왔다. 엥겔계수는 가족구성원 수 및 구성형태 등의 차이를 반영하고 있으므로 단순히 지출액수를 통해 경제적 복지를 평가하는 것보다는 현실적인 기준이라고 할 수 있다. 엥겔계수이외에도 가계총지출 중 식품에의 지출비율도 가계의 경제적 생활수준을 평가하는 기준으로 사용하기도 한다.

지금까지 논의한 가계소득, 가계자산, 소비지출패턴은 가계의 경제적 복지수준을 평가함에 있어 주로 적정도(adequacy) 측면에 초점을 두고 있다. 이 같은 지표이외에 가계소득의 규칙성(regualilty) 또는 변동의 정도 등에 초점을 두어 안정도(stability) 측면에서 가계의 경제적 복지수준을 측정할 수 있다. 뿐만 아니라, 가계가 재정적 위기에 닥쳤을 때 대응할 수 있는 능력으로 가계의 객관적인 경제복지수준을 측정할 수 있다.

(2) 주관적 소비자경제 복지

주관적인 경제복지는 가계의 경제적 상황 또는 재정적 상황에 대한 주관적인 평가에 의해 측정된다. 예를 들면, 가계소득, 가계자산, 가계소비수준에 대한 주관적인 만족도나 평가에 의해 가계의 경제적 복지를 측정한다. 객관적 지표만으로 가계의 경제적 복지수준을 충분히 설명하기는 실제 온도와 체감 온도 간에 차이가 있을 수 있고, 물가지수와 체감물가지수가 다를 수 있듯이, 객관적인 측정으로 개인과 가계의 복지상태를 충분히 측정하기란 무리가 있다. 예를 들면, 가계소득이 높다고 해서 가계소득이 낮은 가계에 비해 반드시 경제적 복지가 높다고 볼 수 없기 때문이다. 한 가계의 경제복지 수준을 가계소득액수, 자산의 규모 등과 같은 경제지표만으로 판단 할 수는 없다. 자기 자신이 스스로의 생활수준을 파악하고 인지하며 이에 대한 평가가 중요한 실제적인 지표가 될 수 있기 때문이다. 따라서 사람들이 현실적으로 느끼고 경험하고 평가할 수 있는 경제적 복지에 대한 개념으로 주관적인 경제복지 평가방법이 사용되어 왔다. 주관적인 경제적 복지란 가계구성원 또는 가계가 평가하는 주관적 차원의 경제적 만족의 정도를 의미한다.

이외에도 주관적인 가계경제 복지 평가기준으로 주관적 소득의 적정도, 총가계소득에 대한 만족도, 저축액수에 대한 만족도, 현재 빚에 대한 불만의 정도, 현재 소비생활에 대한 만족도, 가계순자산에 대한 만족도, 재정적 위기에 대처할 수 있는 준비에 대한 만족도 등의 기준을 사용할 수 있다.

① 경제 자원의 적정도에 대한 주관적인 평가

가계가 보유한 경제적 자원인 가계소득, 가계자산 등이 어느 정도 적정한 수준인가에 대한 주관적인 평가를 통해 가계의 주관적인 경제복지 수준을 측정할 수 있다. 다시 말해, 가계구성원들의 욕구충족 및 생활수준을 유지하기 위하여 필요한 경제적 자원에 대한 가용 자원의 정도를 스스로 평가하도록 하여 가계의 경제적 복지수준을 측정한다. 많은 연구에서 가계소득의 적정도에 대한 주관적인 평가, 즉 현재의 가계소득이 가계의 경제적 요구에 대해 어느 정도 적절한가에 대한 주관적인 평가를 통해 가계의 경제적 복지를 측정하여 왔다. 실제 경험연구에서는 가계가 보유하고 있는 경제적 자원, 즉 소득, 자산규모 등에 대해 얼마나 적당하다고 느끼는가 또는 얼마나 만족하고 있는가에 대한 질문을 통해 경제복지를 평가하는 방법이 많이 사용되어 왔다. 예를 들면 소득의 적정도에 대한 인지도, 자원적자(resource deficit) 등이 그것이다. 자원적자는 얼마의 한 달 평균 소득액수가 가계의 경제적 상황의 최저상태를 만드는가에 대한 주관적인 평가와 실제 한달 평균소득액수와의 차이를 통해 측정할 수 있다.

② 경제적 안정성에 대한 주관적인 평가

경제적 안정성은 일정한 경제적 생활수준이 지속되는 상태를 의미한다. 가계소득액수보다는 가계소득의 안정도에 초점을 두고 가계의 경제적 복지를 평가하는 방법으로써 소득의 규칙성 또는 정기성, 소득원의 다양성 등 소득의 안정성의 측면에 대한 평가를 통해 복지정도를 측정할 수 있다. 객관적인 경제복지평가에서는 소득의 안정성정도를 나타내는 절대수치가 사용되나, 주관적 경제복지평가에서는 소득의 안정성에 대한 주관적인, 스스로의 평가나 만족도가 사용되는 차이점이 있음에 유의하여야 한다. 소득의 주기 및 흐름, 소득액수, 실질임금의 변동 측면의 안정성을 통해 가계의 경제적 복지를 측정할 수 있다.

따라서 경제적 안정이 깨어진 상태는 경제적 불안 상태라고 할 수 있다. 흔히 경제적 안정도는 한 가계가 경제적 곤경에 대처하여 일정한 소비수준 또는 생활수준을 계속 유지할 수 있는 능력이라고 정의하고 있다. 한편, 가계의 경제적 안정도는 근로소득에 의해 많이 좌우되므로 고용안정의 중요성을 간과할 수 있다. 보통 가계의 경제적 불안을 결정하는 4가지 요인은 고용불안정, 고용불확실, 경제적 고갈, 경제적 긴장으로 고용의 안정성은 가계의 경제적 안정도를 결정하는 주요 기준으로 삼고 있다. 결국 경제적 안정도에 대한 주관적인 평가는 현재의 경제적 안정상태를 얼마나 오래도록 안정적으로 유지할 수 있는가에 대한 스스로의 평가에 의해 측정된다고 하겠다.

③ 재정적 안전

가계의 경제적 복지를 평가하는 또 하나의 기준은 재정적 안전(financial security)이다. 주관적인 경제적 복지는 재정적 대비상태 수준에 대한 스스로의 평가를 통해 측정하는 것이 보통이다. 가계가 미래에 닥칠 수 있는 재정적 위기에 대응할 수 있는 능력이 어느 정도 되는가 또는 은퇴 후 현재의 생활수준을 유지하기 위한 준비가 어느 정도 되어 있는가에 대한 주관적인 평가라고 할 수 있다. 예기치 못한 사건으로 가계의 경제적 균형이 깨지면 적정소득만으로는 안정적이라고 보기 어렵기 때문에 경제적 위기에 대처할 수 있는 능력이 가계경제복지의 중요한 기준이 될 수 있다. 보통 재정적 문제의 심각성에 대한 인지도, 재정적 위기에 대비한 가계의 저축, 보험, 신용에 대한 만족도, 일반적으로 가계가 예측치 못한 경제적 위기에 부딪혔을 때 현재의 소비수준 또는 소비표준을 얼마나 유지할 수 있는가를 통해 재정적 안전의 정도를 평가할 수 있다.

이 두 개념은 가계의 경제적 복지를 이해하는데 모두 중요한 개념이다. 가계소득, 자산 등과 같은 객관적 지표는 가계의 경제적 복지수준을 평가하는 기본적인 자료임에 틀림없다. 그러나 이 같은 지표만으로 가계의 경제적 복지를 모두 나타낸다고 보기 어렵다. 객관적 복지 수준은 낮아도 생활수준과 생활표준의 관리를 잘하여 주관적 경제복지 수준이 높을 수 있기 때문이다. 뿐만 아니라, 어떤 가계는 객관적 경제복지 수준은 높음에도 생활수준에 대한 기대가 높거나, 주변, 이웃, 또는 동료들의 높은 경제적 생활과 비교하여 자신의 경제적 상태를 낮게 평가할 수 있다. 그러나 주관적인 평가는 정확성의 측면에서 문제가 있어 일반화시키기에는 다소 무리가 있다. 따라서 가계의 경제적 복지를 이해하는데 있어서 이 두 가지 기준의 개념을 적절히 활용하는 것이 중요하다고 하겠다. 객관적인 평가기준만으로 경제적 복지를 평가하는 것보다 주관적인 기준을 병행하여 평가할 때 경제적 복지를 더 정확히 파악할 수 있다고 하겠다.

3) 절대적 경제복지와 상대적 경제복지

절대적 개념에 근거한 경제적 복지는 절대적 지표 또는 절대수치를 기준으로 평가하는 방법을 의미하며, 상대적 개념의 경제적 복지는 타인이나 주위의 준거 집단과 비교에 근거한 평가방법이라 하겠다. 예를 들어, 가계소득, 가계자산 규모 등 절대적 수치에 의한 평가는 절대적 개념에 초점을 둔 평가라면, 전체 가계의 소득분배분포를 통해 자신이 속한 가계의 경제복지수준을 평가하는 것은 상대적 개념의 평가라 하겠다. 주관적인 경제복지 측정방법인 현재 소득이나 자산규모에 대한 만족의 정도 또는 스스로의 평가에 의한 방법은 절대적 평가라고 볼 수 있고, 주변의 준거집단과 비교하여 자신의 소득이나 자산규모에 대한 주관적인 만족이나 평가는 상대적 평가라 하겠다.

가계소득, 가계자산, 소비지출구조 등 절대적 수치를 통해 가계경제복지를 평가하는 것은 절대적 경제복지 개념이다. 경제복지 측정방법은 이와 같은 절대적 지표이외에 상대적 개념의 지표를 생각할 수 있다. 상대적인 개념의 경제복지 측정은 다른 사람 또는 다른 가계와의 비교를 통해 경제적 복지를 평가하는 것으로 예를 들면, 상대소득(relative income), 빈곤선, 소득분배분포를 통해 복지상태를 측정한다.

상대적 개념에 근거한 평가 기준은 절대적인 기준과는 달리 명확하고 구체적인 기준을 제시하지는 못하나 경제적 상황에 대한 평가를 다른 사람 또는 다른 가계와 비교하여 판단함으로서 현재 가계의 복지상태를 더 정확히 판단할 수 있다. 예를 들면, 현대 사회에서 절대적 빈곤보다는 상대적 빈곤의 개념이 더 현실적인 것과 같은 이치라고 하겠다.

한편, 전체 가계의 평균소득이나 중위소득의 개념을 통해 어떤 가계의 상대적 복지 정도를 판단하기도 하며 소득분배분포상에서 어떤 가계의 상대적인 경제적 복지 상황을 판단할 수 있다. 자신의 가계의 소득과 전체 가계의 소득분배상황을 비교하여 불평등이 높다면 경제적 복지수준에 대한 불만이 높아지게 될 것이다.

결론적으로, 상대적인 개념으로 가계의 경제적 복지를 판단함에 있어 다른 가계와 비교하여 얻어진 절대 수치나 절대적 지표를 사용하여 경제적 복지를 평가하는 경우는 객관적인 측정방법이며, 타인이나 이웃 가계와 비교하여 자신의 경제적 복지 수준에 대한 주관적인 평가에 근거한 측정은 주관적인 상대 평가방법이라고 할 수 있다.

7 경제적 복지 측정 시 고려 사항

소비자 또는 가계의 경제적 복지를 측정함에 있어 고려하여야 할 사항에 대해 구체적으로 살펴보자.

1) 경제적 복지 측정방법의 선택

어떻게 가계의 경제적 복지수준을 측정할 것인가 하는 것은 가계의 경제적 복지를 연구함에 있어 매우 본질적인 중요한 문제이다. 다시 말해, 가계의 경제적 복지를 측정함에 있어 지금까지 살펴 본 측정방법 중 어느 방법을 사용하여 측정할 것인가 하는 문제에 부딪히게 된다. 앞서 살펴 본 바와 같이 각각의 방법은 나름대로의 특성을 가지고 있으며 또한 각기 장·단점을 가지고 있다. 따라서 어떤 측정 방법이 가장 적합하다고 단언할 수는 없다. 경제적 복지를 측정하는 목적과 응용하고자 하는 취지에 맞는 방법을 선택하는 것이 최선이다. 이때, 한 가지 방법이 아닌 여러 측정방법을 모두 병행하여 측정하는 것도 대안이 될 수 있다. 많은 학자들의 공통적인 견해는 다양한 기준의 경제적 복지측정방법을 사용하여 측정함으로서 각각의 방법의 문제점을 보완하고 보다 정확한 가계의 경제적 복지 상태를 측정할 수 있다는 것이다. 예를 들면, 가계의 객관적인 경제적 복지를 측정하는 데 있어 가계소득, 가계자산 등의 기준이외에 가계소득 및 자산에 대한 주관적인 평가를 병행 조사한다면 객관적인 경제복지 측정 방법의 한계점을 보완할 수 있다.

2) 다양한 가계구조 특성의 조절

가계의 경제적 복지 수준을 측정함에 있어 간과하여서는 안 될 것은 가계마다 가지고 있는 다양한 특성들, 즉 가족 수, 가계구성원의 성별, 가계구성원의 연령 등을 어떻게 반영할 것인가이다. 이 같은 다양한 가계특성은 가계의 욕구수준을 결정하는 중요한 사항이기 때문이다. 예를 들어, 객관적인 경제지표인 가계소득을 통해 가계의 경제적 복지를 측정한 경우 같은 수준의 가계소득을 가진 가계라고 해서 이 가계의 경제적 복지 수준은 같다고 보기 어렵기 때문이다. 어떤 두 가계의 월평균소득이 200만 원으로 같다고 해도 가족 수가 몇 명인가, 가족구성원이 어떻게 되어 있는가에 따라 경제적 상태는 다르기 때문이다. 결국, 어떤 방법으로 가계의 경제적 복지수준을 평가하였는가와 무관하게 공통적으로 갖는 문제는 가계구조의 특성을 충분히 감안하였는가 하는 것이다.

가계구성원의 수, 가계구성원의 구성형태 등에 따라 다른 가계욕구 및 수요의 차이를 해결하기 위하여 균등화지수(equivalence scale)를 사용하여 경제복지를 측정하는 것이 일반적인 방법이다. 균등화지수는 서로 다른 가족 수 및 가족구성원을 가진 가계의 생활수준을 비교하기 위한 지수로서, 다양한 가계의 생활수준을 표준가계를 기준으로 삼아 표준 가계의 생활수준에 대응하는 비율로 전화시켜 가계들 간의 복지를 비교하는 데 많이 사용된다. 흔히, 성인

균등화지수를 사용하여 소비지출액이나 필요량 등을 계산하는데, 이 개념은 가계의 경제적 복지 수준을 측정하는 데에도 응용할 수 있다. 성인균등화지수는 표준 성인을 기준으로 다양한 연령 및 특성을 가진 가계구성원들을 표준화시켜 측정하는 방법이다.

미국 정부에서는 복지정책을 펼치는 기준인 가계의 빈곤선(poverty threshold)을 측정하기 위하여 균등화지수 개념을 사용하여 가족 수 등 다양한 가계의 특성에 따른 빈곤선을 설정하고 있다.

결론적으로, 가계의 복지 수준은 가족 수, 가족구성원의 성별 및 연령의 차이 등에 따라 차이가 있음을 간과하지 말아야 한다. 다시 말해, 이 같은 가계의 특성을 충분히 고려하여 경제적 복지상태를 평가하여야 한다.

3) 경제적 복지 측정 시점

가계의 경제적 복지를 측정함에 있어 빼놓을 수 없는 중요한 사항은 복지수준 측정의 시점이라고 하겠다. 절대적인 경제지표인 가계소득, 자산규모 등을 통해 가계경제복지를 측정할 경우 가계소득, 자산규모가 유동적이며 안정적이지 않기 때문에 측정시점이 현재 시점인지, 과거 시점인지, 아니면 생애주기 동안을 통 털어서 측정하는 것인지에 대한 명확한 구분이 필요하다. 특히, 농가소득의 경우 소득의 차이가 수확기인가 비수확기인가에 따라 차이가 크며, 날씨 등의 차이로 인해 해마다 소득 변동이 심하므로 측정 시점을 명확히 할 필요가 있다. 결론적으로, 절대소득 가설에서 중요시하는 현재소득을 기준으로 삼을 것인지 아니면 항상소득 가설에서 중시하는 항상소득(permanent income), 즉 미래시점을 포함한 소득을 지표로 삼을 것인지를 명확히 해야 한다.

주관적인 경제복지 측정방법을 사용함에 있어서도 가계경제 전반에 대한 장기적이고 일반적인 평가를 의미하는지 아니면 특정 시점에서 구체적인 경제지표(예: 소득, 자산)에 대한 주관적인 평가를 의미하는지를 명확히 하여야 한다. 객관적인 지표를 사용하여 경제복지를 측정하는 것에 비해 주관적인 경제복지 평가는 측정시점이 불분명하고 전체적인 평가에 의존하는 경향이 있으므로 측정 시점에 대한 명확한 구별이 필요하다고 하겠다. 예를 들어, 가계의 주관적인 경제 수준에 대한 평가 시 과거부터 미래까지 장기간의 경제 상황을 평가하는 것인지 아니면 특정 시점의 경제 상황에 대한 만족도나 주관적인 평가를 의미하는지의 구별이 필요하다. 빈곤의 경우 만성적인 적자 가계보다 일시적인 빈곤 상태에 처하는 가계가 많으므로 장기간을 기준으로 경제적 복지를 평가하는 것이 바람직하다는 의견이 제기되고 있다.

Chapter

11

저소득층 소비자의 소비자경제복지

최근 도시 저소득층의 빈곤 수준은 농촌 가구보다 심각하다는 주장이 제기되고 있다. 저소득층 적자의 주요 원인은 임대료, 교육비, 의료비 지출의 과중한 부담 때문으로 알려지고 있다. 그런데 소비자로써 저소득층의 소비자문제는 또 다른 유형의 이슈가 되고 있다. 낮은 소득수준으로 인해 저소득층 소비자는 구매 경험이 적으며, 시간적 제한으로 비교 구매 등의 기회가 적다. 저소득층은 소득의 대부분을 음식물, 의류, 주거 등의 기본 필수적인 비용으로 지출하고 있다 보니 대체로 필수 소비 품목이외에 구매정보 및 소비자 지식 수준이 낮다. 이로 인해 소비자 능력이 다른 소비자보다 낮을 수밖에 없다. 또한 저소득층 소비자의 경우 계약에 따른 권리와 의미의 이해 수준에 있어서도 불리하다. 저소득층 소비자는 소득이 낮고 불안정하기 때문에 소비자로서의 능력이 더 많이 요구되지만 오히려 소비자 기능이 다른 소득층에 비해 낮은 악순환이 계속된다. 게다가 저소득층은 일반적으로 일상생활에서의 불만을 물질축적으로 해소시키려 하고, 소비에 있어 보상 소비적 동기를 갖는 경향이 있다. 이러한 보상소비 동기는 소비자의 합리적 소비생활을 저해하며, 사업자의 허위 상술에 쉽게 유혹되어 소비자피해자가 될 가능성이 높다.

본 장에서는 저소득층의 소비자문제 그리고 소비자경제복지를 이해하기 위해서 빈곤의 개념, 소비자로서 저소득층의 소비자문제, 기업과 정부의 기업과 정부의 저소득층 소비자문제 완화 및 경제적 복지 지원 등에 대해 살펴보고자 한다.

1 빈곤 개념과 기초 이해

저소득층 소비자는 개인적 특성, 인구·통계적 특성, 소비자 능력, 거주 또는 생활 주변 시장환경 등의 측면에서 상대적으로 불리한 소비자 집단이다. 저소득층 소비자를 이해하기 위해서 빈곤의 개념을 이해해야 한다. 빈곤의 개념에 대해서는 학자들과 국가에 따라 상이하게 정의되고 있다. 우리나라에서는 그동안 빈곤의 개념을 생계비에 근거한 절대적 개념으로 인식하여 왔으나 최근 상대적 빈곤 개념을 일부 받아들이고 있다. 저소득층의 소비자문제는 절대적 빈곤은 물론 상대적 빈곤의 개념도 포함한다.

1) 절대적 빈곤

절대적 빈곤이란 객관적으로 결정한 절대적 최저한도보다 미달되는 소득 상태를 말한다(강이주, 김영신, 허경옥, 2006). 흔히 빈곤 상태는 의식주 등 생활에 필요한 기본적 필수품을 획득할 수 없어 최저생활수준도 유지하지 못하는 상태로 본다. 절대적 빈곤은 경제성장이 계속되어 그 사회의 전반적인 생활수준이 향상되면 빈곤선 이하의 생활을 하는 사람의 숫자가 감소한다는 의미를 내포하고 있다.

2) 상대적 빈곤

상대적 빈곤은 동일한 사회 내에서 다른 사람과 비교하여 상대적으로 빈곤한 상태를 말한다. 이 개념은 특정 사회의 전반적 생활수준과 관련 있어 상대적 박탈과 불평등의 개념을 반영하는 개념이다. 따라서 상대적 빈곤은 특정사회 구성원 대다수가 누리는 생활수준에 따라 크게 달라진다. 상대적 빈곤 개념은 대다수가 누리는 생활수준을 측정하기가 쉽지 않고, 또한 어느 정도를 상대적 빈곤선으로 결정하느냐 하는 것이 쉽지 않다.

〈표 11-1〉 절대적 빈곤과 상대적 빈곤의 개념 비교

절대적 빈곤	상대적 빈곤
• 생계비 또는 영양측정에 의한 최저수준	• 상대적 관점이나 자원 및 생활양식에 의해 규정
• 아사(餓死)와 같은 상태	• 최저생활수준 해결된 상태의 불평등 의미

그런데 대부분의 국가에서 부자들이 더 많은 돈을 벌어 소득 양극화가 심화되고 있다. 우리나라에서도 중산층이 줄어드는 반면 빈곤층이 빠르게 늘고 있다는 지적이 계속되고 있다. 경제협력개발기구(OECD)는 전체 가구 소득의 중간 값, 즉 50% 미만인 가구의 비율 개념을 빈곤층의 개념으로 사용하고 있다. 소득의 양극화는 세계적인 현상이며 구조적인 문제에서 비롯되고 있다.

3) 빈곤선과 생활보호대상자 선정기준

「생활보호법」 규정을 토대로 정부가 채택하고 있는 공식적 빈곤 개념은 건강하고 문화적 최저생활이 유지되지 않는 상태이다. 따라서 생활보호대상자로 선정된 사람은 공식적 빈민이라고 할 수 있으며 동시에 그들을 선정하기 위한 기준인 생활보호대상자 선정 기준이 우리나라의 공식적 빈곤선이라 할 수 있다.

생활보호대상자 선정 기준은 소득과 재산의 두 가지 기준으로 되어 있는데, 현행 생활보호대상자 선정기준은 생활보호 예산 규모와 자산분포 상황에 맞춘 임의적 행정 기준에 가깝다. 따라서 생활보호대상자 선정 기준은 국민소득 수준 향상에 따른 일반 가구의 지출수준 상승을 반영할 수 없어 경제 수준의 향상에 따라 일반 가구의 소비지출 수준과의 격차는 더 커지고 있다. 한편, 최근 차상위저소득 계층이라는 개념이 많이 사용되고 있는데 이는 최저생계비의 130% 이내 포함되는 저소득 가구를 말한다.

4) 최저생계비

최저생계비는 일반 국민의 소득과 지출수준, 수급권자의 생활 실태, 물가상승률 등을 고려하여 결정한다. 최저생계비는 전년도 12월 1일까지 중앙생활보장위원회의 심의, 의결을 거쳐 공표된다. 최저생계비를 결정하기 위한 기초자료로서 보건복지부장관은 5년마다 계측 조사를 실시하고 있다. 한편, 생활보호 대상자를 위한 각종 지원은 생계급여, 주거급여, 자활급여, 교육급여, 해산급여, 장제급여, 의료급여 등이 있다.

〈표 11-2〉 생활보호법과 국민기초생활보장법에서의 저소득층 개념

	생활보호법	국민기초생활보장법
법적 용어	• 국가에 의한 보호적 성격 -보호대상자, 보호기관	• 저소득층의 권리적 성격-수급권자, 보장기관, 생계급여 등
대상자 구분	• 인구학적 기준에 의한 대상자 구분 -거택보호자: 18세 미만 아동, 65세 -자활보호자: 인구학적으로 경제활동 가능한 근로능력자	• 대상자 구분 폐지 -근로능력이 있는 자(대통령령 제정예정) (연령기준 외에 신체적, 정신적 능력과 부양, 간병, 양육 등 가구여건 감안 가능)
대상자 선정 기준	• 보복부장관 정하는 소득/재산 이하 (99년: 월소득 23만 원 / 인·월재산 2,900만 원/가구)	• 소득인정액이 최저생계비 이하인자(소득인정액: 개별가구의 소득평가액과 재산의 소득환산액을 합산한 금액)

급여 수준 자활 지원	• 생계보호: 거택보호자에게만 지급 • 의료보호(거택보호 의료비 전액지원, 자활보호: 의료비의 80%) • 교육보호(중고자녀학비전액지원) • 해산보호 • 장제보호, 자활보호 등	• 생계급여: 모든 대상자에게 지급하되 근로능력자는 자활 관련 사업 연계 조건부 • 주거급여 신설: 임대료, 유지수선비 등 주거안정을 위한 수급품 • 긴급급여 신설: 긴급필요 시 우선 급여 실시 • 의료, 교육, 해산, 장제보호 등

2 저소득층 소비자문제

1) 빈곤층에 대한 시각

빈곤층에 대한 견해는 크게 두 가지로 저소득층 또는 빈곤층의 부정적 측면(숙명론, 절망, 무기력 등)을 강조하는 접근과 빈곤층에 대해 다소 옹호적 입장 즉 '건전한 빈자'를 강조하는 견해이다(양세정 외, 1998). 저소득층에 대한 다소 옹호적 입장의 견해로 '건전한 빈자'의 개념으로 설명한다. 즉, 열망수준이 높은 건전한 빈자라는 견해이다.

빈곤층의 부정적 측면을 강조하는 시각이란 빈곤층은 운명론적 사고를 하고 충동적으로 행동하며, 현재의 만족을 지연시키는 능력이 낮고 공격성과 불법성을 쉽게 수용하며 권위에 약하다는 견해가 그것이다. 미국의 저소득층 소비자를 연구한 학자들은 일반적으로 빈곤층은 심리적으로 무기력하고 운명론적인 사고를 하며, 성취동기가 낮고 현재 지향적인 태도를 갖고 있다고 밝히고 있다. 저소득층 소비자들은 동기수준이 낮아 책임의식이 적어 좌절되기 쉽고 낮은 동기 수준과 함께 생활에서의 불만을 자원의 축적에서 보상하려 하기 때문에 보상 소비적 동기를 갖는다는 것이다.

이와 같이 빈곤을 바라보는 시각에 차이가 있을 수 있으나 소비자로서 저소득층의 일반적 특징은 다음과 같다. 첫째, 비교적 소득수준이 낮아 구매 경험이 적으며, 시간적인 제한으로 인해 비교 구매의 기회가 많지 않다. 둘째, 교육수준이 낮아 대체로 구매정보에 대한 지식이 적으며, 이로 인해 소비자 능력이 다른 소비자보다 낮을 수밖에 없다. 셋째, 저소득층은 일반적으로 일상생활에서의 불만을 물질의 축적으로 해소시키려 하는 보상 소비적 동기를 갖고 있다. 넷째, 저소득층 소비자의 보상적 소비 동기는 소비자의 합리적인 소비생활을 저해하며, 사업자의 허위상술에 쉽게 유혹되어 소비자피해가 빈번하게 발생된다. 다섯째, 저소득층 주변의 시장환경은 대체로 열악한 편이다. 예를 들어, 주변의 상점들에서 제공하는 제품들은 품질에 비해 가격이 높고, 구색이 다양하지 못하다.

2) 저소득층 소비자문제 유형

급속한 과학기술 문명의 발달과 경제발전은 소비자에게 다양한 종류의 상품과 서비스를 제공하여 왔다. 그러나 다른 측면에서는 부정적 결과도 초래하였다. 예를 들면, 생산자인 기업의 기능은 점차 확대되고 생산자 상호 간의 치열한 경쟁을 유발시켜 허위광고, 기만적 상행위 및 상품의 질 저하를 초래함으로써 소비자의 건전한 소비생활을 저해한다. 또한, 대다수의 소비자들은 물질적인 풍요를 얻게 된 반면 상품과 서비스에 관한 정보획득에 어려움을 겪게 되어 현명한 의사결정을 내리기 어렵게 한다. 게다가 소비자들은 가격형성에 참여할 수 있는 기회를 상실하게 되어 결국 소비자는 경제적, 정신적 손실을 입는 소비자문제가 발생한다. 이러한 소비자문제는 특히 저소득층에서 심각하다. 그 이유는 저소득층 소비자는 빈곤의 문제뿐만 아니라 열악한 시장환경 등 구조적 소비자문제를 가지고 있으며 교육의 기회 부족, 자원부족에 기인한 지식과 기능의 결여, 사회부적응 등 취약한 조건들은 소비자문제를 더욱 심각하게 만든다. 모든 소비자들이 동일한 소비자문제를 겪는다 하더라도 그로 인해 소비자복지에 가장 큰 타격을 받는 계층은 저소득층이기 때문이다.

한편 저소득층은 그들의 낮은 구매력 때문에 소비자정책이나 기업의 마케팅 정책에서 무시되어 왔다. 게다가 기존의 저소득층에 대한 정부정책은 고용과 소득, 직업훈련, 주거문제 및 의료문제의 측면만을 강조해 온 경향이 있다. 소비자복지 향상은 소득의 증진과 아울러 소비의 효율성이 제고되어야 효과적으로 달성될 수 있음을 그동안의 정부 정책은 간과해 왔다. 저소득층의 소비자문제는 다른 계층과 비교하여 원인과 정도 면에서 차이가 있고, 소득의 효율적 사용 측면과 관계되어 소비자복지에 영향을 미치기 때문에 주목해야 한다.

저소득층 소비자문제는 여러 측면에서 그 문제의 원인을 파악할 수 있다. 첫째, 경제적 빈곤으로 인한 구매력부족 문제, 둘째, 소비자의 개인적인 특성에 기인한 것으로 예를 들면 고령, 낮은 교육수준, 낮은 소비자 기능 등으로 인한 소비자문제, 셋째, 값싼 대규모 시장의 부족, 상점의 높은 관리비용과 부실관리로 인해 소비자들이 비싼 가격으로 낮은 품질의 상품을 구매하게 되는 시장구조적 문제, 넷째, 불법적이고 비윤리적인 상거래 및 저소득층 소비자의 취약성을 이용한 상인의 착취문제, 다섯째, 정보의 불균형 문제이다. 이러한 소비자문제들의 원인은 서로 완전히 배타적인 것이 아니라 상호작용하여 저소득층 소비자문제를 더욱 악화시키고 있다. 이 같은 저소득층의 소비자문제를 보다 구체적으로 살펴보면 다음과 같다.

(1) 구매력 부족 문제

일반적으로 중간소득층 및 고소득층의 소비자문제는 제품과 서비스를 구입하는데 필요한 자금은 가지고 있으나 어떤 대체안을 효율적으로 선택해야 할지 모르는 것에서 비롯되지만, 저소득층의 소비자문제는 원하는 재화를 구입하는데 필요한 자금의 부족에서 비롯되는 문제, 즉 자원의 부족과 관련된 문제이다. 저소득층 소비자들은 그들의 낮은 구매력 때문에 마케팅 대상에서 제외되는 경향이 있고 그 결과 그들의 불이익과 욕구를 시장에 반영하지 못하여 소비자문제를 더 심각하게 경험한다. 대부분의 저소득층은 구매능력과 구매 빈도수가 적으므로 기업의 관심 고객 대상에서 벗어나는 경우가 대부분이다. 즉 저소득층 구매자들은 생필품이나 저가격 제품 같은 것에만 구매능력이 있고 여가나 취미 생활제품들은 이들의 능력 밖에 있다. 이렇다 보니 저소득층 소비자들이 주로 찾는 구매의 장소 역시 재래시장이나 할인마트 같은 곳에 집중되고 있다. 백화점이나 고가의 의류점 같은 곳에서 저소득층 구매자들은 만나 보기 어렵다. 결국 이들은 점점 소비 주체에서 소외되고 있는 것이다. 결론적으로, 저소득층 소비자의 소비문제는 낮은 구매력으로 인해 시장에서 화폐에 대한 충분한 가치를 실현하지 못하며 효율적 소비에 대한 장애를 갖게 된 것을 말한다.

(2) 개인적 특성 문제

저소득층의 문제를 저소득층 개인의 특성, 즉 저소득층의 가치, 태도, 동기, 인성 면에서 저소득층 소비자문제의 원인을 찾으려는 견해가 있다. 예를 들면, 낮은 소비자 지식과 기능수준으로 초래하는 낮은 시장능력 수준이 소비자문제를 발생시키는 원인이라고 설명한다. 저소득층 소비자들은 구매와 관련된 기술 측면의 지식 및 계약에 따른 권리와 의무를 이해하는 수준이 낮고, 법률에 관한 지식이 부족하여 문제해결에 전문가의 도움을 받지 않으며 정보탐색행동에서도 능력과 기능이 부족하다. 저소득층은 중립적 매체정보원이나 소비자교육 및 객관적 정보보다는 친척, 친구 등 인적정보원에 의존하는 경향이 있다. 또한 구매 후 불만처리 기능에서도 소득 계층별로 차이가 있는데 저소득층은 중간 소득층보다 적극적이지 못해 시장에 그들의 의사를 반영하지 못하고 있다. 결론적으로 저소득층 소비자문제가 심각한 이유는 저소득층의 태도, 동기,

인성 면에서 다른 소비자들에 비해 불리하기 때문이다. 저소득층은 운명론적 가치 지향을 갖고 있으며 이것은 낮은 교육수준의 영향 때문이다. 저소득층 소비자가 다른 소득층에 비해 소비자 기능이 낮고, 시장위험도는 가장 높으며, 소비자가 지각한 소비자문제 정도는 가장 높은 것으로 알려지고 있다.

(3) 시장 구조적 문제

저소득층의 소비자문제는 일반 소득계층 소비자보다 거래관계, 정보, 기술조작, 부담전가, 조직력, 시장지배력 등에서 생산자에 비해 더욱 약한 입장에 있다는 점에서 출발한다. 특히 저소득층 소비자는 다른 소득계층보다 주로 거래하는 시장의 특성 및 구조상의 심각한 문제를 경험한다. 저소득층 소비자들은 대개 소규모 상점을 이용하는데 이들 소규모 상점은 규모의 경제 결여, 관리 운영상의 비효율성 위험에 대한 보증의 결여 등으로 상품의 품목은 제한되고, 가격은 높고 품질은 낮다. 또한, 공간의 부족으로 인해 상품의 진열이 잘 되어 있지 않아 소비자의 효율적인 선택은 더욱 침해를 받게 된다. 특히 내구재의 경우, 가격이 비싸며 저소득층 지역에서의 사업의 위험성 때문에 이것이 정당화되고 있다. 이러한 저소득층 지역 시장에서 상인들은 저소득층 소비자와 시장구조에서의 취약점을 이용하여 불법적이고 비윤리적인 상거래를 형성하고 있다. 그 결과 저소득층 소비자는 불친절한 태도, 고압적인 판매방법, 보증의 결여, 비합리적인 신용거래와 이자부담, 미끼사용 바꿔치기 광고 등의 소비자문제를 경험하게 된다. 그러나 이러한 문제에도 불구하고 저소득층 소비자들은 이런 상점을 계속해서 이용하는데 그 이유는 다음과 같다.

첫째, 저소득층 소비자들의 많은 가족 수, 많은 노동시간, 쇼핑시간 부족, 교통문제 등으로 효율적인 소비시장을 접할 기회가 제한되고 있고, 다른 지역에서는 외상거래가 가능하지 않으며, 차별, 무시를 받을 수 있기에 동기에서 제약을 갖는다. 둘째, 사회화의 필요성 때문으로 저소득층 소비자들은 그 지역에서 구매함으로써 새로운 물건, 친구, 상점원과의 사회적인 접촉을 통하여 무기력한 생활에서 벗어나는 경향이 있다.

이처럼 시장구조적 불리한 상황으로 저소득층의 소비자 문제는 크게 두 가지 형태로 발생한다. 첫째, 저소득층은 소비자 기만(consumer fraud)의 표적이 되고 있다. 저소득층 소비자문제에 특별히 관심을 보여야 하는 이유는 저소득층 소비자들은 소비자 중심 사회의 혜택을 거의 받지 못하는 반면 소비자 사회가 안고 있는 문제를 더 많이 안고 있기 때문이다. 저소득층들이 낮은 소득 때문에 직면하는 어려움에 대처할 능력이 부족하고, 정보가 충분하지 못하기 때문에 대항력이 없으며, 소득이 적어 시장 메커니즘에 대한 이해가 부족하고, 이들의 구성비율도 전체 시장에 비해 작기 때문에 시장에서 무시당하고 있다. 또한, 정보 자체의 문제도 이들에게는 정보비용 부담의 문제로 나타나 그들의 정보수집활동이 미약하다는 것이다. 저소득층 소비자들은 단지 소득이 적다는 이유만으로 소비자 기만의 주요 표적이 되고 있는 실정이다.

둘째, 저소득층은 상대적으로 값비싼 대가를 지불하고 있다. 소득이 낮은 소비자들은 가난하다는 것 때문에 풍요한 소비자들이 가질 수 있는 저축의 기회를 가질 수 없다. 물론 이것을 저소득층의 게으름이나 노력 부족으로 볼 수도 있으나 시장구조적 문제로써 현대 자본주의 소비시장의 희생자라고 볼 수도 있다. 예를 들면, IMF, 경제위기 이후 부유층의 실질소득은 점점 늘고 있고, 상대적으로 저소득층의 그것은 점점 줄어들고 있음을 보았을 것이다. 저소득층은 점차 신용거래 및 금융시장에서 소외되고 있다. 저소득층에 대한 차별화의 직접적인 결과는 저소득층의 생활수준을 급속히 저하시키고 있다. 그동안의 소비자보호 정책이나 프로그램들은 저소득층의 소비자문제에 대해서 관심을 적게 갖았고 이렇다 할 정책이나 프로그램을 제공하지 않아왔다는 점에 경각심을 가져야 한다.

(4) 정보의 불균형 문제

디지털 경제의 발달로 계층 간 정보의 불균형 문제는 심각한 사회문제로 대두되고 있다. 소득수준의 차이로 인해 정보화에서 차이가 나고, 사회에서 필요로 하는 정보 관련 지식을 갖추지 못할 경우 그 폐해가 심각해질 수 있다. 고소득층 또는 중산층 가정의 자녀들은 인터넷 환경에의 노출이 비교적 높은 반면, 저소득층 가정에서는 컴퓨터조차 제대로 갖추지 못하는 경우가 많기 때문에 정보격차가 생겨나고 이로 인한 사회 계층 간 격차가 벌어지면서 심하면 사회 안정마저 해칠 수 있다.

정보화 사회의 최대 사회문제는 정보 약자의 문제이다. 정보시스템 보유 정도 및 이용 능력에 따라 빈부격차, 사회경제적 불평등은 심화될 수 있고 나아가 정보이용 능력이 없는 사람은 생활 행위의 무능력자로 전락할 수도 있다. 사회가 정보화되어 간다는 것은 삶의 양식이 점점 더 정보 시스템에 의존적으로 되어 간다는 것이다. 과거의 정보시스템은 정보획득 또는 의사소통의 수단에 불과하였으나 이제는 홈쇼핑, 홈뱅킹, 원격 민원서비스, 재택근무, 원격교육, 원격진료, 온라인교실 등 직접적인 행위의 수단이 되어 가고 있다. 따라서 정보시스템의 보유 정도, 이용 능력에 따라 빈부격차, 사회경제적 불평등은 심화 될 수 있고 나아가 정보이용 능력이 없는 소비자는 무능력 소비자로 전락할 수밖에 없다.

가난한 사람과 장애인, 노인들은 대체로 정보 분야의 약자이다. 돈이 없어 컴퓨터, 휴대폰 등 각종 통신기기와 살 수 없거나 정보통신 서비스를 구매할 수 없으며, 또는 배우지 못해 이용할 수 없거나 당장의 생계에 쫒겨 정보통신 서비스를 이용할 여력이 없는 등 여러 가지 이유로 인하여 상대적으로 정보의 약자에 속하는 계층이다. 저소득층 소비자들은 고소득층 소비자들에 비해 상대적으로 정보로부터 소외되고 있다. 소비자로서 저소득층 소비자 문제는 고소득층 소비자들과의 차이점을 먼저 파악하는 것으로부터 시작해야 한다. 한

마디로 저소득층은 정보의 부족으로 제품을 선택하는 데 있어서도 일반 소비자들보다 불확실성이나 힘의 문제에 부딪히고 있다.

결론적으로 소비자로서 저소득층이란 그들의 개인적 특성, 소비자능력, 주변 소비 시장환경, 정보로부터의 소외 등의 측면에서 상대적으로 불리한 소비자 집단을 말한다. 최소한의 생활을 영위하기 위해 필요한 소득 이하의 상태, 즉 빈곤선 이하에 속하는 저소득층 사람들의 소비자문제는 심각한 사회문제이다.

3 저소득층 소비자문제 사례

저소득층의 소비자문제를 실제 사례 예를 들면, 건강 분야, 주거설비 분야, 전기 분야, 보험 분야, 주거환경 분야, 금융·신용 분야 등으로 나누어 살펴보면 다음과 같다.

1) 건강 분야

건강 분야에서 저소득층의 소비자문제를 살펴보면 의료급여 수급자 차별대우, 불법의료 서비스 구매가 있다. 서민을 상대로 '돌팔이' 의사 기승 사건이 사례가 될 수 있다. 예를 들어, 무면허 얼굴 화학 박피술, 무면허 주름제거수술, 무면허 치과 의료행위 등의 피해는 주로 저소득층에게 많이 발생하고 있어 심각하다.

저소득층 자녀의 급식 문제도 사례가 될 수 있다. 생활보호대상자는 중식급식이 제공되고 있는데 안전치 못한 학교급식 파동으로 무료급식의 식품안전문제가 저소득층 자녀에게 더 심각하게 영향을 미칠 수 있다는 사례이다.

비만 문제도 가난한 소비자의 상징이 될 수 있다. 최근 생계형 비만이 발생하고 있다. 당장의 생계 때문에 선택의 자유가 없는 사람들이 비만 식품들을 먹을 수밖에 없다는 것이다. 이들은 시간에 쫓기니 패스트푸드를 찾고 영양이 불균형이므로 복부비만이 될 수밖에 없다. 격무에 시달리면서 먹는 것은 비만에 직결인 식품들이다. 저소득층 여성의 허리 사이즈가 고소득층 여성의 것보다 1인치 굵다는 뉴스가 있었다. 경제적 문제와 생계형 행동이 비만음식 습관, 한(恨)의 심리 등은 저소득층 근로자에게 비만과 그에 따른 질병을 안겨주고 있다.

2) 주거설비 분야: 값싼 임대아파트 승강기 문제

무주택 저소득층에 공급하는 임대 아파트에 설치된 승강기에 빈번한 고장이 발생한 사례가 있었다. 원인은 승강기 구매단가가 복수예비가격 산정범위에 있어 상대적으로 낮은 데 있다고 한다.

3) 전기 분야: 단전, 전기 공급 끊음

전기가 끊기면 단지 빛 공급만 끊기는 것이 아니고 여러 측면에 문제를 발생한다. 컴퓨터를 켤 수 없어 저소득층 자녀가 숙제를 해 갈 수 없는 일도 발생하며 교육 기본권이 침해된다. 또한, 전동휠체어 충전이 불가능하기 때문에 장애인들의 이동권이 침해받는다. 물리치료기나 산소호흡기를 달고 살아야 하는 환자들은 생존권마저 위협받게 된다. 최저생계 수준의 삶을 보장하고자 한다면 최저생계비 수준의 가전제품을 모두 사용할 수 있는 전력량이 공급되어야 한다. 이 같은 이유에서 가난한 소비자에 대한 생존권 보장에 관심이 있다면 전력산업기반기금으로 장기체납 가구의 요금을 보조해 주어야 한다는 지적이 계속 제기되고 있다. 궁극적으로는 전기, 수도, 가스, 연탄, 전화, 인터넷 등의 에너지 필수품을 지원해야 할 것이다. 현재는 기초생활보장 수급자 가운데 독거노인 또는 장애인 중 극히 일부만 전기요금할인 혜택을 받고 있다.

4) 보험 분야

(1) 생명보험 회사의 소득층 차별

일부 보험회사에서 보험가입 시 최하위급 신용등급자들의 높은 중도해지율, 저소득층의 보험사기의 높은 개연성 낮은 신용등급 등으로 보험 가입에서 불리하게 작용한다는 지적이 있다. 예를 들어, 중도해지는 일반적으로 2가지 경우이다. 소비자가 보험금을 납부할 여력이 없어 보험해지를 요구하는 경우와 장기체납자에게 보험회사가 효력상실을 통보하는 경우이다. 그런데, 보험회사는 2개월 이상 보험금 체납자에게 체납 2개월째 말일을 기준으로 효력상실을 통보한다. 3개월 경과 후 1년까지는 중도해지의 경우 납입보험료의 1.03%, 2년 33%, 3년 51.6%, 4년 61.3%, 납입기간이 20년인 보험의 경우 20년을 납부해야 납입보험료의 90% 정도를 되돌려 받을 수 있다. 그러므로 사실상 중도해약으로 인한 피해는 저소득층 소비자에게 심각성이 크다는 것이다.

(2) 금융 분야에서의 저소득층 차별

금융권은 대출업무수행 과정에서 고용형태에 관한 정보를 받고 있다. 보통 금융 회사에서는 정규직과 비정규직을 가려 신용점수를 매긴다. 물론 고용형태가 신용을 판단하는 데 중요한 변수인 것은 사실이나 이런 고용형태가 신용평가에 반영된다고 하는 것은 저소득층에게는 매우 불리한 것이 사실이다. 저소득층 소비자는 비정규직이기 때문에 대출을 거절당하고 대부업체를 찾게 되고, 높은 금리를 감당하기 못해 연체경력을 갖게 된다. 경제적 능력과 고용형태가 반드시 일치하는 것은 아니다. 또한 경제적 능력이 부족하다 해서 신용이 반드시 불량한 것도 아니다. 그러나 그 개연성으로 저소득층의 금융권 소외현상은 점차 심각해지고 있다.

5) 주거비 지출 및 주거환경 분야

정부는 주거극빈층 지원 대책 중 하나로 매입임대제도, 전세임대제도 등을 시행하고 있다. 그러나 이같은 주거지원은 독거노인이나, 전세거주 고령자, 소년소녀가장, 교통유자녀 등으로 그 대상을 제한하고 있다. 또한 정부의 매입임대 제도는 언젠가 집을 비워야 한다는 한계를 갖고 있다.

〈표 11-3〉 주거 빈곤계층의 주요 주거 유형별 특성

구분	비닐하우스촌	쪽방	지하주거	영구임대주택
형성 배경	산동네해체로 저소득층 주거난	도시화, 노숙자 등 한계계층의 등장	도시 주택난, 다세대 다가구주택의 건설 붐	저소득층 심각한 주택난
주요 형성시기	1980년대 중반 이후	1960~70년대	1980년대 후반 이후	1989년 도입, 1992년 중단
입지	시내공한지, 수도권그린벨트	역, 인력시장 인근	주거지역 전역	도시 외곽지역
물리적 형태	비닐하우스 주거용으로 개조/신축	소규모 방	가족단위생활가능, 습기, 채광, 침수 등	대규모 단지형태 조성
주요 거주자	저소득가구 일부 위장전입	단신 일용 노동자, 노숙인, 가출청소년	도시저소득층, 상대적 양호 주택은 서민층	수급자(생활보호 대상자) 중심
법적 성격	불법	불법(일부 합법)	합법(일부 불법)	합법

출처: 국정브리핑, 2006년 6월 21일자 정리요약(허경옥, 2006 재인용).

6) 금융/신용 분야

생활고나 카드빚에 못 이겨 자살하는 사람이 줄지 않고 있다. 은행대출금이나 카드빚을 제때 갚지 못해 신용불량자로 등록되는 사람의 수가 늘고 있다. 이들이 신용불량자가 되고, 경우에 따라서는 자살이라는 선택의 여지가 없는 상황에 처하는 이유는 무엇일까? 무분별하게 카드를 남용하다가 빚의 수렁에 빠져들게 된 것일까? 아니면 먹고 살기 위해 어쩔 수 없이 빚에 의존할 수밖에 없었고, 빚을 갚을 돈을 벌지 못해 결국 신용불량자로 전락하게 되고 만 것일까? 신용불량자의 대부분이 저소득과 빈곤 때문이라는 점에 주목해야 한다.

신용불량자를 무분별한 과소비자로 인식하고 과소비억제 캠페인을 벌이거나 카드 사용한도 축소 등과 같은 정책을 추진하는 것은 최적의 방법이 아닐 수 있다. 저소득층에게 적절한 이자율로 더 많은 신용이 제공될 수 있도록 하고, 또 이들이 빚을 갚을 수 있도록 저소득층의 소득을 늘리고 저소득층이 자산을 형성할 수 있게 하는 정책을 추진하는 것이 바람직하다.

4 기업의 저소득층 소비자복지 지원

1) 소비자복지 증진을 위한 기업의 책임인식

시장경제 체제에서 기업의 생명은 소비자, 투자자, 금융기관 등 시장의 신뢰에 달려 있다. 초우량 기업이라 하더라도 소비자 신뢰가 떨어질 경우 아무런 의미가 없다. 기업은 고소득층 소비자, 고액구매 소비자 이외에 소액지출 다수 소비자의 신뢰와 저소득층의 기업에 대한 이미지도 중요함을 인식하여야 한다. 기업의 사회적 책임은 경제적 이윤창출, 법률 준수, 윤리적 책임, 자선적 책임 등으로 확대되고 있음에 주목해야 한다.

2) 저소득층 소비자복지 증진 시장환경 조성: 저가 시장의 등장

지금까지 저가 시장은 기업이 회피하는 시장이었다. 그 이유는 첫째, 저가 시장의 특성상 높은 수익을 얻기 힘들기 때문이다. 둘째, 저가 제품은 좋지 않은 제품이라는 인식으로 인해 브랜드 가치를 훼손시킨다는 것이다. 셋째, 저가 시장은 제품의 차별화가 어려워 기업 간 경쟁이 심하다는 것이다. 통상적으로 저가 시장은 크게 두 가지 축으로 나누어 생각해 볼 수 있다. 하나는 동일 제품군 내에서 낮은 가격대를 형성하는 시장을, 다른 하나는 경제적으로 선진국과 대비되는 개발도상국 시장을 의미한다. 이 같은 저가 시장은 지금까지의 인식과 달리 새로운 시장으로 부각되고 있으며 이 같은 저가 시장의 활성화는 저소득층의 소비자복지에 긍정적 역할을 수행한다는 것에 주목해야 한다.

(1) 동일제품 저가 시장

최근 기업들이 저가 시장을 적극 공략하면서 저소득층 소비자들에게 긍정적이다. 최근 소비시장은 고가의 고성능 제품과 같은 프리미엄 시장 그리고 저가의 단순한 기능을 탑재한 제품을 위주로 하는 저가 시장으로 양극화가 심화되고 있다. 최근 충분히 낮은 가격으로 최소한의 효용을 제공하며 일정 수준의 품질을 보증하는 저가 제품들이 등장하기 시작했다. 예를 들면, 화장품 회사인 미샤와 더페이스샵이 초저가 화장품으로 화장품 시장의 신기원을 이뤘으며, 일본에서는 유니클로가 저가 의류로 돌풍을 일으켰다. 이 같은 저가 시장은 저소득 계층에게 구매력 부족의 문제를 완화시켜 줄 수 있다. 앞으로 저가 시장의 활성화로 소외된 저소득층 소비자들의 복지증진에 기여할 필요가 있다.

(2) 개발도상국의 저가 시장

개발도상국에서의 저가 시장에 대한 중요성 인식이 부각되고 있다. 성장 위주의 경제를 지향하는 개발도상국에서는 부의 편중현상이 심하기 때문에, 저소득층의 비중이 상대적으로 크다. 그러나 그동안 대부분의 글로벌 기업들은 개발도상국의 저소득층이 구매하기 힘든 높은 가격대의 제품을 주로 출시해 왔다. 따라서 보다 저렴한 가격으로 저소득층을 공략할 수 있다면 폭발적인 시장 확대를 꾀할 수 있을 것으로 보인다. 국가 경제의 성장은 저소득층의 구매력 향상과 직결되기 때문에 대부분의 글로벌 기업들로부터 소외 받던 저소득층이 향후에는 소비시장의 주류로 자리 잡을 것이다. 이 같은 상황을 반영하듯 저가 시장에서 괄목할 만한 성과를 내고 있는 기업들이 꾸준히 늘어나고 있다.

3) 저소득층을 위한 제품 및 서비스 개발

저소득층의 소비자경제복지 증진을 위한 기업의 창의적 노력이 필요하다. 저소득층 대상 저가상품(generic product) 개발이 대표적인데 미국의 상표 없는 상품, 즉 무상표제품이 적절한 실제 사례이다. 미국에서 generic product라고 부르는 '상표 없는 상품'은 상품의 일반명만이 제품용기에 표시되며 가공식품, 일용잡화 등에 많은데 상표가 없는 대신 가격이 낮아 저소득층 소비자복지증진에 기여할 수 있다. generic product는 예를 들어, 특허가 있는 상품이 그 특허 유효기간이 끝나면 특허 소유자외의 사람들이 동일한 상품을 다른 이름으로 만들어서 싸게 파는 것을 지칭하는 말이다. 실제 사례를 살펴보면, '타이레놀'이라는 두통약에 들어가는 성분이 처음에는 특허 때문에 단일 회사만 제조판매가 가능했지만 그 특허 유효가 끝난 뒤 다른 제약회사들이 다른 이름으로(그리고 조금 다른 제조법을 써서) 만들어 더 싸게 공급하는 것을 genericise라고 하고 이러한 상품들을 generic brand(product)라고 한다. 결론적으로, 무상표 제품이란 포장에 단지 제품의 속성을 나타내는 이름만 붙인 제품을 말한다. 예를 들면, 바깥 포장지에 원두커피, 치약, 소금이라고만 적혀 있는 경우이다. 보통 제조업자나 판매업자의 이름만 표시된다. 아직까지 우리나라에서는 generic 개념이 시장에 보이지 않고 있다.

[그림 11-1] Jewel 회사의 Generic Cola의 용기 사진

출처: 허경옥(2006). 삶의 경제. 성신여대 출판부. 재인용.

5 정부의 저소득층 소비자경제복지 지원

1) 저소득층 대상 차별적인 가격정책

정부에서는 저소득층 소비자를 위한 다양한 가격정책을 수행할 필요가 있다. 전기, 가스, 통신 등 인간적 생활에 필수적인 분야에 가격차별화 정책을 펼칠 수 있다. 뿐만 아니라 저소득층만을 위한 저가격 정책이나 할인 정책, 저가격 제품 특별 생산 등 다양한 방법을 강구할 수 있다. 앞으로 이 같은 저가격 또는 차별가격정책이 많은 상품과 서비스 분야로 확대되어야 한다.

최근 정부의 차별적 가격정책 사례를 예를 들면, 도시가스 요금을 미납한 가구에 공급중단을 유예하는 조치가 대표적이다. 공급중단유예조치가 최근 차상위 계층으로까지 확대되고 있다. 산업자원부는 판매량 오차 개선, 저소득층 지원, 신용카드 납부, 연체료 산정 개선 등을 통해 도시가스 요금 가계부담을 줄이고자 노력하고 있다. 도시가스 회사는 소비자불편을 해소하기 위해 소비자통합콜센터를 운영하고 있다. 또한, 정부는 차상위 저소득층에 정부의 양곡을 반값에 제공한 바 있다. 청소년·저소득층 대상 통신료 감면정책도 모범적이다.

2) 경제적 자립 지원 정책

정부는 저소득층 소비자를 위한 각종 경제적 지원 정책을 펼칠 수 있다. 무엇보다도 소득확보를 위한 경제적 자립 지원 정책, 예를 들면 일자리 창출, 창업지원 등의 정책을 실천하고 있다.

3) 소외계층 교육 지원

저소득층 교육문제는 저소득층 아동에게 중요한 사항이다. 교육부에서는 2001년부터 매년 소외계층을 위한 평생교육 프로그램 지원 사업을 수행하고 있다. 지원 대상자는 국민기초생활 수급권자와 차상위 계층, 장애우, 노인, 다문화가족, 한부모 가족, 외국인 근로자, 노숙인 등이다. 이 사업은 소외계층을 대상으로 평생교육 프로그램을 운영하는 대학부설 평생교육원과 평생학습관, 노인 회관, 문화시설, 사회복지시설 등 공신력 있는 평생교육기관과 단체가 정부 지원을 받아 수행하고 있다. 교육부의 이 같은 프로그램은 평생교육 격차의 완화뿐만 아니라 양극화 해소, 사회통합에도 기여하고 있다.

미국의 경우 저소득층 아동의 교육지원을 위해 'head start' 정책을 오래 전부터 펼쳐 왔으며, 최근 우리 사회에서도 자발적으로 'we start' 프로그램이 확산되고 있다. 한편, 정부 주도의 희망 스타트는 취약지역에 거주하는 0세부터 12세까지의 아동이 있는 가구를 대상으로 복지·건강·교육의 통합서비스를 제공하고 있다. 보건복지부의 사업으로 빈곤 아동의 신체·정서·사회적 잠재역

량을 꾸준히 키워나가도록 해 모든 아동에게 공평한 출발기회를 보장하고자 한다. 각 3억 원씩 지원받는 16개 시범지역에서는 가정방문, 전문가 회의 등을 통해 다양한 통합서비스를 설계하고 아동이 12세가 될 때까지 지속적으로 관리하게 된다. 이 서비스는 아동과 부모 간의 상호작용을 촉진하고 부모가 참여하는 프로그램 등이 반영되어 방과후 아동돌봄서비스, 책 읽어주기 프로그램 등 학습 및 인지능력 지원 프로그램이 운영되고 있다. 학대나 방임으로 피해를 입는 아동이 없도록 아동방임 및 학대에 대한 사전예방 프로그램과 자녀와 대화하는 법 등 부모교육도 포함하고 있다.

4) 저소득층 대상 금융 지원 정책

(1) 빈곤층 자활독려 금융산업 지원: 마이크로 크레디트(microcredit)

마이크로 크레디트는 영세민 또는 빈곤층의 자활을 돕기 위해 공여되는 무담보, 무보증, 소액대출 제도이다. 마이크로 크레디트는 1976년 방글라데시에 마이크로 크레디트 전담 은행인 그라민 은행이 설립되면서 시작되었다. 그 이후 아시아, 아프리카의 여러 나라와 미국·프랑스 등 선진국으로 확대·발전되었다.

우리나라에서도 제도권 금융기관으로부터 금융서비스를 받을 수 없는 신용불량자나 빈민층이 창업을 통해 소득 창출 기반을 마련하도록 돕는 마이크로 크레디트가 최근 대안금융으로 각광을 받고 있다. 대표적인 마이크로 크레디트 기관으로 알려져 있는 사회연대은행(www.bss.or.kr)은 금융기관이 아닌 NGO로서 2002년 12월 출범했다.

마이크로 크레디트는 자활 의지와 능력이 있는 빈곤층이 경제적, 사회적, 심리적 빈곤에서 벗어나 건강한 사회의 구성원으로서 자활할 수 있도록 지원하는 것을 목적으로 자금지원은 물론 창업컨설팅, 교육훈련과 경영기술지원에 이르기까지 다양한 지원 사업을 전개하고 있다.

최근 정부가 이들 대안금융에 대한 지원방침을 밝히는 등 마이크로 크레디트에 대한 사회적 인식과 지원이 조금씩 좋아지고 있지만 여전히 자금조달과 운영 인력 및 외부 지원 인프라는 턱없이 부족한 상황이다. 따라서 향후 이들 마이크로 크레디트가 빈곤층의 자활능력 제고라는 본연의 목적을 잘 수행할 수 있도록 보다 적극적인 관심과 정책적 지원이 필요할 것으로 보인다.

(2) 정부의 소외계층 지원

정부는 저소득층 대상으로 교육비, 의료비 지원을 확대하고 있다. 사금융업체 이용자의 대부분은 교육비, 의료비 등을 위해 급전이 필요하다고 밝히고 있다. 이에 따라 정부는 저소득층 대상 장기교육비대출 제도를 도입한 바 있다. 일정 금액을 넘어설 때까지 대출금 상환을 유예하는 제도다. 이자율은 상환 당시의 소득을 기준으로 결정되지만 저소득층에게는 무이자나 저리로 빌려주는 사업이 시행되고 있다.

(3) 정부의 빈곤청소년 자산형성 지원

저소득층의 자산형성을 도와 경제적으로 자립할 수 있도록 하는 복지지원 사업이 시행되고 있다. 빈곤층의 자활을 목적으로 하는 이 제도가 정착될 경우 저소득층의 자산형성에 크게 기여할 것으로 보인다. 최근 정부는 청소년의 자산형성을 위해 매달 정기적으로 저축하는 빈곤 청소년에게 저축액의 1.5배, 2배 등 매칭 펀드 형식으로 지원해 주는 프로그램들을 운영하고 있다.

참고문헌

강이주, 김영신, 허경옥 (2006). **알기 쉬운 가계경제학**. 도서출판 신정.

김경자, 이기춘 (1986). 소득계층별 비교를 통한 저소득층 소비자문제에 관한 연구. **한국가정관리학회지, 4**(2), 53-66.

김기옥, 정순희, 허경옥, 김혜선 (2012). **소비자와 시장경제**. 교문사.

김성숙, 이기춘 (1989). 도시 저소득층의 소비자문제지각과 관련요인 연구. **한국가정관리학회지, 7**(2), 31-43.

김영모 (1992). 빈곤이론 빈곤정책. 한국복지정책연구소.

김영숙 (1990). 한국가정의 가계소비유형분석. 소비생활연구.

김영신, 강이주, 이희숙, 허경옥, 정순희 (2000). **소비자의사결정**. 교문사.

김영신, 강이주, 허경옥 (2006). **알기 쉬운 가계경제학**. 신정.

김영신, 이희숙, 정순희, 허경옥, 이영애 (2016). **새로 쓰는 소비자의사결정**. 교문사.

김용준 외 (1999). **글로벌시대의 컨슈머리즘**. 나남출판사.

김혜선 외 (2002). **소비자교육의 이해**. 시그마프레스.

문숙재, 정순희, 허경옥 (2000). **가족경제학**. 교문사.

문숙재, 허경옥, 홍윤정 (1997). 부부간 가사노동분담과 공평성 인지도가 결혼만족도에 미치는 영향. **대한가정학회지, 35**(2), 345-358.

박현정, 홍현정, 허경옥 (2013). 가정생산 위성계정의 개발 및 적용: 새로운 개념 정립과 표준화된 측정방법을 중심으로. **한국가족자원경영학회지, 17**(2), 55-74.

배미경 (1998). 저소득층과 고소득층의 소비결정 함수 분석. **소비자학연구, 9**(4), 83-100.

서승완 (2001). 국민기초생활보장법제의 개선방안. 한국법제연구원.

성지미, 문숙재 (1988). 저소득층의 소비자기능과 소비자문제인지에 관한 연구. **한국가정관리학회지, 6**(1), 51-69.

여윤경, 허경옥 (2005). Comparison of household economic status of week-end-couple families and ordinary married-couple families. *Journal of*

Asian Regional Association for Home Economics, 12(2), 116-126.

이명희 (2007). **도모노노리오 행동경제학**. 번역지형.

이학식, 안광호, 하영원 (1992)/ **소비자행동**. 법문사.

임종원, 김재일, 홍성태, 이유재 (1994). **소비자 행동론**. 경문사.

정길홍 (1998). **사회복지개론**. 홍익제.

한국여성개발원 (2003). 무급노동의 국민계정통합. 연구보고서.

허경옥 (1994). 부의 자녀 양육에의 참여 시간 결정요인 연구. **대한가정학회지, 32**(3), 63-70.

허경옥 (1994). 부인과 남편의 가사 및 육아시간 결정요인 연구. **한국가정관리학회지, 12**(2), 90-105.

허경옥 (1995). Determinants of fathers' child care time across family type. *Asian Consumer and Family Economics Association Conference, 1.*

허경옥 (1995). 가족형태가 부의 자녀양육시간과 결정요인에 미치는 영향. **대한가정학회지, 33**(2), 57-71.

허경옥 (1995). 편모가정과 일반가정의 자녀양육비 지출 비교 분석. **소비자학연구, 6**(1), 1-19.

허경옥 (1997). Determinants of the time allocation in household work of Korean couples. The 9th Conference of Asian Regional Association for Home Economics.

허경옥 (1997). 가계의 자녀양육에의 지출액 측정: 출생부터 18세까지의 양육비. **소비자학연구, 8**(2), 1-19.

허경옥 (1997). 가정노동시간 연구의 개념, 이론, 방법에 대한 고찰. **성신여자대학교 생활문화연구소, 11**, 49-76.

허경옥 (1997). 기혼여성의 취업이 부부의 시간사용에 미치는 영향. **성신여자대학교 교수연구 논문집, 35**, 333-358.

허경옥 (1997). 부인과 남편의 시간배분구조 분석: 가정생산모델을 중심으로. **대한가정학회지, 35**(1), 319-337.

허경옥 (1998). 농촌과 도시지역 부부의 시간사용실태 비교 및 결정요인 분석. **생활문화연구, 15**, 53-82.

허경옥 (1999). Expenditures on children in Korean households and comparing it to those of U.S. Asian Consumer and Family Economics Association Conference, 3.

허경옥 (2000). 기혼여성의 경제활동 관련 영향요인 분석: 취업희망의사, 이직, 취업중단의사를 중심으로. **소비문화연구, 3**(3), 169-191.

허경옥 (2000). **정보사회와 소비자**. 교문사.

허경옥 (2001). 기혼여성의 가사노동책임이 취업상태 및 임금률에 미치는 영향. **소비문화연구, 4**(2), 1-20.

허경옥 (2001). 취업주부의 가계경제에의 기여도 조사분석. **소비문화연구, 4**(1), 45-66.

허경옥 (2003). 가정생산 위성계정 개발을 위한 개념, 방법론적 논의 및 제언. **대한가정학회지, 41**(10), 31-44.

허경옥 (2003). 주말부부가계와 비주말부부가계의 객관적, 주관적 경제구조분석 및 비교연구. **한국가정관리학회지, 21**(2), 201-212.

허경옥 (2004). 가정생산 위성계정 개발연구. **한국생활과학회지, 13**(1), 51-62.

허경옥 (2004). 가정생산의 국민소득계정 통합: 한국, 미국, 호주의 가정생산 위성계정 비교를 중심으로. **소비자학연구, 15**(4), 17-35.

허경옥 (2006). **삶의 경제**. 성신여자대학교 출판부.

허경옥 (2009). Development of Household Satellite Account for Korean Household production SASE 2009-Capitalism in Criss SASE: Society for the Advancement of Socio-Economics

허경옥 (2011). **소비자상담과 피해구제**. 교문사.

허경옥 (2021). **소비자학의 기초**. 교문사.

허경옥 (2007). 다양한 측정방법을 활용한 자녀양육비 측정 및 새로운 측정방법 개발. **소비자학연구, 18**(3), 19-42.

허경옥, 김인숙 (1996). 농가주부의 시간배분연구: 가정생산이론적 접근. **한국가정관리학회지, 14**(3), 181-195.

허경옥, 김인숙 (1998). 농촌지역 부부의 시간사용 실태 비교 및 관련 요인 분석. **한국농촌생활과학회지, 9**(1), 67-78.

허경옥, 김혜선, 김시월, 정순희, 박선영 (2008). **소비자정보론**. 파워북.

허경옥, 박희주, 이은희, 김혜선, 김시월 (2011). **소비자법과 정책의 이론과 실제 책임**. 파워북.

허경옥, 여윤경 (2005). Values of household production in Korea compared to U.S., Australia, Finland, and Canada. *International Journal of Human Ecology, 6*(1), 61-74.

허경옥, 최혜경, 이성림 (2008). **저소득, 노인, 장애인 가족의 소비자복지**. 파워북.

Bryant (1990). The economic organization of the households.

Douthitt, R., & Huh, K. O. (1994). Expenditures on children by female-headed households. *Journal of Family and Economic Issues, 15*(2), 75-91.

Engel, J. F., Blackwell, R. D., & Miniard, P. W. (1995). *Consumer Behavior*(8th Eds.). Dryden,

Lashawn Richburg, H. (2000). Are prices higher for the poor in New York City? *Journal of Consumer Policy, 23*(2), 127-152.

Schiller, B. R. (1998). **빈곤의 경제학**. 양세정, 김동엽, 김대원, 주인숙 공역. 석정.

Wilkie, W. (1994). *Consumer Behavior*(3rd eds.). John Wiley & Sons, inc.

찾아보기

국문

가격 비탄력적 32
가격 탄력적 32
가격기구 326
가격소비곡선 30
가격탄력성 31
가계생산곡선 219
가계생산이론 154
가계소득 341
가계자산 342
가계총소득 341
가사노동 160
가사노동분담 190
가정생산물 56
가정생산물 154, 161
가정생산이론 136
가족경제학 133
가족행동 132
가처분소득 341
가치함수 123
개발도상국 369
거래강제 314
거래거절 313
거시경제학 141
결혼 236
결혼경제학 151
결혼시장 238
결혼유보가격 247
경제적 복지 339
경제적 복지 320
경제협력개발기구 355
경품 316
경험재 92
경험투자 289
과시적 소비 107
과점시장 300
관리적 가사노동 162
관여도 87
교차가격효 29
국민경제수준 173
규모의 경제 244
균등화지수 350
균일가격분포 70
기대가격 변화 278
기대최저가격 70
기회비용 17, 149
기회비용법 177

남성 중심형 가사노동 162
노출 88

다변수모델 106
단순 가사노동 162
대체효과 51
도시화 60
독점시장 301
독점적 경쟁시장 299
동시 중복노동 164
동질혼 254

마이크로 크레디트 373
마케팅 믹스 101
무상표제품 370
무차별곡선 20
미시경제학 141
미시경제학자 131

백화점 318
밴드웨건 효과 108
베블린 효과 107
보완적 투입 245
보유 90
보험 366
비근로소득 49
비시장노동 시간 43
비용과 이익접근법 137
비육체적 가사노동 163
빈곤선 351
빈곤층 357
빈도수 측정법 167

사치재 28
사회복지 337
사회연대은행 373
사회화 가설 200
상대가격 149
상대적 노동시간 191
상대적 등급 측정법 192
상대적 빈곤 355
상대적 자원가설 199
상품 차별화 299

생활보호법 355
선호 15
선호도 19
성 역할 관념 가설 198
소득소비곡선 26
소득탄력성 28
소득효과 26, 51
소비 단위 139
소비선택 15
소비자 기만 362
소비자교육 335
소비자기본법 331
소비자능력 335
소비자단체 336
소비자복지 320
소비자복지 323
소비자수요이론 104
소비자운동 336
소비자주권 302
소비자지원행정 334
소비자행동 98
소비지출패턴 343
수요 및 실행가능가설 198
수요곡선31
수용 90
스노브 효과 108
시간관리 221
시간배분모델 217
시간배분이론 211
시간분배이론 157
시간일지법 168
시장가격 접근법 183
시장대체제 59
시장비용접근법 174
시장세분화 100
시장실패 305
시카고학파 134
식역 89
신가족경제학 131
신뢰재 94
신소비자 335
실소득 341
심리경제학적 모델 106
심리분석모델 114
쌍봉분포 55

안전도 339
안정성 339
여성 중심형 가사노동 162
여성의 경제활동 54
열등재 28
예산제약 16
완전경쟁적 시장 298
완전대체 202
완전비용 65
완전정보선 81
요구임금 179, 180
요구임금률 59
위치선정이론 95
육아노동 163
육체적 가사노동 163
이용가능시간 가설 197
이질혼 254
이차적 노동 54
이해 89
이혼 269
인적자본이론 135, 276
인적자본 153
인적자본이론 153
인적자본투자 276
인지적 활동 115
임금률선 44
임금차별 58

자기가격효과 29
자녀 서비스 261
자원교환 이론 232
자원적자 346
자주적 소비자 335
잠재가격 154
재정적 안전 347
저가상품 370
저소득층 353
적정도 339
전문가 대체비용법 175
절대적 노동시간 191
절대적 빈곤 354
정규가격분포 70
정규교육 281
정보의 불균형 363
정보탐색량 63
정보화된 소비자 335
정상재 28
주의 89
준거점 124

차별거래 314
차이 271
책임감 있는 소비자 335
총가격 효과 33
총합적 대체비용법 175
총효과 51
최저생계비 356
최적 선택점 23
추가경험 288

출산경제학 152

카르텔 311

탐색재 92
터부 효과 109
특성이론 105, 109
특수불공정거래 316

표본절단오류교정 43, 181
프로스펙트 이론 123
필수재 28

한계대체율 21
한계생산성 217
한계생산체감의 법칙 218, 253
항상소득 351
확률가중함수 125
활동 영역별 측정법 167
효과 223
효용함수 19
효율 223
효율곡선 111
희소성 147

영문

absolute labor time 191
acceptance 90
adequacy 339
assortative mating 254
attention 89
Bandwagon Effect 108
Becker 134, 135, 170
Berk 155
Beucer 132
Beutler 201
bimodal distribution 55
budget constraint 16
cartel 311
Characteristic Theory 105, 109
child service 261
cognitive activities 115
complementary inputs 245
comprehension 89
conspicuous consumption 107
consumer competency 335
Consumer Demand Theory 104
consumer fraud 362
consumer unit 139
consumer welfare 323
Correction for Sample Selection Bias 43, 181
Cost and Benefit 137
credence goods 94
cross-price effect 29
Demand Curve 31
diminishing marginal productivity 218
disposable income 341
economic well-being 320
economy of scale 244
efficiency frontier 111
efficiency 223
EPS 87
equivalence scale 350
Experience 92
exposure 88
Family Economics 133
female-typed housework 162
financial security 347
Freud 116
full cost 65
generic product 370
Heckman 43, 180
household commodities 161
household commodity 154
Household Production Theory 136
human capital investiment 276
Human Capital Theory 276
human capital 153
income effect 26, 51
income elasticity of demand 28
Income-Consumption Curve 26
indifference curve 20
inferior goods 28
inflation or deflation 278
involvement 87
Katona 106, 114
Lancaster 109
Location theory 95
LPS 86
luxuries 28
macro-economics 141
male-typed housework 162
marginal productivity 217
Market Cost Approach 174
market failure 305
market segmentation 100
marketing mix 101
microcredit 373
micro-economics 141

Mincer 132
monopoly 301
MRS 21
multiple variable model 106
necessities 28
Nelson 93
New Home Economics 131
normal goods 28
OECD 355
oligopoly 300
Opportunity Cost Approach 177
opportunity cost 17, 149
optimal point 23
Output-Related Approach 183
Owen 201
own-price effect 29
perfect competition 298
perfect information frontier 81
perfect substitution 202
permanent income 351
positive assortative mating 254
poverty threshold 351
preference 15
price elastic 32
Price Elasticity of Demand 31
price mechanism 326
Price-Consumption Curve 30
product differentiation 299
Prospect Theory 123
psychoanalytic model 114
psychological economics 106
reference point 124
relative labor time 191
relative price 149
Relative Rating Technique 192
reservation prise of marriage 247
resource deficit 346
resource exchange 232
retention 90
RPS 87
scarcity 147
Schultz 132, 153, 276
Search 92
secondary work 54
security 339
shadow price 154
Snob Effect 108
social welfare 337
spendable income 341
stability 339
Stigler 64
substitution effect 51
The Demand/Response Capability Perspective 198
The Relative Resources Perspective 199
The Sex-Role Ideology Perspective 198
The Socialization Perspective 200
The Time Availability Perspective 197
threshold 89
time allocation model 217
Time Allocation theory 211
total effect 51
total price effect 33
Turboo Effect 109
Utility Function 19
value function 123
Veblen Effect 107
Veblen 107
wage line 44

저/자/약/력

허경옥

이화여자대학교 경제학과 졸업

미국 Univ of Wisconsin-Madison 소비자학 석사, 박사

현 성신여자대학교 소비자생활문화산업학과 교수

[저서]

『소비자법과 정책의 이론과 실제』(파워북, 2011, 공저)

『소비자투자와 자산관리』(교문사, 2011, 공저)

『소비자트렌드와 시장』(교문사, 2011, 공저)

『에센셜 통계분석』(교문사, 2012, 공저)

『에센셜 연구방법』(교문사, 2012, 공저)

『새로쓰는 소비자의사결정』(교문사, 2016, 공저)

『소비자상담과 피해구제』(교문사, 2011, 단독)

『소비자안전』(교문사, 2011, 단독)

『소비자학의 기초』(교문사, 2021, 단독)

소비자경제학 이론과 실제

초판발행 2022년 5월 20일 **1판 1쇄 인쇄** | 2022년 5월 25일 **1판 1쇄 발행**

지은이 허경옥
펴낸이 최용구 | **펴낸곳** 도서출판 **신정**
주소 (04316) 서울시 용산구 원효로 89길 19 (원효로1가)
전화 02)3211-4782, 0266(영업부), 3211-4783(편집부), 3211-4784(팩스)
이메일 shinjeong72@naver.com | **홈페이지** www.sjbook.co.kr
등록 2001년 5월 11일 제13-702호
기획마케팅 최용구 장만동 최충구 진소희 | **책임편집** 석기은 황가연 | **표지** SDY

ISBN 978-89-5912-812-9 93320
정가 20,000원